セルバンテスの仲間たち

——スペイン語の話者の歴史——

ホアン・ラモン・ロダレス 著
三好準之助 訳

柳原出版

本書の出版にあたっては、
スペイン文化省のグラシアン基金より
2005年度の出版助成金をいただきました。
La realización de este libro fue
subvencionada en 2005 por el Programa
"Baltasar Gracián"
del Ministerio de Cultura de España.

本書の出版にあたっては、
スペイン文化省の書籍資料館図書館総局より
翻訳助成金をいただきました。
Esta obra ha sido publicada
con una subvención de la Dirección General del Libro,
Archivos y Bibliotecas del Ministerio de Cultura de España.

GENTE DE CERVANTES
HISTORIA HUMANA DEL IDIOMA ESPAÑOL
Copyright©2001 by Juan Ramón Lodares
Copyright©2001 by Grupo Santillana de Ediciones, S. A.

訳者まえがき

　本書は 2001 年の 2 月にスペインの Taurus 社から出版されたロダレス Juan Ramón Lodares の GENTE DE CERVANTES. Historia humana del idioma español の日本語版である。原著に含まれているのは目次から参考文献の一覧表までである。「固有名詞などの解説」と「歴史年表」は訳者が補足した。また、こまかい点では、日本の読者に読みやすいようにするため、著者の了解のもとに省略したり書きかえたりしたところもある。なお、方言形の例文・単語には標準スペイン語の語形と意味を付加しておいた。

　著者のロダレス氏はマドリード自治大学のスペイン語学担当教授である。原著の解説記事によればパリ第 13 大学でも教えた。最近の著書は本書のシリーズの 1 冊として出版された『多言語使用のパラダイス』El paraíso políglota（マドリード、2000）であるが、この著書はスペイン評論賞の審査で最終選考に残った。おなじく、『"女"の語彙野』El campo léxico "mujer"（マドリード、1988）や『文字の歴史』Historia de las letras（マドリード、1996）の著者であるが、後者はアカデミア会員であるグレゴリオ・サルバドルとの共著である。ラファエル・ラペサには彼の著書である『語彙と歴史』Léxico e Historia（2 巻本、マドリード、1992）の準備段階で協力した。そしてヤコブ・マルキエルの『メッセージ自身としての文字の形状』La configuración de las letras como mensaje propio（マドリード、1993）は、著者の協力を得て内容をスペイン語に適用して訳している。

　訳者は 2001 年の 3 月末、人に会う用事があってバレンシアに出張していたのであるが、忘れもしない 27 日、午前中に最後の会談を終え、時間ができたのでゆっくり食事をした。予定の仕事が順調に進んだので気分もよく、食後の散策ということになった。ぶらぶらしていると、入り口に雑多な本を乱雑に積み上げた本屋があったので、なかに入って棚を見ていくと、中央に平積みの広い

1

テーブルがあった。そこに並べられた本を何気なく目で追っていくと、ふっと黄色い表紙のものが注意を引いた。それがロダレス氏の Gente de Cervantes であった。(まだ出版されてひと月ほどしか時間がたっていなかったことは、そのあとでわかった)。この本のこともロダレス氏のことも事前には知らなかったが、ワインの軽い酔いも残っている状態でこの本をたずさえ、近くの植物園に入り、ベンチにくつろいでおもむろに表紙を開き、読みはじめた。その面白さに衝撃を受けて酔いもさめ、3時間ほど読んでホテルにもどった。翌日の帰りの飛行機のなかで読みおえ、ぜひ翻訳して日本にも紹介しようと決心したものである。スペイン文化の勉強を進める人たちには大いに役立つであろう。と同時に、今世紀中には世界の三大言語のひとつになろうとするスペイン語であるから、スペイン文化の専門家以外の日本の人たちにとっても、国際事情の理解に役立つのであれば、と願っている。

受けた最大の衝撃は、スペイン語を使ってきた人たちの側に焦点を当ててこの言語の歴史が語られている点である。訳者はスペイン語を言語学的な観点からその歴史と現状の研究を続けてきたが、その勉強において常日頃、ふと疑問に思うことの多くが明らかにされていたからである。そのころ訳者はラペサ教授 Rafael Lapesa の Historia de la lengua española『スペイン語の歴史』(2004年、昭和堂) の翻訳を進めていたのであるが (バレンシアへの出張もそれに関連していた)、『セルバンテスの仲間たち』はラペサ氏によるスペイン語史の内容を社会学的な観点から補完するものであると確信することができた。

帰国して数ヵ月後、ロダレス氏に連絡をとり、翻訳出版の了解を取りつけることができた。さっそく翻訳に取りかかった。内容はスペインの一般常識をそなえている教養人には十分理解でき、ユーモアもある面白い読み物となっている素晴らしい評論である。しかしながらその一般常識を日本の教養人に求めることはできない。スペインの読者と日本の読者を結びつけるために、訳者は原著にない情報を用意することにした。巻末の「固有名詞などの解説」と「歴史年表」である。前者では本文中の重要な固有名詞や事項について簡単に解説した。解説されている名称については本文中で太字で示してある (初出のもののみ)。前後の事情を確認するときにご利用いただきたい。また、著者も序文で

言及しているように、『セルバンテスの仲間たち』はスペイン語に関するもろもろのエピソードが紹介されているが、古代から現代までの時間の経過にそっては記述されていない。そのような流れのなかに本文の出来事を位置づけるため、後者の年表を用意した。知識の整理に役立てば幸いである。

そして訳文のことであるが、その推敲の段階で、中南米の文化事情に詳しい大阪外国語大学の松本健二氏の協力を得ることができた。また、第XXXVIII節に含まれているIT関連の単語については同僚のビセンテ・フェルナンデス氏に教えていただいた。記して感謝申し上げる。まだまだ勉強不足の訳者のことであるから、無知や誤解にもとづく不適切な訳語も散見することであろう。ご寛恕を願うしだいである。

追記

　上記の「訳者まえがき」は、2005年の3月末に書きました。著者ロダレス氏と何度かのメールのやり取りがあり、懸案事項がすべて解決してからでした。あとは日本語版ができて、それをどのような方法で彼に渡そうか、郵送は味気ないので直に手渡そうか、いろいろ話も聞きたいし、などという楽しい想像をしていました。

　その後、出版作業に入り、5月の中頃に東京で東京外国語大学の立石博高氏にお会いする機会がありました。そしてロダレス氏の仕事にも関心を持たれているスペイン史学者の立石さんから同氏の急逝を知らされました。私はとても信じられない気持ちで京都に戻り、その訃報の記事を集めました。なんと、彼は4月4日に交通事故で亡くなっていたのです。46歳での早世です。思えば、"Un saludo de tu colega y amigo, JRLodares"「君の研究者仲間で友人のロダレスがご挨拶します」で終わる3月15日付のメールが、彼から受け取った最後のことばになってしまいました。

　とても悲しいことですが、ここに追記してお知らせします。ロダレス氏のご冥福を心からお祈りし、この日本語版を彼に捧げます。

2005年5月16日

日本語版に寄せて

　日本はスペイン語が話されているところから随分遠いところにあります。そして逆に、スペイン語使用国はどれも、日本からとても遠くに位置しています。しかし書籍には距離などありません。本を開けばいつでもどこへでもすぐに移動できます。じつにこのことを、京都の大学のスペイン語学研究者である三好準之助・教授が拙著『セルバンテスの仲間たち』を見事に翻訳することで成し遂げられました。スペイン語世界の歴史の断片を、すなわち具体的にはその世界の言語たるスペイン語にかかわる歴史を、日本に運び、日本の読者に届けてくれたのです。

　人と共感しあうための、そして人々をつなぎ合わせるための最上の手段は、相手の歴史や習慣を理解し、彼らの人となりを知ることです。それゆえ三好準之助氏の率先躬行には大きな価値があります。日本の人たちが、世界で最大級の数になる人たちによって南北アメリカとヨーロッパで話されている言語という、スペイン語世界の非常に大きな特徴のひとつを通してその世界を一層よく理解することができるように、という意図があったからです。友情の絆を強めるという高貴な目的を持った実践です。このような努力が重なれば日本とスペイン語世界が益々よい友人同士になれるものと確信しております。そうすれば太平洋は小さな湖のようなものに見えることでしょう。

2005 年 3 月 3 日、マドリード自治大学にて

ホアン・R・ロダレス

目　次

訳者まえがき　1
日本語版に寄せて　4

目　次　5
序　文　8

第1部：およそ15世紀末から19世紀まで ──── 13
- I. アリストテレスが知らない島々　13
- II. パンリノチ！　16
- III. 帝国の習慣　18
- IV. いくつかの携帯言語　20
- V. 知らない人に教えること　23
- VI. 手ぶりが言語の役をした　26
- VII. フェリピジョと彼の同業者たち　29
- VIII. 白い宮殿　35
- IX. サンバンブーはコンゴのかわいい黒人娘　38
- X. バロー博士の考えたこと　42
- XI. 現地語での祈り　46
- XII. 俗界の不信　52
- XIII. 新大陸インディアスのコンプレックス　58
- XIV. ドン・カルロスの決裁　62
- XV. 相互理解の仕事　66
- XVI. 羊飼いと羊　72
- XVII. ヨーロッパのスペイン語　77

XVIII.	ある夏に起こったこと	83
XIX.	王宮都市マドリードの目新しい事柄	87
XX.	コーランとタルムードと聖書	94

第2部：およそ19世紀から21世紀まで ——————— 101

XXI.	嵐の時代	101
XXII.	新たな責任	108
XXIII.	西部を目指せ！	112
XXIV.	「フランス語、ハナシマース」	117
XXV.	言語戦争	122
XXVI.	ロンドン作戦	125
XXVII.	アンドレス・ベジョの警戒	129
XXVIII.	わが愛しのブエノスアイレス	138
XXIX.	和平協定	143
XXX.	ビジネスはビジネス	151
XXXI.	パトリックでなく、パトリシオと呼んでくれ	155
XXXII.	学校に対する借り	162
XXXIII.	メキシコがひっくり返る	166
XXXIV.	スペイン語はどこにある？	172
XXXV.	国際語	177
XXXVI.	セルバンテス族の苦悩	179
XXXVII.	金銭の問題	182
XXXVIII.	言語と科学	184
XXXIX.	将来のイメージ	187

第3部：古代からおよそ15世紀末まで ——————— 191

XL.	タリク・ベン・ジヤドの春	191
XLI.	スキピオがハンニバルを探す	195
XLII.	モサラベの出番	200

XLIII.	1月の8人の息子たち	205
XLIV.	ブルゴス株式会社	209
XLV.	ロマンス語正書法のトリック	211
XLVI.	1207年のトレド	218
XLVII.	アンダルシアの入り口	221
XLVIII.	古風な王	226
XLIX.	貧窮の時代	232
L.	グラナダの終焉	237

参考文献　242

固有名詞などの解説　251
歴史年表　308

序　文

　言語史では普通、言語そのものに起こったことに関心が向けられる。しかし本書で語られるのは、スペイン語を話す人たちに起こった歴史にかかわっている。だから「話者の（歴史）」と呼ばれる。スペイン語の音声や文法や単語がどのように変化してきたかについては語られない。語られるのは、**イベリア半島**の北部に姿を現した地味なロマンス語が世界の大勢力言語のひとつになるようにと、ある種の人たちが展開してきた行動である。

　南北アメリカでスペイン語が話される現象は——そしてそれは現在のこの多国籍言語の基礎固めでもあったのだが——、水夫が100人、かの地の海岸に投錨した日に始まる。当時、ヨーロッパから東洋へのルートはポルトガル人が支配していたが、水夫たちはそれに代わる通商ルートを探すため、アラゴン王室の財務官であるホアン・デ・コロマに雇われた。もしリスボン港とバルセロナ港のあいだに対立がなかったなら、新興の大国カスティリアが大西洋に船や人や軍隊や外交団を投入してその対立をあおることはなかっただろう。ブルゴスやトレドやセビリアの商人が使う古いことばは、カナリア諸島以遠の大西洋上で危険を冒すことは決してなかっただろうし、南北アメリカで使われていた何百もの言語と接触することもなかっただろう。スペイン語は植民地支配のおかげで、なんなく、3世紀にわたって人と言語の多様な世界で共用される唯一の通信用コードでありつづけることができた。スペイン語は現地生まれの少数のスペイン人、すなわち**クレオール**や、彼らに同化した階層のことばになったが、そのことから多様な商品的・経済的価値を獲得した。そしてこの価値によって、南北アメリカとスペインのあいだの政治的きずなが南北アメリカの独立によって消滅せんとするまさにそのときに、この言語が南北アメリカの言語迷路のなかで有利な位置を占めるという明らかな矛盾が助長されることになった。植民地時代にはスペイン系アメリカの3人にひとりしかスペイン語を話していな

かったので、南北アメリカで新たに生まれた共和国の人々や移入民たちは、3人のうちの残りふたりをその言語で教育しようと躍起になった。

　セルバンテスの仲間たちの歴史は感傷的な教訓がほとんどないから面白い。精神的なものはほとんどなくて、どちらかといえば共通語があってはじめて成り立つような、そういう物質的連係の生まれる様子を教えてくれている。言語というものは多様であることが自然な状態ではない。その多様性は歴史的偶然であるのだが、人々が理解しあってコミュニケーションを保つことが最優先されるとき、言語上の障害たる多様性がしばしば解消される。そして言語の歴史はその様子を教えてくれる。

　そのような様子が理解されれば、さまざまな大語族の使用領域に関するいくつかの考え方を点検するとき、分析が容易になる。大きな語族はそれ自身で大きくなったのではなく、どちらかといえば、それらが隣接諸言語に約束している将来性と、隣接言語群のなかに目覚めたそれらへの関心、こういうものによって大きくなったのである。徐々に会員が増えていくクラブのようなものだ。クラブといっても、本質的に経済や商業にかかわる内容によって関心をひくクラブのことだ。その種のクラブがいつも平和裏に運営されてきたと言うつもりはない。異なった言語を話す人たちが接触するとき、しばしば勢力をふるうのは、穏やかな動機とか、もっぱら文化的な使命とか、エスペラント語愛好者の協会を導いているような熱狂的で博愛主義的な関心とかではない。とはいえ剣や攻撃的姿勢だけでは、黄金やそれを探すさまざまな方法やそういう利の大きい産物の買い手と交渉する事態に比べると、普及させてきた言語の数も少ないし、そのための勢いも弱い。武器の鉄では、言語は興味深いものにならない。しかしながら黄金とその取引なら、その魅力によって言語の話者は何倍もの数になる。言語群が集結したり普及したりする過程には、鉄よりも黄金のほうが頻繁に介在するが、それは黄金がしばしば単純で力強いメッセージを内に含むからである。いいかえれば、人々は孤立したままでいることがなく、協力したり理解しあうことが必要になるので、言語の多様性は、このような必要性が生じたとき、人々が自分自身の存立基盤としている言語以外の特徴の多様性よりもたやすく姿を消してゆく。言語はしばしば、そこに刻みつけられている個性

よりも、それに付与された有用性によって際立つからである。

　人類は今日、かつてなかったほど、さまざまな形をとる社会的・経済的・政治的・文化的な合流の波にさらされている。国境は一層スムーズなコミュニケーションと交流のために、その意味がぼやけていったり消えてしまったりするだろう。実際すでに、歴史上に先例のない大きな合流のなかで数億の人々を等質にしてしまった文化様式が存在する。言語はどれも、この流れに無関係ではいられない。それは小さな単位から発して大きな単位を創造するという人間のひとつの傾向に深く結びついている。そしてその傾向には、さまざまなコミュニケーション方式の発達が決定的に作用するからだ。15世紀末ごろ、アメリカ大陸の人たちは約2千の言語を使用していたが、5世紀あとの私たちは、この大陸全土を3種類の言語を使って巡り歩くことができる。30倍も増えた住民を相手に、英語・スペイン語・ポルトガル語で用が足せるのだ（ケベックを訪れるのならフランス語が加わる）。これから数世紀もすれば言語の合流がさらに強まり、いま使われている言語の10のうちの9は消滅するであろうと推定されている。この予想に悲観的な前兆をうかがう人もいる。しかしまた、別の見方をすることもできるのだ。すなわち、ものごとは我々を結びつけているファクターのあれこれにとって有利な方向に進むものだが、そのなかにはことばという要因も含まれている、という考え方である。私たちの相互理解をさまたげる障害は少なくなるだろう。私たちに影響を与える問題の多くはすでにグローバルな次元に属しているが、このことによって、大集団相手の通信ネットワークを通して広がる言語が逞しくなるだろう。言語の共有性は、それ自体では、社会の階級差とかその構成員のあいだの不平等さを解消することは決してないだろうが、階級差や不平等さを悪化させないだけの力は持っているということも、じつにはっきりしている。このようなことをあれこれ考えると、人々がかなり以前から集まってきている言語群の、その人間集団にまつわる歴史は、興味深いだけでなく多くのことを教えてくれることがわかる。というのも、そのような言語群はこれまでの数世紀間にひとつの歴史を描いてきたのだが、その歴史はこれからも、危険で複雑で多様な道を通って数世紀は生きのびると思われるからである。

本書で語られるさまざまな話題には線的なつながりがない。時の流れとともにスペイン語を普及させた人々やスペイン語を自国語として採用した人たちに起こったことをすべて、あますところなく数えあげるつもりもない。ここで語られることは、そのような過程で目立っている断片的なエピソードの集まりである。それらを語るときには、結末を意識的に未解決のままにしたり、あるいは答えを与えるよりもむしろ問いかけをしたり、読者の想像に訴えてスペイン語の色々な面についてゆっくり考えてもらうように仕向けたりするつもりだ。この本に集められた50のエピソードは、スペイン語話者の歴史が進んできた方向を示す随想録にもなるだろう。

　『セルバンテスの仲間たち』はなじみのある年代順に従っていない。すなわち、スペイン人が南北アメリカに到着したことから始まり、つづいて彼らの新世界における浮き沈みが、当時ヨーロッパで起こっていたこととのからみで語られる。19世紀の最初の30数年間に浮上する強力な多国籍語としてのスペイン語の発展にざっと目を通す。スペイン語の置かれた現状と、今度もヨーロッパよりも南北アメリカに属するその有望な将来が分析される。最後に、**カスティリア語**ほど個性の強いロマンス語が中世スペインに出現することができた理由が説明される。カスティリア語は16世紀の初頭、ヨーロッパの言語群のあいだで鍵となる重要な位置を占めていた。いいかえれば、さまざまな言語のなかで話し手の数も統一性も話者の集中度もトップの位置を占め、この言語の歴史のなかの圧巻となっていたのである。

　本書の物語はこのようにリング状に進められ、そこには明らかな年代順がみられない。私には、ときとともに進むスペイン語の発展よりも、歴史の全体のなかで、厳密な年代順に従えば見落とされかねないような状況について考えるほうが面白いからである。他方、話がこのように行ったり来たりすれば、この言語に一番明白な諸特徴、すなわちこの言語の独特の個性になっている特徴が強調されるようにも思われる。その個性は旅人、すなわち、多くの人と利害と史的状況と必要性ときずなと言語様式となまりが集まって混ざりあってできた多様な旅人と呼ぶべきものである。スペイン語は混血の見事な典型になれる言

11

語である。誕生の時代からずっと、非常に異なった言語的資質を持つ雑多な人々の混合によって作られたが、それらの資質は物質的な必要性のために合流してひとつの共通言語というコードになった。しかもこの合流のためには共通語以外のつながりを求められることはなかった。**ウナムノ**が 70 年前にこの言語に捧げた次のことばは、まだ十分に生きている。スペイン語は「白人とインディオの、そして黒人の、そして白人とインディオの混血児の、そして白人と黒人の混血児の使うことば。カトリックとカトリックでないキリスト教徒の、そしてキリスト教徒でない者の、そして無神論者の使うことば。最も多様な政体のもとに生きる人々の使うことば」なのだ。『セルバンテスの仲間たち』は、このようなことがいかにして可能になったかを説明しようとする本である。

第　1　部

I. アリストテレスが知らない島々

　何週間もの航海のあと、提督**コロンブス**の目に、青々とした木々や雑多な形の果物や海岸に立つ裸の若者たちの姿が映りだした。それは**スペイン**の**アンダルシア**の風景のようには見えなかった。彼は下船を命じ、岸辺に近づいて陸地に飛びおりた。ふたりの書記が従った。彼らは書類を取り出し、提督がこの時のために用意していた演説の公証に取りかかった。提督は短いことばで、自分が仕える国王夫妻をその風変わりな景色の主権所有者に指名した。その所有者は**フランス**の王でも**イギリス**の王でも**ポルトガル**の王でもよかった。しかしながら提督は2本の軍旗をかかげて航海していた。1本には**カスティリア王国**の**イサベル女王**の頭文字Yが、もう1本には**アラゴン王国**の**フェルナンド王**の頭文字Fが縫いつけてあった。ともにスペインの王国である。
　その場面は、提督が土地の者たちに、自分がそこへ何故に、そしていずこからやって来たのかを説明するところであった。しかし裸の若者たちには何ひとつ理解できなかった。提督はかかる事態を予想していたので、**ギニア**湾沿岸の探検で経験を積んでいる船乗りのロドリゴ・デ・ヘレスを呼んだ。提督は**アリストテレス**を読んで、似たような緯度の土地には——遠く離れていても——似たものが生まれるはずだということを学んでいた。であるから、ギニアで役に立ったものが今度は**グァナハニー**でも役に立つはずだった。ギニア、グァナハニー……だいたい同じように聞こえるではないか。しかし船旅をしてきた者たちはすぐに、アリストテレスがその全智をもってしても恐らく**インディアス**〔新大陸〕のこの特異な場面を想像することはできなかっただろう、ということに気づいた。ロドリゴ・デ・ヘレスがひとことも理解してもらえなかったか

らである。

　そこで彼らは**ハエン**出身の**ユダヤ人**で今は**キリスト教**徒であるルイス・デ・トレスを下船させた。彼は**ヘブライ語**とカルデア語と少々の**アラビア語**に通じていると自慢していた。ルイス・デ・トレスは嘘をついていることに気づかれる機会がなければ、もっと多くの言語を使える風を装っていたかもしれないが、この3種類のことばはどれも、全然役に立たなかった。しかし心配するには及ばない。船乗りたちは別のことばも持ってきていたからだ。そこでヘレスとトレスは、6日たったら戻れという厳命を受け、決定的な通信手段、失敗例のない手段を手にしてその木々の生い茂る土地の奥を目指して出発した。**ラテン語**で書かれたメッセージを持っていったのである。二人は良い知らせを持って帰ってきた。友好的な人々に会ったというのだ。そして悪い知らせもあった。グァナハニーの人間はラテン語を知らないということであった。

　大きくもない船3艘に乗って大海を渡った人たちは、些細なことばの問題に驚くようなことはない。他方、彼らはみな、フルベ語よりスーダン語よりヘブライ語よりカルデア語よりアラビア語よりラテン語よりカスティリア語よりずっと有用な意志伝達方式を持参していた。身ぶり手ぶりである。それでもって交渉が始められるはずだと、だれもが考えた。ふたつの聖なる言語［ラテン語とヘブライ語］を含む多くの言語が、彼ら水夫の口に乗って何マイルも何マイルも海の上を進んできた。しかしながら試行錯誤のすえ、ついに彼らは、副王領**アメリカ**の現地人と長いあいだ理解しあえることになる一番有効な言語を見つけた。単純で平明な、身ぶり手ぶりであった。

　パブロ・モリジョはクリストファー・コロンブスよりも3世紀と17年の後にアメリカ大陸の土を踏んだ。彼は**カディス**からやってきた。旅の途中、自分の住む世界には何と矛盾に満ちた奴らがいることか、と考えたにちがいない。はやい話が［19世紀の初期に南米の北半分をスペインから独立するように導いた］**シモン・ボリバル**のことである。モリジョは**ボリバル**のなかに、スペイン人を母親に持つ男を、すなわちスペインで学問を修め、スペインで結婚して……そしてその後、ロンドンに立ち寄って何だか得体の知れない自由主義思想を頭にいっぱい詰め込み、植民地の各地でそれを説き、イギリスを「海洋の主」と呼

び、北米大統領の**モンロー**の演説を賞賛し、そしてあろうことか、**フロリダ**でスペイン人を執拗に苦しめているジャクソン将軍をほめそやすという青年を見ていた。では、[南米の南半分をスペインから独立するように導いた]**ホセ・デ・サンマルティン**については何と言おうか。このずる賢い男はスペインで**カスタニョス**将軍とならんでフランス人と戦ったが、彼もまたしばらくロンドンに滞在すると——そしてさらに**フリーメーソン**の集会に半ばかかわると——彼の頭のなかにも独立主義の妄想が入りこんでしまった。そして今やパブロ・モリジョは、スペイン帝国の致命的な分裂を避けるべく１万の兵を指揮する将軍として、そのような矛盾に満ちた奴らと戦うために南アメリカの領土［植民地］に渡ってきたのであった。ご苦労なことである。

　モリジョの配下たちは失われつつある大義を守るという厄介な仕事を託されているだけで、可もなく不可もなく働いた。しかし目的を達成することはできなかった。かつてスペインの植民地であった副王領は、ひとつ、またひとつと、主権国に姿を変えていった。しかし、ボリバルでも**サンマルティン**でも**オヒギンス**でも**イトゥルビデ**でも、もし共和制という素晴らしいニュースを告げながら自分たちの国々をくまなく巡ろうとしたならば、ほとんど確実に、コロンブスの水夫たちが使った古い手段である身ぶり手ぶりに頼らざるをえなかったであろう。

　さまざまな紆余曲折をへて解放された歓喜の南北アメリカは、**スペイン語**のわかる者が住民の３人にひとりしかいない状態であった。そして、スペイン語がわかる場合、その理由はいたって単純だった。モリジョ将軍の１万の配下と同じく、ほかならぬスペインから渡ってきていたからか、スペイン系移住者の直系の子孫だったからか、彼らとの混血であったからか、である。スペイン語を話さない者たち、スペイン語がわかるといってもせいぜいトンチンカンな理解しかできない者たち、すなわち南北アメリカの一般大衆は、大部分が都会の風習から隔離されて生きている先住民たちであり、さらに、彼らのあいだには2000（？）という大量の言語が使われていた。数世紀にわたる植民地時代が終わっても、スペイン語は基本的に、スペイン人とその血縁者たちが使いつづける言語であった。提督の時代にはほんの少数、ボリバルの時代にはいくぶん多

い、というだけである。かの地でこの言語を教え広めようとする真に決然たる意識の火がクレオールたちのあいだに燃え広がったことは、植民地時代の数世紀間に一度もなかった。結局、教える意味などなかった。クレオールたちはもうスペイン語を話していたからである。スペイン語が一般大衆レベルで大言語になる道を進むために、なぜ3世紀以上の時間がかかったのか。私たちの歴史はこのことを自問することから始まる。そしてその道は、これからもスペイン語がたどっていくところ、すなわち南北アメリカに延びていくのである。

II. パンリノチ！

　カランチャ神父がスペイン系アメリカでの生活に関する編年史を書いていた17世紀の中葉には、冒険と戦争と征服の過酷な時代はもう過去のものになっていた。その頃の植民地アメリカは生活も豊かだった。植民地の生活にはまぎれもない魅力がいくつかあった。「最もつまらない人間でも、スペインでは金持ちだけが飲むスープを年中飲んでいる。そしてここでは庶民が、あちらでは最も気前の良い者がひと月かかって食べる量以上のものを1週間で平らげる」と、カランチャ神父は言っている。つまらない人間や庶民や旦那たちの食べ物に有利に働いたのは豊かな大地と良好な気候であったが、なかんずく、**インディオ**の大群が召使いとか奴隷になって提供してくれる便宜と、そのおかげで手に入る豊かな収入があった。入植者たちは自然経済にひたって土地と人手を買いあさる。彼らの生活は気楽なものだ。ずっと北にいる隣人、ニューイングランドに上陸したばかりの**ピューリタン**たちとは違って、南の人たちは畑を耕すことも、才覚を磨くことも、他人とかかわることも、手仕事に就くことも、木の掘っ建て小屋を建てることも、しなくてよかった。そのような仕事はどれも、インディオや黒人や混血児の使用人たちにまかされていた。もし使用人たちが主人の家族と一緒に住んでいれば、スペイン語は少しは覚えると考えてもいいだろうが、もしそうでないなら、ほとんどなにも、あるいは全然なにも覚えないだろう。後者の状況は、スペイン人の行政官と僧侶がインディオでいっぱいにし

ようという明白な使命を抱きつつ、彼らに良きキリスト者としての生活をさせるべく穏やかな意図で建設した村の多くで見られた。

　そういう良きキリスト者には彼らの言語で教義を教えることができる。部族長や顔役の息子たちにはスペイン語で教えるほうが好都合だが、こういう人たちを別にすると、一般のインディオには彼ら自身のことばを使って教育することになる。珍妙なことが想像される心配はあったが、インディオには「主の祈り」[Padrenuestro（＝padre パドレ「父」＋nuestro ヌエストロ「私たちの」)]を覚えることがそれほど苦にならなかった。padre ということばは**メキシコのアステカ**語ではパントリ pantli に似ているし、nuestro はノチトリ nochtli に似ているといえないだろうか。アステカ語のメキシコ人のあいだでは、pantli は「旗」を、nochtli はウチワサボテンの実を指すので、旗にその実を描いてパンリノチ！¡Panlinochi!　と叫べば、それだけで教区信者には意味がわかった。まさにこのようにして布教していたのがハコボ・デ・タステラ師である。彼はフランシスコ会修道士で、象形文字を使って教化する洗練された実践活動において目覚ましい技を身につけていた。

　もし人が先住民の側に立つとすれば、ハコボ師は実に奇妙な画像を作ったに違いないと考えるだろうし、もっと悪ければ、教化された者の頭のなかにカトリックの神秘的教義に関する実に奇妙な概念が創り出されたに違いないだろうが、この技を使えば、至高の神にウチワサボテンの実のような立派で卓越した象徴がある宗教に不信を抱かせるようなことはなかった。しかし結局、あるいは先住民たちがそのような事柄にかかわりたくないので改宗を装うか、あるいはタステラの福音伝道の成功が誠実で偉大なものだということになるか、のどちらかであった。うまくいった場合、その成功の度合いは、インディオのあいだに共通スペイン語を普及させるときに邪魔になる度合いと、だいたい同程度であった。そして俗界の人々も似たようなやり方を利用した。たとえば、いくつかの鉱山の採掘場では先住民たちが自分のことばで銅をアンダ anda と、ヒョウタンを buto と呼んでいたが、現場監督のスペイン人は彼らを ¡Anda puto!「アンダプト！」[スペイン語では「働け、ホモ野郎！」] という号令で働かせていたからである。

III. 帝国の習慣

植民地生活の仕組み。南北アメリカにおけるスペイン語普及の一般的諸相。

　各自が自分の役割だけを演じていた植民地の生活においては、スペイン語を普及させる必要性など、原則としては存在しなかった。もろもろの経済活動もスペイン語の普及を強要することはなかった。植民地時代初期の定住地にはいろいろな問題があった。いくつかの地域で人口の減少がひどくなった。しかし一般的に、帝国というものはどれも、つぎのように振るまうことが多い。すなわち、鉱山経営がつづいているあいだは土地が関心を呼び、つぎに香料が求められ、それらの入手ルートがひらかれる。輸送先はまずカディスか**セビリア**の港であろう。啓蒙主義者たちが理想とするような識字率の高い社会の建設は求められない。時代がそういう社会の建設に適していなかったからだ。それどころか、1534年からスペイン王国は小説文学や不敬で寓話的な内容の本が南北アメリカに届くのを禁じた。インディアスの法律は検閲でそのような本を排除するために数節をついやし、船が係留されると、船倉に禁書がすべり込んでいないかどうかを捜索することが義務づけられた。スペインの**異端審問**の冷厳な権威たちは南北アメリカに特別な夢を抱いていた。すなわち広大な領土を、ヨーロッパを揺り動かしている新しい実験科学の情報がほとんど入らない、思想の流通もほとんどない、そのおかげで言語の汚染もほとんどない、そういう厳粛な祈りの家にすることであった。要約すると、共通スペイン語は、宗教者用の「パンリノチ」と俗人用の「アンダプト」というタイプの表現を利用しつつ、時が過ぎるのを待っていた、ということになる。

　とはいえスペイン人は、みずからの言語がほどほどに広がっていることから生まれる利点を享受していた。一番はっきりしている点は、彼らの入植した土地が、物質文明が時として石器時代にとどまっていて、スペイン人がヨーロッパから持ってきた文化とは戦時でも平時でも太刀打ちできないような、そうい

う文化の広がっている領土だったことだ。ほかの利点もあった。スペイン人たちは先コロンブス期の南北アメリカの驚くべき言語の迷路の鼻先に、確実に統一された言語、さまざまな題材について書かれた際立った記述文化をもつ言語、すなわち文字を備えたラテン語の息子[スペイン語]を持ってきたのである。それが印刷術とともに控えめに広がるのに、それほど時間はかからなかった。しかしながら彼らは、スペイン語を普及させるためには印刷術よりも重要なものを持ってきていた。内陸部への移動を可能にする馬と、かなりの距離を航行することのできる船であった。これらの物的手段のおかげで、スペイン語はじつに容易に言語迷路をかけめぐり、色々な土地に、たがいにかけ離れている港や町にしっかりと根づくことになった。スペイン語はほんのしばらくのあいだに、南北アメリカのどんな言語も決して経験したことのないような広大な領域を自分のものとして享受することになった。生産や商業や運輸や通信の革命的なシステム――その大陸では当時まで決して見られなかったもの――が、スペイン語を使って開発された。スペイン人は17世紀に、ことばを使って全速力で、20世紀にアングロアメリカ人が電報とラジオで行ったことをなし遂げたのである。しかしこれらのコミュニケーション上の革新的システムも、その成果の多くがスペイン生まれのスペイン人のあいだに見られ、先住民大衆がその恩恵にあずかることはほとんどなかった。このような普及は、ほかに起こりようがなかったのでそうなったのである。1606年に**ベルナルド・デ・アルドレテ**が「私たちのあいだには、収穫のことは自然が決めるということ以上の仕掛けはないので、私たちに起こることは技巧や巧智よりも自然の変化で決まるのだ」と書いているように、先住民大衆が評価するのは自然だけだったからである。

　ドン・ベルナルド・デ・アルドレテはスペインに住んでいる多くの著名人と同じように、植民地アメリカに自分たちの言語の帝国的栄光がないのを淋しく思っていた。彼はスペイン語が、ラテン語がローマ帝国の属州スペインで手に入れた栄光を、今度はアメリカで、書記文化の中心地の主人公となり、大西洋のかなた[南北アメリカ]にいるルカヌスたちや**セネカ**たちの糧として、学校で磨かれ、専門学校で啓発され、大理石に刻まれることを思い描いていた。アルドレテは多くの人と同じように、思い違いをしていた。たとえば、ロドリ

ゴ・デ・ヘレスやルイス・デ・トレスがエスパニョラ島をめぐり歩いていて金輪際なにも理解してくれない——そしてそれ以上にラテン語を理解しない——あの裸の若者たちと出くわしていたとき、どんな帝国の栄光が、あるいは大西洋のかなたにどんなセネカたちが生まれる可能性があったというのか。植民活動の第1期には、スペイン語の運命は特に軍事的な成り行きを素直になぞるものであった。そして、それ以外の文化的な洗練を真剣に考える者はひとりもいなかった。100年たってベルナルド・デ・アルドレテが筆をとっているときにも、こういう状況が惰性的に続いていくときの強い力に、衰えは見えなかった。

IV. いくつかの携帯言語

スペイン人とインディオのコミュニケーション。 インディオの捕獲。

　すでにわかっていることだが、クリストファー・コロンブスはいわゆる偶然によってアメリカ大陸に行き着いたのである。彼はジパングとカタイ、すなわち日本と中国に行こうとしていた。偉大なハン（汗）とその取り巻き連中、すなわち間違いなく遠い異国の、いずれにせよ東洋風に洗練された人たちに会えると思っていた。彼が受けたショックはかなりなものだったろう。あきらめはしたが、その陸地を越えて再び偉大なハンのもとへの航路を取ることができるかどうかを探るため、何度か航行を試みた。しかしできなかった。彼には、中国の海なら珍しい言語を使う人たち——当然、南北アメリカには居なかったのだが——に会えることがわかっていた。彼も多数の言語に振り分けられたヨーロッパの出身である。大西洋航海を後援してくれたスペインのカスティリア・アラゴン連合王国でもいくつかの言語が話されていた。アラビア語までも口にされていたが、この言語はそれ自体、コロンブスのいる島々で話されている言語と比べても桁違いに珍奇だということにはならなかった。島の話し手たちもまた異教徒であった。彼がアメリカの陸地を遠望したとき毛ほども思いいたらなかったことは、直面することになることばと人の、真実驚くべき複雑さで

あった。それに比べればヨーロッパの多様性など児戯に等しい。ヨーロッパの宮廷はどこでもラテン語を使って渡り歩くことができた。しかしアメリカに新たに生まれた宮廷は（宮廷と呼ぶとしてだが）、何語を使って渡り歩くことができるのか。

提督は、彼が追いかけていると思っていた財宝のことを考えれば、運が悪かった。この男が自分の言いたいことをあの海岸の若者に理解してもらうことの難しさは、ある意味で、その後の数世紀間の曲がりくねった言語上のスペイン化の難事業を予告していたようにも見える。そのスペイン化は、身ぶり手ぶり、通訳、インディオになったスペイン人、アフリカから連れてこられた奴隷、あちらこちらに横たわる広大な無人の地域、大学にある先住民語の講座、共通語の自由な普及を妨げるさまざまな障害、これらのあいだで進められようとしていた。

彼はそのとき手を振りうごかす以上の手段がほとんどないことを確認すると、（数十年後の）ポルトガルの航海者たちが南アメリカで常に採用することになる語学修得法に訴えた。すなわち、インディオを捕まえて宮廷に連れてゆき、ポルトガル語を教え、彼らをポルトガルの種としてアメリカの土地に戻すという方法である。この習慣がスペイン人のあいだでも普通になっていった。インディアスの法令では1526年ごろにはもう、通称「ことば役」（lengua「舌」）として、あるいは「仲介者」（trujamán）として役立つのであれば、人をかどわかしても合法的だということになっていた。もちろん法としての厳格な人間性もそなえていたので、毎回ひとりかふたりの「ことば役」だけとして、それ以上の捕獲は許されなかった。

コロンブスは10人の現地人をスペインに連れてきた。おおまかに言えば、彼らは進んでコロンブスの船に乗ったのである。ちょうどそれに応える形で、**カリブ海の島には「クリスマス港」**と呼ばれる小さな要塞が築かれた。そこには48人のスペイン人がとどまった。インディオたちはスペインに着くと、虚飾の限りを尽くす歓迎を受けた。彼らは宮廷に連れていかれ、そのうちのふたりには国王夫妻みずからが**教父母**となった。彼らが族長の息子であることは無駄にならなかった。南北アメリカ人の目にはとても興味深いものに映ったはずの儀

式で急いで洗礼をすませ、ひとりをドン・フェルナンド・デ・アラゴンと、もうひとりをドン・ホアン・デ・アラゴンと呼ぶことにした。アラゴンと呼んだのはカトリック王［アラゴン王国のフェルナンド王］の思い付きからではない。ふたりはアラゴン王国でキリスト教徒になったからである。具体的にいえば当時宮廷が開かれていたバルセロナでの洗礼だった。彼らはぜいたくな教育を受け、当時のスペインの諸王国に共通の言語を教えられた。

　遍歴の華たるバルセロナの騎士たちは鮮烈な印象を受けた。コロンブスの旅の成果は、本音を言えば少々期待はずれだったが、地中海の航海に慣れている彼らは、未来が自分たちの海とはまさしく反対側の海で展開するだろうと読んだ。それは間違っていなかった。16世紀には南北アメリカからヨーロッパに、過去の全世紀間の合計でも及ばないほどの大量の金が流れ込んできた。それはインディオや黒人たちに採掘させて、ポルトガル人とスペイン人がこつこつ運んできたものである。コロンブスはバルセロナの騎士たちを慰めるため、かの地には、記念に持ち帰った10人よりもずっと多くの驚異があると語った。入植事業は長くかかることになったが、確実に繁栄を約束していた。初期に努力した者のなかには、ボイル神父に率いられた**カタルニア**の選りすぐりの代表団がいた。とどのつまり、香料の地を渡り歩く契約を**ジェノバ**人［コロンブス］と締結したのは、カタルニア人たちであった。

　ボイルはスペインの王たちに信頼された僧侶であった。カタルニア貴族の出身で、コロンブスの2回目の航海でアメリカに渡った。［スペイン人の側の一方的な判断によると］平穏だが絶対的な無慈悲の状態で生活しているのに、そのような嘆かわしい状態について1日に1分も思い返すことがないという、じつに多くのアメリカ先住民を救うために、彼は具体的な指示を受けていた。随行者はロマン・パネーである。この男はボイルほど高い地位にはいなかったが、ボイルよりずっと小説的な人間であった。ヒエロニムス修道会に属していたパネーは、現地の王や平民たちと友だちになった。彼は2年間、グアリオネクスが統治している種族のなかで生活したが、この種族は、スペイン人たちの印象によると、そのあたり全域で一番広く使用されている言語を使っていた。パネーはその期間が過ぎるとマビアウテーの族長の領地に向かい、不信心者の心

を解放し、反省させ、希少言語を学んだ。彼はグアリオネクスの配下にもマビアウテーの配下にも、だれにも、スペイン語をまったく教えなかった。知っていたはずのカタルニア語も教えなかった。しかし大量の先住民語を覚え、その地の様式や習慣に関する編年史をインディオのことばで飾った。存在が知られている最初のアメリカ大陸の史料である。

V. 知らない人に教えること

共通語を広めようとする思惑。国家による初めての干渉。言語と宗教。

　ドン・クリストバル［コロンブス］に連れられてバルセロナに渡ってきたインディオたちは、その大半が習慣や食べ物や生活リズムの変化のために死んでしまった。生き残った者たちは、かの地で普及させるためにスペイン語を十分学んで身につけ、帰りの航海に出たが、おそらくカスティリアの水夫に囲まれてとても満足していたのだろう、陸地を踏むやいなや恐れおののいて逃げ出し、消息不明になってしまった。ということで、バルセロナからもどってきた先住民は、結局、「ことば役」にもスペイン文化の種にもならなかった。しかしカリブ海のクリスマス港にとどまっていたスペイン人にも、自分たちの言語を現地人に教える機会は多くなかった。彼らが教えたスペイン語はわずかだとはいえ、念入りに教えたことだろう。

　到着したばかりのスペイン人のなかには、インディオたちが1年のあいだに覚えこんだ単語をうれしそうに繰り返していることに気づく者もいた。その珍事は港の守護のためにとどまっていたディエゴ・デ・アラナとその配下の業績にされた。すぐに学習の謝礼が証明された。クリスマス港は先住民によって更地にされ、跡形もなくなっていたのである。そこに住んでいた者たちのスペイン語は間違いなく、スペイン語を学ぶことよりも中身の濃い何かのために使われたのだ。すくなくとも camisa「シャツ」、jubón「胴衣」、almirante「提督」はそのころ、コロンブスが建てたその不幸な定住地に隣接する部族の何人かに

23

は普通語になっていた。わかっている限りでは、クリスマス港は現在までに見られるスペイン語学校のなかで一番活発で最高にユニークな存在となっている。

現地人は素朴な気品と優しい自然さでもって（この気品と自然さからは仕草言語の専門家が興味深いアカデミックな結論を引き出すことができる）、すべてを伝達した。たとえば彼らはどこかのわら小屋から解体された死体を運んできて、それがどこでそうなったのかを、表現力豊かな仕草で教えてくれた。そうすることで、彼らはそのあたりに人食い人種のいることを理解させたのだ。彼ら自身がそうだということではない。あれこれの事態を目にして、コロンブスは、**ペドラリアス**は、**ベラスケス**は、**ボバディジャ**は、**オバンド**は、そしてその他多くの者は、**ネブリハ**という名のほうがよく通る**ドン・アントニオ・マルティネス・デ・カラ**が、スペインで、なんと風変わりな仕事に心をくばっていることか、と考えただろう。ネブリハは［スペイン語の最古の本格的な文法書を編纂して］、言語は帝国に従うとか、あるいは、幸福で身ぶり豊かにわら小屋に戻っていくその者たちにスペイン語とラテン語を教えるために文法書を編纂してやったのだ、とかという結構な考えを持っていた。クリスマス港で死んだ不幸なスペイン人たちは、この点について何と言うだろうか。

スペイン語を広めようとする試みがなかったわけではない。試みはあった。事実、最初の勅令――ボイル神父のような人たちが小脇にかかえていったもの――では、カトリック信仰をスペイン語で教えることが勧められていた。それは1513年の**ブルゴス**の法律でも繰り返された。ヒエロニムス会神父たちの1516年ごろの指令書も同じであり、この件について「カスティリアの**ロマンス語**を話すところを彼らに見せるように、そして可能な限り、あらゆる部族長やインディオにカスティリア語を話させるように」と、きわめて明確に命じている。そのため、少し前にアロンソ・デ・エスピナル神父が、インディオ通商院からもらった2千部の読み方教本をたずさえて出発している。これを使ってスペイン語のみならず、ラテン語も学ばせようというのだ。もちろんネブリハが気に入るように、である。時の経過とともに同種の教本がつぎつぎ届くことになる。

しかしながらこの手の指令書には、スペイン人が南北アメリカで3世紀のあ

いだ果たすことになる、［指令が変わるたびに］おろおろさせられる言語上の役割の、その発端がすでに潜んでいる。スペイン化の必要性は俗人の社会を築き上げるという意図によって決まることなどほとんどなかった。スペイン化の必要性は大量の先住民集団をカトリックに改宗させる必要性と方法に左右され、年により、指令書により、総督により、司祭により、変わったのである。すなわち、身ぶり手ぶりですることもあればスペイン語ですることもあり、象形文字ですることもあれば先住民語ですることもあり、なんであれ利用して実行された。だから、おそらくシモン・ボリバルの言うことは南北アメリカ人の3人にひとりしか理解できなかったとしても、頭をかしげることはない。

　スペイン王室では、**カルロス3世**の治世になるまで、南北アメリカに共通語が広まることを助けるような［宗教上ではない］その他の動機が決定的な形で重視されることはなかった。すなわち、その頃［18世紀の中頃］になると、初等教理教育を確保する価値はなくなり、良き行政と南北アメリカ人との取引と商業を確保することが不可欠になっていたし、取引相手は多ければ多いほどよかった。あまたある事柄のなかでも、**オランダ**人や**フランス**人や**イギリス**人たちと競り合って行う新たな商取引上の要請によって、何人かの目が言語に向けられた。目を開いたまま進んでいくと、領主と使用人の先住民や黒人奴隷でいっぱいの、しかしとりわけ、カトリック的・使徒的・**ローマ**的な型にはめてその領土を福音的エデンにしようという妄想に取りつかれたような宗教関係者でいっぱいの、その旧スペイン系世界は、すでに倒壊しはじめていた。このエデンのことは、法王**アレクサンデル6世**の教書のなかでかなり明白になっている。新領土におけるスペイン人の権利を、その地の人々を改宗させるという基本的な仕事を条件にして認めた1493年の教書である。南北アメリカでは植民地時代の初めから終わりまで、普及という点において、カトリック教はスペイン語が及びもつかないほど攻撃的であった。

VI. 手ぶりが言語の役をした

スペイン人とインディオのコミュニケーション。仕草という手段。

　アルバル・ヌニェス・カベサデバカは、1527年6月のおだやかに晴れた17日、**サンルカル・デ・バラメダ**の港を出た。20歳だった。**パンフィロ・デ・ナルバエス**の誇り高き探検隊に財務官として加わるには若すぎるほどだった。探検隊員は**アンティル**の島の岸辺に着くまでにいくつかの事件を経験していた。そしてさらに多くの事件を経験しながら、野望の対象であるフロリダ半島の大地を調べた。彼らがその地で獲得しようとしていたのは、**エルナン・コルテス**がもう少し南のほうで手にしたような勝利だ。しかし結果は大失敗だった。多くの者が死に、また多くの者がはぐれてしまった。彼らのなかの4人、ヌニェスとマルドナドとドランテスと黒人エステバンシコは、徒歩で、とてつもない進軍を開始した。現在の**アメリカ合衆国**の南部をフロリダから西のほうへ踏破し、メキシコ北部を歩きつづけたのだ。**チワワ**から**シナロア**、**クリアカン**、**コンポステラ**、**メキシコシティー**を通り、**ベラクルス**で旅を終えた。彼らは町の人たちから名誉ある待遇を受け、おおいに慰められた。筆舌に尽くせない労苦を経験してきていたのだ。徒歩でおそらく1万キロを踏破したし、8年間、ひとりのキリスト教徒にも会わなかった。私たちが映画で第7騎兵隊と勇敢に戦うのを見たことがある、あのアパッチとかセミノルとかショショニといった種族のほとんどといっしょに生活してきた。では、さて、彼らはその間、そんなに多くの異人たちとどのようにして理解しあったのだろうか。「私たちが手まねでたずね、彼らは手まねで答えたが、それはあたかも、彼らは私たちのことばをしゃべり、私たちが彼らのことばを話すかのようであった」のである。

　身ぶり手ぶりはその場しのぎの手段だった、などと思ってはいけない。とんでもないことだ。人々は仕草でもって高いコミュニケーションレベルに達していたのである。コロンブスはグァナハニーに到着したとき、身ぶり手ぶりの会

話から次のことを推察した。「私が思うに、この島々のインディオはだれでも私に向かって身ぶり手ぶりを使うが、それは彼らが自分たちの言語を使うと私がわからないからである。ここはジパングの島なのだ」と。これこそまさに、身ぶり手ぶり交信から推察できる内容なのだ。

コルテスの遠征隊の面々もまた、身ぶり手ぶりで理解し合うことがとても気に入っていた。ほかに方法がなかったのだ。彼らは少数であり、現地人は数えることもできないほどだったからである。一歩進むごとに変わる彼らの言語の数も多かった。そのうえスペイン人の耳にはとても珍しく響く言語で、だから地名のチュルルテカル Churultecal がチョルラ Cholula になり、イシュフアカン Ixhuacan がセイナカ Ceinaca になった。たしかに無理もないことだ。だれだってその状況なら同じことをしただろう。身ぶり手ぶりで交信することは結局、野暮ったくても便利なやり方だということになるはずだ。身ぶり手ぶりですべてがわかった。仲良くしたいのか喧嘩したいのか、行こうとしているのか来たところなのか。そして婦人が毛布を下に振って手を上の方に向けてたたけば、**ベルナル**の配下はトウモロコシの**トルティヤ**を作ってもらえることがわかった。空腹は機知と理解力を鋭くするということは本当の話なのである。

このやり方については、宗教関係者が最高の洗練度にまで到達した。**トラスカラ**の住民はそれを確認することができた。トラスカラでは市の開く日に、そこに何人かのフランシスコ会修道士が現れた。彼らはスペイン人たちが、新たな国と多彩な住人を知ってもらおうとして散歩に連れ出したのである。修道士たちは興奮し、唖然とした。そんなに多くの、スペインの大衆とそれほどにまで異なった、そして全員が異教徒である、そういう人間集団を目にしたことが、かつてなかったからだ。彼らはいきなりその場で人々を改宗させにかかった……身ぶり手ぶりで。身ぶり手ぶりで天国を、その高みに存在する宝と偉大さを示していった。そして地獄とその労苦も身ぶり手ぶりで。トラスカラの人たちや彼らと同類の多くの人たちが、仕草による神学の理解に少々手こずるようだったので、宗教関係者のなかには身ぶり手ぶりから演劇に移る者も現れた。広場の真ん中に大きなたき火を焚いて生きた動物を投げこむと、それが地獄であった。これ以上に明晰な説明はできない。演劇派修道士のこと、それ自体は、

南北アメリカのための発明でなく、スペインにもあったが、スペインでは多くの場合、アステカ人と比べてキリスト教の神秘劇に特段に熱中することのない住人を教化しなければならなかった。

　カトリック信仰のどんな秘跡も、先住民と自然言語で理解しあえる方法がなければ、告解という心の深奥にかかわる秘跡も含めて、身ぶり手ぶりで執行することができた。こういう事態を冷静に考慮すれば、身ぶり手ぶりは、そういう場面で利用される通訳よりずっと信頼できる。考えてみればわかるが、通訳が告白者の言うことを混じりけなしに訳していると信じる者など、いるだろうか。通訳は聴罪司祭をだますことがないのだろうか。告白する者に敵意を持っていたりすれば、彼が犯してもいない大罪を語るのではないか。残念ながらほかに手がなくて女性の通訳を使うことにでもなれば、秘密は守られるのだろうか。確実に不可能だ。これらすべての問いかけは、スペインによる植民活動が２世紀を経過したころ、**エクアドル**の**キト**の司祭であるドン・アロンソ・デ・ラ・ペニャ・モンテネグロが自著『**インディオの教区司祭のための旅程**』のなかで大真面目に発していた。

　しかしながら身ぶり手ぶりならこのような不都合をすべて避けられるので、ドン・アロンソは、もし深く信頼できる通訳を使うことができない場合、「キリスト教徒で死に瀕している病人とともにいる僧は、その者を口のきけない者と同じように扱うべきであり、身ぶり手ぶりでもって罪の痛みを感じさせるようにつとめ、それほど難しいことでもないので、例の罪のいくつかを手ぶりで告白させるように」と指導した。あるいは、見方によればじつに厄介なことになる。というのも、ラテンアメリカで犯すことのできるあらゆる可能な罪のなかに、フランシスコ会修道士の、ヒエロニムス会修道士の、聖アウグスティヌス会修道士の、ドミニコ会修道士の、そして既存の修道会や新生の修道会のすべての修道士の心痛をさそう罪が、ひとつあったからである。キリスト者の純潔な目にその地が地獄の姿として映るようになる罪、白日の下に驚くべき自然さで犯される罪、単純な罪ではない罪、あの罪であった。十戒の６番目の戒めを破る罪、その地ではほとんど目の届くところで実に気さくに続けられる破戒、そして何とかうまくあしらわれるはずだった男性と女性のあいだのことではな

く、男性と男性のあいだのことであり、身の毛もよだつ本物の男色も男色っぽいケースもあった。ところで、ドン・アロンソの指示に忠実な僧が身ぶり手ぶりで、その別格の罪を犯したかどうかをたずねている姿を想像してみよう。そして不信心者が同様に身ぶり手ぶりで答えている場面を想像してみよう。見ものだっただろう。

　結果として明らかになることだが、身ぶり手ぶりを使えば上首尾の理解が得られたし、まさにそれゆえ——キトの指導でもわかるように——ずっと後まで活用されはしても、それは理想的な解決法にはならなかった。それは何らかの罪を身ぶり手ぶりで告白するときの気恥ずかしさゆえではなく、よく考えてみれば明らかになるような多くの難点ゆえにである。そういう次第で南北アメリカの人たちは、身ぶり手ぶりを使うことのほかに、人間的にさらに興味深い方法を利用して理解しあった。通訳の出番である。

VII. フェリピジョと彼の同業者たち

スペイン人とインディオとのコミュニケーション。通訳たち。

　わかっている限りでは、南北アメリカの言語を最初に学んだスペイン人はクリストバル・ロドリゲスであった。船乗りである。インディオに囲まれて学んだ。頃は西暦1500年。その土地のことばを学ぶことには色々な利点があった。現地人と「おれ・おまえ」で話ができるし、当番の隊長に現地人の言っていることを訳してやれるし、その逆もできて、そうすることでいくばくかの金を稼ぐこともできた。しかしヤシ林の心地よい散歩が30分も続かないうちに別の現地人たちが現れ、ひとが何ヶ月もかかって学んできた言語を全然理解してくれない、ということが普通だった。それだけではない。もし人がそこにとどまってこの2番目の言語を学ぶ決心をしても、今度もまたココヤシ林の心地よい散歩が30分も続かないうちに新たな現地人が行く手に姿を見せるが、先年、あたたかく迎えてくれた先生たちと何年か親密な共同生活を送りつつ身につけ

た言語を金輪際わかってくれない、ということに気づくのも普通であった。征服期という時代には、これに似たことが多くのクリストバル・ロドリゲスたちに起こった。

　このように複雑きわまりない言語状況を前にして、通訳を演じる役者である「ことば役」や「仲介者」、ロマンス語を知っているインディオのラディノなど、この役を演じる人たちはだれでも、南北アメリカの舞台で出演料を受け取るのであるが、その金額は、今日の我々には想像できない。とはいえ、当時インディアスへ渡ってきた人たちなら当然のこととして値踏みできた。軍人なら特にそうだった。彼らはみな、すでに見てきたように、通訳として仕込むために現地人を捕獲することが先決問題であると考えていた。その地に着いたばかりの者が対面することになる人間の珍しさは、南北アメリカの自然が見せる珍しさよりも、おそらく数段信じがたいものだったからである。

　たいていの者がその捕獲競技を実践していた。たとえば隊長**フランシスコ・エルナンデス**だが、彼は 1517 年頃、通訳用のインディオの捕獲を続けていた。そしてふたり見つけたが、かれらはメキシコの戦争で中心的役割を果たした。メルチョレホとフリアニジョである。軍人**ホアン・グリハルバ**も熟練した選手だった。彼は運がよくて、**タバスコ**では 4 回の捕獲競技に出場した。獲物の何人かはときどき役に立ち、何人かは逃げ、何人かは当然のように主人を変えたが、土地が変わると役に立たなくなった。ほとんど全員が年端もいかない若者だったので、名前には［レホとかニジョとかの］示小接尾辞がつけられた。スペイン人は当初、足を踏み入れたばかりの言語の迷路のことも、そういう事態が自分たちにもたらす帰結についても、十分に検討しなかった。すでにスペイン人と南北アメリカ人とのあいだにではなくてスペイン人とスペイン人のあいだで、そして南北のアメリカ人とアメリカ人とのあいだで、侮辱やいさかいや小競り合いや敵意がつぎつぎに生まれていたが、それを引き起こすことになった誤解の一部は、基本的には、ひとつの場所に実に異なった関心を抱く人たちが集まっていて、話していても具体的に理解しあえないときに起こる宿命にすぎなかった。この解釈には疑う余地がない。

　エルナンド・デ・ソトはフロリダを探検しているとき、言語の多様性のこと

に思いを巡らし、部族長たちと話をするには14、5人の通訳が必要だということに気づいた。チカサ州に着いたとき、ある事がひらめいた。通訳のチェーンを作ることである。インディオたちはさまざまな言語で用意されたメッセージを互いに回しあい、最終的にドン・エルナンドの通訳が、雇い主に伝えるべき有用な情報を探り出した。言うまでもないが、ドン・エルナンドの探検は——何人かの歴史家の言い方によれば——劇的な事態に満ちていた。通訳のチェーンの話もまた、なにか劇的な、しかしこの場合は喜劇的な状況になることがあったと想像できる。

　時が経過して通訳という役者もそれなりに認知されてゆき、仕事の仕方も法律によって定められていく。無理もないことだ。デリケートで、あらゆるタイプの汚職や偽証にその周辺部でかかわる仕事だったからである。しかし著名な人が引き受けるような仕事には決してならなかった。そのほかの多くの仕事と同じように、有用だが汚れ仕事であった。実入りは良くなかった（し、それは法律そのものが認めている）。軍隊とか行政当局が作戦のために良質な通訳の参加が必要だと考えるような、そういう辺境とか駐屯地なら魅力的な給料になった。その場合には手当てが並の報酬の10倍にもなった。

　ビジネス意識の高い者にとって、多様な言語の海のなかで相互理解の必要に迫られている南北アメリカ人の立場は、関心を引くものであった。ペドロ・アレナスにはそのように見えた。アレナスはメキシコの住人だが、通訳でも仲介者でもなく、その種の何者でもなかった。彼は店を持っていたが、住民に商品を売ろうとするときには例外なく、あれこれの言語と格闘しなくてはならず、そういう仕事に辟易していた。ことあるごとにフランシスコ派修道士の**アロンソ・デ・モリナ**が編集したスペイン語＝アステカ語辞典に助けを求めることにも飽き飽きしていた。それは特にサイズの点で、疑いなく大辞典であった。気軽に参照できるような作品でなく、さらに、おそらく商人にとってより伝道師にとって有用な情報がいっぱい詰まっていた。ということなので、ペドロ・アレナスは自分が使う語彙集を書くことにした。しかしながら、スペイン語の見出し語の列をアステカ語の列と対比させるようにはせず、もう少し中身の濃い書き方にした。すなわち、食料を買い出しに行くとか、馬を売るとか、子供に

罰の尻たたきをするとか、石工と契約するときの不可能な商談と対決するときというような、日常生活でよく起こる場面を考えたのである。そのようにして実に気のきいたいくつかのスペイン語＝メキシコ語の対話をでっちあげた。あるクレオールがアステカ語の隣人とことばを交わすために話したいと思うとき、アレナスの辞書を開いて、たとえば「クイス・キアフイジウ・アシュカン？」、すなわち「今日は降るでしょうか」と言うと、相手は「シキッタ・ケントラマニ・イン・カフティル」と答えたとしよう、この辞書はそれを「どんな天気になるか、見ていてごらん」と訳している。

　1611年に出版されたこのアレナスの語彙集には、人類愛と商取引が混じり合っていた。しかし予想ははずれなかった。当時の読者がどんなに少ないかを考えれば大当たりであった。この著書の最大の驚異は、書かれてから250年後、すなわち19世紀の後半にも刊行されつづけ、買い手がいたことである。こういうことがわかれば、私たちは、ことばの問題がメキシコ副王領でどんなに穏やかに忍耐強く続いていったか、そのことについて反省しなくてはならない。そしてまた、スペイン人の言語が当初思われていたほどには広がっていなかったという事実についても、である。

　南北アメリカの女性がどれほど通訳の仕事に使われたのか、考えてみると好奇心がうずく。そしていかに上手にこなしたか、という点も興味深い。その地のスペイン人将兵の生活を想像するだけで十分だ。彼らが奇妙な言語を話す人たちと理解しあわなくてはならないという危機的状況に置かれていたから、というだけでなく、さらに、スペインの**クエジャル**に、**トレド**に、あるいは**ウエルバ**に子供や女房を置いてきているのである。我々にもそのような状況は理解できる。女性通訳は想像されるあのことだけからではなく、トウモロコシのパンケーキを作ったり家事を取り仕切ったりすることができることで、男性通訳のメルチョレホたちやフリアニジョたちよりもずっと有用である。**フランシスコ・デ・イバラ**は伝説の土地**シボラ**をオコロニの女性部族長であるドニャ・ルイサと一緒に探した。**カルタヘナ**の総督だった**ペドロ・デ・エレディア**は**サンタマルタ**の港に着いたとき、ふたつの命令とともにふたりの兵士を陸地に派遣した。だれか通訳用の人間を捕獲することとその者が女性であること、であっ

た。**ベネズエラ**の総督だったホルヘ・エスピナも同様の趣味を持っていた。敬虔な**バルトロメー・デ・ラスカサス**師はインディオ女性であるドニャ・マリアを、福音を説くためだけに連れて歩いた。

　男女の通訳の最も出来のいい見本は、メキシコにおける軍事行動のときに生まれた。それはエルナン・コルテスを取り巻く人々の周りで起きた。彼らが1519年に**ユカタン**半島の**カンペチェ**で下船したとき、何人かのインディオが「カスティラン、カスティラン！」と叫びながら近づいてきたが、その呼び名は、**マヤ**人に捕まえられた数名のスペイン人を指すものだった。コルテスの仲間たちは彼らの跡を追ってゆき、**ゴンサロ・ゲレロ**と**ヘロニモ・デ・アギラル**に出会った。彼らが何者なのか、わからなかった。インディオのようでもあった。ゲレロとアギラルは**パナマ**のダリエンから**サントドミンゴ**への航行中に難破したブリガンティン船の生き残りであった。ボートに乗ってユカタンの岸辺に着いた。そして現地人のなかで７年間生活してきていた。ゴンサロ・ゲレロはマヤ語をスペイン語より上手に話しただけでなく、身体に墨を入れ、耳と唇に穴を空けていて、何人もの妻と３人の子供がおり、土地の者から部族長とも隊長とも見なされていた。彼はスペイン人たちといっしょに戻ろうとせず、家族への贈り物としてガラスのビーズ玉を少し求めただけだった。ヘロニモ・デ・アギラルは、素直に、コルテスとともにその土地を離れた。

　何人かのすぐれた通訳のおかげで、スペイン人たちはそのあたりでの移動がしやすくなった。しかしエルナン・コルテスが通訳に恵まれる幸運は容易な移動だけで終わっていない。この**コンキスタドール**［征服者］は土地にも女性にも恵まれたが、種族や受洗の有無などは意に介さなかった。コルテスはスペインから妻がやってくるまで、いく人かのスペイン人女性やインディオの女性と穏やかに同棲していた。ドン・エルナンは妻が到着しても、とりわけ謙虚になるということはなかった。ある日、タバスコの部族長たちがスペイン人に、トウモロコシのパンケーキを作ってくれるインディオの娘を20人贈った。そのグループのなかにマリンツィンがいた。彼女はマリナリ、ドニャ・マリア、**マリンチェ**などという名前でも知られている。15才だった。そして兵士エルナンデス・デ・ポルトカレロに割り当てられた。何日も経たないうちにスペイ

ン人たちは彼女が**ナワ語**とマヤ語を話せることに気づいた。そこでコルテスは彼女を通訳兼愛人としてスカウトした。ポルトカレロが 2 ヶ月後にスペインに発ったので、ことはそれだけでおさまった。とはいえ、この種の感情的な混線もスペイン人兵士の気風では問題にならなかった。日常茶飯事だった。

　メキシコ人との交渉ではマリンチェがナワ語からマヤ語に訳し、ヘロニモ・デ・アギラルがマヤ語からスペイン語に訳した。コルテスは 400 人強の手勢でメキシコでの軍事行動を始めたが、彼を取り巻く人々は、フリアニジョたちが、メルチョレホたちが、**アギラル**たちが、マリンチェたちが提供する見事なサービスによって十分な情報を得られたから、敵の軍事作戦に対して先手を打つことができたし、敵と有利に話をつけることや敵を分断したりあざむいたりすることもできた。情報操作は水面下の戦争の一形式であるが、スペイン人は通訳たちのおかげで、言語分割によってしばしば互いに孤立していた先住民のどんな部族にも不可能な、通信と情報のネットワークを構築することができたのだ。コルテスの遠征から 250 年たった頃でもまだ、**オアハカ**の司教であるドン・ミゲル・アルバレス・デ・アブレウは、言語の数が多く、「すぐ近くの部族同士がどちらも自身の言語だけを使っていて互いに何**レグア**も離れているがごとき状態にあるから、その場にいなければわからないような無秩序」が引き起こされるのだ、と考えていた。

　通訳たちは時に諸刃の剣であった。**フランシスコ・ピサロ**は**インカ人**を相手に交渉しているとき、そのことを思い知らされた。こういう水面下の戦争と機密データの記述情報をともなう交渉の場で、**ピサロ**にはコルテスに比べて 2 種類の大きな不都合があった。第 1 に貧困の育ちゆえに文盲であったこと、第 2 に彼の通訳がしばしばとんでもない仕事をする人物だったことである。通訳はフェリピジョという名であった。**ケチュア語**の習得は不十分だったし、スペイン語の習得もそれよりずっとましだということでもなかった。何人かによるとスペイン語は流ちょうだということだが、その流ちょうさは、軍人を語学教師にして学んだ者にみられるごとく、悪態とののしりだけに限られていた。**ビセンテ・バルベルデ師はアタワルパ**——あるいは古い年代記作家によると**アタバリパ**——にカトリック信仰の神秘的教義を説明しようと精を出していたとき、

話がそれほど進まないだけでなく、相手のインカ人にはそれがお笑いぐさに思われてさえいることに気づいた。フェリピジョがあいだに入っていたが、なにもしなかったわけではない。ビセンテ師が神は異なった3種類の位格のひとつであると言うとき、フェリピジョはそれを合計してそのインカ人に、神は1たす3であり、すなわち4だと訳してやった。フェリピジョの通訳作業は、わかりにくい三位一体の教義をさらに一層わかりにくくするというものではなかったが、アタワルパには笑いの種となり、その笑いはスペイン人たちを侮辱した。しかしながらこれが最悪のケースというわけでもなかった。フェリピジョはアタワルパの妻のひとりに惚れてしまった。しかし相手が相手だから近づくことができなかった。彼はこのインカの王が死ねば恋いこがれた相手への接近が可能になると考え、つぎのような陰謀をたくらんだ。ピサロの手の者たちが、**カハマルカ**でアタワルパを捕らえているのでインカ側から激しい攻撃があっても当然だと考えていたとき、アタワルパは誰も襲ってはこないと言って、彼らを安心させようとした。フェリピジョはそれを故意に正反対に訳し、しかも再三にわたって報告した。だからこのインカ人の処刑が命じられ、その命令が実行された。しかしフェリピジョは、例の王妃と結婚することはできなかった。もっとわかりにくい歴史的事件のあれこれの主役であった彼は、その事件のひとつで身を切り刻まれて果てた。職業的宿命である。

VIII. 白い宮殿

スペイン人のインディオ化。難儀な言語共有化。

　インディアスと呼ばれる新大陸に渡ってきたスペイン人たちとスペイン系アメリカの住民たちとのあいだの数の不均衡は、つねに桁外れに大きかった。1570年にはその地にスペイン人の6,500家族とインディオのたっぷり300万を数える家族がいたはずである。この数字を3倍すれば全人口の概数がわかるだろう。100年後もその均衡は不釣り合いのままであった。そのころメキシコシ

ティーには8千のスペイン人と約60万の先住民が生活していた。このように後者がとびぬけて優位な人口構成だから、スペイン領アメリカに到着したばかりの者たちがインディオ化したとしてもおかしくない。マヤ人のなかでマヤ人のひとりに見えたゴンサロ・ゲレロのケースは、すでに見てきた。インディオになったスペイン人たちは他のタイプのスペイン人とは大きく異なっていて、想像できる範囲で最も小説的なエピソードの主人公になっている。たとえば兵士ペドロ・ボオルケスは、めちゃくちゃインカ的になり、頭もおかしくなったが、なんなくその地の数言語を習得して、自分は古代インカ帝国を復活させて相続するために天から送られてきた人間であると信じ、ほかの者にもそう信じさせ、パイティティすなわち白い宮殿を探しに行った。そして数部族の王として数年間生活したが、彼らは余裕たっぷりだったのでペドロ自身は皮肉って「無一文のインディオたち」と名づけた。栄光より苦労のほうが多かったパイティティ探検の仕事が終わると、彼はスペインの兵隊といっしょに戻ったが、そういう彼を兵隊は大喜びで絞首台まで連れていった。両者のあいだにはことばが介在することがなかった。

　先住民語の学習熱がこれほどまでに高まったので、スペイン語の伝播が妨げられることになった。到着したばかりの者が、ほとんどスペイン語を知らないまま彼の周りに集まってきた150人にスペイン語で話しかけ、150人は親切にも彼の言うことを理解しようとした、などと考えるのは短慮である。それより150人の言語を学ぶほうが実際的だったし、そのためには大きな努力をする必要もなかった。1635年、マルドナド司教が**フェリペ４世**に手紙を書き、現在では**アルゼンチン**北部にある**トゥクマン**の、その地の生活習慣に関する事柄を伝えているが、使用言語について「この地ではインディオもスペイン人もカスティリア語で話すことはほとんどありません。インディオたちの共通語のほうがここに適応しているからです」と述べている。翌年も１通の手紙がこの王に届いたが、今度はキト発であった。セバスティアン・デ・ベナルカサルがこの町を建設してから130年経っていたが、「この州にある町では、とりわけこのキトのことですが、個人宅に無数のインディオが働いています。そして主人や主婦は彼らにインカのことばで話します」と報告している。トゥクマンやキトの

例はごくありふれたものであった。

　1789年、航海者の**アレハンドロ・マラスピナ**がカディスの港を出帆しようとしていた。彼については、その時代、5年間の航海でスペイン帝国の隅々まで知ることのできた唯一のスペイン人だったと言うことができる。マラスピナはその年――のちほど紹介するが、たしかカルロス3世が南北アメリカにおけるスペイン語の有効な教育のための命令を伝えてから19年たっていた時期――、探検されたことのない広大な地方と現地人の集団を発見した。彼らはスペイン語を全然知らないか、あるいは、あやふやで簡単な知識しかなかった。というのも、彼らの高祖父母がときどき、何人かの探検家や、スペイン語を知っているが現地人の言語を完全に使いこなせる多数の修道士に会っていたし、また、遠隔の地ヌートカ（ここは**マジョルカ**人船長ホアン・ペレスに率いられたスペイン人たちが**サンロレンソ**と命名したが、のちに**クック**船長の率いるイギリス人たちがつけた名前）にある商港だったので、いろいろと珍しいことに遭遇していたからである。その港はアラスカの南方にあって、毛皮取引のために開かれており、遠いカタルニアを懐かしむ勇敢で――そして凍えきった――将兵たちによって守られていた。航海者マラスピナは昼夜の航行を何年も続けたあとで、つぎのように推測した。スペイン語が普通に使われていて現地語も珍しくない大きな都会の中心地を除けば、スペイン帝国には文字通りの共通語がない、ということであった。圧倒的多数の現地人、多くのスペイン人がインディオ化したり簡単だからというだけで先住民語を学ぶという習慣、（先住民語が聞かれることも多い）クレオールの社会にスペイン語が集中しているという現象、現地人のそれぞれにそれぞれの言語で説教するという布教の実践、そして南北アメリカの領土にある広い地域の過疎化、これらはみな、本物の言語共有化の成立を支援するものではなかった。こういうことが18世紀もごく末期に起こっていた。とはいえ、その他の状況もあって、南北アメリカ植民地の言語地図が一層複雑になっていったのだろう。

IX. サンバンブーはコンゴのかわいい黒人娘

奴隷貿易と、それから生まれた言語状況。

　「1517 年、神父バルトロメー・デ・ラスカサスはアンティル諸島の金鉱で苦役地獄に疲れ果てているインディオをひどく哀れみ、カール 5 世に黒人の輸入を提案したが、黒人たちもアンティル諸島の金鉱における苦役地獄で疲れ果てていった」。これは**ホルヘ・ルイス・ボルヘス**が書いた『恥辱の世界史』（1935）の第 1 段落にあることばだが、本書のこの節にぴったり当てはまる。デ・ラスカサスの時代には黒人がインディオよりもこの仕事に適しているかとか、黒人は人の住んでいない広範な土地への再入植に適切に役立つか、とかが議論されていた。スペイン人たちはすぐに、黒人がインディオよりもこの仕事にずっとよく適応するだけでなく、そういう領地への再入植はインディオよりも上手である、ということを確認した。

　たしかにアンティル諸島とカリブ海域の人口減少は大きかった。先住民たちは病気や飢えや戦争によって、スペインからやってきた者と比べると異常な早さで消えていった。あらたな入植者たちの数も海賊行為や旅の困難や過酷な風土によって、目立って大きくなることはなかったが、スペイン語は確かに、アメリカ先住民諸語と競合することなくそれらの地帯に張りつけられた。それは単に、先住民が屈服して他の土地に移動したからか、あるいは根絶されたからであるが、すべて 2 世代に満たない期間の出来事であった。

　ボリンケン島には 1508 年にキリスト教徒の最初の村ができた。**ホアン・ポンセ・デ・レオン**が建設した。彼はそこをビジャカパラ Villa Caparra と呼ぼうとしたが、カトリック王フェルナンドはカパラという名前の響きが悪いので、その村を**プエルトリコ**と呼ぶように命じた。先住民が付けていた名前の「ボリンケン」Borinquén あるいは「ポリンケン」Porinquén をカスティリア語風に発音したようなものである。デ・ラスカサスによると、プエルトリコには当時、

50万のインディオがいたことになるが、この宗教家がアメリカについて語っていることすべては10分の1に割り引いて理解するべきだから、用心して、そこの現地人は5万を越えなかったと考えるほうがよい。1765年に警察署長のオレイリが44,833人の住民調査を行っている。ということは、250年のあいだに住民の数が増えなかったことになる。だがその島の性格は変わってしまっていた。ポンセ・デ・レオンの時代にはスペイン人と先住民がいたとすると、オレイリの時代にはクレオールと、住民の大部分を占める黒人奴隷がいた。

しかしながらポンセ・デ・レオンの時代にもすでに、この土地には黒人が上陸していた。スペインの法律はかなり早くから奴隷貿易に拒否の態度を表明していた。しかし黒人取引には非常な魅力があり、ジェノバやオランダやポルトガルやスペインの商社や、そしてその他とは大いに異質なイギリスの商社が、すでにその取引に大きな責務を背負っていたので、スペインの拒否などほとんど何の役にも立たなかった。入植者は入植者で奴隷の殺到にうっとりしていたに違いない。すなわち、彼らはすぐ、ひとりのインディオがユカ芋を10束用意する時間に黒人は100束用意することを目撃した。**フェルナンデス・デ・オビエド**は1520年にアンティル諸島について、「ここの土地にはエチオピアそのものの姿あるいはイメージが形作られている」と言ったが、たしかにそうだったろう。止めどなく下船していたアフリカ人の言語はみな、カリブ海域の複雑な人種言語地図を一層こみ入ったものにしたはずである。参考のために紹介すれば、**キューバ**には1750年と1850年のあいだに最も多様な出自と言語、すなわちワサ語、トンゴ語、フラ語、ベテケ語、バンババ語、バオンゴ語、セレレ語を使う72万の奴隷がやってくるが、白人の人口は、旅費が無料のうえに有利な定住条件があったにもかかわらず、30万を越えることがなかった。

アメリカ大陸にやってきた黒人は、そこの先住民と違って、土地からはぎ取られて非人道的な条件のもとでちりぢりになって到着し、自分たちの言語を維持する関心も必要性も感じることがなかったし、また彼らには、アメリカ先住民諸語のときのように彼らの言語を学ぶ用意のある伝道師もいなかった。それらの「商品」は公開入札で売られ、すぐに所有者に手渡され、私邸の使用人とか労働力になっていったが、主人の第1の関心は、その「商品」――というの

がこの不幸な人々の呼び名であり、自分で動くだけの物品とほとんど同じ扱いしか受けなかった——が、受けた命令を早くわかるようになってくれることであった。結果として彼らはとても早くスペイン化した。黒人の話しことばはしばしば文学で戯画化されたが、たとえば**ルイス・デ・ゴンゴラ**の描写には次のようなことばが含まれている。

La alma sa como la denta,	(El alma es como los dientes
Crara mana.	Clara, hermosa.
Pongamo fustana	Pongámonos enaguas
E bailemo alegra;	Y bailemos alegres;
Que aunque samo negra,	Que aunque seamos negras,
Sa hermosa tú.	Eres hermosa tú.
Zambambú, morenica de Congo,	Zambambú, morenica de Congo,
Zambambú.	Zambambú.)

（魂は歯のように白くて美しい。さあスカートをはこう、そして楽しく踊ろう。私らは黒人だけどあんたは美人だサンバンブー。**コンゴ**のかわいい黒人娘、サンバンブー。）

　面白いことに、そして**ドン・ルイス**の戯画化にもかかわらす、黒人たちはほとんど出自の痕跡を残すことなくスペイン化した。黒人たちはポルトガル人やオランダ人やイギリス人といっしょに住んでいて、自分の言語を相手の言語と混ぜ合わせ、アメリカ大陸の大西洋側のいくつかの沿岸地域に奇妙な混成言語［クレオール］を残したが、そういう混成言語のなかにはスペイン語から生まれたものがほとんどない。19世紀になってもまだ、アフリカ生まれの黒人の発音と彼らのアンティル諸島の子孫の発音の違いが観察できたが、言語の平準化がどんどん進み、すぐに違いがわからなくなっていった。しかしながら確かに、この地帯のスペイン語にはそういうアフリカ系諸言語に由来することばが残った。bemba「厚い唇」、chumbancha「お祭り騒ぎ」、chévere「上出来のもの」、mambo「マンボ」、あるいは valer un congo「とても価値がある（←「男性コン

ゴ人ひとり分の価値がある」)」である。

　これらの沿岸地方はかかる状況にあって早急にスペイン化したため、そのスペイン化の痕跡をアメリカ大陸の人種言語地図に残した。人間の痕跡は明白である。言語の痕跡は言語学会での論議を活発にするのに役立ち、また目でとらえられるものになる。たとえば、南北アメリカの「低地」では、すなわちスペイン人の最初の大波を受けて先住民が姿を消し、そして輸入された黒人奴隷が早急にスペイン化することになる、そういう島や沿岸地帯でできている地方では、言語用法に、アンダルシア・**エストレマドゥラ・カナリア諸島**の人々の眼鏡にかなったカスティリア語がはっきりと根を下ろしている。しかし「高地」では、すなわちメキシコの内陸部に入ったり、あるいはアンデスの高原地帯に広がる**ボリビア**や**ペルー**に行くと、そこではスペイン化の力のある集団が最初は非常に小さく——ピサロに従っていた兵士は160人——、スペイン人が接触する南北アメリカ人の数は無限に大きかったが、さらに、彼らはかつて強力であった文化を継承し、アステカやマヤやインカといったいくつかの国家組織を持っていたから、その人たちの言語は、スペイン語と衝突するとそこに明白な痕跡を残しはじめ、今日に至っている。痕跡は珍奇な話題になりやすい語彙の面だけに限らず、発音にも及んでいる。たとえば、メキシコ高原地帯にはアステカ系のトラスカラ Tlaxcala、テワンテペク Tehuantepec、ツィンツンツァン Tzintzuntzan といった子音いっぱいの名前が残されているが、その地のスペイン語話者は今日、eclipse [eklípse]「（天体の）食」、texto [tèksto]「テキスト」、cápsula [kápsula]「カプセル」、concepción [konsepsjón]「着想」、septiembre [septjémbre]「九月」といった単語を、どの子音もはしょることなく最も忠実に発音する人々である。たしかに学校では正しい発音を教えたことになるが、生徒の先祖たちはそこにスペイン語の学校ができるずっと前からそういう子音群を発音していたのだ。スペイン語さえ存在していない時代から、である。

X. バロー博士の考えたこと

混血。フィリピン諸島のスペイン語。

　1902 年、パリに本部のあるアフリカ担当国務省に、熱帯アフリカに赴任中のフランスの事務官たちが遭遇している騒動に関して、気になる情報がいくつか送られてきた。業務用ファイルが開かれ、『バロー報告』のほこりが払われた。すると、かつてこの賢人は、このような場合のために次の解決法を思いついていたことがわかった。先住民との、可能ならば黒人指導者の親戚との婚姻を勧めること、事務官たちが彼女らの子供を得るべきであること、事務官が甘美なるフランスに帰還することになったら、先住民女性はその地に残り、別の夫を難なく見つけられるようにフランス政府から十分な持参金が与えられて、そして子供をフランス語で教育する学校に入学させることを忘れないこと、などである。バロー博士のモットーは「黒人と白人の混血を生みだし、アフリカ南部をフランス化しよう」であった。

　この賢人の助言は、フランスの驚くべき天才に典型的な、新奇で大胆なものに思われた。しかしながらそれほど大騒ぎするものでもない。4 世紀前から南北アメリカのスペイン人が、バローが何様であるのかを知らないまま、先住民女性がボスの娘であるかとか皮膚が何色だとか持参金があるかどうかとか子供たちを教育するべきかどうかとかに何らこだわらず、普通にしていたことである。スペイン人たちはそれを実行していたのみならず、自分たちの産物［子供］につける mestizo「メスティソ、混血児」という名前を考案した。これはラテン語の mixtus「混ぜ合わされた」から派生していて、南北アメリカにおけるスペイン語の運命を左右する鍵のひとつを内に秘める、非常に的確なことばである。なぜならば、この産物がなければ、スペイン語は、手ぶり身ぶりや通訳や矛盾だらけのスペイン化の法規やインディオ化した兵士たちやシーツにウチワサボテンを描いて先住民を教化する修道士たち——私たちの言語はこのあたり

から先方に入り込んでいったのだが——、こういうものの成り行きにゆだねられており、共通語になるに至ることは決してなかったはずだからである。

　スペイン人たちの場合、新大陸における混血は避けられなかった。すなわち、ヨーロッパ系の女性が非常に少なかったから、正当な妻としてであれ内縁の妻としてであれ召使いとしてであれ、彼らとともに住んでいた現地の女性が混血の実践に貢献した。先住民の性愛の習慣がスペイン人の持ってきた習慣よりもずっとずっと寛大なものであることも、この実践に味方した。スペイン人の習慣は、とくに**ムーア人**との国境地帯に住んでいるときなど、問題がないわけではなかったものの、村を訪ねてきた人にお楽しみ相手の女性を何人か差し出すというような極端な度合いに達することは決してなかった。混血の実践には権力の乱用や暴力がともないはしたが、それが恩恵を与えることもあった。たとえば、当初は血統明示の制度を明確にしようという試みがあったが、混血が数も多くて集中的であったので、インディオ・白人・黄色人・黒人・スペイン人・ムラト［白人と黒人の混血児］、これらのあいだの交差が生み出した網状のつながりによって、出自による識別は、父方であれ母方であれ、何の意味もなくなってしまった。血筋を区別するすべがなかったので、それに依拠する社会階級制度の形成が避けられた。登記簿には血縁を確定するのが難しい多くの人に、「スペイン人と見なされる」という付記が迷わず加えられた。しかしそれも、深部にひそむ論争の種に仮面をかぶせることであり、それを解決するものではなかった。一部の人たちが持つ血筋の偏見、別の人たちが抱く家系の誇り、これが植民地解放戦争における潜在的要素のひとつになることになる。

　言語に関する1節で**アンヘル・ロペス・ガルシア**が、この点に関して、「確かにスペインにおけるというよりも南北アメリカにおける話だが、スペイン語の近代の安定性が立脚している基盤は、それが、言語・文化の非常に異なった諸民族のあいだの混血によって平等な言語という身分に上昇したことだ」と言っている。この否定しがたい状況はずいぶん早くから出現していた。たとえば、ほかならぬ**モクテスマ**の孫は**ディエゴ・デ・アルバラド・テソソモク**としてスペイン化したが、ときにはたどたどしくも味わいのあるスペイン語で書かれた珍しい『**メキシコ年代記**』の著者でもある。インカの**ティトゥ・クシ・ユパン**

キ、別名ディエゴ・デ・カストロも同じ道をたどった。これらは混血という氷山の一角を占める傑出したケースである。スペイン語はユパンキのおかげで、イベリア半島出身者の所有物として特定されることなく存続できたし、**インカ・ガルシラソ**の作品のような、非常にすぐれた典型的な文学作品を生むこともできた。この人は**クスコ**の生まれで、スペイン人の**ガルシア・ラッソ・デラ・ベガ**と、アタワルパの姪である王女イサベル・チンプの息子であるが、この子のなかには母親の痕跡のほうが父親のよりもはるかに大きく残された。

　スペイン人の習慣と意図は北アメリカの住人と好対照をなしている。アメリカ合衆国の人間にとっては、1787年憲法以来のことだが、**インディアン**は国民を構成する要素になったことが一度もなく、「非納税者」であると見なされていた。多かれ少なかれ、植民地連邦国家のなかに外国人の国を形成しているかのようであった。最も寛大な人々にとっては、入植者とインディアンの関係は未成年者とその保護者とのあいだに設定されうるのと同じ関係であった。しかし最も厳格な人々にとっては、インディアンは縁もゆかりもない人的要素にすぎなかったので、彼らの前には人口減少への扉が口を開けており、絶滅もありうるのだった。しかしながらスペイン人のあいだにあった混血の伝統を考えれば、カディスの国会で**グァヤキル**の議員ドン・ホセ・ホアキン・オルメドが先住民の公民権を弁護したことの説明がつく。この権利は1821年にペルーの政令で、そしてその2年後にグァテマラの政令で、先住民も保有していることが確認された。しかしこれらの公民権法の精神も、その後、何代かの政府の慣例ではしかるべき敬意が払われてこなかった。

　混血の起こらなかったところでは、使用言語の運命はかなり違ったものになった。1565年の11月、**ロペス・デ・レガスピ**はメキシコのクリスマス港を発ち、西に向かった。水先案内人は**アンドレス・デ・ウルダネタ**だった。彼は聖アウグスティヌス会修道士の**バスク**人で、アメリカ大陸とアジアを結ぶ最短距離の航路を発見したという名誉を担っていた。4ヶ月後に到着したのは、**ルイ・ロペス・デ・ビジャロボス**の配下が19年前に発見し、王子フェリペ（即位して**フェリペ2世**）を称えてフィリピン諸島と名づけた多島海であった。スペインの航海者や探検家たちはそれほど早い時期に、すでに太平洋一周旅行を成

しとげており、独自の地図に**マリアナ諸島・カロリン諸島・グァム島・パラオ**諸島を書き加えていた。ずっと以前からカナリア諸島や北アフリカから探検隊がやってきていた。それゆえ 17 世紀の初頭には、ベルナルド・デ・アルドレテがじつに的確に次のように書いた。「今日、アフリカや**オラン**や**メリジャ**やベレス・デ・ラ・ゴメラの大岩山に住むスペイン人はみな、メキシコで、そして**ヌエバエスパニャ**やペルーの全都市と同じようにカスティリア語を話している。スペインと、これらやその島々、そしてフィリピン諸島という非常に遠隔な場所の言語がすべてひとつなのである」。

　まさにひとつであった。しかしそういうアジアの島々は南北アメリカの港と遠く離れていたし、両者を結ぶ旅も危険が多かったので、活力のある植民地を建設するためには不利な状況にあった。しかしスペイン人は間もなくフィリピンに印刷所やラテン語のアルファベットや学校や大学を運んでいった。彼らは驚くべき成果を上げた。たとえば 1840 年、この多島海における就学児童の割合はスペインのそれを超えていただけでなく、フランスのそれをも上回っていたし、それと比べればフランス以外のヨーロッパの制度は実にまったくのお笑いぐさであった。子供たちにはその 70 年前からスペイン語が教えられていた——その頃まではタガログ語のような先住民語の権威のほうがスペイン語の権威よりも上回っていた——。軍人貴族たる海軍のエリート集団には、**マニラ**の士官学校で 1820 年以来、スペイン語で教育がほどこされた。善意はあったが、混血はまったく存在しなかった。このことにより、南北アメリカで起こったこととは反対に、アジアのスペイン語は 19 世紀を通して、厳密にスペイン人だけの集団とフィリピン特権階級と見なされる集団とに限定された状態が続くことになった。決して共通語にはならなかったし、そうしようという決然としたねらいもなかった。先住民たちと混血する機会は決してなかったし、使用言語の多様性は途方もなかった。南北アメリカと同じように、宣教師の言語学がその多様性の維持を保障していた。

　米西戦争が起こった 1898 年以降、アメリカ合衆国政府はフィリピンに英語を導入するため、嘘のような金額を費やした。かつてスペインの入植者が組織していた見事な学校網をそのために活用した。昔のコンキスタドール［征服者］

たちの言語について上出来の「黒い伝説」をでっち上げた。スペイン語は1935年まである程度の公的資格を保持していたが、1987年、その公的資格を——場合によっては——英語を受取人にして手放したが、もっと有力な受取人は純正な公用語であった。それはこの島々で一番共通性の高い言語であり、人々はフィリピノとかピリピノと呼んでいる。この呼び名は、排除された当の言語〔スペイン語〕から採用されたが、これこそ歴史の皮肉である。最も楽観的な計算によれば、この国には150万強のスペイン語話者がいる。悲観主義者たちはこの数字をかなり大幅に割り引く。いずれにせよフィリピンには、スペイン語を語根にする名前や苗字が存続している。そこの文書保管所にはスペイン語で書かれた書類の束が詰まっている。それは**ホセ・プロタシオ・リサル**がスペインから独立するために人々を励ますのに使用した言語であった。また、彼らはフィリピン・スペイン語アカデミアを運営している。そして、スペイン語もはるかに及ばないほどの独特のスペイン的な特徴が見られる。たとえば、政治や経済の内容にかかわるデモでは、ときとしてプラカードのかわりに聖人や聖女たちの画像が使われるのだ。結果としてその場面全体が、スペインの多くの町や村で祝われる聖週間の様相に似たものになる。違いは、それが俗界の行事だということだけだ。

XI. 現地語での祈り

教会当局と先住民諸語。神学と言語。伝道師による先住民諸語の伝播と保存。

　1524年、ベラクルスにフランシスコ派の最初の伝道団が到着した。十字架、灯されたろうそく、細長い足で歩く部族長たち、そして騎馬のエルナン・コルテスの行列が彼らを迎えた。双方が合流すると、コルテスは馬から下りて彼らの前にひざまずき、その手と僧服に口付けをした。行列の者はみな彼のやり方に従った。そのあと伝道師たちをトラスカラの露天市場に案内した。彼らは未信仰者たちを身ぶり手ぶりで教化しはじめたが、ゼスチャーを使ってもセビリ

アから用意してきた諸言語を使っても仕事がはかどらないことがわかって、おそらくその場で、トラスカラに集まっている人々のことばを学ぶほうが良いと思ったことだろう。それが**ペンテコステ**の命じていることである。いずれにせよ、その当時だれも想像しなかったことは、12人のフランシスコ派修道士にトラスカラの散策とともに与えられたこのもてなしによって、コルテスの友人たちが南北アメリカにおける人間の歴史の非常に重要な1節をスタートさせたことである。今日まで十分に生きながらえている痕跡を残した1節、すなわち伝道師たちの言語学である。

　コロンブスはさまざまなもくろみを抱いてグァナハニーで下船した。もくろみのひとつを日記の2頁めに告白している。彼は「あのインド人の集団を我らの聖なる信仰に改宗させるため、彼らに向かって」進んでいった。それは法王アレクサンデル6世が、ポルトガルと対抗しているスペインの大西洋戦略を支持する見返りに提示した条件であった。問題はどのようにして未信仰者を改宗させるかであった。というのも、ごく初期はスペイン語で改宗させることが考えられていたが、そんなに多くの者を相手にしては無理だったし、ラテン語でもだめ、征服したばかりの**グラナダ**王国で使われるはずのアラビア語でさえだめだし、カナリア諸島のがさつなグアンチェ族のことばでもだめだった。おそらく不信心者を改宗させる熱烈な作業は、言語学と神学にかかわる真の問題を提起していただろう。もし**ディオス**［キリスト教の神］ということばが未信仰者に対して全然なにも意味しないなら、ディオスは神であることを、一体どのように説明すればいいのか。それはそうと、ディオスは未信仰者たちの言語にどう訳せばいいのだろう。

　フランシスコ派修道士とドミニコ会修道士がこの点に関して有名な論争を行ったが、しかしその論争によって、改宗しそうな先住民たちが大いに改宗したということはなかった。取り立てて奇異なことでもない。フランシスコ派の者たちには事態がよくわかっていた。すなわち、先住民の神々は異教の**ジュピター**やビーナスやネプチューンの概念に似ていたので、インディオは「ディオス！」という叫び声を悪魔と結びつけて即座に唾棄するに違いなかったのである。これは、かなりあとにロシアの科学者**パブロフ**を有名にすることになる実

験がもたらしたひとつの前進によって理解できる。問題は、キリスト教の唯一神ディオスを、「ディオス！」と言いながら真の神に向かって唾を吐きかけることなく崇拝しなくてはならない、ということを理解させる方法にあった。この案件は気の重いものであったし、神学上の板ばさみは、なおさら気骨の折れるものだった。ドミニコ会の者たちはそれほどひねくれておらず、ディオスをその同義語に当たる、Cabahuil カバフイルとか Chi チに翻訳するにとどまった。実際のところ、アントニオ・デ・レメサル師が1551年づけの面白い文書で語っているところによれば、「この難しさが問題にされることは決してなかったし、ついには時が介在し、それをすべて忘れさせた」という。カトリック信仰に改宗したばかりの者たちの意識には何が残ったのか、一考に価する。

　いくつかの修道会は、ある緊急の問題を予測していた。純粋で不幸な先住民は、悪ずれした不道徳なスペイン人と接触することになると、スペイン人のよからぬ技を学ぶので改宗が困難になる、ということだ。対応策は、その純粋な人間を取りまとめて宅地を開発し、彼らの種族的風習からかけ離れた生活を組織してやり、なんらかの手仕事を教えてやることだが、しかし対策の要は、白人や黒人や混血児たちがそういう村に入ることを禁じることであった。司祭は例外扱いであったが、例外はせいぜい通訳までであった。このような生活様式と教化活動からは明確な結論が導かれるが、それを**ホセ・デ・アコスタ神父**は1558年に次のように表現した。「インディオを救済する意欲に燃えている者は、まず使用言語を休みなく磨くことに留意しないのであれば、大をなすことは期待できない」。いうまでもないが、スペイン語での修辞と説得術を磨くことではない。どのような場合にも対応できる言語、すなわちインディオが使う言語の話である。実際多くの僧侶が燃えていた。その燃焼をあおるのに力を貸したのは上司たちの指図だったが、そのひとつにドン・アロンソ・デラペニャの「インディオの教区司祭で先住民語を知らない者は、それだけで致命的な罪を犯している」、という指摘がある。南北アメリカではスペインで普及している牧者（司教）のやり方が継承されたことになる。すなわち、アロンソ・デラペニャは全能の司教ペドロ・マンソと同じことを言ったのだ。マンソは1602年**カラオラ**から、スペインでは「教会管区はそれぞれ土地の言語で印刷された教理

を備えるように」と発令し、説教をそういう言語で行わない教区司祭に厳しい罰を課していたからである。

　宣教師の言語学は、理論的には、**聖パウロ**が**コリント**人に向けて発したことばに示唆されていたことになる。それは、「もしあなた方の話すことばが理解されないなら、あなた方が口にする内容を人はどのようにして知るのでしょうか。あなたがたは虚空に話しかけているにすぎないのです」ということばであった。これはそのまま信じるのが敬虔な態度である。なぜならば、パウロの忠告の背後には、俗界の権力者なら予感はしていても明白に気づくのにたいそう時間のかかる価値が、適切以上に頻繁に隠されていたことが明白だからである。

　メキシコの最初の印刷物として知られているのは『メキシコ語とカスティリア語で書かれた短くて、それ以上に濃密なキリスト教の教義』である。印刷機一式は**ホアン・デ・スマラガ師**が1539年にそこまで運んできた。そしてフィリピンの最初の印刷物であるとされているのは、マニラで出版された『スペイン語とタガログ語で書かれたキリスト教の教義』という名前のものである。印刷機一式は1593年にドミンゴ・ニエバ師がその地に運んでいった。これらの出来事はどれも、偶然に起こったことではない。なぜなら、宣教師の言語学は先住民諸語の学習だけを目的にしていたのではなく、そういう言語に文字を与えて文法を書き上げたり、印刷術という強力なマスメディアを使って諸語を普及させたり、その研究のための講座を大学に開設したり、そういうことばを知っている者に褒美として教区司祭などの職務を与えたりすることを目標にしていたし、なかんずく、教会をしてその権威の基礎を固めさせ、それらの地を、変わりつつ至るはずの新たな「キリストの町」の精神的——および物質的——な統治に不可欠なものにしよう、という決意をも秘めていたからである。歴史上、使用言語というコミュニケーション手段を通して社会的な干渉と管理を行ったケースのうち、副王領の南北アメリカでスペインの宗教家たちが主役を演じたこの事例ほど明白なケースが他にあったとは、私には思えない。

　聖**トマス・アクィナス**は生前、Unde illi, qui sunt diversarum linguarum, non possunt bene convivere ad invicem、すなわち、言語の数が多ければ統治が悪くな

る、と言っていた。この思想はキリスト教の**聖書**的伝統に従って解釈されると、つぎのことを強要していたことになる。民族あるいは国は、同一の信仰で結ばれた状態にあること、しかし民族を相互に識別したり、汚染を引き起こす混血を可能な限り避けたりするのに役立つはずの、伝統とか生活様式とか言語を混ぜ合わさないこと、である。そのようにすればそれぞれの民族が、近隣の民族と平和に共生しながら、確実に等質性を保つことができるというのであった。スペインの宗教家たちはこの思想を押し進め、先住民諸語の育成――と、場合によっては普及――に貢献した。ところが、そういう言語の完全な習得者、その文法と字母に関する著述家、福音演説の翻訳者、そして伝道師は、さまざまな教団に属する宗教家だったので、それぞれ自分たちの教団が執行している信仰でつながれていたとはいえ、言語と生活習慣と伝統で分割されていた諸種族の事実上の政治的統治者になってしまうことが頻繁に起こった。スペイン系アメリカに遍在するキリスト教会の政治権力をこれほどまでに保証してくれるものは、信仰のほかに、なにも存在しなかった。

　布教関係者が言語の数の多さに気づいたとき、そしてだれもがオルモス神父――この人については10種類の言語で話したといわれている――ほどに諸言語をうまく習得できないことに気づいたとき、また、布教活動がそういう多様な使用言語の迷路ではどこへ行ってもはかばかしく進まないことに気づいたとき、伝道作戦は変更された。しかしこのとき、スペイン語の優先権が想定されていたわけではない。逆である。すなわち、先住民諸語のなかでどれが広く普及していて信者たちに馴染まれる度合も好感度も高いのか、が検討され、その所在が特定され、「共通語」という名前が与えられたが、その延長線上では、スペイン語がインディオにとって、共通語となったマヤ語や**アイマラ語**やナワ語やケチュア語と比べるとどれほどうとましいか、ということが喧伝された。おなじく、共通語はどれもスペイン人なら実に楽に習得できるはずだ、ということも宣伝され（現実には多くの者が習得不十分だったので、まさに宣伝であった）、そういう使用諸言語の優先的な普及が促進された。スペイン人たちはこのやり方でユニークな事例を作り上げた。それは言語接触の歴史のなかでも突出していてまことに珍奇な例であるが、**ウンベルト・ロペス・モラレス**教授はそれを

次のように要約している。「スペイン語に『おさえつけられた』言語のうちのいくつかは、植民地化の時期を脱したとき、それ以前よりも強化されていて、もともと保持していた勢力圏よりも広い地域で使われるようになっていた」。

宣教師たちはケチュア語を現在のアルゼンチン北部にまで広げていった。その地方ではかつてケチュア語が話されたことなど、一度もなかった。この言語はボリビアとペルーのアンデス地帯で使われていたのだが、伝道師たちはそれを共通語として南の方へ運んでいったのだ。トゥクマンや**サンティアゴ・デレステロ**におけるケチュア語の存在は、1776年に**リオデラプラタ副王領**が建設されてアルゼンチン北部が**ペルー副王領**の関連地帯と分離され、**ブエノスアイレス**に結びつけられると、影が薄くなっていった。その地帯に移住した**ラプラタ河流域**の家族やヨーロッパからの移入民が、その傾向をさらに押しすすめた。このような人口構成上の変化は、ケチュア語が縮小する過程で、法を執行する総督マトラスが行った18世紀の法的規定よりもずっと重い役割を演じた。サンティアゴ・デレステロ人であるアンドロニコ・ヒル・ロハス氏は1954年に満61才になったが、ケチュア語を話さなかった。しかし彼の兄や姉は話した。頼み事をすべてこの言語ですませていた祖母の影響であった。

イエズス会士たちは1586年にペルーを離れ、2年後、トゥクマンを通って北東方面に入り込み、レドゥクシオン［布教村］と呼ばれる教団系の入植地を建設したが、そこにインディオたちを集め、キリスト教の教義とラテン語と**グァラニー語**とバイオリンの使い方を教えた。1世紀半ほどあと、スペイン政府が南北アメリカからイエズス会士を追放するころには、その先住民語優先の言語関連事業が活発に展開されていた。**パラグァイ**が長年過ごしてきた孤立状態によってその事業は問題なく実を結んだ。今日、いくらか寛大な気分であるときだけ、パラグァイはスペイン語を話す国であると言うことができる。すなわち、その人口の41％は常時「グァラニー語だけ」を話すが、田舎へ行けば「グァラニー語だけの話者」の割合は70％に上る。スペイン語だけの単一言語話者は非都会部で5％ぐらいだろうし、都会部なら多くて15％だろう。二言語併用から起こる衝突を避けるための複雑な教育制度があるとはいえ、ここの二言語併用現象には幸運にも紛争が起こっていない。

パラグァイは模範的なケースである。その他の先住民語についてはさまざまな歴史が語られようが、そういうことばの話者は政治的に疎外されてしまい、一般人との共同生活に加わるには色々な困難があった。今日のアフリカの事情をみれば、もし福音伝道の関心にまかされていたら南北アメリカの言語的運命はどうなっていたか、容易に想像されよう。アフリカでは言語と種族に従って分割されて争いの絶えない微小な社会が増殖しているが、その大きな原因は、19世紀の植民とキリスト教伝道の政策によって、個々の言語による伝道がとても効果的であると考えられたことによる。実際、19世紀のアフリカにおけるプロテスタント宣教師たちの神学的で言語学的な議論は、16世紀にスペインのカトリック伝道使節団によって南北アメリカで続けられた議論にそっくりである。

　19世紀のイギリス人宣教師であるコック博士が言うところの「心の言語」でもってアフリカの諸種族に話しかけることを実施したことで、布教の仕事は——南北アメリカで数世紀前に起こったのと同じように——かなり進んだが、しかし心の言語をいくつか育成したために、方言的にはそれほど相違していない隣接共同体同士が、孤立した言語集団に固執しないで一層大きな組織になることも、アフリカの「共通語」を創造することも妨げられた。その結果、アフリカの大部分の土地でフランス語と英語が共通語として容易に広がることになった。というのも、このような社会が植民地・資本主義基盤の生産体制に移行することになると、それが種族的様式とかけ離れている体制であるうえに、その体制が要求する商業上のコミュニケーションと交換が自分たちのなじんでいた種類のと比べて無限に複雑であるし、個々の言語はしばしば、そういう要求に応えるには完全に無力だったからである。

XII. 俗界の不信

世俗の権力と先住民諸語。先住民主義と言語と文化的同一性。

　グァテマラの文民総督であるドン・トマス・ロペス・メデルは、ペンテコス

テの奇蹟によって悲嘆の道に連れこまれた男だった。1550年6月、1通の手紙を**カルロス1世**に書き送り、先住民をよく統治するためには「先住民とスペイン人との会話や交際」を禁止するのでなくて、「**エンコメンデロ**も種族長も僧侶も修道士も区別なくみな彼らの村に行ったり来たりし、彼らに話しかけたり会話したりすること」が勧められるであろうと指摘した。トマス・ロペスはついでに、スペインではカタルニア人やバスク人が互いに理解しあい、同時にカスティリア人とも理解しあうために、こういう——いまなら労働力の可動性といえそうな——人的交流がすでに実施されてきていることについて、皇帝の注意を喚起した。皇帝カルロスがその手紙から受けた印象は深くなかった。おそらくそれは、妻の兄弟であるドン・エルナンド・デ・カルドナが宮廷で誰にとがめられることなくカタルニア語だけを話しつづけたし、バスクの古代を愛する者たちは皇帝がバスク語を話すと言っていたからでもあろう。

　トマス・ロペスはそのあと数世紀間つづくことになる抗争を明確なことばで提議していた。すなわち、イエズス会の言語共有化に組みする者と、言語共有化を信用しない宣教師たちとのあいだの抗争のことである。ロペスの側の人たちは、言語ごとに領地を分割すれば、それはインディアスの通商に関する淀みなき管理にとって深刻な障害になることを別にしても、たがいに完全に孤立し合った一連の精神的な部族長勢力圏が育つことになり、そこでは文民勢力がほとんど、あるいは全然口出しできない、ということがわかっていた。

　この種の警告は南北アメリカからスペイン王宮の資料室に絶え間なく届いていたが、そこにはある種の政治的重要性が秘められていた。16・17世紀にはその後の啓蒙主義の時代ほど明確に気づかれることが決してなかった失速のことである。先住民諸語への傾倒は政治と宗教の分立を刺激するのに力を貸すかもしれないという警告であったが、その可能性はバスコ・デ・キロガ司教がひそかに先住民共和国建設を熱望したミチョアカンのケースで明白になっていた（彼はプロテスタントだったのだろうか！）。

　コルテスの大使であるアロンソ・デ・アビラが統治の案件を処理するためにサントドミンゴに行ったとき、その付近の島々の総督は全員がヒエロニムス会修道士にほかならない、という事態に遭遇する。イグナチウス・ロヨラの仲間

たちがパラグァイのイエズス会王国とも呼ばれたものを建設するのにもほとんど時間はかからなかった。それはそうと、**クラビヘロ神父**は、ナワ語は**イタリア語と英語を一緒にしたものよりも豊かで能力の高い言語である**と断言しながら、一体なにをしていたのだろう。

　王室が言語統一を勧める声に全然耳を貸さなかったと言うことはできない。絶対に言えない。王室の手から時々、先住民への、とくに部族長の子息たちへのスペイン語教育を活発にするようにという指令が発せられたからだ。宗教活動は別にして、労働や商業の物的世界では、探検家たちが金や銅の鉱脈を探すのに手ぶり身ぶりとか役立たずの通訳の手を借りなくてすむというような非常に目立った利点をスペイン語が提供していることは、基本的には認められていた。副王領のアメリカでスペイン語が民衆のあいだに広まると、先住民人口が濃密な地域において、スペイン語を話す一種の貴族的社会集団であるという自覚が使用言語のせいで固定される、ということも避けることができた。時間の経過とともに王室に対して主権にかかわる諸問題を引き起こしかねない社会集団のことである。

　1634年にフェリペ4世は言った。「私は、現地人には、少年期に入ってカスティリア語を学べるようになったら例外なく、最良で一番おだやかな方法でそれを教えるほうがよい、と考えるようになった。そんなに難しいことではないと思うからだ」。しかし50年後、ペルーの副王であるメルチョル・デ・ナバライロカフルは、スペイン語は副王領の首都においてのみ話されており、そこを除けば「当国の現地人のあいだではインディオの言語が非常によく保たれているので、あたかも彼らはインカ帝国に住んでいるかのようである」と伝えた。カルロス2世は1691年、さらに強力に、「カスティリア語を知らないインディオは誰も共和国の公務に就かせないように」と命じているし、90年後にはクスコの司教が「わがスペイン人たちは彼らを彼らのもの［インディオの言語］で維持すること、そしてさらに、それと折り合いを付けること、それしか考えていないように思われる。自分たちのものよりも一層頻繁にそれを使うのが見られるからである」と報告した。ギジェルモ・セスペデスは自著『**南北アメリカ史**』のなかで、その当時スペインから発せられるインディアスの法律がしばし

ばどの程度に強制的であったか、ということについて面白いコメントを記している。一見するところ、法律が南北アメリカに到着すると反故になり、「はい従います」は「承知しました」、「おそらく」、「たぶん」、「ありそうになく」、「いいえ決して」という段階を経て、きっぱりと「決して従いません」に変形したという。おそらくこのコメントは、3世紀にわたって長く続いた植民地言語政策の困惑を説明するとき、いい助けになるであろう。

　この「インディアスの不服従」に関連した状況がもうひとつ存在する。そしてその状況は、私の判断では、副王領時代のずっと後まで続いた階層とか社会集団の諸相と関連している。すなわち、スペイン語はクレオールの集団にとってその特徴のひとつになりうるのであり、そして当然、先住民優先主義が顕著である地帯では通信や生産の手段を左右する道具になりうる、という状況であった。多くの場合、この使用言語を、先住民たちが——自発的に、あるいはクレオールたちの近くにいることから——学ぶ可能性のある地域以外にも広げることについては、それほど大きな関心は存在しなかった（第XXXII節を参照のこと）。**フランシスコ・アントニオ・ロレンサナ**は、すぐあとで見ていくように、ある意味で、メキシコにおけるこの事実を告発した。

　先住民問題はひどく深刻なものになった。1750年以降、アルゼンチンで、ペルーで、ユカタンで、集団による本物の紛争が起こった。スペイン人たちが、失われた王国の末裔をいかに家畜扱いしているか、ということへの不満の声があがったのだ。先住民の何人かは——隠さずに言うと、スペイン人によって再生された、あるいはでっちあげられた——昔の祖国の年代記を読んでいた。そしてそれによって、自分たちがかつての皇帝たちと親戚関係にあることを理解し、名前を変え、インカという苗字にし、「類似の文書によってみずからの風習に生気を与えること」に専念した。政治的分裂の危機が現実のものとなったし、植民地体制の幕切れも現実味を帯びてきた。イギリス人とオランダ人は拍手を送った。すでにその方面の海域の所有者になっていたからである。おくればせながらスペイン政府は、自分たちには南北アメリカに先住民問題があって、しかもそれは小さくないということに、唐突ながら気づいた。すなわち、この問題が、伝道師の言語学の典型的な実践と、そして世俗レベルのことだが、多く

のクレオールが先住民族のそれぞれに先住民自身の言語と先住民自身の慣習と先住民自身の先祖とを与えて他と区別することを認めていたことによって、思想的にも象徴的にも――そのように存続できる範囲内において――存続してきた、ということに気づいたのである。

　ヌエバエスパニャの副王である**クロイス侯爵**は、この問題の甚大さを目にして驚愕した。1769 年 10 月 1 日、1 通の書類に署名したが、それによって彼は、自分の権限に従っているすべての者に向かって、「インディオたちに、これまで自分たちに悪性の影響を与えてきたあらゆることが誤りであることに気づかせつつ」、先住民語を忘れ去ってスペイン語に移るように勧めた。メキシコの大司教であるドン・フランシスコ・アントニオ・ロレンサナはただちにカルロス 3 世に長い嘆願書を送り、使用言語の事案の本質を暴いて次のように言った。「このことは不断なる真実であります。インディオたちのことばを維持することは、そういうことばを話すことが宿命で、そのための知識しかない者たちの気まぐれであります。それは自由裁量ではありますが、言語の多様性によっていくつかの村の先住民たちが他の者たちと分離されるので、有害となっています」。**ロレンサナ**にはドン・フランシスコ・ファビアニフエロが続いた。ファビアニフエロにはドン・ミゲル・アルバレス・デ・アブレウが続いた。彼らはみな、突然、おなじことを言いだした。ロペス・メデルが 2 世紀前におずおずと灯した明かりが、いまやあらゆる人の目をくらますほど眩しくなった。しかも政治家たちだけが相手ではない。

　カリスト・ブスタマンテ・カルロス・インカは**コンコロルコルボ**という名前のほうでよく知られているが、彼自身のことばによると、「私は母のたくらみについては保証できないが、それを除けば 100% インディオ」であった。彼は 1773 年、**モンテビデオ**からブエノスアイレスを通って**リマ**まで、946 レグアを歩き通し、自著『**遍歴盲人のラサリジョ**』のなかでこの旅の話をした。パラグァイのイエズス会伝道所を横切ったが、「この教団の修道司祭たちはこの王国で 150 年以上ものあいだ重要な教師であったが、国家に有害な政策によって、インディオたちがスペイン人とことばを交わすことを禁じるように努め、また彼らが母語以外の言語を学ばないようにしようと努めた」と言い、好意的ではな

かった。ブスタマンテは私たちがすでに触れた事実に関して要点をついていた。すなわち、教会は入植期の最初から、自分たちが絶対的な主役となる活動、すなわち福音伝道において、その利益に一層役立つ言語戦略は先住民諸語を奨励することである、と考えていた。この考え方は正しかった。しかしその正しさには、一方では広大な南北アメリカ地域の物質的発展を遅らせ、他方では思想の流通をにぶらせるような交通通信網を作り出すという犠牲を伴った。それゆえスペイン系アメリカにおいては、福音伝道と物質的・社会的・知的な孤立という現象とが道連れになる時もあった。

カルロス3世が玉座に就くとともに宣教師の言語学は終わることになった。その終焉がどこまで本当で確かかということを示すために言うのだが、1767年には南北アメリカから、政治的分裂に最も大きな好意を抱いていた者、先住民諸語の繊細さやその実際的で象徴的な価値を最も強く賞賛していた者、先住民諸語の理解と普及のために、いくつかの修道会が時として具体的な理由なしに行ったのとは違って、政治的意図をもって、最も多くのことを行った者、そういう者たちが追放された。すなわち、イエズス会が南北アメリカの外に出たのである。

ロレンサナの嘆願書が**マドリード**に届いたころ、カルロス3世の大臣たちは——とくに目立ったのは**アランダ伯爵**だが——南北アメリカのための、広くは全スペイン帝国のための、いくつかの政治的・経済的計画にこだわっていた。先住民の蜂起の進行を妨げる目的などよりもずっと進んだ計画、すなわち一種の「スペイン連邦」案であった。スペインはイギリスの入植者たちがグレートブリテンから独立するのを助けていたが、それならば、それら北方の勤勉な人々が組織していたものに似た何かが副王領のために工夫される可能性はなかったのだろうか。北の人々がどうなるかを予測することは難しくなかった。いや、それどころか、アランダ自身がこの点に関する政治的見通しを書いたのだが、その見通しはしっかりした現実のものになったのだ。クロイス侯爵の振る舞いは絶妙なタイミングであったことになる。かかる政治的・経済的共同体という偉大な計画の、その主人公になるよう要請されている者たちを、言語別に分割したり、集落や布教村に隔離したりする習慣は、すでに意味をなさな

かった。時代が変わったのだ。そして、この計画がそれほど偉大でないこともすぐに判明した。スペイン帝国はあからさまに見捨てられていたので、計画を立ち上げることなどできなかったからだ。そしてなかんずく、クレオールたちはすでに独自の計画を持っていたからである。

XIII. 新大陸インディアスのコンプレックス

17世紀のスペインにおけるアメリカ・スペイン語の悪評。インディアスへの渡航者と言語平準化。対照的なポルトガル。

　ガスパル・デ・ビジャロエル師は1627年、キトからマドリードにやってきた。マドリードに10年間住んだ。王室礼拝堂における精勤な説教師であった。フェリペ4世の大臣たちは彼の話を聞いて、肌がかなり白いことや話し方がとても見事なことに瞠目した。このニュースがスペインの著名人たちのあいだに伝わったのだが、この事実から、南北アメリカ人がスペインでどんな印象を与えていたかが理解されよう。いわゆる最良のイメージではなかった。イベリア半島の多くの人にとって、キトやリマや**チリ**の**サンティアゴ**やメキシコ市や、あるいはブエノスアイレスで、トレドとか**バジャドリー**と同じスペイン語が話されているということ自体が驚きであった。ガスパル師より何年も後にペルーからメレンデスという神父が王宮都市マドリードに着いたが、彼の素晴らしいスペイン語が、ふたたび、ある著名な教区信者を驚かすことになった。しかしながらメレンデスは出発前に、インディアスへの渡航者の誰かから首都における新奇な妄想について教えてもらっていたに違いない。南北アメリカ人が半野蛮人だと考える傾向のことだ。彼はその教区信者に答えたが、答えの内容は一般言語学とも常識ともいえるレッスンになっている。すなわち、「これは驚いた。それでは、あなたの言語は何ですか。私はスペイン語以外の言語で話したわけではないからです。[スペイン語が]私のもの以上にあなたのものであるのかどうか、あなたが私以上にスペイン人であるのかどうか、インディアスで

私たちスペイン人もその子供たちもこれ以外の言語を話しているのかどうか、私にはわかりません。あなたもまた、あちらからやってくる私たち全員を野蛮なインディオであると見なしている者たちのうちのひとりだ、ということではないでしょうか」。彼は 1681 年にローマで出版された自著『インディアスの真の宝』のなかで、このように語っている。

　メレンデス神父の言い分には理があった。しかし確かなところ、南北アメリカ人たちはイベリア半島のスペイン語に対して何らかの劣等感を抱いていたのである。1703 年、フランシスコ・アルバレス・デ・ベラスコは**ヌエバグラナダ**からスペインの読者に向かって、自著『聖なる韻律学』のなかに滑り込んだはずのいくつかの「インディアスなまり」に関して許しを乞い、つぎの機会にはそれらを訂正すると約束している。この姿勢は長いあいだ引き継がれた。そのなかにスペイン語の共通教養語規範を解明する鍵のひとつがあると考える人もいる。というのも、南北アメリカ人はカスティリアの語法に最大の純正さがあると認めて、それに屈服しようとしたからである。たしかに、カスティリアの語法は、すでにイベリア半島やカナリア諸島からカスティリア語以外の寄与を受け入れ、それらとの混合体になっていたから、おおくの者を捕らえられる網になっていた。

　南北アメリカ人の話し下手に関する「黒い伝説」はずいぶん以前からできていた。たとえば、南北アメリカに住み着いた最初のスペイン人たちは大半がアンダルシア人だった。なかでも目立ったのはウエルバとセビリアの出身者であった。1493 年から 1519 年のあいだにインディアスに渡った人の 6 人にひとりはセビリア市の人であった可能性がある。ほかならぬスペインで 16 世紀初頭にアンダルシアの話しことばについて抱かれていた評価は、問題なく良い、というものではなかった。特別な理由などないが、どちらかといえば、私たちがとても好きな、地域間の「けなしあい」によって説明がつく。しかし当時のアンダルシアには、そういう反目につけ加えられる有害な種があった。アンダルシアのキリスト教徒はムーア人と混ざり合っていて、当然、彼らの言語はなかばアラビア語になっている、と言われていたのだ。これは厳密に言うと正しくない。文字通り接触していたというよりも、**スペイン系アラビア語**の共同体

に隣接していたのである。しかしうわさというものは真実をよく知らないから、アンダルシアの話し方に関して［カスティリア地方との国境にある］断崖絶壁の**デスペニャペロス**を北上する情報は、興味をそそるものになっていた。そして今度は、**ナスル朝王国**が征服されたばかりで、グラナダやその山岳地帯の**アルプハラ**でいまにも戦争が始まりかねないというその時代に、ひとがムーア人と関係づけられる、ということの意味が想像できるだろう。当然ながら、それはありがたい連想ではなかった。

　アラビア化したとか、あるいは山家育ちだという評判とともに、多くのアンダルシア人が南北アメリカに向かい、その風評とともに到着し、インディアスの入植者たちをそれに感染させた。「この土地に生まれた者たちはスペイン語の純粋さを十分に教え込まれていないので、おしなべてスペイン語を、アンダルシア沿岸地方の人々にいつも見られるような悪癖でもって発音している」と、**ルカス・フェルナンデス・デ・ピエドライタ**が1688年、自著の『**ヌエバグラナダ王国の征服に関する全史**』のなかで言っている。ドン・ルカスのこの言い分には、たしかにいくらかの理はあった。当時のセビリアに典型的な特徴のひとつが、今日、南北アメリカの発音で一般的になっているからである。**S音法**のことだ。カスティリア中央部の言い方では casa [kása]「家」と caza [káθa]「狩り」、masa [mása]「固まり」と maza [máθa]「棍棒」の発音を区別していた［s は歯茎音、z は歯間音］が、セビリアの言い方では s と z の発音に違いがなかった。セビリア市の者ならすべてを s［歯茎音］で発音することが多く、田舎の者ならすべてを c［歯擦音］で発音すること（**C音法**）も多かった。s で発音する前者（S音法）のほうが評判の良いことが多かったし、いまでも多い。しかし両者ともエストレマドゥラ、セビリア、カナリア諸島から、幸運にも大西洋を横切った。今日、casa と caza、poso [póso]「沈殿物」と pozo [póθo]「井戸」を区別する私たち［おもにカスティリア人］は、発音において少数派話者であり、ほとんどその全員がスペインの中央部・北部に集まっている。私は個人的には、区別なしに両者を s とか c で発音するほうが便利であるということを認めるが、頭のなかに区別が入っている者にとってその区別を避けることは難しい。それとは別に、s と c の区別は正書法規範で受理されているが、その受理は、

アンダルシアやカナリア諸島やエストレマドゥラの一部やほぼ全南北アメリカの人々が私たちに与えてくれている好意のおかげなのである。とはいえ、アルゼンチンの**ファウスティノ・サルミエント**は 1 世紀半前、この区別を激しく攻撃した。

　南北アメリカで話されるスペイン語は植民活動が進むにつれて平準化し、洗練されていった。それはアンダルシア人たちだけの作業ではなかったし、ないどころではなかった。一般的に言うと、その社会的基盤はスペインと同じであったが、スペインよりも精選されていただろう。だれでもインディアスへ渡航することができるというわけではなかったからである。たとえば、ほかならぬセルバンテス本人にさえもその許可が下りなかった。17 世紀のスペインで貴族同士が呼び合っていた待遇表現の**ボス法**を一部の南北アメリカ人が使いつづけているが、その理由は、おそらく、この社会的基盤に発する言語の**イダルゴ志向**、すなわち上層階級との使用語の対等化を目指す傾向によって、説明することができるだろう。おなじくその傾向によって、南北アメリカのスペイン語に農民の話しことばとか職業上の隠語の用例がほとんど現れなかったことにも説明がつく。実際、貧民街の言葉づかいとかブエノスアイレスの「**ルンファルド**」風の与太者隠語の話し方は、あらたに出現したものであって、19 世紀末に起こった移入民の大波の産物である。その頃になると、すでに（南北）アメリカ・スペイン語の言語基盤は十分に固まっていた。

　ポルトガル語にはそういうことが起きなかった。というのも、18 世紀の**リスボン**――驚異的な都市で、当時はヨーロッパで最も富める町であった――に姿を見せる人々は、南北アメリカへ移住する必要などなかったし（まさに移住した先がリスボン）、首都で自分たち独自の言語規範を創造し、大西洋の向こうで生まれていた言語用法とは一定の距離を保っていたからである。そのころ、スペイン人たちは南北アメリカ人を自分の所有物であるかのように思っていた。たとえば、アカデミアはその『**権威辞書**』（1726-1739）にアメリカ独特のことばを組み入れたが、それは別にして、ペルー人のディエゴ・デ・ビジェガスに辞書のMの項目を完成させるという仕事を課した。おそらくビジェガスは劣等感を糧にして、当時ではとてつもなく骨の折れる辞書編纂という仕事に辛抱強

く耐えることができたのだろう。彼と同時代の英国人である**ジョンソン博士**は、辞書編纂業を、死刑囚に向かって提案すべき名誉ある選択肢であると考えていた。当然ながら、囚人たちは死ぬことと比べてみて、それよりは、という気持ちで辞書編纂の仕事のほうを選ぶはずだ、と確信していたからである。

XIV. ドン・カルロスの決裁

18世紀における言語と国家干渉。言語共有性との関係における、俗界の行政と経済と商業。

　カルロス3世は、残されている肖像画では退屈そうな様子だが、生涯ずっと好奇心の強い人物であった。自分の執務態度について臣下が抱くであろう意見は別にして、王権に絶大なる敬意を抱いていた。私的には大臣たちから「親方」というあだ名を付けられていたが、栄光の真っ只中にあってこの種の愛称を与えられた王など、ほかにはいない。一見したところ、王はクロイス侯爵とロレンサナの情報でおびえたはずだ。そしてこの問題に関するインディアスの文書を集めさせた。おそらく、200年前にロペス・メデルが書いた「司教や高僧はそれらの言語を知りたいという野望を逞しくしている。そしてそういう人々の王になりたがっている」という1節を不安げに読んだことだろう。それはほとんど予言であった。ハシント・カネクとかいう、高僧でもない者が、王たる「親方」に挑戦して、ユカタンの王であると宣言したばかりだったからである。

　18世紀の後半、ドン・カルロスの政府は南北アメリカの農業や工業や人口を再興し、かつてのような活気を取りもどさせる決意を表明した。しかしそのインパクトも、かなり以前から自然発生的に胎動してきていた一種のインディアス共同市場の夢を実現させるには時間が足らなかった。いずれにせよ、王室は共同市場を実現するための十分な軍事力・経済力・政治力を持っていなかったのだ。多分、手持ちの手段をすべて動かしてはいなかったろう。しかし確かに今回は、そのうちのひとつを動員する用意があった。熱望されている政治的・

経済的な共同体の成立を容易にするもの、すなわちスペイン語に基づく有効なマスメディアである。

クロイス報告から 7 ヶ月たった 1770 年 5 月 10 日、王は**アランフエス**で 1 通の書類に署名し、それによってインディアスの当局に、「関係支配領土で使われているさまざまな言語を消滅させてカスティリア語だけを話させること、それを一気に達成するべし」と命じる。この決定は啓蒙専制政治に典型的なことと思われようが、その文書によれば、決定の根拠は「それによって行政や商取引がスムーズになる」と考えることにある。この決定の方向付けはよかった。というのも、2 年後のスペインで、ほかならぬ**バレンシア**の商人たちが、帳簿がフランス語や英語やイタリア語など、各自が都合のいい言語と様式で書かれていて、一般の訴訟にとって多くの混乱が起こっているので、自分たちの取引所の管理や取引や商売を容易にする何か有効な対策を求めていたからである。この要請には別の勅令で応え、現地の者であれ外国人であれ、バレンシアの商人に対して、勘定は統一形式に従ってスペイン語で記録することが求められた。外国から来た商人は、おそらくそのことに狂喜などしなかったろう。しかしバレンシアの商人は狂喜した。ことばがスペイン語に統一されれば自分たちがどれほど有利に競争できるかに気づいていたからである。

ホセ・ガルベスは 6 年間、ヌエバエスパニャの総巡察吏であった。南北アメリカでの取引について豊富な経験をつんでいた。スペインに戻ると 1775 年にインディアス担当の事務官に任命された。ガルベスは権力を蓄積していった。かつてどんな事務官もそれほど多くの権力を保持することはなかった。彼はその特権的位置から軍事と通貨と経済と税関の改革を実行しはじめた。ガルベスの改革には 1 種の軍隊生活的な匂いがあり、返事として「はい！」しか受けつけなかった。しかしながら、それまで達成できなかったことを達成した。すなわち、公務員は一層よく準備したし、それゆえ、行政上の書類には信頼できるデータが豊富に入ったし、勘定は一致したし、官僚的技能は最も進んだものとなった。使用語の統一に関する措置が行政上の効率や官僚的技能の完成や公務員の一層の準備と何らかの関係があったと想定するべきである。公務員は今や、ほんの少しだがラテン語も知っていた。だからその措置は、恣意的なやり方で

はなかった。

　ガルベスは公正であると評されていたが寂しげな男であった。南北アメリカから戻ったとき、心のなかにひとつの悩みを抱いていた。ヌエバエスパニャで彼の署名のもとに実行されていた改革の多くは、まさにいくつかの使用言語の壁にぶち当たっていたのだ。このことは1度ならずもクロイス侯爵とのあいだで話題となったに違いない。当時、海外領土のために計画されていた政治的経済的統合のための不可欠な部門として、言語コードの標準化があったが、ホセ・ガルベスはそれがもたらす利点に、明確に気づいていた可能性がある。すくなくとも、そのようにして書かれた書類は副王領のなかを支障なく流れることができよう。ガルベスよりも大きな権力のある副王がロレンサナにしかじかの決定を伝え、ロレンサナはフエロに伝え、フエロはアブレウに伝えるであろう。すべてがヌエバエスパニャから発せられた。皆が同意した。そのような措置のひとつひとつは、フィリピンで1766年に始まり、つづいてスペインで1768年に、南北アメリカで1770年に始まった政治・経済・言語の共同体という総合計画の1部であった。たしかに、この措置はわずかな人々にしか影響を与えなかったし、その適用はしばしばきわめて困難であった。たとえば学校は少なく、質の良い教育は、まさに質の良い人々にしか与えられなかったからである。しかしガルベスは正しかったし、彼の時代になると行政がスムーズに機能した。

　これらの計画は、たしかに別の内容の、使用言語にとっては言語そのものの計画よりも確実に有益なほかの計画と、間接的に関連づけられよう。1750年に編集された経済報告のなかで、スペイン人のヒル・デハスは、商業会社が育成されれば、「まさに国家の血液である貨幣が豊富になり、王室の金庫では収入が増え、臣下はみな、陛下の放出される臨時報酬を手に入れるであろう」と考えた。同様の趣旨のあれこれの意見も無駄にならなかった。なぜなら15年後、政府は南北アメリカとの自由貿易のやり方を試験的に実行しはじめ、その方法は1778年の『スペインとインディアスの自由貿易のための条例と諸関税』にまとめられた。この対策によって容易になった可動性は並はずれており、前代未聞であった。たとえば、ヒル・デハスの時代には**ハバナ**港に年間5隻以上の船は立ち寄らなかったが、新『条例』と同じ年には200隻が寄港した。イベリア半

島の商人たちの南北アメリカの諸港への流入には抑えがきかなくなった。商品の浸透に関する新たな法律のおかげで、商人たちは海路で到着するときと同じほどたやすく、大陸の奥地へ散っていった。カディスの企業家たちはおとろえ、カナリア諸島やカスティリア北部の会社が、そしてどこよりもバスクとカタルニアの会社が活況を呈した。これらの会社は大勢でアメリカに通い、手工業製品を売って原料を運んでくる。彼らは色々な港に停泊し、通貨の流通を容易にしたり、王室金庫への収入を増やしたり、陛下が家臣にお祝いを放出したりするのに貢献する。カナリアやカスティリアやカディスやバスクやカタルニアの船の船倉に入って航行する通貨や金庫やお祝いは、その往来を保証する唯一の言語であるスペイン語でおしゃべりしながら長旅の時間を過ごした。

　この貿易の——人によってはわずかと思える程度の——自由化の性格は、アルゼンチン人である**マヌエル・ベルグラノ**の作品『**ブエノスアイレスの農民たちの象徴**』(1793)に映し出されているが、それを要約すると次のようになる。「国家は国の内外を問わず国際貿易における絶対的な自由に近づけば近づくほど、それだけ永遠の繁栄に近づく」。エクアドル人の**フランシスコ・J・エウヘニオ・エスペホ**も同じ傾向にあったが、彼は南アメリカの諸地方が発展するために強く必要としている書籍や道具類や師匠たちの到着が、新規の計画によって容易になることを期待していた。ヒル・デハスの影は長くなり［影響力は大きくなり］、その時代にまで届いた。

　しかしスペインの啓蒙主義者たちの決定はどれも、アメリカに届くのが遅かった。彼らが求めていた政治的・経済的な統合は、クレオールの少数支配者集団の抵抗と衝突し、インディアスの官僚行政と衝突した。後者の2種類の集団は急がず休まず、非常に優れた報告書を書いていたガルベスの役人たちを自分たちの古いやり方に同化させていった。イギリス人やフランス人やオランダ人との貿易は栄え、それはイベリア半島との貿易よりもよかった。言語上の規定はそれ自体——役人階級を除いて——蜃気楼でありつづけた。というのも、その適用はほとんど不可能だったからである。すなわち、南北アメリカとは、当時、およそ300万人になろうかというスペインの白人とクレオールとメスティソたちが核になっていたが、そういう彼らを、非都会部に散在していてス

ペイン語を全然知らず、数が 3 倍もある民衆たちが取り巻いているところであった。「親方」の統制を逃れた南北アメリカに妙なことが起こっていた。彼の死後 20 年もすると、もう、ベネズエラやブエノスアイレスのクレオールたちは、先住民のあいだに、当然ながら先住民語で書かれた声明文とともに反乱の宣伝ビラを配って歩いていたのである。それらすべてが、3 世紀にわたる植民地時代の言語操作の、まったき象徴であった。

XV. 相互理解の仕事

近代スペインの共通語。

　舞台がスペインになった。**ガリシア**地方のどこかの村である。1768 年のある日の夕方。この国の娘がひとり、ガリシア語を話さない司祭に告解をしていた。娘はごく自然にガリシア語で、前回の告解以降、何回 trebello したかを説明した。解説すれば、[カスティリア語の] trabajo トラバホで表現する「仕事」は体の全体を使ってすることが多いが、ガリシア語の trebello トレベジョは基本的に腰から下を使って行う「仕事」である。司祭には告白された内容がそれほど骨の折れることとは思えず、職務として、祝日を含めて毎日 1 時間は trabajo「仕事」することができ、就業日なら望むだけの時間してもよい、ということを彼女に理解させた。娘はすぐにガリシア人の高僧を探し、やり終えた告解が有効かどうか、あるいは、その告解が村の若者たちのトレベジョに関する「母なる教会」の新しい好意的な教義であるのかどうか、説明を求めた。

　サルミエント神父が語ったこの逸話は、特別な有様を、すなわちスペイン語が以前から占めてきている位置を固めつつあった彼の時代に特徴的な、ある言語上の事情を教えてくれる。スペイン語は、スペインで最も多く話されている言語——スペイン人の 5 人に 4 人は他の言語を話さなかった——である以外に、ほかの言語と接触する地域では裕福な人々にとても高く評価されていた。スペイン語は実際、その他の言語を片隅に追いやりつつ、それらを大衆層の特徴に

変えていったが、そのようにして諸言語の地理的社会的な退行をうながし、村や集落でしか使われないものにしていった（とはいえ、そういう言語はみな、ずっと教会の庇護を受けてきていた）。ガリシアのトレベジョ娘のケースは1例にすぎないが、しかし唯一の例ではない。

ペニャフロリダの伯爵である**ドン・フランシスコ・ハビエル・マリア・デ・ムニベ**は、告解室の逸話の4年前に「バスク国友人協会」を設立した。ムニベは若い頃フランスで教育を受けたが、スペインの科学の遅れに落胆し、協会の設立によってその遅れに対処しようとした。友人協会はタングステンの分離やプラチナに展性を与える方式といった重要な成果をあげた。世界的に認知された成功である。その内容は協会が表現と教育の手段としているスペイン語で公表された。当時のバスク語は相互に理解不能な方言変種の集まりであり、都会の大きなセンターのどこででも育成されていなかったし、文学的な共有財産といえば基本的に宗教関係の書き物だけだったから、それも致し方なかった。それだけではない。数年後にバスク地方を旅行した**ドイツの賢人フンボルト**は、スペイン語が浸透してバスク語の孤立が徐々に進めば、近い将来、バスク語は数種類の記述テキストにだけ残ることになってしまうだろうと予言した。

しかしながら、バスク国友人協会はこの国の歴史的特異性が気に入っている科学的な協会であったから、その会員の多くが聖職者であることと相まって、バスク語大辞典の計画が立てやすくなっていたが、その作品には「スペインの古い事柄」を知るのに大いに手助けになることも求められていた。大辞典は計画されたが、そこまでであった。

バルセロナの著述家である**アントニオ・デ・カプマニ**は1779年、カタルニア語を「いまや学問の共和国にとっては死んでいる、古くて田舎のことば」であると定義した。カタルニア語は昔日の文学上の栄光を失い、「田舎の、大衆的で古くさく、死にかかっている」ものになってしまっていた。カプマニは、たしかに誇張はしているが、この言語に栄光を与えてきたはずの著名なカタルニア人の多くがずいぶん前から、たえずスペイン語に移行していって、カタルニア語を縮小するままに放置している、と考えることでは正しかった。**フェリペ5世とフェリペ6世**の治世にはこの傾向がひたすら加速した。カプマニの時代に

日刊の『バルセロナ新聞』が創刊され、長いあいだバルセロナのエリートたる有産階級を代表するものになっていく。この新聞はカプマニに軍配を挙げた。というのも、創刊後50年経っても、実質的にはカタルニア語で書かれた記事をひとつも掲載しなかったからである。たまに載る詩を除けば、この新聞の紙面はスペイン語で書かれていた。カタルニア語で書かれた政治宣伝パンフレットや愛国的詩文や雑多な告示は、山間部に運ばれ、田舎の人々に配布された。都市と商業はたいていスペイン語を当てにした。だから、ホセ・パブロ・バジョーなどの著述家はカタルニア人に向かい、嬉々として、みずからの言語を忘れてスペインの共通語に移るよう勧めている。さらに言えば、バジョーはスペイン語学習教則本の著者でもあった。

　ガリシア語やバスク語やカタルニア語やバレンシア語（そして**アストゥリアス地方**の**バブレ語**やアラゴン地方の**ファブラ語**については、なにをか言わん）を追い詰めるには、言語的強制力を秘める法律集などを作って、話し手の全員に例外なくその履行を義務づける必要などなかった。1716年付けの『代官への指図書』が謳っているように、言語共有性には「交通通信や通商が容易になり、法律や命令が一層よく理解され順守されるので、大いなる利益をもたらす効果がある」と考えられていたから、スペインの個々の言語に大なり小なり影響を与えつつ共通語を優先するような法律はあった。否定できないことだが、**ブルボン**王家の行政機関は、フェリペ5世の時代からこのタイプの法令を通して、スペインと南北アメリカのために——公的な用件に関して——行政上の統一を図っていたのだ。共通語を導入するためのプロセスは、「仕掛けに気づかれることなしに効果を上げる」という原則にそって策定された。すなわち、ほかの言語のあからさまな抹殺を暴力的に実行したり法的手段で処理したりせず、そうではなくて、可能な共通語をとくに富裕層のあいだに植えつける、という作業を徐々に履行してゆく方法である。その着想においては当時の南北アメリカで先住民諸語に関して実行されていた政策に非常によく似た、ひとつの言語政策であった。そのおかげで、たとえばカタルニア語は、さまざまな行政分野で実にしっかりと維持された。それだけではない。フェリペ5世が1717年に創設した**セルベラ大学**（**レリダ**市）では、教科書として使用されていた文法書がラ

テン語＝カタルニア語で書かれていたのである。グァラニー語が——そして南北アメリカの先住民のその他の言語が——維持され、習慣的に引かれていた国境を越えて広がることができたのと同じ政策であった。スペイン語の植え付けを確保するという考えは、その当時、コミュニケーションの有効性と通商網の安定性とに、密接に結びついている。

　カスティリア顧問会議にはお気に入りの、国家言語統一の事業があったが、共通の記号体系として役に立ちそうにない諸言語の後退は、上記のように、この事業に立脚した言語政策の措置がそれ自身で挑発したものではなかった。本質的には別種の措置がその後退を引き起こした。すなわち、スペイン人と南北アメリカ人の社会的な可動性、そして国内であれ国外であれ、共同通商計画への諸地方の参画、この両者を容易にする政治的・経済的・行政的性格の、あらゆる措置のことであった。ヒル・デハスやガルベスやベルグラノやエスペホをとても喜ばせた主導的措置である。ひとつの共通語を広めるためには、工場、通商、見本市、国内関税の撤廃、通貨の統一、街道、水路、港、大西洋航路、そして、これらの状況によって容易になった人々の混交、そういうものが、学校とか大学とか、スペイン語で仕事を処理するように人々に義務づける法律とか、と比べれば、計り知れないほど強力な手段になった。

　言語共有性は原則的に経済共同体から生まれた。それは何人かが思い描くような言語的略奪の結果ではなかった。交通通信や遠距離通商に有利に働くきずなが育成されるときには、その種のコミュニケーションに使えない言語コードを、確実に、それ自身の境界の内部に押しこめはするが、その抹殺を意味することはない。他方、**アドリアン・ハスティングス**教授は、ヨーロッパの新たな国民性の形成において現地諸語が有するきずなに関して研究したが、そのなかで、かようなきずな（スペイン語またはカスティリア語＝スペイン国家）は思想的に言ってスペインに独特のものではないし、独特であるとしても、それは事実というよりもむしろ修辞学的な受け止め方にすぎないと断言した。私はその断言が本質的に正しいと考える。というのも、スペイン語に基づいた言語共同体は、あたかも具体的な１言語に結びついた国民性という概念が出現するのを助けるかのように、帝国主義的で複数の領土にまたがる（それ以上に、たと

えば、宗教的な一様性を求めている）政策に長いあいだ縛りつけられていたし、そしてまさにそのことのために、存在しないか存在しても弱々しいきずなを妨害する他のいかなる言語をも明確に抹殺することを肯定する、実際的で執行力のある措置をとることが、非常に難しくなっていたからである。

　言語共有性の補強は、共通語と接触している他の言語に対する強制的な法律が行う仕事ではなかった。植民地圏に敷かれた経済的利害の網のうえを一層活発にめぐり歩く人たちがなし遂げた仕事である。なぜならば、かような利害こそ共通語の必要性を生みだし、維持するものだからである。その結果、ほかの言語を目立たせようとすればできたような著名人たちも、そういう言語を放棄し、広く使われている共通語に安住した。それだけではない。社会や企業の可動性によって地域枠を越えた興味深い成果が獲得されていった。たとえば、18世紀中葉以降、ガリシアの、とくに沿岸地方——当然ビゴも含まれるが——のカスティリア語化は、まさに生粋のカスティリア人が行った仕事ではなく、定住するためであれアメリカ行きの途中であれ、自分たちの仲間を伴ってその地に向かった、とくにカタルニア人、**レオン**人、バスク人たちの作業である。そして逆方向だが、ガリシアの農民がカスティリアへ（そして後に南北アメリカへ）出ていって、そして帰郷するとき、すくなくとも母語［ガリシア語］とよく似た別の言語［カスティリア語＝スペイン語］になじんでいるのである。バスク語圏の**ビスカヤ**の数家族が、これらの動きに関わるすべての通商法規に庇護されてチリに定住しようと決心したとき、その国に、今日では強力な——そして優秀な——産業を設立することになった。それがワイン生産につながるブドウ栽培だ。同様に彼らはその地に、すくなくとも同程度に利を生む商業上の別の力を安定させるのに貢献することになった。それがスペイン語だ。

　1768年に発せられた勅令（おなじ時期に別の勅令がフィリピンとアメリカに向けて発せられた）によって、修辞学の学校におけるラテン語教育はスペイン語で行うように命じられたが、それに類する法律は、上記の人的往来の——原因ではなく——結果として生まれたのである。それらの法律が目指していたのは、人のさまざまな往来を混ぜ合わすこと、往来がさらに容易に循環すること、役人たちがホセ・ガルベスの役人流に一層うまく帳簿を付けること、スペイン

の学生や外交官や軍人や金融業者が当時の偉大な国際文化語たるラテン語を身につけること、これらであった。というのも、カスティリアの貴族階級は伝統的に、カスティリア語以外の使用言語に対して閉鎖的だったからである。

　いずれにせよ、それら学校教育に関する法律も、影響を及ぼした相手はごく少数の人間であった。教育を受けた職人でいっぱいの国を夢見ていた**オラビデ**や**カバルス**のような人々にとって理想的な公教育の諸計画にもかかわらず、そして 1812 年にカディスで立憲主義者たちが示した前向きの意図にもかかわらず、現実はといえば、スペイン人の 94％が文盲であり、教育対策は文盲の人たちとは微塵もかかわりを持たなかったのである。他方、教育対策を実行するための読み方教本は、姿を見せるのに何年も何年もかかった。王宮の仕事はゆっくり進んだのである。とはいえ、スペイン語は、南北アメリカでは事あるごとに先住民語に妨害されたが、イベリア半島ではそれに似たような妨害にさえ、全然出くわさなかった。大衆教育はなおざりにされた状態だっただろうし、読み方教本は少数だっただろうし、文法書は学説によって際立つこともなかっただろうし、大学教授たちはポストを得るために無原罪のお宿りの教義を公然と尊重しなくてはならなかっただろう。これらすべてが起こりえた。スペイン語を使うこの帝国では通商の太陽が没することはなかったが、しかし、そこには帝国の粘着力があったので、その国をめぐり歩いて成功を収めようとするいかなる意図も可能性も、もしスペイン語で行わなければ無効になった。それゆえ 1823 年、ドン・アンドレス・ピイアリモンは同郷のバルセロナ人たちを、「カスティリア語が国語であるスペインの、その 1 都市の民衆」というように定義した。ドン・アンドレスは何もデッチ上げていないし、すでに（1796 年 10 月 29 日付の）『バルセロナ新聞』の編集者がスペイン語を指して「我らの純正な運用言語」と呼んでいた。

XVI. 羊飼いと羊

商業の循環と言語の循環。スペインにおける言語共同体の古い経済的基盤。言語と帝国。ポルトガルの場合。

　しかしながらスペインの言語共有性は18世紀の王たちの仕事でもないし、彼らが目論んだことでもない。言語の共有性ははるかに遠い昔から鍛え上げられてきていた。1535 年、**ホアン・デ・バルデス**は自著『**言語問答**』のなかで、「カスティリア語は全カスティリアのみならず、アラゴン王国でも**ムルシア**王国でも全アンダルシアでも、ガリシアでもアストゥリアスでも**ナバラ**でも話されているし、しかも大衆のあいだでも話されている。名士たちのあいだではスペインの残りすべてにおいても同じくよく話されているからである」と書いている。バルデスにとってこの状況は、県同士がつきあいやすいようにとか、県同士の通商や契約が必要だからとか、という理由から生まれたのであった。バルデスにとっては、軍務と通商と契約締結が言語の運命を左右するものであった。

　たしかにバルデスは、カスティリアに住む（無名や著名の）人々のあいだでカスティリア語が決まりきったように使われていることを大げさに言ったが、しかし、たしかに軍務と商取引が言語と話者の運命を定めるという点においては正しかった。アラゴン王室の財務官であるホアン・デ・コロマが**カトリック両王**の宮廷で行った契約によって、ひとりの航海者［コロンブス］が偉大なハン（汗）の国と、ポルトガル人と競合している香辛料の輸入ルートとを探しに行った。航海の結果には幻滅させられた。何粒かの金と、宮廷でカスティリア語を学ぶ数人のぼんやりしたインディオのほかは、自慢できるほどのものがなかったからだ。アラゴン王室の者たちには西方航路に未来があるという予感はあったものの、以後の探検では、インディアスに主としてカスティリア人たちが連れていかれた。しかしカスティリア王室とアラゴン王室のあいだの契約はすでにできあがっていた。そこにはカスティリア人、ポルトガル人、アラゴ

ン人、カタルニア人が加わっていただけではない。出自が不確かで（おそらくマジョルカ島の人間か？）くそ真面目な水夫もいたが、アンダルシア人はどれだけいたかわからない。しかしながらバルデスは予言者であった。いまから5世紀前のそれらの契約から、どんな商品でも契約する約4億の人間という奇妙な産物が生まれたからである。

　そのほかでは、毛織物取引も同じくカスティリア地方が起源であった。毛織物取引もまさしく交易であって、移牧用の経路網、移牧のはるかなる行程、商品の驚くべき循環などを伴っていた。この取引は原材料の製造業者を移動させたが、彼らは羊の群を連れてイベリア半島を北から南へ、レオンからセビリアの地へ、**ログロニョ**から**パレンシア**を通って**コルドバ**へ、**ソリア**から**カンポ・デ・カラトラバ**へ、**テルエル**の南部から**コエンカ**や**アルバセテ**を通ってムルシアまで、というような長い帯状地帯を歩き通した。羊毛の卸売業者と織工たちは**セゴビア**かブルゴスにいたし、イギリスや**フランドル**やドイツに向かう運送業者は**ビルバオ**か**サンタンデル**か**アビレス**の港にいた。2軒の商用領事館がブルゴスとビルバオにあったが、そのモデルはバルセロナの海事領事館にコピーされた。バルセロナの港には15世紀初頭に羊毛が届いたが、内乱のせいでカタルニアの影響力がなくなると、つねに保守的な商人たちは毛織物の輸出のためにバレンシアの港を探しあて、そこに何年もとどまった。その後、**アリカンテ**に下り、さらに**マラガ**に下った。その通商循環は内陸部から港に流れ、獲得された金銭は道を逆にたどって**メディナ・デル・カンポ**やブルゴスに届いた。その頃にはもう、セビリアを通るインディアス交易が芽を出しはじめていた。もし諸言語が国家やサッカーチームのように楯を作るとしたら、スペイン語の楯にはカタジロワシや左片脚立ちのライオンなどの、明白に高貴なものは、間違いなく何も描かれないだろう。姿を見せるのは素朴な1頭の羊だ、しかも毛を刈り取られた姿で。

　羊毛にかかわる人々や商品のあわただしい動きはどれも——残らず言ってしまえば、動きだけでも毛織物より大きな利益をあげたが——かなり古くから起こっていた。しかしながらその動きによって、16世紀中頃になるとカスティリア語を話す民衆が、ヨーロッパのなかで話者の数も活気の度合いも均質の度合

いもトップレベルの母語話者集団になっていた。それほど早い時期にスペイン人の10人中8人が、国家干渉も学校計画も強制的法律も介在することなく、おなじ言語で理解し合うことができた。介在したのはそれら以上に強力なものだった。経済的連帯である。あとで見てゆくように、何人かの著述家にとって「カスティリアのことば」という呼称は、結果として一部分しか指さないものになりはじめていた。なぜならば、すくなくともレオン人やアンダルシア人やアラゴン人が同様の功績をもってその言語に貢献していることが明白だったからである。考えてみれば興味深いことだが、カスティリア語を母語とする国民（約8割）とスペインの他の言語を母語にしている国民（約2割）との比率が当時設定され、その後、実際的に今日まで変わっていないのだ。16世紀に起こっていたのは、その2割の人々の大部分がたいてい各自の言語でしか意思表明をしなかったことである。というのも、バスクの山家の者がカタルニアとか**バレンシア**とか**バレアレス諸島**とかアストゥリアスとかガリシアとかの村の者と話をするために共通語を必要とすることなど、ごくまれにしか起こらなかったからである。18世紀の、とくにカルロス3世の治世の政治的・経済的な状況によって、大衆層相互の言語的交流の必要性が強まったし——裕福な者同士のあいだではもっと古くからあった交流——、ほとんど共通語を必要としない人々のなかでも関心のある一部の者が共通語の必要性から二言語話者になったが、その理由は、効果的な学校組織や国家干渉によるというよりも、自発性や人の往来や有用性や必要性によることのほうが多かった。

　この点に関して、フランスのスペイン学者**アラン・ミロー**は、スペイン帝国の力はいわゆる帝国用言語なしに生まれたのだという意見を持っているが、このテーマが反対の方向にどんなに大きく広がっていこうとも、私はこの見方に完全に同意する。**バルタサル・グラシアン**は『**政治家**』（1640）のなかでこのことを単刀直入に認め、「スペインの君主制の時代には、そこに県は多く、国々は異なっており、言語は色々あって、性向は対立し、気候は極端に違うから、維持するのに大きな能力が必要であるし、統一するにも多くの能力が要る」と言っている。**ハプスブルク家**はまさしく多言語使用の帝国を支配した。そして、**アントニオ・デ・ネブリハ**からベルナルド・デ・アルドレテ（彼の『カスティ

リア語の起源と始まり』は明白に**フェリペ3世**に捧げられることになるが）までの1世紀のあいだのことだが、その16世紀には言語的統一が帝国の政治的基盤のひとつと考えられていて、たえまなく言語に関する愛国的な政治声明が聞こえていたのであるから、著名な作家たちの忠告がなかったわけではないとしても、現実問題として、スペイン君主国は、言語の正統性よりも宗教の正統性のほうをはるかに大切なものだと考えていた。思想的には、スペイン人たちはイスラム教徒やユダヤ教徒たちを意識して、宗教と血の純粋性のなかに人間集団としてのきずながあることを主張していたが、カスティリア語がそういうきずなのあかしとして考えられることは珍しかったし、カトリック教に改宗する儀式でアメリカ先住民言語のどれかを使うときも、**モリスコ**たちのようにアラビア語を使うときも、この言語はしばしば看過されたし、カタルニア人やバスク人やガリシア人の場合にはカラオラの司教が「父親の言語」と呼んだ土地の言語が順守された。とくに一般大衆に関してはそうであった。他方、著名な住人のなかには、カスティリア語を知っていることとそれをイベリア半島の一般共通語にすることの有利さに気づいている人もいた。しかしそのためにカスティリア語へ切り替えることにはストップがかかった。ポルトガルである。

　ブルボン政権が何らかの言語関連法規を発布する時期よりずいぶん前の1626年、**ゴンサロ・コレアス**はバスク人やカタルニア人に関して次のような見解を示した。「スペインの我々のカスティリア語は全スペインに共通であったし、いまもそうである。皆、カスティリア語を使い、母語は自らの内に抑え込んでいる」。コレアスは、本節の始めに転記されているバルデスの見解と同じ意見を（そして同じ誇張の度合いで）その90年後に繰り返しているのだ。コレアスは**サラマンカ**出身で、生地の大学で教えていたから、その部分の少しあとのところでカスティリア語使用者のなかにポルトガル人を含めた、という違いだけはある。彼の見解にはいくらかの理があった。すくなくとも何人かの名のあるポルトガル人はそうしていたからだ。たとえば、**サ・デ・ミランダ**や**ジル・ヴィセンテ**はどちらの言語でも同じように書いていた（当時、カスティリアの著述家たちには見られなかったことである）。

　コレアスがこのコメントを書くとき、ミランダやヴィセンテが死んで1世紀

75

も過ぎていた。この両人からサラマンカの教師までには、ポルトガルの貴族や廷臣の社会でカスティリア語の浸透が進む100年がある。ポルトガルは1580年にハプスブルク家の王国に併合されたし、それと相まって、フェリペ2世はヨーロッパと南北アメリカとアジアにおける新たな帝国主義政策をリスボンで立案するためにその地に邸宅を移す気でいたから、ポルトガル統治とポルトガル外交のど真ん中にスペイン語が据えつけられることになった。それは当然、決してポルトガルの民衆のあいだに根を下ろす言語ではなかったし、だれもそのようなことを目論まなかった。それどころか、まさにコレアスが書いている時期に、ポルトガルの中産階級は――当時、**イベロアメリカ**との経済的往来によって非常な利を得ていたが――、フランスやイギリスや**トルコ**やオランダとの戦争で自分たちの植民地からあがる利益をあやうくしている帝国に後見してもらうことなど、厳密に言って必要としない、と考えだしていた。徐々にではあるが、行政や国庫や軍隊における過度な「カスティリア化」に関する苦情がとげとげしくなってゆく。ポルトガルの一種の民族主義は、その国民を解放しにやってくるという王**セバスティアン**にまつわる神話のあたりで元気づく。伝説によると、ドン・セバスティアンは、1578年に**アルカサルキビル**の戦いでモロッコ人の手にかかって死んだのではなく、「カスティリア化推進者」のフェリペ2世を追い立てるために戻ってくるということであった。ポルトガルの嫉妬によって一番こらしめられた著述家のひとりに、ホルヘ・デ・モンテマジョルがいたが、彼はもともとの苗字であるモンテモルをカスティリア語化し、全作品をカスティリア語で書いていた。当時のリスボンの印刷業者であるロウレンソ・クラエスベエクによると、彼の作品はポルトガルで、表面的には、「生地たるこの国に負うているものをよその諸王国に与える罰として」禁書扱いされたのだ（おそらくまた、モンテマジョルはユダヤ教徒であると噂されていたからでもあろう）。1640年にはスペインとポルトガルの決裂が明白以上のものになる。その後40年して、カルロス2世はポルトガルの独立を認める。貴族階級は都会の商人階級とともに、かつてはスペイン語の据え付けに貢献したはずだが、1688年になると、サ・デ・ミランダやジル・ヴィセンテやペドロ・デ・ベガやホルヘ・デ・モンテマジョルが生まれるのを目にした貴族や商人とはずい

ぶん違ってしまっている。スペイン語は17世紀の中頃から、ポルトガルにおける弁護人たちをすべて、許し難いまでに失った。

しかし、そのころ以前の1601年のことだが、フランセスク・カルサが「カタルニア人は何故母語を使わないのだろうか」と自問し、「カスティリア語で書く者はだれでも、それが一層有利だということがわかっているからだ」と自答していても、別段、奇異なことだと受け取るべきではない。ビスカヤ評議会でビルバオ人が契約用言語を、何人かだけが理解していて実際何の契約にも使われていないビスカヤ語［バスク語のビスカヤ方言］よりも良い、だれにでもわかるものにしようと必死になったのも、奇とするに足りない。うぬぼれのある著名なバスク人、ガリシア人、ポルトガル人、バレンシア人、バレアレス人、カタルニア人はすべてスペイン語をマスターしつつあったことも奇妙ではない。フェリペ2世がリスボンで、ポルトガルにおける右腕のドン・クリストバル・デ・モウラに向かって行政書類を口述し、それがスペイン語で書かれたことも、おかしくはない。この王が（たしか母親の母語であった）ポルトガル語を理解したように、モウラもスペイン語を知っていたからだ。スペイン語がイベリア半島において、この共通語が完全には使えない者たちのあいだでこのように普及したことにも、なんら奇妙な点はない。問題となるのは単に、急速に拡大していく帝国の、その魅力に引き立てられた有益性であった。ヨーロッパもまたその当時、スペイン語を、スペインやポルトガルの貴族が評価するのとほとんど同程度に評価しはじめていた。

XVII. ヨーロッパのスペイン語

ヨーロッパにおけるスペイン語のブーム。この言語の呼称。言語が政治的に象徴すること。

イギリスの女王**エリザベス1世**は1566年、ウィーンの宮廷とのやりとりにラテン語を使っていた。1年後、皇帝**マクシミリアン2世**に話しかけるときはイ

77

タリア語を使った。イギリスの島々から発せられる通信が英語でなされることはほとんどなかった。その時期、英語は奥地に閉じ込められたことばであった。フェリペ2世は**メアリー・チューダー**と結婚してロンドンに住み、年代記によれば彼女を優しく愛したそうだが、英語はひとつも学ばなかった。その頃かの地に派遣された貴族は、イギリス人と親戚関係にあるフェリアの第2公爵を除けば、だれも英語を話さなかった。スペイン人たちは黒衣をまとうことと馬が好きなことと自国語しか話さないことで識別された。

　カルロス1世は言語のこういう事情に関して、同時代人のエリザベスよりも運が良かった。ランスグレイフとアルビの［プロテスタント相手の］戦いで勝利を得ると、ドイツの大公や領主たちは、彼がドイツ語を全然知らないわけではないことを知りつつも、彼を喜ばせるためにスペイン語で話しかけ、その権威をうやまうことにした。フランドルのヘント（ガン）で生まれたカルロスは、母語のフランドル語を話しつつスペインにやってきて、自分の宮廷の用語であるフランス語を少し話した。ラテン語はさておいて、これらの言語はヨーロッパから連れてこられた政府関係者ならだれでも話した。ブルゴスの都市代表であるスメルは、1518年のバジャドリーの**身分制議会**でカルロス1世にスペイン語を学ぶように要請した。もっともっと多くの、中身の濃いことを強要する請願書のなかで、ついでに出された要請である。王は、使用言語のことではスメルの要請に従った。この皇帝が1536年、法王も参列しているヨーロッパ外交の幹部連中を前にしてフランス王**フランソア1世**と対抗したとき、だれもがラテン語での演説を期待していたのに、彼が使ったのはスペイン語だった。フランスの代表団はいらだち、司教のマソンは怒って、なにもわからないと言ったら（それは本当だったが）、カルロス1世はそれに応えて、「司教殿、その気があれば私の申すことをご理解下さい。そして私には我がスペインのことばしかご期待なさるな。この言語は非常に高貴なので、キリスト教徒の人々全員に知られ、理解される価値があります」と言った。それはヨーロッパで通用する国際語としてのスペイン語の、公的な声明であった。当時まではそのような特権を持っていなかった。

　外交官たちはスペイン語を学んだが、それは語学が楽しいから皇帝の言語的

推薦に自発的に従う用意があった、というわけではない。彼が、抗すべくもない力をともなって傑出する軍事的・経済的・商業的大国の皇帝だったからである。カルロス１世の頭のなかには、今日のヨーロッパ人のあいだに湧き出ているのに似た、自己流の考えが湧き出ていた。政治と経済のひとつの共同体を創出することである。ただし当時のスペインには、現在以上に大きな影響力があった。その共同体は、スペインが人的な核となる地、南北アメリカが経済的に支えてくれる地、オランダが財政の中心となる地、という仕組みになっていた。息子のフェリペが1554年にイギリスの王女と結婚してからは、ロンドンがヨーロッパ最大の活気を見せる港としてその計画につらなった。

　皇帝がフランドル人に南北アメリカとの交易許可を与えようともくろみ、イギリス人が大西洋の繁栄を予知し、フランドル向けの穀物と羊毛の商人が注文の倍増を予言し、イタリア人やフランス人やドイツ人がスペイン帝国の絶頂を不可避的なものとして覚悟するとき、ようやく外国人相手のスペイン語の『文法書』Gramática が現れる。1555 年付けの**ロバイナ**の著者不明の作品であった。スペイン語は長い年月、この種の著作で扱われて——成長して——いく言語となった。イギリスの詩人ジェイムズ・リーはスペイン語が当時の大言語の厳選クラブに到達したことを次のような詩句で歓迎した。

　「カスティリアの言語が（どんなものかは知らないが）力強く現れる。最後に到着したのに、最初のものたちと競いたがっている」。

　ジェイムス・リーはラテン語やフランス語やイタリア語に言及していた。ジェイムス・リーはもちろん、スペイン語がそれらと対等につきあう理由を知っていたが、とはいえ、イギリスの生んだ子であったから、そういうことを軽々しく認めようとはしなかった。括弧を使ってボンヤリの振りをした。スペイン語に基づいた出版業がここに始まるが、それは４世紀以上を経過した今日でも、終焉を迎えていないのみならず、かなりのブームが予測されている。スペイン語での著述家たちの資質は、皇帝の時代の実用スペイン語という胚を補強しただけである。そのころイタリア人のファビオ・フランチは言った。もし

フランスとかイタリアで劇場をいっぱいにしたければ、興行師がポスターで［スペインの劇作家］**ロペ・デ・ベガ**のコメディーが上演されると予告するだけでよく、そう予告すれば「彼らにはそんなに多くの人が入る大劇場も、そんなに多くの金が入る金庫も持っていないことになる」と。このような情勢だから、印刷業者が望むのは、ヨーロッパの教養階級のなかに信用と読者を獲得している著者セルバンテスの小説を編集することであった。たとえば、彼の読者であるフランス貴族がふたりスペインに立ち寄ったとき、ふたりは彼の作品を全部、嬉々として読んでいたので、自分たちもお近付きになりたいと思っていた。そして、崇拝するセルバンテスの新たな小説が印刷業者のホアン・デ・ラ・コエスタによって出版されたばかりであると聞いて、彼らは最高に心地よい驚きを味わった。それは騎士道小説で、気のおかしくなった**マンチャ**地方の**郷士**の奇癖を扱った奇妙な小説［『ドン・キホーテ』］であった。見たところ娯楽用であって、よく売れそうだった。彼らはそれをフランスに持ち帰った。

しかしながらスペイン語の国際舞台への登場は、政治の浮沈に左右されていた。**ライデン**で1585年に編集されたオランダ人のヤコブスンとボウェンスンの多言語辞書ではスペイン語が姿を消し、その場所は、この種の作品では当時珍しかった言語に譲られた。英語である。オランダの愛国者にとって、この1585年は良くない年であった。フェリペ2世の命に従う将軍**アレハンドロ・ファルネシオ**はオランダの反乱を制圧し、**アントワープ**を占領した。オランダの立場はなかったが、その占領は、イギリスのエリザベス1世が、オランダにこれといった敵のいないスペイン人がやすやすとイギリスに接近するのを恐れて、まさにその年、**レイセスター伯爵**が指揮する軍隊を送り込むまで続いた。他方、もうずっと以前からイギリスは、北の海で操業するオランダの私掠船を支援していた。エリザベスはオランダの愛国者のあいだで好感を持たれ、フェリペは信用を失う。ヤコブスンとボウェンスンは彼らなりに当時の抗争を勘案し、彼らの『フランドル語・英語・フランス語・ラテン語の4言語辞書付き、対話による討論』からはスペイン語が消えたのだ。何年かあと、カタルニア人はヤコブスンよりも現実的になる。すなわち、フェリペ4世に対する彼らの騒乱を正当化する政治宣伝パンフレットが1640年から1652年にかけてヨーロッ

パで大量にばらまかれたが、それらはスペイン語で書かれていた。スペイン語で出されたのは、そのひとつの『おおやけの秘密』と題されたものに書かれているように、「ほかの世界の人たちに、カタルニアがそのあらゆる振る舞いにおいて持っている正義と道理を知ってもらうため」であった。

　ほかの慣習もいくつか、その当時に固まった。たとえば、この言語の呼び名に関する伝統的な論争が始まるが、それは文法学者たちが、「『カスティリア語』castellano とは野心的で嫉妬深い名前である。というのも、火を見るよりも明らかなことに、この言語に対する権利はレオンとアラゴンの王国のほうがカスティリア王国よりも大きいし良質であるからだ」というような言い方で引き起こす。さきに引用したロバイナの著者不明作品での言い分はこうであった。「ここに規範が述べられている言語は『スペイン語』español と呼ばれる。そう呼ばれる理由だが、それは、スペイン全土にはその他多くの言語が存在しているのだから、その住民すべてに普遍的なひとつだけの言語が話されているからではない。スペインの大部分で話されているからである」。しかしながら何人かの学者も「スペイン語」という呼び名のことを公正でないと考え、vulgar「俗語」という名前を提案した。我々は数世紀間、この案件に関する論争を続けてきているが、どのように見ても、この状態は続くであろう。我々の共通語は el cervantino 「セルバンテス語」と呼ぶのが相応しいのではなかろうか。地理的イメージがないし、今後は論争の手間を省くことのできる名前である。

　もうひとつの流行は、近代諸語のうちのどれが一番よくラテン語に似ているかの論争であった。この流行には政治が明白に透けて見えた。すなわち、ラテン語はローマ帝国の言語であったから、ヨーロッパ諸語のなかでそれに一番似ている言語が全権をもって、再生なった**ドイツ・ローマ帝国**［神聖ローマ帝国］で主導権を握って常用される新たな母なる言語、という資格を要求することができるからであった。その時代にはスペイン語化したラテン語なのかラテン語化したスペイン語なのかわからないような言語で作品を書く、ペドロ・デ・ルセナのような著述家が何人かいた。ラテン語のお気に入りの娘であることを切に願うこの気持ちを明らかにしてさえいれば、どんな好みにも合うさまざまな主張が可能であった。当時よく広まっていた考え方がある。「スペイン人はラ

テン人と同じように、話すように書くし、書くように話す」である。皇帝カルロスの時代のバスク主義者たちはこの切望から身を引いている。しかしこの主義に従う者のなかの最右翼たる**ガリバイ**の意見では、生粋の、最古の、純正な、民族の、イベリア半島全域に共通だったことのあるスペインの唯一の言語は、バスク語にほかならなかった。ラテン語はローマからもたらされた新参ものであり、結局、**イスパニア**の地にあって**西ゴート**人やモサラベやイスラム教徒などのあいだで、みにくく堕落したのだ。実際その当時のヨーロッパ語はどれも、その高貴さと活力に関する賛辞を享受しないものはない。そういう賛辞は、ときには強い愛国的内容を含むが、ときには奇妙な予告を秘めてもいる。たとえばイギリスの詩人である**サミュエル・ダニエルズ**が1599年に出した予告の「そして、ときがたてば我々は自らの宝たるこの言語を世界中に広めることができるかもしれない。我らが最大の栄光たるこの恩恵が外国のどこの岸辺に送られるのだろうか」がある。

　世界に出てゆくスペイン人は――そして特に生粋のカスティリア人なら――、ほかの者たちが自分の言語を学んでいたので、それ以外のことばを学ぶ気はほとんどなかった。ロバイナ大学の学生たちは、スペイン出身者なら、まれにしかフランス語とかフランドル語を学ぼうとしなかった。そのことでスペイン人であることがわかった。貴族たちはスペイン語で言われていないことを全然意に介さないことで範を垂れていた。イタリアで生活を楽しみ、**ティツィアーノ**の絵を集めたり、『**怒り狂ったオルランド**』を宮廷の小グループでコメントしたりしている者たちなら、間違いなく十分たくみにイタリア語を話すようになっていたが、それ以外の貴族はほとんど複数の言語を使わなかった。バルセロナ人の**ルイス・デ・レケセンス**は総督としてオランダに出発するとき、カタルニア語とスペイン語とごく初歩のフランス語しか話せないのでおびえていたほどだ。

　イタリア歩兵連隊で戦うべく運命づけられた兵士たちには、**ミラノ**やローマや**ナポリ**で話されていることばが少しは残った。フェリペ王子と一緒にロンドンへ行った貴族たちは英語を知らなかったし、当の王子は片時も自分の言語を離さなかった。中央ヨーロッパに出かけていった貴族たちはラテン語――スペ

インの宮廷で、考えられるほどには使われなかったもうひとつの言語——をほとんどあやつらなかったし、ドイツとかオランダとかウィーンとかチェコへ送るには、カタルニアかバレンシアの人を選ばなくてはならなかった。彼らなら——バレンシア人のホアン・デ・ボルハのように——場合によってはカスティリア人ほど言語使用の点で閉鎖的でなかったし、なかにはラテン語を研究しようと努めている者もいたからである。ほかならぬフェリペ2世も息子たちにラテン語やポルトガル語やフランス語の学習を勧めていたが、王自身は、十分に使いこなすということなら、スペイン語だけだった。スペインの宮廷にとって、あれほど多くの王国を多言語を使って統治することは悩みの種であった。しかし見方を変えれば、当時のスペイン人たちに起こっていたことは今日の英語話者たちに起こっていることでもある。すなわち、一般的にいって、世界では非常に多くの人々が英語をうまく使うから、英語話者たちは、各国の使用言語という点ではあまり得意でない人々なのである。

XVIII. ある夏に起こったこと

スペイン王立アカデミアの創設。近代諸言語と産業革命。

　ドン・ホアン・マヌエル・フェルナンデス・パチェコはスペインの貴族で、当時、その種の人たちのなかでは珍しい趣味を持っていた。たとえば、読んだり書いたりすることである。さらに芸術にも科学にも興味を持っていた。夏の何ヶ月間かは、退屈しないように、友人たちを家に集めることにしていた。ドン・ホアン・マヌエルとその仲間たちは1713年の8月、それほど格式張らずに、文学や科学や芸術について討論しはじめた。
　彼らはみな、**ロンドン王立協会**やパリの**王立科学アカデミー**が4、50年前から行ってきていることを賞賛した。そしてマドリードでも同じことができるのではないかと考えた。しかしながら、どのようなものであれ、芸術や科学に捧げるアカデミアを組織するのなら、まず始めるべきは、それがなくてはどんな

テーマについても書けないという、その書くための手段に磨きをかけることであった。言語である。優先すべきは、正書法を——かなり破綻していたが——しっかり定めること、文法を組み立てること、そしてことばのひとつひとつが著名な作家の用例によって保証されているような、そういう大辞典を編纂することであった。であるから、討論はどうしても使用言語にかかわる方向へ流れていった。この集まりは当初「全方位型のアカデミア」を目指していたが、そういう流れのなかで、結局、言語問題に関するアカデミアということに落ち着いた。フェルナンデス・パチェコ氏がフェリペ5世にその考えを紹介して後援を依頼したとき、王はとても喜んでそうしようと答えたが、それだけではない。教養あるフランスからやってきた王族のひとりである自分は、——このスペインの侯爵に頼まれるより以前に——なにかそれに似たものを自分の王国にも設立しようと思っていたのだ、とも言った。本当のところ王は、ほとんど生涯のどの時期とも同じような仕方でアカデミアの公式文書に署名した1714年10月のそのころ、フランス語しか話さなかった。その年以降、我々は**「スペイン王立アカデミア」**、「スペイン・アカデミア」、(スペインで一番古いアカデミアであるから、修飾語なしの)「アカデミア」、あるいはアカデミアも加えずに「スペインの」の話をしてきている。関係者の気に入らない場合が多いから、「言語の」をつけ加えないようにしてほしい。

　フランスからやってきた王は後援することに同意していたが、著名なカスティリア人たちはそうでなかった。カスティリア顧問会議は、メンバーのなかに純粋なカスティリア人がほとんど一人もいないアカデミアの創設に対して、可能な限り妨害した。顧問会議の構成員は物事の処理に厳格であった。侮辱しか目に入らなかったのである。まず第1に、アカデミアというアイデアの生みの親でもある侯爵はナバラ人であったし、協会の検閲官であるフォルク・カルドナはカタルニア人であったし、ほかの者たちについては何をか言わん、である。批判者であるルイス・サラサル・イ・カストロが彼らの企てが公表されると、つぎのように言った。「イタリア人がマドリードでカスティリア語矯正の役割を果たすためにやってくるなど、無鉄砲な目論見である。出身地よりもがさつで頑固ななまりのあるガリシア人とかマラガテリア人が宮廷人の話し方を

厚かましくも訂正するなど、噴飯ものである。そして、アンダルシア人とかエストレマドゥラ人がカスティリア人の親友になって言葉づかいを磨いてやろうと考えることなど、最も滑稽な妄想のひとつである」。想像できることだろうが、ドン・ルイス・サラサルは、その博識をもってすれば「学究の家」[アカデミア]に適合しないはずはなかったが、死ぬまでアカデミア会員にはならなかった。

　アカデミアは 1771 年に『文法』Gramática を出版することで、半世紀強も前に決められた仕事を完成させた。スペイン語に名声を与え、スペイン語を近代化する、全部で 3 種類の大きな規範的作品がそろった。『文法』に先がけて 1741 年に『正書法』が出たし、それに先がけて 1726 年から 1739 年に『権威辞書』が出た。そのころの規範のいくつかは今日でも有効となっている。たとえば、b と v の規則、c と z の書き方（それまで使用していたセディジャ ç は有無を言わさず排除）があるし、いま私たちが、——**ロペ**とか**ケベド**とか**カルデロン**が言ったり書いたりしていた語形の—— dotor、efeto、sinificar の代わりに doctor「博士」、efecto「効果」、 significar「意味する」 と言ったり書いたりしているとすれば、それもまた 1726 年にアカデミアが思いついたからである。

　1726 年から 1815 年までの 90 年間にわたる改革で、アカデミア会員たちは書記法から語源的なほつれを取り除き、一層単純で実用的な書き方にした。そのうえ、技術的にはほんの少ししか難しくない新たな単純化への道筋を引いておいた。一番の難関は、アカデミア会員たちが実行を決心し、時期と方法で意見をひとつにし、そして我々がこぞってその基準を受け入れる、ということである。フランス語とか英語とかドイツ語の話者は Philosophie、 theatre、 assassin あるいは approbation のような書き方をして、いたずらに人生を込みいらせているが、スペイン語話者はそれらを filosofía「哲学」、 teatro「劇場」、 asesino「殺人者」、 aprobación「承認」 と書いて ph や th や ss や pp を避けている。それだけではない。すくなくとも 150 年間、それらを避けてきているのである。

　これらの改革の時期については、おそらく、そのタイミングの良さが十分には気づかれていなかっただろう。1823 年以降、何人かのスペイン系アメリカ人が、生まれつつある政治的独立に勇気づけられて、彼らなりの一層単純な正書

法を自国内で用い、広めだしたから、クレオールの用法がイベリア半島の用法から離れていった（XXVI 節と XXVII 節を参照のこと）。その最初の衝動が弱まってきて、じつは統一書法には比類なき価値があるのだということが認められると、こんどはスペイン語世界共通の規範を修正してそれに従おうということになったが、その頃、ほかならぬアカデミアの正書法がすでにシンプルになっていたので、かつて正書法の分立を布教していた者たちの退路が平坦になった。彼らは面目丸つぶれにもならずに引きあげ、スペイン語はさまざまな正書法規範に分裂することをまぬがれた。正書法規範の分裂は言語の全規範を変えてゆく最初のきっかけになる。このような事例を考慮したとき、言語というものがその話者によってどれほどの偶然にさらされ、どれほどの綱渡りを強いられているのか、容易に気づかれるであろう。

　カルロス 3 世が 1770 年代の 10 年間に学校教育計画を練り上げたが、その頃になると、スペイン語は、言語規範の近代化という過程のなかの最も厄介な諸問題がすでに解決されていた。ヨーロッパの羨望の的である語彙集を持っていたし、ラテン語・イタリア語・フランス語と対応させた科学用語に関してエステバン・テレロス・イ・パンドの、前者に比肩するほど高名な別の語彙集が、やがて出現する。そして簡略な正書法があるし、近代的な文法書があった。英語やフランス語やドイツ語やイタリア語やラテン語で書かれて流布している知識のすべてが、信頼できる翻訳者ならさほど難儀することなくスペイン語に流しこむことができた。そういう翻訳者が少なくないので、百科事典やいかなるテーマの専門書や研究書も、気前よく印刷された。当時のスペイン人は科学のチャンピオンではないとしても、すくなくとも研究事情にはくわしい。スペインにはホアン・バウティスタ・アレフラのような賞賛すべき人もいたが、彼など、フランスの主導権が揺るがなかった近代の物理化学の、その専門用語の特定の分野において、ひとりだけの力で、**ラボアジエ**とか**フルクロア**とか**ベルトレ**に向かって、それは少しおかしいぞ、と発言することができた。1 例だけ紹介しよう。今日、だれもが「千」の意味の kilo- の派生語を k で書いているが、それは、「千」ということばの元になるギリシャ語を qu を使って正しく転記しなかったフランスの知識人の「間違い」なのである。語源的にはスペイン語で

も「キロメートル」を quilómetro と書くことができるが、だれもそうは書かないだろう。

　フランス人は 18 世紀、英国人とともに実用科学の学会を独占し、たがいに商業化を競っているが、このスペイン人に十分な敬意を払っていない。しかしアレフラは正しかった。フランスの知識人が間違ったために今日だれもが oxígeno「酸素」と呼んでいるものは、——彼が望んでいたように—— arxicayo と呼ぶのが正しかった。まあ、しかし、どちらでもよかった。どんな言語であれ、言語に実体と重みを与えようとするとき、そのために非常に重要となる、たとえば科学技術の創造活動のような分野が、アカデミアがスペイン語について実行していた総体的な刷新という作業から、許し難いまでに切り離されていた。この重要な分野においては、フランス語とドイツ語、そして特に英語が活躍しつづけた。産業革命によって 1750 年から 1900 年のあいだに珍しい科学技術としてもたらされるものの半分は、英語でもたらされた。この時期が終わるころ、アメリカ合衆国は近代的製品と特許と科学的新事実を、フランス・ドイツ・英国の合計よりも多く産出したり獲得したり公表したりして、1 国で世界の富の 4 分の 1 を独占していた。20 世紀中葉から芽生えていく政治的・経済的・商業的な情勢は、もっぱら英語を支援し、それをいわゆる世界語にした。おそらくアレフラほどに知的な者でも、その当時には、英語がこれほど繁栄しようとは思わなかっただろう。

XIX. 王宮都市マドリードの目新しい事柄

言語規範の諸問題：バジャドリーからマドリードを通ってセビリアへ、カナリア諸島へ、南北アメリカへ。17 世紀の言語と行政。フェリペ 2 世の治世における国語教師の指導。

　ドン・ホアン・マヌエルの寄り合い仲間たちには、スペイン語が当時、その絶頂に達しているという固定観念があった。セルバンテスやカルデロンの時代

以降、スペイン語を待っているのは斜陽と衰弱でしかないと考えた。念のために指摘しておくが、言語に明白な絶頂があるなどとは思わないほうがいい。ネブリハもこのアカデミア会員たちと同じことを考えたが、ただし、それは 2 世紀前の話である。彼はこの言語が、まさに文法書や辞書を出版しているそのとき頂点に達していると確信した。このことには、出版促進に伴うのと同じような虚栄心がありそうだ。ネブリハはこの宣伝によって大量の本を売ったからである。しかし現実は、ネブリハが死ぬとスペイン文学の黄金世紀が到来して華麗な販売促進が起こったし、また、ドン・ホアン・マヌエルの寄り合い仲間たちが死にたえたあとになって、スペイン語は驚異的な作家の世代を、とくに南北アメリカで生みだし、ノーベル文学賞を 10 度、ものにした。事実、16・17 世紀におけるスペイン文学の花盛りは驚異的であった。しかし——良く知られているほうの——文芸そのものの開花だけではなく、どのような題材が扱われていようとも網羅的に書かれた知識の開花もあった(極端なカトリックであるスペインでは、異教徒の科学はあまり出版されなかったことは別にして、そこには科学系の内容も含まれていた)。それらの知識を集め、整理し、そういうチェックが使用言語にどのような教訓を残してくれるのかを調べること、その仕事が残っていた。それをアカデミアが引きうけた。

　16・17 世紀のあいだ、スペイン語はさまざまな話し方にみられる奇妙な対立に付きあった。べつに珍しいことではない。今日でも同じことが起こっている。ただし今日、我々は—— vivir「生きる」は v で書きなさい、cuñá と発音しないで cuñada「義理の姉妹」と言いなさい、no zepuasé と書かずに no se puede hacer「できそうにない」と書くようにしなさい、といった——一定の規則に従っているが、当時はそういう規則が今日ほど明白でなかった。そして多くの人が規則に快くは従わなかった。当時の作家のなかから少なくとも 50 人のリストを作ることができる。とりどりの正書法や文法や手引き書や表現技法が出版されている、まさにそのときに、スペイン語が——くどいようだが——頂点に達していると確信していた作家のリストである。「教師はだれでも自身の教本を持っている」という言い方が当時ほど自明であった時代はほかにないし、事実、どこかの学者がこの時代を、スペイン語正書法の「無秩序時代」とも評

している。おそらく控えめに言ったのだろう。しかしながら本当のところ、その時代は無政府状態になれる状況を呈していた。

1578 年、ホアン・デ・コルドバ師はメキシコにいて『サポテカ語法』——よく知られているように、南北アメリカにいる僧侶のあいだでは平凡な趣味——を書いていたが、突然スペインのことを思い出した。そして次のような所見を書いた。「**旧カスティリア**の者たちは acer と言うがトレドでは hacer『作る』である。そして彼らは xugar だがトレドでは jugar『遊ぶ』である。そして彼らは yerro だがトレドでは hierro『鉄』である。そして彼らは alagar だがトレドでは halagar『へつらう』である」。説明しよう。ホアン師にとっては、スペインの中央部にあるトレドのカスティリア人は、北の旧カスティリア地方にあるブルゴスやバジャドリーのカスティリア人よりも上等な話し方をしていたのだ。というのも、トレドでは jadser（ハゼル）、yugar（ユガル）、jierro（ヒエロ）、jalagar（ハラガル）に似た発音がなされ、北のほうでは acer（アセル）、jugar（フガル）、yerro（イェロ）、alagar（アラガル）と言われていたからである。トレドの話し方は、いってみれば、今日の**ボゴタ**と似たようなものであったが、トレドの良い話し方という考え方は事実というよりもむしろ話題のひとつであったことはさておいて、ホアン師はそのころ抗争中の二大規範をつきあわせていたことになる。もうひとりのトレドの学者である**セバスティアン・デ・コバルビアス**は 1611 年、つぎのような表現で北部の人たちを批判している。「小心で不注意で気力の衰えた者は、気音 [h] に相当する h を発音しないことが多いので、humo『煙』(jumo フモと読んでいただきたい) の代わりに umo ウモと言う」。問題は不注意で気力の萎えた者たちが我を通したということだが、そのため、彼らの小心な発音が「トレドの」高貴で力強い言い方を追放してしまった。すべては約 50 年のあいだに起こった。およそ 1550 年から 1600 年までの期間である。ドン・セバスティアンがその注記を書いているとき、自身の語法がすでに退潮期にあったから、そして自分の住む帝都トレドがずいぶん軽く見られるようになっていたから、そしてコバルビアスの機嫌が斜めであったから、そのように書いたのだ。

16 世紀のスペインには南の jadser と北の acer が共存していた。なにが起こっ

たかといえば、北部の語法は、数世紀まえから、**バダホス**からバジャドリーやブルゴスを通ってビルバオまでに根を下ろしていたのだが、おのれの住み家を離れ、自信たっぷりで高名きわまりないカスティリア語の本家トレドでも流行することになったのだ。その時代までには起こらなかったことだ。それはマドリードのせいであった。さらには、悪いのはおそらくフェリペ2世だったろう。ドン・フェリペはどこにもゆっくり腰を落ち着かせることのない移動型の王であった。マドリードに定住しようと決めたが、それはそこが中心地であったからではなく（たとえば、マドリードから遠い**ブリュッセル**に住んでいたこともある）、マドリードは彼がその地方に建設したいくつかの王宮から等距離にあったからである。

　1561年5月19日、宮廷はトレドを離れてマドリードに移った。丘陵地のトレドは居心地が悪くなっていた。宮廷は平坦な土地にやってきた。当時、マドリードには住民が9千人しかいなかった。王が宿泊するようになるとすぐ、人口は倍になった。9年後、3万4千人を数えた。1626年のカスティリア顧問会議の報告では30万人になっている（北のビルバオはその当時、5千人強であったろう）。その頃の商人はマドリードを「王家の者、僧侶、騎士、法廷関係者、官吏、犯罪常習者、盗賊、ごろつき、浮浪者でいっぱい」の町として描写している。別の者はそこが「スペインの全都市のなかで一番よごれていて薄汚い町」であると言っていた。マドリードの初めの人口を50年そこそこで2、30倍にした人たちは、いったいどこから出てきたのだろうか。犯罪常習者、盗賊、ごろつき、浮浪者はあらゆるところから集まった。しかしながら王家の者、僧侶、騎士、法廷関係者、官吏のなかには、問題の旧カスティリア系の構成員がいた。すなわち、ドン・セバスティアン・コバルビアスによると発音がまずく、気力の衰えた者たちであった。彼らは、あまたいる現在のスペイン語話者と同じように acer、 umo、 yerro、 jugar、 alagar などと言っていた。

　なにもかも納得できることであった。王自身も北部のバジャドリーで生まれているから、そのように発音していた確率がとても高い。まわりで聞かれたのと同じように、である。しかし王とその取り巻きは少数の何人かであった。それにもかかわらず、ほかに同じイントネーションのカスティリア人が多数いた。

彼らは**グァダラマ山脈**の北方に住み、南北アメリカとの交易の、とくに羊毛取引の仕事で裕福になっていて、自分たちの町に工場や製造会社を建てていたが、その頃、思わぬ不幸に見舞われた。彼らの産業が外国製品によって不平等な、抗しがたい競争に晒されたのである。急性の経済危機が数年つづいた。多くの者が店や工場をたたみ、多くの者が取引を精算し、多くの者が金利や貯金で生活することに決め、多くの者が公務員の仕事を求めて宮廷に向かった。そして、金利で生活しなければ貴族の境遇ではないという考え方を、だれもが持っていた。それは気がかりのない生活スタイルの手本になっていた。カスティリアの都市は過疎化した。たとえば、1590年から1620年にかけて、バジャドリーは住人の半分を失ったし、ブルゴスやメディナ・デル・カンポやコエンカやセゴビアもほとんど同じ割合になった。宮廷都市マドリードだけが膨張したが、そこでは北部の言語用法が受け入れられ、広められていた。そのころフランスの文法学者が自分の文法書に書き込むために最も純粋なカスティリア語の典拠を求めてスペインにやってきたが、読者に対して、トレドの古くさい用法は「全然カスティリア風ではない」がマドリードのはそれほどでもない、と注意しなくてはならなかった。実際マドリードの常用語法は、いまやイベリア半島北部からグァダラマ山脈を越えて南下してきた語法になっていたのである。

トレドは早々と宮廷のやり方に従った。トレドの次にバレンシアが、バレンシアの次にセビリアが従った。とはいえ、セビリア人はこの件にもうひとつのニュアンスを加えた。すなわち、マドリードの人たちはsとzの発音を区別しているのに、彼らは両者を統一したのである。zで統一すると社会的に歓迎されず「粗野な話しぶり」と呼ばれ、sで統一すると社会的に歓迎されて「上品な話しぶり」と評された。マドリードとセビリアはその頃、いま我々スペイン語話者全員が繰り返している非常に重要な区分けを考案したことになる。すなわち、私たちスペイン北部・中部の者のようにs/zの発音を区別する者がおり、他方、すべてをsで統一する者（当時、カスティリア人はすべてセビリアを通り、カナリア諸島に立ち寄って南北アメリカに渡っていたので、s派の人たちは計り知れないほどの大多数）がおり、zで統一する者がいる。

そうこうするうちに**ペスト**がやってきた。2世紀まえにアラゴン王国を壊滅

させた伝染病の流行が再発したのである。今回、この病気は1529年に**アルジェ**からバレンシアに入った。バルセロナの住民の半数を殺した1652年まで、周期的にイベリア半島を訪れた。そして地中海沿岸に面した蛇腹地帯を壊滅させた。特定の地点——たとえばバレンシアから**オリウェラ**まで——では住民の10人に4人を殺した。カタルニア語とスペイン語が接している地帯ではその人口が3分の1以下になった。回復するのに時間がかかったことだろう。しかしながら、イベリア半島の中央台地である**メセタ**では、この疫病がほとんど知られなかった。そして北カスティリアから南下する人の流れは、有効な防疫線のおかげで伝染病から守られていた。旧カスティリア人たちは、この疾病が根を下ろしたムルシアとセビリアの数地帯を除いて、スペインの中央部と南部をおだやかに往来しつづけ、自分たち独特の発音方法を広め、言語集団としての重みを増していった。

その当時、書いたり発音したりするときの混乱が増大した。たとえば印刷業者は各自、自身の好みに従っていたし、教師は人によって古風に、あるいは当世風に教えていたし、何人かの文法学者は北部の話し方の圧倒的な圧力を前にして腹を立てていた。王は1587年の8月に、息子たちの家庭教師であるガルシア・デ・ロアイサから1通の嘆願書を受け取るが、それは次のように始まっている。「思慮深い国家はみな、各自の言語を改良することに意を用いはじめました。そして主要な君主たちは自身の言語の書き方に注意を払っています。なぜなら、言語は書き方によって堕落したり偉大になったりするからです。そして、カスティリア語はラテン語にとてもよく似ていて、話すように書かれるから、平俗ロマンス語のなかにあっては十分良好に書かれる資格があり、それが容易であるのに、その書き方は今日、以前に見られたことがないほどにひどく堕落し、荒廃しているのです」。それはどのような状況だったのだろうか。ロアイサはさらに言う。「マドリードにはスペインで最悪の学校がいくつもあります。ひとつには、どんな靴屋でも好きなときに好きなように、学問も能力もなく、試験もせず、許可もなく、学校を開くことができるからであり、またひとつには、当地には実に多様な人々がいて子供たちも実に多いので、だれもこの点に考えを及ぼさず、各自が息子たちを、教師の善し悪しに関係なく、一番

近くの学校に送り込むからです」。この家庭教師は悪い点を列挙し、そしてひとつの解決法を提案する。学校を公的にするには教師の採用試験をしなくてはならない、ということである。教師たちは一定の期間マドリードにいて、この地で、勅許を得て編集された同一の読み方教本に従って例外なく試験を受け（8年前からその特典をたずさえてカスティリア地方を歩き回っていたホアン・ロペス・デ・ベラスコの教本のことか？）、そして読み方・書き方・話し方の試験に受かった者に、国語の学校を開く許可を与える、という方法である。

　フェリペ2世はその提案について深く考えた。王にとっても書き方の問題は悩みの種であった、ということを忘れてはならない。ドン・フェリペは毎日書類の山を前にして座って過ごす人間であった。そして書類にみずから答えをしたためて、じつに多様な目的地に向かって送り出していたので、学校で権威のある人々によって統一されて教えられる正書法という提案は、とても時宜にかなっているように思われた。ロアイサの色々な提案に法的な力を授けたが、それも当然であった。ドン・フェリペにとって、採用試験を受ける教師は、不道徳であってはならず、酒に目がない者もだめ、破廉恥でもだめだし、ののしってもいけないし、ばくちに馴染んでもだめで、焚刑に処せられたユダヤ人とかムーア人とかの宗教上の異端者が5親等以内にいるような者であってはならないし、聖なる異端審問によって良からぬ報告をされていてもだめだし、恥ずべき罪や体面をけがす罰を受けた者もだめ、そして教皇が命ずるままに聖母たる教会の教義を知っていなくてはならなかった。さて、こういう審査をすべてクリアーし、もしまだ読んだり書いたり話したりする元気が残っていたら、の話だが、学校経営を始めることができた。北部カスティリアの話し方を教えることに献身する有徳の人士がかなり多かったので、その話し方は、さほど遠くはない過去には（すでに引退している）宮廷風の語法の前で名声を欠いていたが、いまやスペイン社会の教養語法の模範になる道を進んでいた。セビリアが受け入れてくれたからである。とはいえ、国語教師のためのその法律に関する実際の結果については、あるいはそれが法律上の思いつきから執行の段階に移行したかどうかについては、ほとんど何も知られていない。

XX. コーランとタルムードと聖書

スペイン系アラビア語の凋落。イスラム教徒たちの文化的同化のプロセス。スペイン系ユダヤ人とユダヤ系スペイン語。

　王室の家庭教師が問題の報告書を書いているころ、ドイツの医学生が**ハイデルベルク**を出発し、セビリアに向かった。専門分野にかかわるアラビア語の貴重な文書をかかえていた。16世紀になってもスペインでは、モリスコの医者が未だいくらかの信用を保っていた。彼らはヨーロッパを驚嘆させた医学のいくつかの学説を継承したが、それは無駄にならなかった。ドイツの学生はアンダルシアにたどり着いた。学識が詰まった持参のテキストを誰かに翻訳してもらうつもりだった。当初に抱いていた不信感もなくなっていった。紹介された相手は、アラビア語を話したり書いたりして、古文書に通じており、医学を実践したことがあり、いまは陶器職人として働いている人だった。陶工は学生を自宅に泊めたが、その書き物を1音節たりとも訳してやることはしなかった。そうしようとすればできた。しかしながら、その気にならなかった。きっぱりと拒絶した。よそからやってきた者といっしょにアラビア語の資料を扱ったりすると、難儀なことに巻きこまれるかもしれなかったからだ。彼の恐れは人間として理解できる。**ドン・ロレンソ・ガリンデス・デ・カルバハル**が何年も前に、この陶工と同じ境遇の人々のためにひとつの計画を立てたのだが、このセビリアの陶工は、かの計画から生まれた多くの者のうちのひとり、模範的な成果だったからである。

　16世紀の初頭、ドン・ロレンソは、1492年のグラナダ奪還のときから採用されているモリスコ同化計画を中断することにした。その頃までは世間に一定の寛大さがあって、モリスコも特別な税金を前納すれば自分たちの習慣や宗教や言語を許してもらえたが、幸運な寛大さでもなかった。モリスコたちは悪し様な扱われ方に不満を抱き、いさかいが生まれるのに多くの時間はかからなかっ

た。流れが変わって暴動や内乱になった。そのあたりまでは血を見るだけで終わったが、カルバハルの同化計画は徹底していた。すなわち、イスラム教の、そしてそれゆえ異教の教条に関連するスペイン系アラビア語の使用が禁止されたのだ。さらに、イスラム教とその公的・私的な実践、伝統的な衣装、イスラム教的な食材の使用、遅滞なくキリスト教徒になるはずのムーア人に独特の名前、およびイスラム教文化につながるすべてのやり方が禁止されることになった。

　カルバハルは利発な人であった。モリスコたちは**旧キリスト教徒**の集団と交わってロマンス語（カスティリア語）や良き習慣を学ぶことだろう。まさにそのために、旧キリスト教徒たちには行いを正し、カトリック信仰に改宗した者に手本となることが義務づけられた。カルバハルはモリスコの同化政策にかこつけて、ついでにキリスト教徒たちを統制していたのだ。旧キリスト教徒と新キリスト教徒を監視するために、グラナダに異端審問所を設置することが要請された。

　言語上の同化策の実施は想像できる限度いっぱいに巧妙なものであった。その当時の優れたアイデアは、若者たちに、スペイン系アラビア語をやめるまではしゃべらせない、という内容であった。身ぶり手ぶりで意思表示はできるが、混じり気なしのキリスト教の言語で話すつもりになるまで口を開かせない、というものだった。しかしながら改宗は、たしかにアラビア語で行うことも考えられたが、アッラーの言語という非常に不都合なことばで福音を説くという都合について、すぐに疑念が生じてきた。他方、そういうことのできる司祭の数は少なかった。南北アメリカでは先住民の数が圧倒的に多く、そのなかにスペイン語を話す者がほとんどいなかったし、——聖霊降臨祭のリハーサルの式次第から判断すると——彼らの言語のなかに**マホメット**が使ったものはなかったが、その南北アメリカで起こっていたことに反して、スペイン在住のモリスコはその数が人口の5%を超えていなかった。国にまんべんなく広がって住んでいて、意味不明のアラビア語を話しあってはいたが、スペイン語がわからないということでもなかった。同化推進にかけられる圧力はだんだん強くなっていった。フェリペ2世の時代にネジが締め直された。すなわちモリスコたちは、

徒党を組まないように、異教徒との婚姻が実現するように、そしてみずからの習慣や言語や宗教を忘れるように、国中に分散させられることになったのである。

その当時、ある危険な疑惑がスペイン系アラビア人［モリスコ］の言語に迫った。地中海を航行する艦隊を指揮する水兵たちが保証するところによれば、この言語は近海をうろつき回るトルコ人に情報を送るための暗号コードとして使われているというのだ。モリスコはスペイン語を知っていたがスペイン人はモリスコの言語［アラビア語］を知らなかったので、メッセージを伝達する段になるとモリスコがいつも優位を占めるというのであった。アラビア語はかつて重要な存在であった。洗練された文芸の言語であり、知識のあらゆる分野に——主役ではないにしろ——顔を出しており、大量のことばをスペイン語に残していた。しかし15世紀末頃からは、永久無視の谷間に墜落したかのような状態であった。いまや言語的資産はラテン語やギリシア語の再生のなかに求められており、アラビア語はそういう資産からも閉め出されていた。そうなると、もう、アラビア系のものはすべて、許し難いまでに古ぼけて見えた。モリスコの分散と彼らの言語を禁止する努力は倍加した。

新たな計画は無駄になった、というわけではないが——そのころ、セビリアの陶器職人のような、何人かのアラビア語話者のあいだに恐怖心を植えつけることには成功し——、その実施はゆっくりと進められた。30年すると、ネジが再び締められた。すなわち、1609年から1614年にかけてこの国からモリスコの人口のほぼ半分が追放され、北アフリカに連れていかれた。何人かは戻り、スペインにとどまっていた者と同じように、大騒ぎすることもなく同化した。出ていった——あるいはとどまって同化した——最後の集団は、**アバラン**から**カラスパラ**に広がるムルシアの地、リコテの峡谷の人たちであった。カナリア諸島に住むモリスコたちはそれほどの圧力にも禁止にも強制にも会わずに同様の振る舞いをした。17世紀も中葉になると、彼らの存在は文芸上のモチーフ以上の意味をほとんど持たなくなっていた。スペイン系アラビア語のテキストは図書室の高貴で立派な飾りであった。とくにフェリペ2世の図書室ではそうなっていたが、彼は反アラビア語対策が最も激しくなったとき、アラビア語で

書かれた壮麗な手書き本を個人的に一番よく集め、**エル・エスコリアル**宮殿に保管し、その村に住むモリスコの医者の手を借りたのだった。この医者はそういう深い知識の詰まった禁書で医学を修めていたので、奇矯な王子ドン・カルロスが階段から落ちたときに割った頭を、だれよりも上手に張り合わすことができた。

スペイン系アラビア語について、もし同化計画が遂行されていなければ、もしこの言語が培われていたら、もしモリスコたちにそれを近代化させ、彼らの共通語にさせていたら、モリスコ語はどうなっていたか、想像することができる。仮想の歴史を少し書いてみよう。スペイン系アラビア語は、国内全域に散らばっているということはあるものの、総体としてほぼ300万の話し手がいることになろう。この使用言語はいくつかの地帯で十分な影響力を持っており、アラゴン人の3割とイベリア半島東部にある**レバンテ**地方の約4割の人が母語として話しているであろう。

エストレマドゥラと**両カスティリア**ではそれほどの重きをなさず、とはいえ、トレド・**プラセンシア**・バダホス・コエンカ・バジャドリー・セゴビア・サラマンカではスペイン系アラビア語の共同体が目につくだろうし、さらに、ごく特定の地方自治体ではほぼ全員がアラビア語を話すであろう。アンダルシアでは話し手の数が非常に多いというほどではないが、グラナダやコルドバやハエンや**バエサ**といったイスラム教の共同体では、この順番で大きな力を持っていることであろう。国内のそのほかでは、ムルシアのいくつかの地域や**トゥデラ**、**トルトサ**などの都市を除いて、ほとんど目立たないだろう。彼らは勤勉であり、左官や園芸農家や靴屋や大工や陶工や医者として十分な仕事をしているので、立派な共同体を形成したであろう。カスティリアの郷士が無精だから、モリスコたちは確実に、将来、国内の産業や商業で魅力的な地位を占めたことだろう。たとえば絹取引や建設・農業のいくつかの分野を独占しただろう。そうするとスペイン系アラビア語はスペインにおける存在感を何倍も強め、疑いなく、国内レベルではバスク語とかガリシア語以上に重要な（そしてこの両言語にはない国際的なつながりのある）、もうひとつの言語になっていたことだろう。しかしながら歴史は我々をやすやすと16世紀に連れ戻してくれそうにない。

ユダヤ人の痕跡はずっと少ない。**セファルディー**、すなわちスペイン系ユダヤ人は、ヘブライ語を話していなかった。ヘブライ語は彼らのほとんどにとって、宗教祭事で単調に歌われるがその意味のわからない儀式用の言語であった。それゆえユダヤ人の場合、我々が出会うのは、スペイン語を話す人々を宗教と習慣において統一するという意図である。セファルディーは、キリスト教徒よりもアラビア語の使い方がうまいということはあったが、スペイン語を話していた。それどころか、リスボンからセビリアを経てバルセロナまでに広がり住むユダヤ人は、その前に、イベリア半島のいかなる話し手集団よりも早く、共通ロマンス語（カスティリア語の変形か？）で理解し合っていたかもしれないのだ。そうだとすれば、スペイン語共同体ということでは一種の先駆者になる。人口はモリスコよりもはるかに少なかった。反ユダヤ主義の不信感がつねに存在し、騒動もかなり暴力的になっていたとはいえ、ユダヤ共同体の構成員たちがカスティリアの行政・外交・財政の枠組みのなかで重要な役職を占めていたことは確かである。

　おそらく、上述の――共通の型のなかで実際に決定の責任を負う者たちをその型に同化させるという――情勢が、1492年の改宗政令を作成するとき、政府関係者のあいだで決定的な要因となったであろう。洗礼を受けるための猶予期間がモリスコの場合よりも寛大で、亡命しても、キリスト教徒の義務を果たして帰国すると決めれば全財産の払い戻しを約束する、という政令であった。多数が国を去った。100年前から国を離れる現象があったし、17世紀に入ってかなり経過してもその現象は続いた。

　セファルディーの大移住集団はポルトガル、北アフリカ、南フランス、そしてとくに、今日ではトルコ、ギリシア、アルバニア、バルカン諸国、**ルーマニア**、中東にあたる**オスマン帝国**の領土に分散した。バレアレス諸島のユダヤ人は孤立していたために、しばらくは改宗政令の対象から除外されて島に留まることを許されたが、彼らを別にすれば、イベリア半島のユダヤ人の取るべき道は、洗礼を受けるか、改宗を装うか、国を出るかであった。亡命したセファルディーは自分たちのスペイン語を保持した。**ユダヤ系スペイン語**である。それは彼らのものだと特定されうる言語変異体ではなかった。特徴という点からい

えば、長期間、スペイン語を使う世界からはるかに離れて保存された 15 世紀のカスティリア語なのである。1959 年になってもまだ、**イスタンブール**のキオスクに行って新聞の「サロム」を買えば、つぎのようなニュースを読むことができた。Konstruksion de 29 nuevas fabrikas. El Sr. Phinas Sapir, ministro de la Endustria i del Komersio, anonsó mientras una konferensia de prensa, la konstruksión de 29 establesimientos endustriales en el pais, destinados a emplear de 6 a 7,000 personas. El ministro deklaró ke esto representa un progreso sin presedente en la ançeadura endustrial de Israel.「29 の新工場の建設。商工大臣のフィナス・サピル氏は記者会見にて国内における 29 の産業施設の建設を公表した。6、7 千人の雇用に当てられるものである。大臣はこのことがイスラエルの産業開発において先例のない進展を意味する、と公言した」。[Construcción de 29 nuevas fábricas. El Sr. Phinas Sapir, ministro de la Industria y del Comercio, anunció mientras una conferencia de prensa, la construcción de 29 establecimientos industriales en el país, destinados a emplear de 6 a 7,000 personas. El ministro declaró que esto representa un progreso sin precedente en el desarrollo industrial de Israel.] 15 世紀の言語で書かれた 20 世紀のニュースであるが、当然ながら、あの古いカスティリア語は時間や離散や書き手の趣味（とか、ときには気まぐれ）によって、長い旅のあいだに生じたいくつかの変化を本体に伴っている。

　世界中に広く分散しているにもかかわらず、セファルディーの共同体はその言語を積極的に維持した、ということだ。それは自分たちが受けついだ遺産の一部であると考えた。それを使って相互に理解しあった。努力して協会を作り、その保存と普及、そしてさらにずっと大切なこと、すなわち共通スペイン語との可能な限りの規範統合を実現すべく努力した。これらの自発的行為はすべて、具体的にいうとスペインで、ほとんど常に無関心の壁に出くわすことになったのである。そのため、おそらく非常な少数派のものであっても確かな影響力と立証済みの言語的忠誠心を持っているこのスペイン語が国際的にデビューするための素晴らしい機会は、むなしく消えてしまった。ユダヤ系スペイン語に残された道は、**ヤコブ・M・ハサン**教授によると、その死をそれらしく準備すること、報われることが少なかった一握りの先祖に対する忠誠心の美しい思い出

となること、そして大学の学科で研究対象になることである。アーメン。

　例の提督　［コロンブス］　が**パロス**の港を出るときに秘かな指令を受けていたと言う者もいる。遠征隊に財政援助を与えている銀行家の出した、ユダヤ人家族のために──ヨーロッパほど動揺していない──新天地を見つけること、という指令である。それゆえコロンブスはその旅に、ヘブライ語のわかる改宗者のルイス・デ・トレスを連れていったのだという。この話が本当かどうかは別にして、グァナハニーではヘブライ語がたいして役に立たなかった。ルイス・デ・トレスはすぐに気づいた。身ぶり手ぶりのほうがもっと実用的であった。

第　2　部

XXI. 嵐の時代

スペイン帝国の政治の乱れ。言語史のパラドックス。サントドミンゴの場合。19・20 世紀のスペイン。赤道ギニアのスペイン語。

　ウィリアム・ウォーカーは 1824 年にテネシーで生まれた。天才少年だったので、14 歳になるとすでにナッシュビル大学の学士号を受けていた。ほんの少しあとで医者と弁護士を開業し、ニューオーリンズで新聞社を創設し、金鉱石を求めてカリフォルニアに通い、何度かの決闘を生き延びた。英雄の素質があった。そういう素質はすべて体重 50 キロほどの身体に詰まっていた。ウォーカーの起業家精神は沈静することなどなかった。ということで、彼は 20 歳になると、いまだヤンキーの手に落ちていないアメリカ大陸、すなわちメキシコ北部からパタゴニアの南部までを征服するのだ、と決め込んだ。自分は金と栄光を、そして自分の国は広大な領土を手に入れるだろうし、被征服者たちは近代文明の善意と英語の支配力という二重の恩恵に浴するであろう。彼は 45 人の新兵とともに出陣した。いくらかの成功はあった。ニカラグァを征服し、そこに 1 年滞在した。その後 7・8 年のあいだは中央アメリカへの遠征隊を組織することに献身したが、今回は運が悪かった。しかしウォーカーには運など、どうでもよかった。戦闘は多くの場合、英国海軍を相手にすることになった。英国の海軍はフェルナンド 7 世やナポレオンが残しておいた植民地をさぐって征服できるところに当たりをつけていたが、何日間かウォーカーを捕獲しておき、耳を引っ張って祖国に追放した。国に戻った天才青年は 3、40 人の兵隊を訓練し、ふたたび遠征を企てた。1860 年にはホンジュラスを征服する準備がとと

のった。しかしながら今度は英国海軍も彼に愛想を尽かし、追放するかわりにホンジュラス当局に引き渡したが、その措置はウォーカーとその手下を驚愕させた。ホンジュラス人たちは彼らを美しい広場に連れていき、壁際に並べ、耳を引くかわりに引き金を引いたので、彼には一巻の終わりということになった。

　ウイリアム・ウォーカーの死によって、当時、一部のヤンキーのあいだに蔓延していた流行が静まった。カリフォルニアから南へ向かう軍事遠征のことである。かつてのスペイン副王領が分解するという動向に助けられたスポーツだったが、その領土は物質的・政治的な廃墟に沈み込む広大な地域であり、その地の改革には残酷な対決しか打つ手がなかった。安売りされて引き裂かれて分割されたあれほど多くの領土のあとに、あれほど多くの内戦と革命のあとで、英国と米国のあれほど多くの軍事介入のあとで、あれほど多くのフランスの外交的策略のあとで、新生共和諸国がスペインに抱いたあれほど強い不信感のあとで、そしてついには、スペイン帝国の倒壊につづくあれほどの轟音と天変地異のあとで、この言語がスペイン系アメリカの共通語として19世紀を生き延びたのは、一体どうしてなのか、さぐる意味はあるだろう。このケースは多くの偶然に恵まれつづけたのである。というのも、分割に向かう社会的・政治的・経済的・文化的な条件は用意されていたが、それにもかかわらず、最終段階で、起こると思われることの180度正反対の事態が勃発したからだ。この第2部では、その成り行きの全景について、いくつかの省察を展開してゆくことにしよう。

　本当のところ、その見事なドンデン返しが起こらなかったなら、南北アメリカのスペイン語話者たちは今ごろ、現在占めている領土よりも優に大きな領土を占めていたであろう。そういうことは、もう、どうでもいい。しかしこの事例が面白いのは、南北アメリカで積極的にスペイン語が話されはじめた時期というのが、どう考えても共通語としてのスペイン語がだめになり、方言間や隣国同士で互いの個性的要素が誇張されてさまざまな地方語に分かれてしまうだろう、と思われていた頃のことだ、という点にある。この話は相反する力がせめぎ合った実に珍奇な物語である。一方では言語の単一性とスペイン語の維持に有利に働いている力があるかと思うと、他方ではそれまでスペイン語を話し

てきた地域の分裂や消滅を助ける力が働いていた。

　スペイン帝国が保障していた政治的・経済的結合が失われると、この言語共同体は19世紀の100年間で確実に衰弱したし、急激な変動とともに衰弱しつづけた。その結合の破綻劇は［1898年に起きた米西戦争による］フィリピン諸島といくつかの太平洋上の群島とプエルトリコの喪失で幕を閉じた。もしもウォーカーたちの往来が苦難のすえ目的を達成していたならば、すくなくとも**グァテマラ**、**エルサルバドル**、ホンジュラス、ニカラグァ、**コスタリカ**、パナマでは今ごろ英語が話されているだろう、と想定できる。現在、カリフォルニアや**ニューメキシコ**や**アリゾナ**や**テキサス**やフロリダや**トリニダード**島で英語が話されているように、である。もしフランス人がスペインから贈られた**ルイジアナ**を自発的に放棄していなかったなら、おそらくアメリカ合衆国の無視できない領域でフランス語が話されているだろう。もしも**ポンテベドラ**出身のペドロ・アントニオ・セルビニョがガリシア人歩兵連隊の勇者536名とともに英国の攻撃をはね返していなかったなら、ブエノスアイレスとかモンテビデオで英語が話されることになったかもしれないように、である。サントドミンゴ全域がフランス語圏になる寸前であったのと同じように、であるが、サントドミンゴのケースはこの問題に関する格好の教訓的事例となっている。

　1793年、スペインはフランスと戦っていた。ヌエバエスパニャ、キューバ、プエルトリコ、ベネズエラから集まった軍隊は、フランス領の**サンドマング**を占拠して奴隷制賛成派の反乱を支援したので、フランスの支配領域がスペイン側の手に移った。この西仏戦争は**バーゼル条約**とともに終結したが、条約では気まぐれな**ゴドイ**がフランスに、その島の領有地のみならず島全体を譲ったのである。するとスペイン人排斥運動が始まったが、それはクレオールたちにしてみれば、どうにも理解できなかった。フランスでは自分たちの新たな海外領土の公務に就こうという外交官がひとりも現れなかったが、それをフランス人は大いに面白がっただろう。しかし**ハイチ**の大統領である**ジャンピエール・ボアイェ**はそれ以前から、全島でフランス語が話されるようにするための腹案を持っていた。

　その計画は、「共和国は［**ドミニカ**島でスペイン語を使う］東部の人々に、

できるだけ早く自分たちの習慣や風習を変えるよう要請したい」という流儀のおだやかな忠告とともに始まった。しかし東部の人間が自分たちのことだとは思わなかったので、1 年後の 1823 年 11 月 14 日、いかなる公文書もスペイン語で記述することを禁じる法令が発布されることになった。12 ヶ月後、その内容を大げさにした別の法令が出される。この新法のあとではいかなる公的な伝達もスペイン語でなされる可能性がなくなったが、ドン・ホセ・マリア・カミネロが法廷におけるスペイン語の公認通訳に任命されはした。この通訳任命は当然のことながら、ドミニカ人口の半数の人にとってひとつの慰めになった。フランス語の語学教育はビジネスになりはじめ、フリーメーソンのロッジ（支部）であるラ・パルフェト・アルモニーまでがその仕事にねらいを定め、**コルネーユ**や**ラシーヌ**の詩の朗読会を企画するのであった。1823 年、——スペイン語話者の重要な中心地のひとつである——サントドミンゴ大学が学生の数が足らなくなって閉鎖されたが、それは大統領のボアイェが学生たちに、治安警察隊や国軍警備隊で兵役を果たすように仕向けたからである。このような状況が 22 年間つづいたが、それは強制的な言語同化のためには短すぎた。スペイン語は、この島でフランス語話者とスペイン語話者が決定的に分離するまで、ラ・フィラントロピカ（慈善会）やラ・トリニタリア（聖三位一体修道会）などのやり方で展開する愛国的組織のおかげで維持されつづけた。ボアイェはスペイン語からフランス語に移ったエリート集団や行政官や（キューバとかプエルトリコに逃げていっている）教師たちの好意を得ようと画策したが、その意図は、なによりも時間切れのために叶えられなかった。

　これらの出来事は、スペインでは問題にされなかった。**カルロス 4 世**とその大臣たちは、トリニダード島をイギリス人たちに譲渡する仕事と、**ボナパルト**がアメリカにフランス帝国を創出するのに手を貸すために彼にルイジアナを譲り渡す仕事にかかわっていた。フランスの新たな――そして広大な――所有地がひとたび承認されて、1803 年にフランス側の委員たちがその領地を見学にきたが、なんと彼らはそこを北米政府にたたき売り、パリに戻っていった。北米人も、彼らは彼らで、もう 1813 年には西フロリダ全土をこっそりと我がものにしていたし、数年後にはフロリダの残りの土地をほんのおしるし程度の値段

で購入した。英国人たちは、スペイン政府が自分の領土を雌鶏の羽根をむしりとる者のように分配しているのを目の当たりにすると、ラプラタ川の大河口域を支配しようとする健全な意図を持って1806年にブエノスアイレスまでやってきた。彼らは対峙するガリシア人歩兵連隊のせいで目的を達成することができなかった。

　なにが起こったかといえば、20年のうちに、スペインは海外の支配地をほとんど失い、政治の安定は失われ、啓蒙主義者たちの計画はもう何の役にも立たなくなった。そしてクレオールたちには、──ナポレオンがフェルナンド7世よりもずっと怖い存在になったとはいえ──帝国の機能麻痺を助長する行為が、とりもなおさず、自分たちが自身の手で諸々の事案を処理することを意味するのだ、ということが明らかになった。スペインのものに対する不信感が懐胎しはじめたが、それはまず政治の分野で、つぎに経済の分野で、そしてついには他ならぬ言語の面で起こった。それゆえ、セルバンテスの末裔たちのあいだでは、南北アメリカの独立当初から19世紀末までの時間が、英国人とか北米人とかフランス人とかの後押しによってであれ、クレオール自身の不信感によってであれ、大した華やかさもなく過ぎていき、確実なものは何も残らなかった。すなわち、スペイン語はフィリピン諸島などの太平洋の領地で英語に道を譲ったし、プエルトリコでは教育担当理事のロナルド・P・フォークナーが1905年、学校における英語の全面的な使用を命じた。スペインでは19世紀の教育計画がとても有効だったのであろう、1895年には10人中7人がスペイン語であれスペインのその他のどんな言語であれ、いかなる授業も受けていなかった。たしかにスペインのケースは非常に興味深い。

　スペイン帝国の決定的な解体につづく政治と経済の強烈な危機によって、有産階級のあいだでカタルニア語が息を吹き返した。この社会階層はカタルニア語を一度も放棄したことがなく、むしろスペイン語を前にしてその遺産相続人であるという姿勢を示していた。スペイン語の惨めな姿を目にして、地方語であるバスク語とガリシア語がその使用を取り戻そうと試みたが、この2言語はカタルニアで起こっていることとは違って有産階級や都会の世襲財産でなく、どちらかといえば田舎の特徴になっていた。それらが名声を博する言語になる

105

には、カタルニア語の場合のような評価の変更ではなくて、それよりずっと込み入った過程が想定された。バスク人もガリシア人もカタルニア人もスペイン語を放棄しなかったが——放棄できなかったのだが——、その当時まで共通語によって保障されていた経済的ないくつかの結合が解き放たれたことに応えて、彼らは目を足下に向けたのだったが、そこで目にしたのは、置き忘れていた別の固有言語であった。そういう言語は基本的に口承で伝えられてきていて、目立った文学的開拓もなかったが、その保存に決定的な貢献をしたのは、スペインという国家が公教育を通してスペイン語を現実的に効果的に普及させようと気遣ったことが一度もなかったことである。

　問題の諸言語は徐々に昇格した。すなわち、カタルニア人とバスク人はそれぞれの法令によってカタルニア語とバスク語を公用語にすることにした——が、そのため、1931年の共和国の国会では、それまでとは違ってスペイン語も公用語にしなくてはならなかった——。**フランコ**の政体は（この点は**ファランヘ党**の最も厳格な線にそった着想だが）スペイン語というものに自らの全体主義的性格を確定するための手段を見いだし、国家主義的作戦でよく起こるように、スペイン共同体への帰属意識を共通語の公的使用と結びつけたが、市民戦争のあと、この共通語はフランコ政体への親愛の象徴として利用されたので、その結果、スペインのその他の言語はどれも権威が低下した（そして必要ならばその公的な場での表現が残忍なまでに制限された）。とはいえ、そのカトリック国の政体が全国で支持されたことは忘れるべきでない。であるから、——バスクやガリシアの場合は言うに及ばず——カタルニアの有産階級家族の多くの者は、その当時、1936年の革命的カタルニアのことを忘れる方法のひとつが、まさに、子弟をスペイン語で、そして新政体の価値観に従って教育することである、と考えた。カタルニア語とガリシア語とバレンシア語とバスク語は、1978年憲法以降、その公的性格を取りもどし、スペインで広まっている言語「正常化」の新たな計画によって権威を回復している。これらの言語は、その新計画によって、かなり以前に失った公的権威や領土的広がりや公的な場での使用を回復することができたが、その規模はかつて見ることのなかったほど大きくなってもいる。そしてこの状況はどれも、多言語国家の形成を目指しているの

である。この構想は不満の表明にもほとんど出会うことなく人々に受け入れられたので、スペインの言語共有性が次の数世代で非常に弱まることがほぼ確実であると考えられる。事実、現在のスペインにはスペイン語による共通の公立学校が存在しない、と言うことができるのだ。この分解は他の分野でもじわじわと進んで明らかになっていくだろう。私の判断では、これは——言語的統一体としてよりも宗教的統一体として特徴づけられる——「伝統のスペイン」への奇妙な回帰のプロセスである。この「伝統のスペイン」という考え方は**メネンデス・ペラヨ**の思想のなかではっきり表明されている。そして 1962 年には、多言語性を許す国家スペインという政体、すなわち（暗黙のうちにガリシア語を、バスク語を、バレンシア語を、そして）カタルニア語を「スペインの言語のひとつにすること」を目指す政体の内部で、カトリック系保守主義に最も近い路線が、「伝統のスペイン」を好ましいものとして受け入れた。

それゆえ 19 世紀には、スペイン語の支配地域で、スペイン語が危うい状態にないようなところは存在しなかった。ドン・カルロス・チャコン知事は、**赤道ギニア**にレバンテ地方出身の入植者とか政治犯の流刑者とかキューバの解放奴隷の黒人とかを連れていく事業を主導することで、1858 年に、瀕死の海外領土帝国に残された——当然、とても謙虚な——最後のコンキスタドールになった。チャコンと彼が連れていった入植者たちは、現在の赤道ギニアがさまざまな紆余曲折を経てスペイン語使用国家になるための、その第一歩をしるした。この国では今ほとんど誰もが、スペイン語の知識は重要だと考えている。しかしながら、このような状態に到達するまでには実にあやうい歴史があった。赤道ギニアにおけるスペイン語の運命とその優先的立場は、ドイツ系の、そして特にフランス系の入植者勢力との利害が絡む抗争によって、一度ならずも危機的状況に陥っていたからである。

XXII. 新たな責任

南北アメリカの革命派が考えた人民教育の重要性。 植民地時代の遺産。 言語と国家について少々。 学校教育の最初の難事。

　1821年の春、ある情報が**アルタ・カリフォルニア、ソノラ、ニューメキシコ、テキサス**を駆けめぐった。**アグスティン・デ・イトゥルビデ**というスペイン人将校がメキシコの独立を宣言したというのである。このような情勢も、それ自体では、その地の住人が営む生活にさしたる影響を与えるものではなかった。例外はいくつかの面にあった。たとえば書籍だが、その当時までは大いに欠乏していたのに潤沢になりだした。フランスの百科全書派の書物も届いた。独立賛成派の人々は啓蒙主義の理想にかぶれていたため、大衆の教育に自分たちの若い国の成功の鍵があると考え、無知は自由の敵であると信じていたので、共和国の制度によって最良の砦のひとつを公教育のなかに建設しようとしていた。その当時、自由主義派のメキシコ人のあいだに、スペイン系の官吏たちが文化の普及を恣意的に遅らせているという意味のうわさが流れはじめたが、それは事実でなかった。しかしそういうデマを広めようとする活動家がいなかったわけではない。そのひとりにホアン・バウティスタ・ラドロン・デル・ニニョ・デ・ゲバラがいる。彼は1818年にニューメキシコへ行き、そこに識字教育を受けた者がどれだけいるかを調べた。およそ30人の住民がスペイン語で読んだり書いたりすることができて正書法もいくらか知っている、と計算した。この計算では先住民諸語を使いつづけている人たちは除外されていたが、いずれにせよ、そういう人々が住人の大半であった。

　おそらくドン・ホアン・バウティスタは誇張していただろう。しかし彼の側にもいくらかの理はあった。スペインの植民地政策が南北アメリカに残した言語の遺産は、話としてはスペイン語を単一言語として使用していたと信じられているが、実情ではそのように強制する状況からほど遠いものであった。たい

ていの場合、スペイン語は福音伝道上の便宜のために犠牲となった。伝道では先住民大衆にカトリックの教義を、スペイン語を教えてからスペイン語で教えるよりも、アメリカ先住民語のどれかで布教するほうが一層短時間で一層大きな成功を収めていたのである（第 XI 節を参照のこと）。副王領の人的・経済的な状況を考えれば、それぞれが孤立状態でちっぽけな自分たちの社会にこもっていて、それゆえほとんどが個々に異なる使用言語や習慣を保持している、そういう先住民の共同体がそのまま維持されるのを邪魔するものは何もなかったし、これらの共同体がうまくやっていくためにスペイン語を必要とするということもなかったし、入植者たちもスペイン語が集団で学習されることに興味などなかった。そのような状態のなかで、南北アメリカの革命派の人々の前に、植民地政体ゆえの問題が持ちあがった。彼らは副王の世界とは完全に異なった状況のなかに身を沈め、イギリスやフランスやアメリカ合衆国からもたらされた国民組織、国家組織、国営組織の考え方に注意を払っていたが、クレオール社会の外にいた。クレオールの社会は教育を全然受けていないか、あるいはわずかしか受けていないスペイン語話者たちが構成する雑多で大量の人間集団であった。革命主義者たちの前には、さらに、伝道上の言語政策が遺産として残してくれていた多言語使用先住民の寄せ集めがいた。新しい国々が経済関係や政治関係や文化関係のことでほどほどに調和のとれた発展をしようとしても、国の未来をになう市民がそのように分離して孤立した状況にあっては、意図された発展は結果としてほとんど不可能であった。そういう多様な社会は、植民地時代には可能であっても 19 世紀初頭には邪魔でしかなかったので、国家は新たな責任としてそれを混ぜ合わせていった。民衆教育を意識することは、同時に、南北アメリカの新しい国々の国家共同体を保証する単一言語を使って民衆教育を広める、ということへの気遣いを意味した。

　地方の少数支配者集団によって好戦的な国家主義が元気づけられ、その思想によって（18 世紀にアランダが想像した計画、そしてそのあとボリバルが想像した連邦主義スタイルの計画に準じる）政治的共同体計画が台無しになったが、そういう国家主義にもかかわらず、国家＝言語（スペイン語）のきずなは、国家＝領土のきずなよりもはるかに弱い武器でしかなかった。19 世紀の南北ア

メリカでは、国家主義が ius sanguinis 「血統主義」（人種とか言語）というよりも ius soli 「出生地主義」（領土）の上にうち立てられた。しかしながら血縁がなかったわけではない。それは多様で奇妙な形をとった。あるものは雑多な言語と競争するスペイン語が領域を拡大するのに手を貸したが、またあるものは危険な試みであって、いい結果は出なかった。ときには、強い隣国を前にして行う単なる国家としての主張であるが、それはブラジルに対する**ウルグァイ**の例に見られる。この例では、ウルグァイにやってくる移民のあいだにポルトガル語の影響が強かったので、それを弱めるために行政面や学校教育の面でいろいろな計画が立てられた（第 XXXII 節を参照のこと）。スペイン語は統一された教養規範と正書法のもとで使用されるはずだったが、別種の国家主義、あるいは大陸主義とも言えるものによって、その運命が非常に大きな危険にさらされた。すなわち、南北アメリカのスペイン語の諸用法にはイベリア半島のスペイン語と比べて独自の規範があるべきだと考えていた人たちの主義のことである。この主義を擁護する者がチリとアルゼンチンに根づいた（第 XXV 節と第 XXVIII 節を参照のこと）。しかし大筋においては、南北アメリカの国家主義の領土的性格によって——メキシコとかパラグァイとかグァテマラとかペルーとかボリビアのように——先住民の伝統が濃い国々において、場合によってはそれほど共通性が高くない言語であるスペイン語とともに、かなりの先住民語が公用語として認定されたり、保持されたりすることになった。そのような地域ではスペイン語の普及にとっての災難や問題がないわけではなかったが、その普及は、先住民語尊重主義を一掃するという意図よりも、その国の住民は大多数の者が使う言語を知らなければ孤立するという原則のほうに依拠しているのであった。また他方では、先住民語尊重主義が社会の一体化を阻害してきた。

　独立が達成されたばかりのドン・ホアン・バウティスタの時代には、スペイン語教育に関しては、手段よりも熱意のほうが強かった。それが現実であった。快く協力してくれる人々がいたにもかかわらず、である。マリアノ・グァダルペ・バジェホはそのひとりであった。彼はスペイン人の両親から 1806 年に**モンテレイ**で生まれたが、家系が宮廷と非常によい関係にあったので、宮廷では彼に、ヌエバエスパニャの北西部にある広大な領地が与えられた。彼は生まれた

ばかりのメキシコ政府に関する理想とかかわっていたため、23歳のとき、政府からアルタ・カリフォルニアの将軍兼軍人総督に任命された。問題の領地はその当時ほとんど耕作されていなかったが、それまでに行われていたスペインの伝道活動のおかげで、野蛮な状態でもなかった。バジェホは新ポストの権利を駆使して、土地開拓制度を著しく改良し、水路を開設し、先住民を入植者の横暴から守り、1835年にはソノラの町を建設し、公共の施設を建てて図書館とか学校にし、粗野な住民の啓蒙をはかった。バジェホのような人物は多かった。ウイリアム・ハートネルはイギリスの皮革商人だが、裕福なデラゲラ家の娘と結婚してカリフォルニアに定住し、何度か学校建設に貢献した。バジェホやハートネルの事例はほとんど同じやり方でこの大陸全土で繰り返される。新生共和国政府は自分たちの将来が配慮の行き届いた公教育に大きく依存していることを理解していたからだ。メキシコのケースは、この種の配慮を確保するときの障害がどの国よりもよくわかる点で興味深い。

　社会的な人的可動性がそれ以前よりも大きくなったので、メキシコの北部にもこの国のほうぼうから入植者がやってきて、容易にその姿が見られるようになった。それとともに教師の数も増えた。1828年以降になると、すでに**サナントニオ、サンタフェ、タオス、ロサンジェルス**などの町に無料の小学校ができていた。スペイン語が英国の教育法で教えられた。それはランカスター方式と呼ばれ、教師ひとりが150人の生徒の授業を担当することができた。この生徒全員を世話するために、上級の生徒が使われたのだ。女の子たちは学校へ行かなかった。当時の共和国の修辞法では、生徒たちは「市民」と呼びあわなくてはならなったし、読み書き算術をマスターして「国民の幸福と政府の繁栄に寄与すること」が義務づけられていた。

　とはいえ、障害も大きかった。独立して25年が過ぎたころ、あらゆる努力にもかかわらず、メキシコの就学適齢期の子供たちはたった5％しか学校に通うことができなかった。視学官のホセアントニオ・サウセドは1825年4月18日、テキサス知事に次のような報告をしている。「サナントニオに教師をひとり招聘するためには、その旅費を負担し、その土地に対する嫌悪感に打ち勝つだけの十分な給料を与えなくてはならないが、快適で健全な土地であるのに、衰退

した貧相な状態だから誰もが嫌がるのです」。新たな教育上の責任を果たすのは容易でなかった。

　共和国の初期には事態がはっきり前進していたものの、現実問題として、公共の業務を処理したり政府関連の組織を動かしたりする能力を備えた者が非常に少なかった。卑近な例では、多くの裁判官が文盲であった。それゆえ国境地帯の自治機関はしばしば外国人によって動かされており、その大多数は北米人であった。彼らは重要な政治的ポストを占めていた。そしてメキシコの法制度に従って自分たち自身の共同体を統治することにそれほど大きなコンプレックスを感じてはいなかった。またその土地の、昼寝などの習慣を採用するときになっても、コンプレックスはなかった。しかし、北米経済が西方に延びていく勢いが力強かったので、ついには、その土地の人たちの特徴よりも外国からの移民の特徴のほうが目立つようになった。非常に目立った特徴のひとつが言語である。北米人は英語を話していたし、いくつかの例外はあったものの、スペイン語をよろこんで学習しようというふうには見えなかった。テキサスの町ナコグドチェスに派遣されたメキシコの公務員は1828年、現地の人たちを次のように観察した。「彼らは北アメリカ人との交易に慣れていて、相手の習慣を真似ているので、本当のところ、生まれだけがメキシコ人であると言うことができる。というのも、カスティリア語もほとんど知らないままに使っているからである」。スペイン語は、アメリカ合衆国がメキシコ北部の広大な領地を武力で征服する以前も含めて、すでに衰退期にあった。ひとたび征服されると、英語使用者が大量に入ってきた。学校とかバジェホやハートネルの教育理念がスペイン語維持のためにできることは、ほとんど残されていなかった。

XXIII. 西部を目指せ！

国境の土地。カウボーイが話していたこと。英語のなかのスペイン系メキシコの遺産。アメリカ合衆国のスペイン語。

サンフランシスコで発行されていた『ザ・キャリフォーニアン』紙の1846年10月10日号に、あるコメントが出ている。訳すと以下のようになる。「英語はカリフォルニアの言語になるべく運命づけられている。合衆国からの大量の移民がいるから、そうなることは避けられないだろう。親たちには子供にこの言語を教えることが勧められるが、それはできるだけ早いほうがいい」。何人かはもうそれを予想していた。たとえばその5年前、カトリックのマリアノ・チャベスの家族は息子のホセ・フランシスコをサンルイスの学校へ送りだしたが、それは、プロテスタントの異教徒たちがカリフォルニア全土にあふれようとしているので、息子は異教徒たちの言語を学習し、住民を守る力をつけて戻ってくるべきである、と確信したからである。ホセ・フランシスコは戻ってきたのか、あるいは彼は彼で異教徒になったのか、それはわからない。

　カリフォルニアでは1849年でもまだ、英語使用者とスペイン語使用者の数はどっこいどっこいだった。前者は8千人を超えなかったし、後者は1万3千人を越えなかった。ちょうど1年後、前例のない移入民の洪水によって、英語使用者の数は9倍になった。スペイン語使用者は全然増えなかった。『ザ・キャリフォーニアン』のコメントを書いた者は将来を見通す目を持っていた。見えすぎていた。なぜなら、実際問題として、英語の話者は新たな移民の大波によってスペイン語の話者を消そうとしていたからである。ほかならぬサンフランシスコも、1840年には単なる港町にすぎなかったが、15年後には大部分が英語話者である4万人が住んでいた。それらの土地に移っていったペルーやメキシコやチリやコロンビアの労働者のおかげがなければ、スペイン語はほとんど地名以外に痕跡を残すことなく消滅していただろう。

　あのあたりでそんなに多くのヤンキーがそんなに急に、一体、なにをしていたのだろうか。北米人たちは鉱山、ゴールドラッシュ、牧畜、石油に関係のある取引の熱に浮かされて東部から西部に移ってきたのだ。石油以外は、スペイン人とメキシコ人の古い遺産であり、新参者たちに譲渡された。北アメリカ南西部の探検は1519年にテキサスを歩き回ったアロンソ・デ・ピネダの時代にさかのぼる。ピネダにはフランシスコ・デ・コロナドが続き、後者にはロドリゲス・カブリジョが続いたが、カブリジョはサンディエゴ湾で太平洋横断航海を

113

始めるのに役立ちそうな港を探した。1691年にテラン・デ・ロス・リオスがサナントニオの町を建設するとき、カリフォルニアやニューメキシコやアリゾナやテキサスの基本的な入植活動はもう終わっていた。重要な交通ルートはすでに建設されており、各入植地では土地が耕され牛馬が飼育されていた。

ピネダの活躍時代から『ザ・キャリフォーニアン』までには3世紀という長い時間があるが、その間、まずスペイン人の入植活動によって、つづいてメキシコ人の入植活動によって経済的基盤が作りあげられ、以降はそれが同地の歴史を決定づけていった。北米人たちが持ってきたのは、開発や商業発展や自由企業に関する技術関連情報であったが、それは当時まで全然知られていないものだった。それゆえ、英語の覇権が成立した土台には、英語とともに南西部に連れてきた話し手の不釣り合いな数だけでなく、そういう話し手たちが英語を使って組織したいくつかの人的・経済的・社会的・政治的な交流もあった。しかしそういう交流では、スペイン語は逸話としての役割しか果たせなかった。生まれつきのスペイン語話者は、かつては**グァダラハラ**の**アウディエンシア**の管轄区であった奥地の、外国人がほとんどいなくて人の往来もわずかな地域に閉じこめられた。この状況によってスペイン語は、話し手を、英語とスペイン語の直接接触が起これば失われることになる数ほどは失わなくてすんだ。英語の圧力は抗しがたいものだった。この圧力という意味の一端を理解するには、領土の話だが、アメリカ合衆国が1803年から1848年のあいだに、はじめは(フランスの仲介で)スペインから、のちには**グァダルペ・イダルゴ条約**〔1848年〕でメキシコから、買ったり譲渡されたり征服したりした地域が、現在の合衆国領土のほとんど3分の2に相当する、と聞くだけで十分であろう。すべての領土に英語話者が住みついていった。そして彼らは一般的に、かつての住人たちよりも軍事力が大きかったし、教育程度も高かったし、民間人の組織も優れていた。

私たちが映画によって慣らされた「遙かなる西部」という見方は、典型的に**イギリス系アメリカ**のものとなっている。ほかに、なりようがなかった。戦うインディアンと中国系料理人だけが、**ジョン・ウェイン**が定める規範をはずれるほとんど唯一の登場人物である。しかし現実には、ジョン・ウェインとか彼

のような多くの者がその領土で耳にした——そして自分流に翻案した——ものは、単なるスペイン語の応答であったのに、彼らはそれを、英語で表現される別の声にしたのである。ジョセフ・マッコイの物語がよい見本になる。

　マッコイはシカゴの家畜仲買人であり、すぐれたアイデアの持ち主であった。牛をテキサスの巨大な群から北部にある人口稠密都市に移動させる方法である。彼は南西部の牧畜業者と取り引きし、通常の1頭の値段よりずっと多くの金額を申し出て、彼らの気持ちを引きつけることに成功した。しかしながら解決すべき小さな問題が残っていた。どのようにして牛を運ぶか、である。鉄道の駅は**ネブラスカ**と**カンザス**にしかなく、そこは家畜が草をはんでいる牧場から数百キロも離れていた。列車にたどり着くまでには移牧のルートを通って牛を運ぶしかない。そしてその仕事を請け負ったのがカウボーイたちである。彼らの多くはメキシコ人で、日々の仕事はスペイン語でこなした。彼らは自分たちをカウボーイと呼ばず、バケロ vaquero ［cf. vaca「雌牛」］と呼んだが、このことばは英語のなかに bakara、vachero、bukkarer、buk として浸透した。マッコイとの商談から1887年の大旱魃までの40年間、バケロたちはそれらのルートを我がものにしてスペイン語の地名を付けまくり——実際、かつてのスペイン系メキシコ人たちの探検を思い出す——、英語のなかに彼ら独特の牧畜用語を残したが、その多くはスペイン語から直接生まれたもので、いまでは使われていない。読者諸兄姉はおそらくフォード・ムスタングという車種を覚えておいでだろう。その標章はたしか、疾走する野生の馬である。それこそが mustang「野生の馬」であり、この名前は同義のスペイン語 mesteño あるいは mestengo から派生している。それを bronco「放牧野馬」と呼んでもいいが、これももうひとつのスペイン語系英語である。明白なスペイン語系語に manada「馬の群れ」、montura（あるいは mount）「騎乗装備」、rancho「牧場の小屋」、rodeo「（乗馬競技の）ロデオ」がある。認知が無理な wrangler（caballerango「馬丁」から）のようなものもある。どんな好みのものもあるのだ。それらを見ると、ある素朴な物語を思い出す。すなわち、それらの地域に打ちたてられた新たな人的組織のなかで、英語を話すジョセフ・マッコイたちはスペイン語を話すマリアノ・チャベスたちにとって変わったが、後者を残らず駆逐することはでき

なかった。ときの経過とともに、チャベスたちが再び真価を発揮してきたのだ。

　19世紀の中頃から、アメリカ合衆国のあらゆる状況がスペイン語の消滅に適したものになっていった。しかしながら、本質的にスペイン語を保存するような出来事もいくつか起こった。たとえばメキシコ人が北の土地に向かう、ゆるゆると絶えることのない移住であるが、その動きには、移住先が自分たちの祖先のものであり、イギリス系アメリカ人たちは強くても伝統のない新参者であるが、自分たちは彼らと一緒に住まなくてはならないのだ、という意識がともなっていた。ときがたち、移入民の流れは増加した。1898年の米西戦争によって、スペイン最後の植民地に対する米国の覇権が決定的になると、その結果、キューバ人とプエルトリコ人とドミニカ人がニューヨークやフロリダ南部に姿を見せるようになり、その数も徐々に大きくなっていった。とはいえ、南西部への移住ほど大量ではなかった。南西部におけるスペイン語話者の流入は徐々に量が増えてゆき、大不況の年の集団追放まで続いた。

　第二次世界大戦のあとも移民の流れは途絶えず、彼らのおかげで、いまではニューメキシコなどの州では**ヒスパニック**の割合が40%あたりを前後しているし、合衆国全域では10万人のヒスパニックをかかえる大都会が30もある。そのなかで目立つのはロサンジェルスであり、ニューヨークであり、**マイアミ**であり、シカゴである。彼らはまた、サンフランシスコの一番人気の放送局にスペイン語放送をさせている。そしてまた、**スパングリッシュ**とか**テクスメクス**と呼ばれるあの奇妙な混成言語を作り出した人たちである。さらに、英語が唯一の公用語であることを宣言するいくつかの組織をいらだたせたのも彼らである（それまで英語の公用語的性格は自然で、なかば公的なものだったから、それを宣言することなど、組織の人たちには思いもよらない状況であった）。そして**ビル・クリントン**の政府に、北米の教育にスペイン語を必修科目として含めるように提案させたり——といっても、生徒にスペイン語を完璧に習得させようという意味ではない——、教育相のリチャード・ライリーをスペイン語使用国に派遣して英語の奨励を依頼させたのも彼らである。スペイン語の使用は今日、アメリカ合衆国では生々しい現実である。事実、この国の第二言語になっている。たしかに取引では効率のいい言語だ。すなわち、合衆国でスペイ

ン語で行われる取引の量は、およそスペインの国内総生産の4分の3に匹敵する。アメリカ合衆国で起こることはどれも途方もない反響を生むし、スペイン語は、かつては経済や政治の舞台から閉めだされていたが、そういう舞台でもほぼ確実に力をつけていくから（『**エルパイス**』紙の2000年5月4日号と2000年7月6日号）、数世代もたてば合衆国がスペイン語の重要な中心地になると考えても、あながち的外れにはならないだろう。

　しかしながら、アメリカ合衆国の統合のための言語が英語であることを忘れてはいけない。スペイン語話者のなかでも第2か第3の世代になればすでに英語に移っている者の数が多い。北米の憲法は言語そのものではなくて民主主義的権利を保護しているし、スペイン語話者のなかには、二言語教育を当てにできる場合も含めて子供たちが英語に移ることを望んでいる者が多い。穏当な希望だ。2050年には合衆国国民の3人にひとりがスペイン語を話しているであろうと計算する者もいるが、この仮定の運命は、ほかのどのような情勢よりも、力の強い英語の統合力にかかっているであろうし、その力の邪魔はするべきでない。アメリカ合衆国の外に住んでいるセルバンテスの子孫にとって、外国にいる言語的少数者たちの有利になるような公的活動をするよりも実際的なのは、その国の指導者層の人たちに、スペイン語文化は彼らが洗練されていると考える他のどんな言語文化にも匹敵することを理解させ、spanish「スペイン語」ということばから、それに相変わらずつきまとう否定的なニュアンスを払拭するよう努力することである。この課題は楽ではないが、かならず達成できると、私は信じて疑わない。

XXIV.「フランス語、ハナシマース」

南北アメリカにおけるフランス文化の影響。書籍はパリから。スペインの反撃。ルシアン・アベイユの風変わりな思想。

　著述家のルシオ・ロペスは、19世紀末の生国アルゼンチンでは「上流社会で

スペイン語を話すのはオシャレでなかった。会話にはいくらかの英語と多くのフランス語をちりばめる必要があったが、最大限の注意を払ってそれらの単語を発音し、自分が廷臣の血を引いていると信じさせようとしたものだ」、と言っている。メキシコの国境地帯における英語との直接的・集団的・逆上的対抗とはちがって、ラプラタ河流域にみられるフランス語との対抗は微妙であった。コロンビア人やキューバ人やチリ人にはそれほど影響しなかった。しかしいくつかの理由から、アルゼンチン人と——そして程度は弱いものの——ウルグァイ人は、文化の源泉としてフランス寄りのものを求めた。19 世紀には確かに大きな文化がフランスからやってきたが、それだけではない。フランスからは、平等・自由・友愛にかかわる多数の革命思想が到来した。それはヨーロッパで起こったが、大西洋はこの出来事の境界線にならなかった。

　旅行でスペインにやってくるアルゼンチン人はフランスものに熱中した。彼らを闘牛場に連れてゆくと、[標準スペイン語の] toreros lidiando con valor en la plaza「闘牛場で勇気を奮って牛と闘う闘牛士」を見るかわりに、toreadores jugando con coraje en la arena「アレーンでクラージュを奮ってジュエするトレアドール」を見るように、すべてにフランス語系専門用語を使って振舞うという具合であった。実際のところ、スペイン語を使って一種のガリア［フランス］系方言を作り、スペイン語の表現力を幅広く豊かにするつもりの者もいた。いうまでもなく、フランス人は大いに気をよくした。事実フランス人は、その動きを助長して**ガリア系方言**に興味深い利点を見いだそうとするだけでなく、——この助長の極端な度合いにおいてだが——スペイン語の将来はラテン語と同じようなものになるだろう、あるいはなりつつある、という意味合いでの、デリケートなメッセージを放ってもいた。いろいろな枝に分かれる幹、という意味である。何人かのスペイン系アメリカ人はスペイン語をそのように受けとった。この点で最も重症の妄想家はホアン・イグナシオ・デ・アルマスであったが、彼は 1882 年に「母語という高い品位に合う呼び名のカスティリア語は、ラテン語から派生した諸言語が今日保っているものに似た類似性を共通に備えた、すくなくとも 4 種類の運用言語を南北アメリカに残すことになるであろう」と書いている。アルマスに見えていたのはカリブ語・メキシコ語・ラプラタ語・

太平洋語である。

　フランス人による最初の企ては政治的・文化的な性格を帯びていた。メキシコでは国内の乱気流によってイギリス・スペイン・フランスによる干渉が有利になったが、その干渉のあと、フランス人は1864年に皇帝**マクシミリアン1世**を押しつけた。その結果、出版業者ではローザやブレーなどの仕事に助けられてガリアの主導権が確立したが、そのような業者はすでに身内の者を何世代も前から、具体的にはメキシコシティーに住まわせていて、書籍取引を独占していた。出版される商品の大部分はフランスによって保護されていても、スペイン語で書かれていた。言うまでもなく、フランスの作家たちによる質の疑わしい翻訳書が多かった。この商売が悪かろうはずはない。フランス人の出版業者は自家製の商品を売ってフランス文化の洗練さを売りこみ、フランスの作家は相応の著作権料を受け取っていたからである。

　この流行は広がっていった。南北アメリカのスペイン語をイベリア半島のスペイン語の庇護から解放するためには、数種類の言語、とくに英語とフランス語を知る必要性があることが認識された。1853年にフランス語で書かれた『スペイン語使用者がフランス語を学ぶための、1言語を6ヶ月で読み書き話せるようになる新学習法』が現れる。出版業者はオレンドルフであった。彼に続く大手出版業者が8名いたが、そのなかのF. バルビエは1850年、南北アメリカ市場がフランスの書籍輸出に関して2番目に重要であると考えていた。その当時ブエノスアイレスを歩き回った旅行者の書いているところによれば、いくつかの通りがフランス渡りの商品でいっぱいの商店街になっていた。書店に関しては次のように言っている。「ある書店主は店の棚に全集をきちんと並べ、**デュマ**とか**サンドー**の小説でも**アルフレド・ド・ミュッセ**の詩集でも即座に差しだしてくれる。そこはパリの街角だと言ってもいい。ヴィヴィアンヌ通りのコピーだ」。実際のところフランス人は、スペインの出版社では満足させられない需要を利用し、読者が要求する商品を書店に詰めこんだのである。教育用手引書、歴史や科学の啓蒙書、宗教関係出版物、百科事典などがあった。

　南北アメリカの新生国家の多くが、独立の時期に――そしてかなりあとまで――ほどほどに組織された学校網とか公立図書館がないことを自認していた。

そしてこの欠乏とともに、手引書や読み方教本や普及版の書籍が不足していた。しかしスペインでも似たようなことが起こっていた。すなわち、書物が僻地の村にも届くように——1869年1月18日付けの法令で——図書館網を組織しようと考えたとき、公教育総局は何人かの作家に、ほかならぬこの種の作品を書いてくれるように依頼した。南北アメリカの若い共和国はこの問題を、フランスの提供にすがって解決した。古い教育博物館 Musée Pédagogique の奥をのぞいてみるがいい。展示をみると、スペイン系アメリカの教育者とフランスの公的機関——やその図書目録の雛形——とのつながりが非常に親密であったことがわかる。カタルニアの出版業者カルロス・アリバウたちの努力は、南北アメリカで、フランスの商業・文化という手強い障害に遭遇していた。

　スペインの反撃は作家の**ホアン・バレラ**とともに始まった。彼は1878年、パリの出版業者たちが持っているものに似た全集を、ただ使用言語の質にだけは注意して作りながら、「フランス人が我々を押さえつけている重圧」から逃れることを夢見つつ言っている。「南北アメリカ向けの大規模で常識的に編集された書籍を出版すれば、パリの印刷所から出される悪質で下品な、とても醜くて耐えられない誤植で満ち溢れた出版物を、永遠に忘却の墓穴に埋葬することができよう」。悪いことに、バレラはスペインの出版業者がもうけを目の前にしなければ冒険などしそうにない人々であると考えていた。ボヘミアンの**アレハンドロ・サワ**がその運動に加わった。サワは次のように自問した（レトリックではあるが、これを彼が発言したことで面白みがある）。「当地で、スペインのことばが我らの何百万の兄弟によって唱えられていることを、スペイン文学が人類の精神の広大な部分を占めていることを、そしてもしスペインの外交官たちが夜会を開いたり大広間で片言のフランス語を話すこと以外のことに従事すれば富が生まれるであろうことを、これまで気にかけてこなかった統治者は、一体だれなんだ」。奇妙なことだが、サワは**ベルレーヌ**のパリにある文学喫茶で片言のフランス語をしゃべりながら有名になっていたし、フランスの出版社ガルニエでは常連の協力者であった。バレラやサワを元気づけていた精神は、数年後、カタルニアの起業家グスタボ・ジリの出版活動に関する重要な提案という形になって具現した。スペインの出版業者は大多数がカタルニア人であっ

たが、ジリによって門戸が開かれると、同郷人のアリバウとかリバデネイラとかホセ・エスパサとかサルバー家を手本にした。南北アメリカを巡る活字スペイン語でスペイン渡りのものだとすると、それはたいていカタルニアの印刷所から出たものだったと言っても、まず差し支えない。

その当時、スペインの知識人社会では、『ザ・ニューヨーク・ヘラルド』に載った「だれもがスペイン語を学ぶ」というタイトルの記事が大きな反響を引き起こした。ワシントンで開かれた**汎アメリカ会議**（1915）の終わったあとで、北米人たちはアメリカ大陸の南方に使節団を送り出そうとしていたが、問題の記事にはその文化系の（しかし、どちらかといえば商業系の）使節団の性格が説明されていた。使節団には大企業家や銀行家や相場師とならんで、ひとりのスペイン語教師とひとりの出版業者が加わっていたのだ。

ルシアン・アベイユのような何人かの作家は、南北アメリカでフランス語が使われるようになる可能性について、じつに楽観的であった。彼らは19世紀末ごろまで、新しい共和国における運用言語の非正統的姿勢を指摘し、いくつかの国家語を生み出すように勧めていた（とくにアルゼンチンにおいてであるが、この国ではその思想がずいぶんあとまで評判になっていた）。アベイユはスペイン系アメリカの一種の言語的星雲を想像していた。彼は最後まで明示しなかったが、もっと何か別のことを想像していたに違いない。たとえば、教養あるスペイン系アメリカ人は、難破したスペイン語丸の漂流物を使って互いに理解しあうことが難しければフランス語で理解しあえばいい、というようなことである。フランス語は南北アメリカでも、当時アフリカのいくつかの植民地で付与されていたのと同じ役目を果たしただろう。もしアベイユの考え方にバロー博士の考え方（第 X 節を参照のこと）を足すとすれば、スペイン系アメリカにおけるフランス語の主導権は単なる時間の問題になっただろう。公正を期して最後につけ加えるが、アベイユが激しすぎるので、しまいにはアルゼンチン人がおびえてしまった。

XXV. 言語戦争

米国とブラジルとスペイン系アメリカの、言語を独立させる運動の流行。考え方と最終結果。

　すべての南北アメリカ人の頭のなかに時をおなじくして同種の奇想が入りこんだ。その理由を考えると面白い。彼らが自分たちの言語用法をヨーロッパのそれと分かつべきであったかどうか、を考えることである。言いかえれば、政治的独立には、独自の国家語という形で言語の独立も随伴するべきであったのかどうか、ということになる。合衆国の人たちは独立時期からこの案件でのパイオニアであった。『ノースアメリカン・レビュー』に掲載された匿名記事には、「ロンドンブリッジの下で聞こえるチャプチャプという水音しか描写してこなかった言語を使って**ナイアガラ**の瀑布を描くことなど、どうすれば可能になるのか。テームズ川を描写するために作られた言語で無限に広がる**ミシシッピー河**を描くにはどうすればいいのか」、と書かれている。これほど上手な言い方ではないが、**トーマス・ジェファソン**（1801 年から 1809 年まで大統領）はその気持ちを次のように表現した。「我々が住んでいるこの状況には新たな単語と新たな文章が要求される」。彼らの決意はとても固かったので、**ジョン・アダムズ**は——まだ独立戦争の最中であった—— 1770 年、議会にアメリカン・アカデミーの創設を要請した。**アカデミー・フランセーズ**風に、北米英語の新しい規範を設定することのできるアカデミーである。それは結局できなかったが、多くの人がすでに正書法改革を提案しはじめていた。英国独自の書記法よりも簡単で、発音方法に一層よく合致している書き方が求められていたのだ。

　治療法が病気よりも悪質ではなかったのかどうか、それはわからない。たとえば**ベンジャミン・フランクリン**はもう 1768 年に、アメリカの英語話者のための改定正書法を考案していた。もしもこの改定案がまぼろしのアカデミーに承認されていれば、彼らは Chinese のかわりに Tsuiniiz と、あるいは people のか

わりに peel-peel と書かされていたであろう。ジェファーソンも自身の考えを持っていたし、**ノーア・ウェブスター**は自分の考え方を有名な辞書のなかで実践した。そしてこの種の熱望の一部が生き残った。現在、アメリカ英語の書記法は、いくつかの単語でイギリス英語よりも発音との整合性が高い。

　ブラジルでも同じ問題が提起された。この点に関する好戦的な作家はアレンカルであった。彼は、「同一人種の諸民族がひとつの地方に住んでいる場合、政治的独立がそれ自体で諸民族に個性を与える。しかしそういう諸民族が別々の大陸に、別々の気候のもとで生活している場合には、政治的なきずなが断ち切られるのみならず、思想や勘定や習慣の分離が引き起こされ、それゆえに倫理的出来事や社会的出来事を表現する言語の分離も引き起こされる」と言っている。アレンカルにとって、ポルトガル人とブラジル人の相違の本質は、際限なくブラジルに渡ってくる移民のなかにあった。実際のところ、ポルトガルには移民がいなかったし、もし存在していても、あれほど結集の度合いが高い民族には影響を及ぼさないだろう。しかしながらブラジルでは全員が移民であり、さらに、彼らは広大な国を思い通りにめぐり歩くことができた。言語の改新はそのような状況のなかに用意されていたのである。

　スペイン系アメリカ人のなかでは、アルゼンチン人の**ホアン・バウティスタ・アルベルディ**が北米やブラジルの考え方を要約して、「イギリス語が北アメリカで経験した変化に関して**トックヴィル氏**が観察したところによれば、南アメリカでスペイン語に起こったことはこの２種類の貴族的言語に共通する改新であるが、この両言語は、南北アメリカの気候と社会的原則という二重の影響のもと、時間とともに、どちらも本国から持ってこられた性格とは違う性格を帯びるべく運命づけられた２種類の言語に形を変えた」と言っている。アルベルディにすれば、時代遅れの政体に特有の言語は、アメリカで始まっていたダイナミックな政体の役には立たなかったのである。

　スペイン系アメリカ人やイギリス系アメリカ人やブラジル人に起こっていたことは、じつによく知られた現象である。言語を通して明らかになった国家主義的主張のことである。言語的国家主義と呼んでおくが、その勢力はアルゼンチンとウルグァイで目立った。ウルグァイの場合、この自己肯定の感情はポル

トガル語に向けられた（ウルグァイは今日、二言語使用国でないが、それはこの感情によって決定的になった）。そしてアルゼンチンの場合、アルゼンチンに、そして具体的にはブエノスアイレスに特有の創造でなければ、どのようなスペイン語規範でも敵になった。

　このような感情において新世界の新たな借地人3名［スペイン系とイギリス系とポルトガル系の人］の意見が一致しても、それは当然である。言語は、ときとして自身が獲得する高い象徴的価値によって、自己肯定の政治的主張を強めるのに実にふさわしい手段となる。政治的主張が独立を求めたのであるから、運用言語に特有の象徴的な分離よりも明白で確かな分離など、ほかに存在するだろうか。結局はなんでも象徴や旗印になった。諸言語は、不可避的であっても納得のできる政治的分割から救われ、——経済的性格の価値とともに——きわめて実用的なコミュニケーションを保証していた。とはいえ、言語以外のことでは、そのころの南北アメリカ人とヨーロッパ人は何事においても仲が悪かった。当時、運用言語を例外として、必要なものすべてにおいて分離することを勧める声があったことも事実である。

　しかしながら、なかには言語上の決裂を深めることにまで組みする者もいた。とくにラプラタ川の大河口地帯に住む人たちがそうであった。ブエノスアイレスは1580年に建設されたものの、リオデラプラタ副王領が設置される1776年までは大きくなるきっかけがなかった。副王領設置の時期から国の独立までに約30年あるが、制度を新たにしてスペインとのきずなを強めるためには、その期間は短すぎた。スペイン系アメリカの言語戦争では、スペインに対して非常に交戦意欲の高い一種のチリ・ベネズエラ・ラプラタ同盟が目立っていったが、他方、副王領の影響力が大きい地方はそれに無関心のまま、あるいは本国と結びついたままであった。しかしチリ人やアルゼンチン人やベネズエラ人はスペイン的なものとそれほど強く結びついているとは思っておらず、アメリカ合衆国とかイギリスとかフランスのほうを向いていた。そして地理的に先住民系の勢力が小さいこともあり、ロンドンにいる自国の自由主義者や独立賛成派の移民とつながっていた（ロンドンからは、スペイン・アカデミアに承認されたのとは合致しない一連の言語用法が支援された）。

最終的には何も起こらなかったし、スペイン語は今日でも納得のいく程度に統一されているので、私たちは、もし当時の言語分離主義が勝利を収めていたなら今ごろ我らが共通語は2種類か3種類かそれ以上の書記規範に分割されているだろう、ということには気づかない。これらの書記規範が発音の不統一用法を助長したかも知れないし、また逆に、発音の不統一用法が——まあ、いくつかは存在するが——やすやすと異なった正書法で記述されるようになったかもしれない。おそらく言語を利用した「自己認識」が助長されたであろう。すなわち、自分は隣人とは言語が違っているのだという雰囲気がかもし出されただろう。「自己認識」というものは言語の創造のための第一歩であるので、ホアン・イグナシオ・デ・アルマスがヨーロッパ・スペイン語を別にしてカリブ語・ラプラタ語・メキシコ語・太平洋語に関して行ったさまざまな予言（**アンドレス・ベジョ**が60年前に行った予言にとてもよく似ていたが、この人には後ほど触れることにする）が固まり、予言以上に実を伴った何かになったかもしれない。それは永遠にわからないことだが、19世紀の最初の30年間には何もかも、共通スペイン語がまさに共通語でなくなってしまうかもしれないという方向を目指していた。

XXVI. ロンドン作戦

政治的自由主義の言語観。イベリア半島の古くさいスペイン語。南北アメリカ人のためのスペイン語正書法の創作。

　シモン・ボリバルには、敬語は señor よりも英語系の míster のほうがよく似合ったかもしれない。スペイン系アメリカの独立宣言が出されつづけている一方で、彼は次のように書いている。「神とロンドンと我々が望まなければ、だれも南北アメリカの顔を変えることはできない」。このことばはイギリスのアメリカ方面業務担当者であるパトリック・キャンベル氏を大喜びさせたはずだ。キャンベルによれば、この**リベルタドール**［解放者］は、話そうとはしなかっ

たものの英語がわかり、手に入る英国の新聞を全部読んでいたそうである。ところで、ドン・パトリックはボリバルのそばで何をしていたのだろうか。基本的には、当時アルト・ペルーと呼ばれていた国［現在のボリビア］での企業の設立と取引を円滑にする仕事である。19世紀初頭より新生共和諸国の経済活動はすべてロンドンの港を経由していた。イギリスはスペイン系アメリカ人たちにとって「世界の主人」、「世界中を腕に抱く巨人」、「ネプチューンに護られた国」などの美辞麗句に値したというだけではない。イギリス人は、港を開いてくれている大きなアメリカ大陸市場に当たりをつけ、その情勢を利用しないでなるものかと構えてもいた。それゆえ、かの地にミスター・キャンベル風の人間をたくさん、頻繁に送りこんでいた。

　ロンドンは当時、南北アメリカの多くの自由主義者たちの通過地点、あるいは居住地になった。ナポレオンとフェルナンド7世の政体の結果として、多くのスペインの自由主義者たちも同じように政治亡命者としてイギリス政府の庇護を受けていた。ということで、そのころ、著名なスペイン語話者たちのロンドン・グループは大所帯になっていた。イギリスの商人たちは南北アメリカとの取引をうまく引き出すためにスペイン語が必要であったから、スペイン語は大学に、町の語学学校に、あらゆるタイプの刊行物に姿を見せはじめた。さらに、著名なスペイン語話者は自分たちの言語について省察しはじめた。面白い省察をした者がひとりいる。ホセ・マリア・ブランコ・クレスポである。彼は亡命中、クレスポという言い方をホワイトに変えた（これは父方の祖父の苗字であるから、単なる思いつきでもなかった）。

　ホワイトはセビリア生まれであった。彼は自分の政治的思想——と、いくつかの個人的な危機——のために、35才になった1810年、イギリスに向かって船出した。ロンドンではジャーナリズムで生計を立て、何通かの『スペインからの手紙』を書いたが、そのなかでスペイン語に関する次のような見解を読むことができる。「私たちは自身の言語の大部分を俗っぽく古びるままに放置してきた。ほかの言語はヨーロッパが知的進歩をするあいだに、思想を運んで表現する道具になり、抽象表現と精確表現の能力に関してスペイン語を大きく引き離してしまった。私たちが長いあいだ秘蔵してきた豊富な財宝は、法定貨幣と

して認められる前に再び鋳造され、磨かれなくてはならない」(「11通目の手紙」)。ホワイトにとって、使用言語の通俗性と骨董性の原因は明白であった。それはほかならぬ、新聞の検閲であり、書籍出版の禁止であり、そして一般的には政治的迫害によって思想表現の自由が被っていた障害であったが、これらが一体となって、この言語を内々で使う領域に閉じこめ、許しがたいまでに貧相にしてしまったのである。

　ホワイトの言い分が正しくないわけはない。というのも、ある否定しがたい事実があるのだ。彼自身が泳ぎ回っていた活字英語の新聞世界の、その英語が民衆のあいだに流布するために大いに貢献したのは、この言語が18世紀以降受けてきた法的強制が非常に少なかったこと、検閲なしに流布したこと、そして税金がヨーロッパの他の新聞よりも安かったことである。ホワイトとよく似た考え方が、アルゼンチンの**ロマン主義**者で構成される戦闘的な世代の中によみがえった。彼らはスペインが古くさい反啓蒙主義的世界であるということの証明をさらに押し進めた者たちであったが、そのスペインは、反動的伝統を持っていて、彼らを一種の精神的独房に閉じこめてきた古い政体と結びついていた。言い換えればこの政体は、生まれつつある共和国に猿ぐつわをはめて口を封じ、イギリスとアメリカ合衆国に結びついている近代の民主主義思想との対話を妨げていたのだ。

　1811年、アメリカ合衆国から——具体的には**フィラデルフィア**から——**トーマス・ペイン**が書いた付け火用の書き物とか、ウイリアム・デイビド・ロビンソンのそれほど過激でない書き物が、ガルシア・デ・セナに翻訳されてペルー・ベネズエラ・リオデラプラタ・チリ・メキシコに届いていた。トーマス・ペインは独創的な作家ではなかったが、単純な思想を革命的な強力スローガンに変える方法を誰よりも良く知っていたし、それを前代未聞のスケールで広める方法に通じていた。1776年に出版された彼の『常識』は、北米の13の植民地の人口が300万人であった時期に40万部売れた。彼の作品を翻訳するスペイン系アメリカのセナ、ビジャビセンシオ、ロカフエルテ、テレサ・デ・ミエルたちは、スペイン語にそれまで知られていなかった derechos del hombre「人権」、soberanía del pueblo「国民の主権」、sistema federativo「連邦制度」、leyes constitucionales「憲法」、derecho de libertad「自由の権利」などの表現語句を作らなくてはならなかった。そして翻訳するに際して、そういう表現が自分たちの言語に欠けているが、その理由は融通の利かない植民地政体にそういう概念が欠けているからだ、ということに気づいた。

　この点についても「我々の手元には、スペイン起源でない考えや姿勢や反動的傾向はひとつもない」と言うホアン・バウティスタ・アルベルディが、ふたたび説得力を持つことになった。当時のアルゼンチンの若者たちは——そしてこの事例は南北アメリカの他の共和国の若者層にも敷衍できるが——『ドン・キホーテ』にはうんざりしていた。そしてスペインは、**ルソー**やトックヴィルの著作の内容に似たものは何ひとつ提供してくれなかった。近代性というものによって、言語の一新、すなわち言語を思想的・人道主義的・科学的な新たな使用に適するものにする作業が義務づけられた。当然、スペイン語を使わないようにすることはできなかったが、しかし確かに、スペイン語を「南北アメリカ風にすること」はできた。すなわち、衰退し、敗北し、時代遅れの王制に停滞していて、過去の文学的栄光以外に面白いものを持っていないスペイン、そのスペインよりも南北アメリカで一層よく意識された近代世界の目新しい物事に従って、スペイン語を変革することはできたのである。

　1823年にロンドンで、G. R.とA. B.の署名がある『**アメリカで正書法を単純化して統一することの便利さに関する示唆**』と題する本が、アメリカ叢書と呼ばれるコレクションの一冊として現れた。この出現は偶然でない。その頭文字はホアン・ガルシア・デル・リオとアンドレス・ベジョのものであった。この本は、スペイン語の書き方にみられる改新的傾向、すなわちさまざまな運命をたどりながら1世紀後に終結を迎えることになる傾向の、その序文であった。

　そういうことで、当時、スペイン王立アカデミアが定めていた書き方とは異なった、南北アメリカ独特の書き方のための小道が描かれていた。言語戦争の闘士たちは思想闘争をへて、さらに危険の多い領域に踏みこんでいったが、おそらく彼らは、そういう領域に足を踏み入れたことには気づかなかっただろう。

XXVII. アンドレス・ベジョの警戒

19世紀のアメリカ・スペイン語の多様性。言語分裂の危機。南北アメリカ用正書法を求める対抗勢力の存続。アンドレス・ベジョからファウスティノ・サルミエントへ。政治権力の介入。

　アンドレス・ベジョは1847年、『**南北アメリカ人に勧められるカスティリア語文法**』を出版したが、このとき彼は、書名から受ける印象に反して、南北アメリカの言語用法とイベリア半島の言語用法を分離することなど、全然意図していなかった。正反対である。すなわち、まさにカスティリア語の理想的用法に基づいて行う一般的な言語修正の道を示しつつ、南北アメリカでの用法を統一したかったのである(そしてその理想的用法は多くの点において、南北アメリカでいかなる目的のためにも守られたことがなかったし、理想とされたこともなかった)。ベジョの心配は、この作品の序文からも明らかなように、南北アメリカ大陸には「多数の不規則で自堕落で野蛮な、将来は使用言語に育つかもしれない無数の方言がはびこっているが、それらは、長期間にわたって加工されてゆくと、ヨーロッパでラテン語の崩壊によって生まれたのと同じ結果を南北アメリカで再生するかもしれない」、ということだった。アンドレス・ベジョは、この点を除けば、カスティリア宮廷の古典的伝統に関して非常に従順であった。柔順なのかどうかは、つぎの例でも理解できよう。彼は**カラカス**人であって patata「ジャガイモ」のかわりに(スペイン系アメリカ式に) papa と言っていたが、そんな彼でもシルバ型の詩文を書くときには「きみの食卓のために patata が澱粉の塊を育ててくれる」と言っている。patata はクレオールにとって、まるでスペインの詩人が「私は車を運転する」と書くときに(スペインで使用する動詞の) conducir でなくて(スペイン系アメリカ式の) manejar を使うときのような、なにか借りてきたことばのように聞こえるのであった。カスティリアの言い方は名声を保っていたのだ。実際、1934年まで、アルゼンチ

ンの公文書では、数世代前から一般的であった papa を使って patata を書き換えることはできなかったのである。

すでにアルゼンチン人のアントニオ・J・バルデスが、**ベジョ**より以前に、言語分裂の問題に注意を喚起していた。彼は「カスティリアの純粋な言語運用」に従う文法書を 1818 年に出版した著者である。そして純粋なカスティリア語に従うこと、それは、カタルニア人の**アントニオ・プチブラン**が、そのころ、ロンドンにいるスペイン系アメリカからの亡命者の集団——ブランコ・ホワイトの集団——に与えた助言と同一であった。この亡命者たちはそのころ、セルバンテスやロペやカルデロンや王立アカデミアなど、君主国のあらゆる種類の言語的骨董品のなかで、共和制アメリカにとって何が役に立つかを論争していたのである。

ベジョやバルデスや**プチブラン**が心配するのも当然であった。南北アメリカ生まれのスペイン人(クレオール)と黒人との対話が、当時の詠み人知らずの**コプラ**のなかで、どのように記述されているかを、以下に紹介しよう。クレオールが言うには

Venga uté a tomai seivesa	[Venga usted a tomar cerveza
Y búquese un compañero	Y búsquese un compañero
Que hoy se me sobra ei dinero	Que hoy se me sobra el dinero
En medio de la grandesa,	En medio de la grandeza,
Dio, mirando mi pobresa,	Dios, mirando mi pobreza,
Me ha dado una lotería	Me ha dado una lotería
Y aquí está mi papeleta,	Y aquí está mi papeleta,
Que no he cobrao entuavía.	Que no he cobrado todavía.]

ビールを飲みに来ないかい
連れといっしょに来ないかい
今日は気持も大きくて
お金がたっぷり余るから、

貧乏な俺に神様が
恵んでくれた宝くじ、
当たりの券はここにある、
まだ賞金はもらわない。

クレオールは終わった。彼はコプラの対話者のなかでは、一層みがかれて完璧な、とても洗練されて礼儀正しいことば遣いをする役である。そして、その相手の黒人が答えて言うには

A! Si oté no lo cubrá	[¡Ah! Si usted no lo cobrar
Si oté toavía no fue	Si usted todavía no fue
Pa qué buca qué bebé	¿Para qué busca qué beber?
Con qué oté lo va pagá	¿Con qué usted lo va a pagar?]

当たりの券を賞金に
換えに行ってはいないなら
飲み物選びになぜ迷う？
払う手だてがあるじゃなし。

この対話に**ガウチョ**の**マルティン・フィエロ**が加わったとすれば、その語り合いは次のように続いただろう。

Ruempo, digo, la guitarra	[Rompo, digo, la guitarra
Pa no volverme a tentar.	Para no volverme a tentar.
Nenguno la ha de tocar,	Ninguno la ha de tocar,
Por siguro ténganlo.	Por seguro ténganlo.]

ギターを壊すと、わしは言う
二度と誘惑されぬよに。
だれも触っちゃあならないぞ、

あんたら、しっかり心得よ。

　著名な南北アメリカ人たちが驚きあきれ、2・3世代もすればクレオールと黒人とマルティン・フィエロが宝くじを買ったりビールを飲んだりギターを壊したりするときに、たがいに理解しにくくなるだろうと考えても、それはしごく合理的であり、なにもおかしくはない。よく知られているように、アンドレス・ベジョは『**カスティリア語文法**』の出版より20年も前に、このような相互理解不能な状況を解決するためにロンドンで動きはじめ、クレオールと黒人とマルティン・フィエロが各人勝手にコプラを書かないように、南北アメリカ用の正書法――スペイン王立アカデミアによって認定されたものよりもいくらか単純なもの――を考案していた。当時、南北アメリカでは（ついでに言ってしまえば、スペインでも）文盲率が高かったが、スペイン語を話さないしそれを覚えようという気もなく必要も感じていない典型的な先住民集団が残っていれば一層高かったし、公教育は革命派の人々の心配事であって何とか効率よく早急に初等教育を広めたいと願っていたのであるから、南北アメリカ用のやさしい正書法なら、おあつらえ向きだったろう。それがあれば、子供たちは――そして大人たちも――armonía「調和」の頭にhが付いているかどうかを思い出すことなしに書き方を習うことができよう。

　La ortografía de Bello no era mui diferente de la qe oi estamos aqostumbrados a usar. Si este libro se ubiera impreso en ella usted se abría echo enseguida, en dos o tres pájinas, a sus partiqularidades, qe tampoco son tantas. Le resultaría ziertamente rrara y qaprichosa en un prinzipio, pero todo se abría rresuelto qon fazilidad, qomo imajino qe no abrá tenido muchas difiqultades para seguir este párrafo. Si qiere qe le sea sinzero, personalmente ― salvo en lo de la q ― me agrada más la ortografía qe se inventó Bello qe la seguida rregularmente a lo largo del presente libro. Qon la venia de la Aqademia. Por eso no me e rresistido a esqribir estas líneas. Esqritas qedan.

　[La ortografía de Bello no era muy diferente de la que hoy estamos acostumbrados a usar. Si este libro se hubiera impreso en ella usted se habría hecho enseguida, en dos o tres páginas, a sus particularidades, que tampoco son tantas. Le resultaría

132

ciertamente rara y caprichosa en un principio, pero todo se habría resuelto con facilidad, como imagino que no habrá tenido muchas dificultades para seguir este párrafo. Si quiere que le sea sincero, personalmente — salvo en lo de la q —me agrada más la ortografía que se inventó Bello que la seguida regularmente a lo largo del presente libro. Con la venia de la Academia. Por eso no me he resisitido a escribir estas líneas. Escritas quedan.]

「ベジョの正書法は今日我々が馴染んで使っているものとそんなに変わっておりません。本書がそれで印刷されていたなら、あなたはすぐに、2・3頁で、それほど多くない小さな違いに慣れることでしょう。はじめは確かに変わっていて気まぐれのように思われましょうが、この段落についていくのは大変困難だというわけでもないと想像できるので、なにもかもすぐに解決されることでしょう。本当のことを言えとおっしゃるのでしたら、申しますが、私は個人的には——文字 q のこと以外なら——ベジョが創作した正書法のほうが、本書で始めから規則的に従ってきた正書法よりも気に入っているのです。アカデミアの許しを得ています。それゆえ、これらの数行を書くのに抵抗はありませんでした。ご覧のとおりです」。

ベジョの正書法に起こったことは「地獄に続く道は善意で舗装されている」という格言 ［よかれと思いつつ重ねる行為が、とんでもない不幸をもたらす］に要約されている。彼は、学校で子供たちが——記述規則を学ぼうとする文盲の大人たちが、先住民たちが、あるいはスペイン語以外の言語の話し手たちが——短時間に困難なく規則を適用できるようにと、簡単で単純で難なくすぐに学びとれる規則を提案した。しかし直ちに、フランシスコ・プエンテのような新たな作家たちが現れて、べつの書き方を提案した。それゆえ相互に分岐した、そしてイベリア半島のものとも違ういくつかの正書法が即座に広がりだした。だれかが言うように、それらは南北アメリカが、現実に、みな肩を並べてスペイン語で話したり書いたりしはじめたころ広がりだしたのである。しかしながら、最悪の事態が待っていた。それは有名な作家、大胆で勇敢で気骨のある男、そういう人間の手で引き起こされた。彼はアルゼンチン人で、1868年から1874年まではアルゼンチン共和国の大統領でもあった。**ドミンゴ・ファウスティノ・**

サルミエントという名前であった。

　周知の事実であるが、ラプラタ地方の本格的な入植はかなり遅れた。そして入植は植民地経済の方法とはかなり違う資本主義の手本に従って行われた。ヨーロッパからの移民は別にして、旧カスティリアの郷士の家系とは切り離された形で、カタルニアやカナリア諸島やガリシアやバスク系の人たちの大きな貢献を当てにしていた。それゆえ、かの地は、当時、アンダルシアやカスティリアに映し出されることの多かったスペイン的なものすべてを茶化したり軽蔑したりする思想にとって、なんとも居心地のいい場所となった。仕方のないことに言語そのものはスペインと同一であったから、言語の分離主義の芽が、南北アメリカのどの地帯よりもアルゼンチンで一層よく支援されたし、ほかのどんな作家よりも**サルミエント**によって、そして彼の個性的な存在によって、さらに強く助長された。

　サルミエントは1845年ごろスペインを旅行した。彼は祖父母の郷土をいとおしげに描いている。**パイスバスコ**に入り、そこの住民に、地方特別法を放棄するまでは自由になれないだろうと予言した。つぎにブルゴスへ入ったが、そこは15世紀独特の骨董品のように見えた。彼が訪問したほかの町は、時代なりのイメージは与えてくれたものの、さらに、どうみても死んでいるという墓場のような印象を与える点で異質であった。国中で観察できたのは、国家という意識がほとんどないこと、全般的な後進性、産業の欠如、街道網の欠如、国全体で保有する船舶の不足、公教育制度の不十分さ（この制度こそ、祖国アルゼンチンのためにコピーしようとしてやってきたのに——裏切られた！——）、諸科学の研究への精勤の欠如、そして思想に関する確固たる文学の欠如であった。スペインのものはすべて、**チョリソ・ソーセージ**と豚の脂身の匂いがした。コルドバでは、彼は老婆たちが腰を曲げて通りを掃き清めている姿を見た。そして、アメリカ合衆国で目にした、長い棒がついていて直立したまま楽々と掃ける、とても実用的な箒のことを思い出した。スペインに残されている唯一の技術的な目新しさは、ローマ風の鋤である、ということについて考えさせられた。マドリードでは闘牛を見にいった。演目はよく、闘牛士のエルチクラネロ、エルモンテス、**クチャレス**が出場した。国民的栄誉に価する演技であった。サル

ミエントは闘牛場の熱狂を見て、「この観衆たちに向かって、鉄道の、産業の、あるいは憲法の義務について話せ」とコメントした。彼は**ジブラルタル**に行き、そこからバレンシアまで蒸気船に乗り、バレンシアからバルセロナへ移動した。カタルニアの首都ではほっとして、「ようやくスペインの外に出た」と言っている。このあたりの話で一番面白いのは、バルセロナのことを別にすると、ドン・ドミンゴ・ファウスティノの言っていることに幾ばくかの道理があったことである。

　サルミエントは使用言語に関して放火魔的な考えを持っている男だった。母なる祖国の国家的無秩序を目にして、あることを確信した。すなわち、スペインとおなじように話すこと、スペインで繰り返されていた思想や概念を繰り返すこと、スペインで流行っている文法的・文学的な手本と古典になっている手本に従うこと、そういうことをするのは、それはチリ人に、アルゼンチン人に、そしてベネズエラ人に対して、知力を愚鈍にすることにほかならない、ということの確信であった。スペインのお化けの行列やクチャレスの粋な闘牛技法を使っても、南北アメリカの共和国が必要としている政治的・思想的・文化的な新しい世界を構築することなど、難しかっただろう。この男が母国で、南北アメリカの書き方をスペインの書き方と分離しようと意識して、この時期に知られている最もラジカルな正書法改革を提案したとしても、それがどれほど不自然だといえようか。サルミエントの改革は、ある意味ではベジョの改革に似ていたが、さらに、スペイン系アメリカのアルファベットからcとzを除外するように勧めていた。そうすると、教養ある南北アメリカ人の大多数はS音法をしていたので、zapato「靴」のかわりにsapatoと、ceniza「灰」のかわりにsenisaと、cizaña「ドクムギ」のかわりにsisañaと書いたことだろう。彼はこのような考え方をたずさえて、1843年にチリ大学の哲文学部に行き、学長を説得しようとした。この学部では彼のことをとても大胆な人間だと思ったが、しかしチリの大学生は、すでに彼らなりに国語の正書法を準備するという作業にかかろうとしていたので、——おそらく彼らには改革点が少ししかないと思えたのだろう——この件に関してはサルミエントの姿勢だけをくみ取ることにした。

サルミエントは拒否されたことを知って怒った。そしてチリ人に、彼らが自分以上に熱狂的な改革者であることを自覚させた。というのも、ほかならぬスペインのアカデミアがマドリードで、サルミエントが提案しているのと非常によく似た改革を承認しつつあったからである。そのことは大学本部に強烈な印象を与えた。大学本部は、いまだにサルミエントの言うことには従わなかったものの、自分たちの改革案は押し進めていった。スペインのアカデミアのことは話半分であった。スペイン・アカデミアは根本的な改革など全然目論んでいなかったが、とはいえ、南北アメリカとスペインの、正書法上の無秩序を知って驚いてはいた。なぜならば、1843年4月12日に「マドリード初等教育教員の国語・理科アカデミア」という教員組織がすでに、もうひとつの正書法を発明していて——まだ足らないのか!——、アンドレス・ベジョの子供たちがqerido padre「親愛なるお父さん」と［querido padreの代わりに］書いているとき、マドリードの子供たちにcerido padreというような書き方を教えていたからである。ほかならぬこのアカデミアが、サルミエントが「スペインの」としてチリで紹介したアカデミアであったが、所在地の話なら嘘でなかった。とにもかくにも、ベジョとプエンテとサルミエントとマドリードの先生たちとチリの大学生たちのあいだでは、その当時、さまざまな正書法が雨後の竹の子のように生えてきていた。

　女王イサベル2世は、圧倒的な無政府状態を目にして、みずから1844年4月25日付の勅令により、スペインではアカデミアの正書法が公式なものであるということにしたが、そのことは、チリやアルゼンチンやベネズエラの、急進派に組みしない南北アメリカ人たちには好感を与えた。アンドレス・ベジョはその頃までに、すでに自分の考えを撤回しており、正書法のばらつきは共通言語にとって思いも寄らぬ帰結をもたらす危険材料であるとみて、アカデミアの決定内容を支持していた。しかし象徴的なことに、彼がスペイン・アカデミアの正書法が正式なものであると決定するその同じ日に、チリ大学の哲文学部が書記法の独自の改革を公表する。教員はそれを使いはじめるし、書籍や定期刊行物はそれで印刷した。この決裂は南北アメリカでもスペインでも、すでに公的な性格を帯びていた。そして決裂は83年間続いた。1927年10月12日までで

ある。この日、チリの教育相であるアキレス・ベルガラ・ビクニャは、チリの正書法上の冒険の終息を宣言し、スペイン語圏共通の書き方を順守することにしたが、この共通正書法は――スペインのアカデミアだけではなく、南北アメリカのアカデミアも含めた――アカデミア全体の権威に従っていた。というのも、もうそのころまでに、南北アメリカにも 14 のアカデミアが設立されていたからである。

　決裂には後遺症が残った。たしかに、チリの提案は満場一致の支持は受けなかった。サルミエントは提案の実施にあたって、学校や支配層に強制する公的な支援が全然ないことに不満を表明した。新正書法の使用は、大抵の場合、使おうと思う人の気持ち次第であったし、あるいは、改革主義者――どんな両親の子供なのか調べてほしいものだが――のパンフレットのどれかが、その無限に広がる大地に飲み込まれたどこかの学校に迷い込むという、単なる偶然に左右されるものであった。とはいえ、かかる気持ちや改革派の偶然が存在したので、その提案はチリの場合を別にしても、アルゼンチンのアンデス地域、エクアドル、コロンビア、ベネズエラに浸透した。1865 年ごろには中央アメリカを北上し、ニカラグァまで届いた。その伝播はもう予測不可能であった。この無秩序がそこまで進んでいたので、チリ人自身が 1911 年に深刻な問題に遭遇した。すなわち、試験のときに共通正書法の使用を生徒たちに強要することができないので、試験官は生徒が書いたものは何でも合格として受け入れなくてはならなかったのである。その年、正書法の学習不良で落ちた生徒はひとりもいなかった。改革が広まった南北アメリカの諸地域では、おそらく、書記文化にとって役に立たない言語が練り上げられていた。人々はそれに気づいて深く反省し、1913 年から、アカデミアの決定を順守する方向を目指す決定的な動きが始まった。その 14 年後に正書法改革のうねりが静まった。改革派の全盛期に教育を受けた何人かの子供だけが、老齢になっても soi jeneral extranjero [soy general extranjero]「わしは外国の将軍だ」と書きつづけた。たしかに南北アメリカの正書法には非常によい考え方もあったが、私たちはこの出来事全体から本質的な教訓を学ぶことができる。すなわち、スペイン語というような共通の事業には共通の決定が要求される、ということである。1927 年に、おそらく言

語戦争の最も危険な前線が解放された。しかしながら、いくばくかのゲリラ的活動は存続した。私たちはアルゼンチンへ戻ることにする。

XXVIII. わが愛しのブエノスアイレス

ラプラタ地方の特殊な言語事情。アルゼンチンの運用言語の大衆主義。ルンファルドとココリチェ。

　1946 年 2 月 24 日、**ホアン・ドミンゴ・ペロン**が選挙で大勝利を収めた。選挙人の 56％が自分たちの大統領候補に投票したのである。**ペロン**は政治集会のとき、政敵を tonto「馬鹿」とか desgraciado「ろくでなし」として扱っても理解されたのに、そうはせず、pastenaca とか chantapufi として扱った。これらは、当時のブエノスアイレスで非常によく使われている隠語だった。政治的対抗馬は contrera「敵対者」であり、ペロン主義を支持するものは grasa「庶民派」であった。それは当時、**カサ・ロサダ**［バラ色館、すなわち大統領官邸］に導いてくれる、紛れもない成功の方程式であった。ペロン主義者たちはその定式のなかに、クレオールの古き頭目たちに似たリーダーの、大衆的で悲壮感ただよう勇敢な表現様式を見いだしていた。選挙に勝って少しすると、ブエノスアイレスの町の壁には Le ganamo a lo dotore. [Les ganamos a los doctores]「我々は金持ちたちに勝った」というような落書きが現れたものだ。想像できるように、doctor「博士」たちとは、ほとんどペロンを支持することも庶民を相手にすることもない人々のことであった。

　ペロン風の弁論術は、それ自体では新しくもなかった。非常に古く、ラプラタ地方に深く根づいている伝統に従ったのだが、それは大衆が話すように話すことで大衆の人気を獲得するという、一種の言語的大衆主義であった。そのやり方にはわざとらしさも少しあったが有効だった。ペロン派は（ペロン主義にかかわる部分では）このような独特の言語運用のおかげで宣伝活動を成功させた。1952 年、**アイゼンハワー**が大統領選挙運動のときに I like Ike.「私はアイ

クが好きだ」という標語でもって大統領選挙を勝ちぬいたのと同じように、40年代のアルゼンチンでは chantapufi とか tratativa （「協議」、イタリア語系、標準スペイン語なら negociación）ということばを上手に使うことが、大衆派政治家によく似合っていた。

　この点では、アルゼンチンの19世紀独特の風習とそんなに変わっていない。サルミエントはこの国を次のように描いている。「1810年以前のアルゼンチン共和国には、ライバル同士で互いに相容れない2種類の社会、2種類の文明があった。ひとつはスペインの、ヨーロッパの、教養階級のものであり、もうひとつは野蛮で、南アメリカの、ほとんど先住民系のものであった。そして都市部の革命というものも、ひとつの国民のこれら2種類の異なった生き方が対峙し、せめぎ合い、長い闘争のあとで一方が他方を吸収することがその動機とか理由になるだけであった」。前者の社会は統一主義政党を構成する傾向があり、後者の社会は連邦主義政党を構成する傾向があった。統一主義政党で目立つことは、洗練されたマナーであり、儀式張ったふるまいであり、華麗なまでに教養のあふれる表情であり、仰々しくてブッキッシュな表現の詰まった言葉遣いであった。統一主義者たちにとって、連邦主義者は gaucho 「ガウチョ」とか jifero 「畜殺人」、すなわち「野蛮人」であった。連邦主義者たちにとって、統一主義者は cajetilla 「きざなお坊ちゃん」、すなわち「女々しい奴」であった。連邦主義の政治家である**ホアン・マヌエル・デ・ロサス**は、まさにガウチョのような話し方をすれば田舎の人々の好意を引きつけ、彼らに対して影響力を持つことができるということに気づいた。そして、そのようにした。作家の**ルシオ・V・マンシジャ**は、その当時の運用言語が堕落し、「使われてもいない新奇でがさつで舌を刺すような単語」が流行っていたことを覚えている。奇妙なことに、大衆層が告白した好みの対象であるにもかかわらず、連邦主義者たちが先住民を軽蔑する態度は絶対的であった。彼らは先住民を未開人だと考えていた。彼らを同化させようという労を執ろうとはしなかったし、軍隊を使って彼らを排除したり、あるいは他の地方へ逃げだすように仕向けたりした。それゆえ、先住民語が新生共和国にもたらしかねない言語問題は――そういう問題の大部分は昔日のスペイン人伝道師たちが引き起こしていたが――、そのよう

に効果的で暴力的な方法を使って解消された。

　言語上の大衆主義は、**ニコラス・アベジャネダ**の大統領時代の、**カルロス・テヘドル**の革命が起こった 1880 年に再び現れた。いわゆるブエノスアイレスの「抵抗」のとき、郷土愛の情熱がかなり大きかったので、当時の出来事の証人であるエルネスト・ケサダによれば、「兵舎では特権階級の若者たちが悪人連中や俗人たちと共同生活し、兵卒と将校が親しくつき合い、共通の民主主義的きずなとして、服装と使用言語において、たがいが譲歩しつつ等距離の接近をしてできた平均値が設定された」。ケサダ本人によると、当時の情勢も、日々の会話で民衆語の言い方を真似して会話の特徴を故意に俗語的でぞんざいなものにすることに手を貸したが、それというのも、ひとは自分が大衆の側に属しているということを示す必要があったし、その大衆的であるとされる言語特徴が強調されていたからである。当時、つぎのようなコプラが唄われた。

| El castellano me esgunfia,
no me cabe otro batir
que cantar la copla en lunfa
porque es mi forma 'e sentir. | カスティジャ語にはうんざりだ
おれがやる気になるのはひとつ
ルンファ［ルド］で歌を歌うこと
それしか俺は感じない。 |

　esgunfiar はイタリア語の sgonfiare「急に失望させる、落胆させる」に由来するし、lunfa は lunfardo「ルンファルド」で、ブエノスアイレスの下町に出現した隠語であって、その表現はイタリア語とフランス語と英語とポルトガル語が十分に混ざり合ってできた複雑な混合体であり、conventillo「大型の安アパート」や piringundín「大衆酒場」やならず者社会で広まった。タンゴの歌詞にはたくさん入っている。ブエノスアイレスのボカ地区では、1857 年以降にアルゼンチンに入った大量の移民の結果として、もうひとつのイタリア語系スペイン語の隠語が生まれた。cocoliche「ココリチェ」である。これはルンファルドほどには名声を獲得しなかった。というのも、ルンファルドには、一部のアルゼンチン人が言語的に違っているところを強く見せたがっていたので、明らかにおおげさな考え方だが、これぞ「ブエノスアイレス生粋のことば」だと定義

してくれる人たちがいたからである。

　ホアン・マリア・グティエレスが王立アカデミアにそっけない態度を見せたのは、ちょうどその頃のことである。1870年頃、夢想家のアカデミア会員たちは、彼を自分らの学識の家の通信会員に指名することで、彼に名誉を提供しようとした。グティエレスはアルゼンチン語を使って、そんなに大きな名誉は受けられないので、思慮深い顔をして待っていてもらうしかないと答えた。それだけではない。ブエノスアイレス人の彼がスペインのアカデミアに何を提供することができたというのだろうか。グティエレスにとってブエノスアイレスのことばは、イタリアの諸方言やカタルニア語やガリシア語や**ウェールズ語**やフランス語や英語の貢献のおかげで常に泡立っていたのであり——そこでは、たとえば**ラ・マンチャ**から届いたものは一言も話されていなかったことが知られているが——、グティエレスの型破りのことばを使えば、それらの語句がいっしょになってブエノスアイレス語を cosmopolitizaban「国際化していた」のである。そういう流れをアカデミアの鋳型に合わせて固定しようとしても無駄であった。すくなくとも彼には、そんな気などなかった。そのころ友人のホアン・バウティスタ・アルベルディが次のような助言を与えてくれた。すなわち、**ダンテ**（彼もイタリアの人）が当時**フィレンツェ**で話されていた言語を『神曲』の不朽の韻文に持ち込んだのと同じように、ブエノスアイレスの文人たちも、マドリードからやって来た辞書類に目を向けるかわりに、ブエノスアイレスで話されている修正カスティリア語を自分たちの散文に反映させるべきである、という内容だった。ほかの**ラファエル・オブリガド**とか**アルベルト・デル・ソラル**のような作家たちは、そのように考えないで共通語の価値を擁護していたが、彼らにしても共通語をそこなう言語純粋主義者にまではなっていなかった。

　実際、こういう趣旨の論争は20世紀の中頃まで続けられた。**アメリコ・カストロ氏**がアルゼンチン人の話しことばの特異性とぞんざいさについてひどく立腹し、その状態が続けば彼らがスペイン語圏の全般的な流れからはずれてしまうだろうと予見して、一書をものにしようとした時期——1941年ごろ——に、**ルイス・ボルヘス**は「アメリコ・カストロ博士の警鐘」という題の記事で彼に次のように答えた。「彼の書いた頁はどれも型にはまった迷信でいっぱいだ。

［...］カストロ博士はその間違っている最小限の学識に、お世辞と押韻散文とテロリズムの実習を加え、疲れることがない」。しかしカストロ氏は当時、そんなに見当はずれなことをしてはいなかった。というのも、たしかなところでは、言語上の権威［アカデミア］の側で何らかの機会に「不正への権利」を擁護した唯一の声が、1943年にアルゼンチン・アカデミアから出されているのだ。時流を反映している。そしてブエノスアイレスの権威ある語法は驚きの連続であった。たとえば、多弁の誉れ高いラジオ・アナウンサーが教育省の上級職についたが、彼はその地位についたあとも相変わらずマイクロフォンの前にいるかのように話しつづけ、(utensilio「道具類」の代わりに) utensillo、(ácido「酸っぱい」の代わりに) áccido、(déjenmelo「それは任せてください」の代わりに) dejenmelón、(siéntense「あなたがた、お座りなさい」の代わりに) sientensén、(cumpleaños「誕生日」の代わりに) cumpelaño、(rompecabezas「難問」の代わりに) rompecabeza、(文法性を無視して、es usted una heroína, señorita「あなたは（女性の）英雄ですね、お嬢さん」の代わりに男性形で) es usted un héroe, señorita、など、など、というレベルの品位を保ちつづけた。ここまでくれば、さすがにアルゼンチン・アカデミア会員のルイス・アルフォンソは、公的な職場で責任のある仕事をしている人々のために使用言語を研究したほうがいいということを話したが、問題にされた当人の答えは、「そんなこと、急いでするまでもない。どのみち、使用言語は、研究されないからといって消えたりはしない」であった。

　アルゼンチンの言語上の逸脱現象は、スペイン語共通規範から離れた国家語への偏愛と肩を並べて静まっていった。それとともに、南北アメリカ独立の夜明けに始まった言語戦争も、その最後の戦線が終焉した。収支勘定をしてみれば、つぎのような結果になる。すなわち、アルゼンチンは——分離主義運動の最盛期にさえドミンゴ・ファウスティノ・サルミエントとか**エスタニスラオ・デル・カンポ**のような人物を含めて——新旧ともに破格の作家を生んだのみならず、20世紀の中葉からは重要な出版中心地になり、その出版物はスペイン語文化圏にあまねく配送されていった。運用言語に関するその特異な無関心さは、アルゼンチン人の性格に、スペイン人から受け継いだ一種の尊大さに、そして

彼らの生命力の充実を肯定する姿勢に助けを求めつつ、説明されてきた。また、ヨーロッパの実にさまざまな国を出てこの国に受け入れられた大量の移民という事情、同時にとても多様な言語の混合を助けた移民、そのなかに人的な理由のいくつかを求めようともされてきた。さらに、ラプラタ副王領が最後に建設された副王領であって、それゆえにスペインへの愛着が最低であったということに、歴史的な理由を求めようとすることもあった。これらすべてに少しずつ理由があるのだろう。たしかなことは、アルゼンチンの国家主義は40年代になっても言語の旗を振り回していたことである。世論のいくつかの分野と学校のような機関では、ある程度の成功を収めたが、子供たちは学校などで、アルゼンチンが独自の言語を持っているか、持つべきか、そしてその言語の名前は何になるか、というようなことを討論していた。それはボリバルやサンマルティンの時代に始まった言語戦争の、最後の思想的痕跡であった。そして**アマド・アロンソ**は、このテーマに古典的な研究をささげた。

XXIX. 和平協定

言語統一におけるアカデミアの重要性。ルフィノ・ホセ・コエルボの考え方。現代スペイン語の統一と多様性。規範分裂の問題。スパングリッシュとルソニョル。

　1870年11月24日に面白いことが起こった。19世紀を通じて言語的分裂の重大な過程がいくつかあったが、それと同じように、言語的統合の過程もいくつか存在しはじめていることを示す出来事であった。当時スペイン・アカデミアの会長であった**モリンス侯爵**が、南北アメリカの国々でそれぞれのアカデミアが創設されるための働きかけを開始したのである。彼のマドリード文書には次のように書かれていた。「政治的きづなは永遠に断たれたままになった。ほかならぬ歴史的伝統は、厳密にいえば、今日、当てにすることができない。そしてスペインとスペイン領であった南北アメリカとのあいだには、不幸なことに

憎しみまでもが割り込んできた。しかし私たちはひとつの同じ言語を話しているのであり、その言語は、過ぎ去った不幸な時代にののしり合うためにさえ使われたとしても、今日、私たちは共通の知性のために使うべきである」。モリンスにはこの宣言の善なる意図のほかに、頭痛の種もあった。その当時、南北アメリカのスペイン語話者が数においてスペインの話者を上回っていたし、言語運用上のゲリラが大陸部に存続していたし、移民たちはあらゆる種類の言語をたずさえて洪水の如く流れこんでいたし、アルゼンチンとかウルグァイとかチリでは訛りの混用が時には生粋のスペイン語［カスティリア語］の許容範囲を超えていたからである。分裂の危機は用意されていたから、それを避けるために、なんとかしなくてはならなかった。

　それより約40年前、メキシコ人の**ルカス・アラマン**も同じことを思いついた。自国にアカデミアを設置することである。それは、彼自身によれば、ざっと見まわしたところ、学校の不足により、だめな文学により、さらにだめな翻訳により、南北アメリカの内戦により、そしてスペインとの疎遠によって言語が陥っていたひどさから、自然発生的に浮かびあがった思いつきである。ルカス・アラマンの主唱は花開くまでに至らなかった。すくなくとも目につく成果を生むことはなかった。コロンビアの歴史学者であったホセ・マリア・ベルガラはアラマンに似た人物であった。ベルガラは、スペイン・アカデミアと結びついてカスティリアの言語運用法の純粋さを自国に残しておこうと気をもんでいる高名なコロンビア人のグループに属していた。言いかえれば、モリンスはすでに南北アメリカからの知らせを何通か受け取っていたので、その主唱は根拠のない行為でもなかったのである。しかしながら、ひとたび動き出しても、大きな興奮を引き起こすことはなかった。その時期のスペインは、南北アメリカでインテリが影響力を持っている世界にとって、政治的にも文化的にも手本にならなかった。それゆえ、1871年にコロンビアが第一歩を踏み出したが、それ以降、怠惰の気配をただよわせつつも姿を見せてゆく同種のアカデミアは、アルゼンチン人のホアン・マリア・グティエレス風の数人の作家にとって、最も保守的な思想の第五列なのであった。そしてかかるアカデミアを構成する会員の大多数は、ヨーロッパの最も革新性の低い政党と共感しあっていたが、言

語運用法を古典の鋳型にはめて固めるという哲学こそが、彼らの古くさい虫食い思想の良い見本であった。グティエレスにとって、そして彼に似た何人かにとって、アルゼンチン人やチリ人やベネズエラ人の新たな言語運用法は、変則的で、文法を粉砕しかねないほどでもあったろうが、しかし、もしそのような粉砕が自由思想の表現に役立てば、歓迎されたであろう。言いかえれば、アカデミアはおそらく自由主義思想にとってブレーキになろうとしていたのである。

　実際、アカデミアはつぎつぎに開設されていった。政治的ないがみ合いは別にして、行政や文化や教育に使用されるべく練り上げられていて国際的にも知られている言語を所有することには利点があったし、健全な判断力のある者がその利点を否定するケースはひとつもなかった。モリンスの呼びかけから15年もすると、ボゴタ・キト・メキシコシティー・**サンサルバドル**・カラカス・サンティアゴ（チリ）・リマ・グァテマラが、それに応えてアカデミアを創設していた。1973年には最後のアカデミアがアメリカ合衆国に設立された。今日では22ヶ所にある。設立当初、南北アメリカのアカデミアの仕事は補完的なものだった。すなわち、スペイン・アカデミアに従属していて「地方語」に関する情報をスペインに提供し、マドリードの機関がその情報を『辞書』に登録したりしなかったりしていた。しかしながらこの状況は変わっていった。モリンス文書を元気づけていた意図――南北アメリカ人は言語の分裂を避けるためにスペイン人の用法をコピーすること――が、ひとたびアメリカ大陸に届くと元気がなくなったからである。

　ルフィノ・ホセ・コエルボはコロンビア・アカデミアの創設者グループに所属する傑物であった。その時分、『**ボゴタ語に関する批判的備忘録**』を書き終えたところであったが、そのなかで彼は、当時の人たちにとって瞠目すべきことを書いている。その頃も依然として、南北アメリカの用法がスペインの用法からはずれているとき、それは一種の可愛らしい不正用法でしかないと考えるのが――ヨーロッパ人だけではなく、当の南北アメリカ人のあいだでさえ――普通であった。しかしコエルボは、南北アメリカの用法の多くは、単純なことだが、イベリア半島では忘れられているが南北アメリカでは繰り返し使われているスペイン語古典形式であり、そうであるから、南北アメリカ人はスペイン人

が「崩してしまった」用法を忠実に保存しているのであり、そうであるから、ときにスペイン人は間違いを犯すが南北アメリカ人は間違わないのだ、ということを証明した。スペインではコエルボに対して、彼はそのような考え方でもって南北アメリカの国家語の形成作業を支援しようとしているのだ、という非難が起きた。だが、それはなかった。このような場合によくあることだが、コエルボは当の告発者たちよりもずっと深くスペイン文学について、そしてスペインの伝統全般について知っていたのである。コエルボの意図はほかにあった。すなわち、南北アメリカで話されているスペイン語をスペインで話されているのと対等の位置に立たせ、スペイン語は、言語規範という言い方をすれば、すでに多数の話し手の共有財産になっているし、言語を創造して発信する大都市は方々にあるがその大半はまさにイベリア半島のそとにあるのだ、ということを、スペインに認めさせようとしたのである。

　ルフィノ・ホセ・コエルボは正しかった。最後にはこの明白な事実が認められた。それゆえ20世紀初頭からは、スペイン語には統括本部——ときにマドリードになったり、ときにトレドになったりしたが、南北アメリカでいくばくかの力を発揮したセビリアになることは、ほとんどなかった——があるという古い考えが放棄されてゆき、そして、純正カスティリア語主義は言語統一という概念を支える思想にとって障害になることが認識された。というのも、言語の統一というものは、ごく深いところでは、統一されていてその理想を維持しようという意志を人々が持ち合っていると思うときの、その思いのなかに根を張っているからである。そして、もし南北アメリカの貢献に関するそのような認知——それにはスペインからウナムノが協力したし、その後、**ラモン・メネンデス・ピダル**が理論的実体を提供した——が生起していなかったなら、最も極端なケースを引用するのだが、アルゼンチンの分離主義者は自分たちの特殊用法を好きに発展させて国家語の計画を進めたであろう。というのも彼らは、どんなに努力してもカスティリア印のモデルに服従したり随行したりすることが完全に不可能であるゆえ、そういうモデルに貢献することなど、ほとんどできなかったからである。そして彼らと同じように、チリ人やベネズエラ人やメキシコ人などなどが、運用言語の点で自己確認を求めたかもしれない。

コエルボはひとつの問題を解決し、（カスティリア語と同一視される）言語の純粋さという古い規範は、スペイン語世界共通の観念的規範に道をゆずった。すくなくとも書記法では汎スペイン語圏規範に従うことに問題はなく、スペイン語の最新の正書法は22のアカデミアによって保証されている。しかし、話し方に関しては事情が違う。**ギジェルモ・L・ギタルテ**が言うように、「純粋という考え方がなくなると、今度は、言語政策を導く別の規範を探すという問題が生じる。価値の基準はおそらく純粋に言語学的もしくは社会学的な概念に置き換えられようが、そういう基準が欠けていては、時の経過とともに、言語の保持にとって、純粋という古い考え方のときよりも一層有害な状態になりかねない」。もっともな気がかりである。

　スペイン語話者は、今日、ある地方の教養語規範では coche 「自動車」であり、べつの地方の規範では auto であるということに慣れなくてはならない。そして、だれかが paciencia 「忍耐」と発音するものを別の人が pasiensia と言うし、何人かにとって tú 「君」であるものが別の人には vos であり、ある人たちに piscina 「（水の）プール」であるものが別の人には alberca であったり pileta であったりするし、ある人たちに bolígrafo 「ボールペン」であるものが別の人には birome であったり lápiz atómico であったり lápiz de bola であったりするし、¿qué quieres tú? 「君は何がほしいの」と言う人や ¿tú qué quieres? と言う人や ¿qué tú quieres? と言う人がいるのである。また、ベネズエラの人があなたに何かを exigir （標準スペイン語では「強要する」）したら、それはごく丁重にお願いしているのだし、イベリア半島のスペイン人は、llegao, helao, cansao... と言って d を落とす習慣があるが、それは、llegado 「着いた」、helado 「凍った」、cansado 「疲れた」のほうを好む保守的なメキシコの——そして南北アメリカ一般の——規範の前では低俗な発音と見なされる、ということにも忍従すべきである。こういう事態に対処するには慣れるしかないし、私たちは十分に慣れることができると、私は思う。たとえば、**サンセバスティアン**のフィルムフェスティバルでは "La Concha" 「貝」と名付けられた映画賞が贈られるが、この名前は、ラプラタ地方の映画人には非常に異なった意味に、たとえば "El Coño" ［女性の性器］であるかのように聞こえるが、私は寡聞にして、なにかこの点に関す

147

る抗議が出されたことなど、聞いたことがない。しかしながら多形性という問題はいつも何らかの疑問点を引き起こしている。たとえば外国人にどのスペイン語を教えればいいのだろうか。tú, paciencia, bolígrafo のスペイン語にするか、vos, pasiensia, birome のスペイン語にするか。auto のにするか、coche のにするか。ところで、アメリカ合衆国の航空会社の飛行機に乗ったとして、よく機内で流される退屈なビデオ映画を見たいときには言語を選ぶことになるが、そのとき Castilian「カスティリア語」か Spanish American「南北アメリカ系スペイン語」か、とたずねられても、驚いてはいけない。この区別がいかに広がりつつあるかということを認識するために飛行機に乗る必要はないものの、その拡大の原因のなかには、私たちが日々使っている castellano / español「（同義語的に使われている）スペイン語」という二重の名称の問題がひそんでいるのである。この多価性は、スペイン語話者の内部で使う場合には問題を起こさないとしても、他言語の話者には、たしかに混乱のもとになるのだ。すなわち、ニカラグアの憲法では "El español es el idioma oficial del Estado"「スペイン語が国家の公用語である」となっているし、ホンジュラス・グァテマラ・キューバ・プエルトリコ・パラグァイなどでもそうなっている。コロンビアの憲法では "El castellano es el idioma oficial"「カスティリア語が公用語である」であり、ベネズエラ・エクアドル・ペルーでもそうだ。メキシコの連邦教育法では "idioma nacional"「国語」のことが問題にされている。そして、最も奇妙であるとともに世界的に不明瞭な定式を、我々スペイン人が考え出した。スペイン国憲法にある "El castellano es la lengua española oficial del Estado"「カスティリア語が国家の公的なスペイン語である」という言い方である。もしこの定式で española「スペインの」ということばを使って castellano がスペインで話されているという事実に言及されているとすれば、それは絶対に必要な説明であることになる。おそらく、そうなるだろう。

　他方、規範の分散という点であるが、もし文学や映画やマスコミが、たとえば（エクアドルの）キトと（ウルグァイの）モンテビデオ・（キューバの）ハバナ・（スペインのカナリア諸島の）**テネリフェ**とが交信できる言い回しよりも、キトのかなり独特な言い回しを好むなどという地方主義の熱に犯されたとすれ

148

ば、一体どうなることだろうか。考えられない状況ではない。**ホアン・ミゲル・ロペ・ブランチ**教授が言っているように、「スペイン語圏の観念的規範はカスティリア地方の教養階級語法よりも南北アメリカの教養階級語法と一致する度合いのほうが高い」のである。無理もないことだ。おそらく純粋なカスティリア人は全スペイン語圏人口の3ないし4％しか占めていないからである。しかしながら南北アメリカにも、いわゆる満場一致の合意など存在しない。

観念的規範とは、じつにそのもの、観念的なのである。イギリス連合王国には、もしイギリス人が何種類かの言語であるという考え方に固執するならばそうだとも考えられて、そして私たちが英語と呼んでいるものに、スペイン系アメリカと同様の多様な話し方が存在することになる。しかしイギリス人は自分たちがバリエーションの幅の大きいひとつの言語を話しているのだという考え方に固執している。多分、彼らの例に従わなくてはならないだろう。なぜならば、似ているための条件は、似ていると思う気持ちだからである。さて、そういう思いは物質的なきずなによって保証されていなくてはならない。すなわち貿易、外交、観光業、国際協力、教育協定、新聞、ラジオ・テレビ放送網であるが、これらがその考え方を養ってくれる。その他の面では、バリエーションを避けることができない。スペイン系アメリカが——おなじく将来の欧州連合において当のスペインが——直面している政治的経済的な状況は、ビックリ箱でありつづける。そして、そういう状況の作用で、統一感が維持できなくなったりその維持など誰にも関心がなくなったりしたとき、はじめて分裂が起こるだろう。実際、スペイン語には規範の分裂を心配させるような事例が出はじめていると推測する人もいる。

"El mundo hispánico hablará spanglish"「スペイン語世界は［スペイン語 Spanish ＋ 英語 English の混成語である］スパングリッシュを話すことになるだろう」という文を、私はマドリードの日刊紙『エル・パイス』の2000年2月2日号の見出しで読んでいる。書いたのは**アイラン・スタヴァンズ**という、マサチューセッツにあるアーマスト・カレッジのスペイン語教授だ。新聞の見出しが都合よく派手でなくてはならないことは、よく知られている——そしてスタヴァンズ自身もすぐあとに、どう呼んでもいいのだが、スパングリッシュある

いは**エスパングリス**の辞書を出版したところだと私たちに教えている——。アメリカ合衆国には、自分のスペイン語も自分の英語も意識しているヒスパニックたちがいるということになる。しかし他の多くの人たちにすれば、techo「屋根」というスペイン語が思い浮かばなければ rufa（英語の roof）と言うし、gratis「ただの」というスペイン語に思い当たらなければ fri（英語の free）と言い、そのようにして理解しあっている。実際にはそういうことがしばしば起こるので、中間言語たるスパングリッシュが作り出された。以前は貧乏人たちの言語であったが、いまではもう、そうでなくなっている。現在、カリフォルニアにはスパングリッシュを使っているラジオ局が 125 局も存在する。スペイン系である中央アメリカ全土にもこれほど多くの、言ってみれば正しいスペイン語で放送しているラジオ局はない。それゆえ、スタヴァンズはスパングリッシュがスペイン語圏の**リングアフランカ**（混成共通語）になると信じている（なぜ、英語圏の、ではないのだろう？）。彼はまだ、場合によって英語かスペイン語で教えているが、どういうことになるのか、まもなく報告してくれるだろう。過信しているように、私には思える。

　私としては、年も年だしヨーロッパに住んでいるので、たとえば、特別なことでもなければ決して飲むことのないようなビールの販売促進活動が催されるとき、"bebiendo gratis en las tiendas"「店でただで飲んでいる」自分よりも前に "drinqueando fri en los estores"［ストアーでフリーでドリンクしている］自分を想像するのは難しい。そのほかでは、techo は rufa の嫌がらせをまぬがれるだろうか、それと同居するだろうか、後者は学校で教えられて文学表現の型ができて行政面で使用されるような正常な言語のなかに合流するのだろうか。［スペインに残っている英国領の］ジブラルタルのスパングリッシュは合衆国南西部のものとわずかしか似ていないが、こちらのほうは一体どうなるのだろうか。そんなこと、だれにもわからない。また、最近ブラジル人がスペイン語学習に熱中するようになったが、そのためにもうひとつの国境地帯語、いってみれば「ルソニョル」lusoñol［luso「ポルトガル語」+ español「スペイン語」］が作り出されることを想像してみたい。実際、私はブラジルの学生から非常に受け入れやすいルソニョルで書かれた E メールをもらっている。それだ

けではなく、私も思い切ってそれで返事を書きたいぐらいだ。ポルトガル語とスペイン語が合流することでポルトガル語話者とスペイン語話者とが共有することになる一大言語の話は、理論的にだが、すでにイグナシオ・エルナンド・デ・ララメンディによって提案されている。しかしブラジル人がそれを獲得する途上にあるのかどうか、だれにもわからない。言語とは、そういうものである。基本的には、言語がどうなるかは決してわからない。その話者たちがどうなるのか、それが決してわからないからである。それゆえおそらく、スタヴァンズの予言も、ブラジルの土台のうえに築かれる将来のルソニョルの可能性も、まんざら無謀な発言とはならないだろう。さらに、カタルニアでは、家庭でスペイン語を話している子供たちの公立学校でカタルニア語学習が義務化されたが、その結果のひとつとして、カタラニョル catalañol ［catalán「カタルニア語」＋ español］ができる、というほうに賭けている人もいる。なんでも起きるのだ。

XXX. ビジネスはビジネス

商業目的でスペイン語を第二言語にすることへの関心。イギリス人とアメリカ合衆国人。新興成金たち。スペイン語文化研究の基礎。

　南米コロンビアのアカデミア会員であるルフィノ・ホセ・コエルボは、思想上の問題を解決して、スペイン語話者のあいだに運用言語にかかわる講和条約の草案が作られることに貢献した。しかしスペイン語の幸運は、コエルボが書いた諸論文ではなくて、もっと物質的な事柄に支えられようとしていた。北米の語学教員の学会誌である『イスパニア』に1920年、「スペイン語は文化的な理由からも商業的・社会的な動機からも、アメリカ合衆国で教えられなくてはならない」という趣旨の記事がのった。署名者は **L. S. ロウイー** とかいう人である。当時は第1次世界大戦が終結したばかりで、合衆国のヨーロッパとの交易はひどい停滞に苦しんでいた。それゆえ交易活動はスペイン系アメリカのほうに向きを変えはじめた。こちらとの商業活動は別に目新しいことでもなく、以

前から続いていたが、ヨーロッパの戦争によって活発になった。その結果、学生のフランス語やイタリア語や、そしてとくにドイツ語への履修登録は、スペイン語への登録が増えていくのと平行して減っていった。

　北米で古くから行われていた**スペイン語文化研究**は、その流れが速くなり、スペイン語やスペイン語文化一般にかかわる文化団体や語学学校や出版物は、その数が何倍にもなった。

　それはおそらく長い経験の蓄積から生まれた変化であった。スペインの王立歴史アカデミアは1784年、建設されたばかりのアメリカ合衆国における通信会員第1号として、ベンジャミン・フランクリンを指名した。まあ、ついでに言っておくと、フランクリンはスペイン語大好き人間というよりもフランス語大好き人間であったが、しかし喜んでその名誉を受け入れ、スペインの黒い伝説のテーマをいくつか氷解させてゆくことに力強く貢献した。歴史アカデミアは彼の同郷人たちの仕事を認定することで、フランクリンに名誉を与えた。たとえばギャラット・ノエルであるが、彼はアメリカで初めて出版された英語話者のためのスペイン語文法書を1741年に書いた人である。言うまでもなく、こういう名誉と文法書との取り替えはすべて、英語話者とスペイン語話者とのあいだにある商業関係をコピーしたものであった。とくに英語話者は、儲け口のひとつはスペイン語話者のためにスペイン語で書籍を印刷していくことだ、ということに気づいていた。フィラデルフィアとニューヨークがマドリードよりも気前よく、この種の書籍を南北アメリカに配送していた可能性がある。それだけではない。サルミエントによれば、スペイン系アメリカに配送されているスペイン語書籍の3分の1は**マンハッタン**にある印刷所から運びだされていたという。これはおそらく誇張だろう。英語話者にはポルトガル語も興味を引いたが、ついにはスペイン語が主流になった。出版業がそこまで繁栄したので、北米の本屋たちは、1869年にジョージ・ロックウッドがしたように、カタログを直接スペイン語で印刷した。

　本屋のロックウッドはあらゆる種類の題名と内容の本を扱った。そしてスペイン人とイギリス人とフランス人が使うための、すなわち当時ヨーロッパから南北アメリカへ大きく流れこむ3種類の移民が使うための、スペイン語で書か

れた教科書を専門的に出版することにした。彼らの幼い子供たちは、合衆国教育計画のモデルにしたがって建設された小学校や中学校に通っていた。ロックウッドの主たる競争相手は、同様の顧客に向けられた教育用テキストの有名な叢書を生み出すまでになった D. アップルトン株式会社という本屋であった。アップルトンはといえば、ほかならぬサルミエントとか**ホセ・マルティ**とかプエルトリコ人の**エウヘニオ・マリア・デ・オストス**といった輝いている人たちの協力を得る術を心得ていた。北米の本屋たちは、他方で、スペイン語で編集する出版物の市場を求めてフランスの本屋たちと競合していた。この両者が相まって、スペイン系アメリカのあちこちの共和国に、大量のスペイン古典文学とか最新の現代文学を供給したが、ほかならぬスペインからはそういう種類のものがほとんど届いていなかったし、当時スペインが提供した最も目立った貢献も何人かのカタルニアの出版業者のものであった（哲学者**ハイメ・バルメス**の作品も含まれるが、彼もまたカタルニア人である）。カタルニア出版界の大きな貢献がこの地に届くには、まだ 50 年以上待つことになる。サルバー、エスパサ、ジリなどがアメリカで本当に目立つようになるのは、すでに見てきたように、20 世紀初頭からである。

　すべてのきずなが文化的であるということはなかった。別種のきずなもあった。たとえば**新興成金**の robber barons たちが設計した結びつきである。彼らは「ビジネスはビジネス」という信念を持った、ヤンキーの商売人とか実業家とか投資家であった。自分たちが売り手寡占状態を作り出し、キューバの砂糖のように、利を生む原料が存在する場所に新植民地主義の諸制度を定め、そして、それまではどちらかといえば不干渉主義者であった、すなわち植民地主義の敵であって、理論上は個人や国家の自由の擁護者であった人々に圧力をかけ、ついには帝国主義者に変えてしまった人たちである。新興成金たちがレースを始めるときに目の前にぶら下がっていたのは、はっきり破産状態にあるもうひとつの帝国スペインであったが、そんな帝国が相手なら、たやすい安上がりの戦争を仕掛ければ、カリブ海や太平洋にある残り少ない真珠のような島々を征服——あるいは購入——することができた。それらの島では、これは本当のことだが、スペイン語が話されていたのだ。こういう人たちは持ち前の現実感覚

153

によって、この言語を知っていることの利点を理解していたが、その言語を学習するための、ことばの架け橋が存在した。ロックウッドたちやアップルトンたちやリッチたちが、そして彼らよりも前に、ほかならぬロンドンの商人たち、リベルタドールに信任状を提示するようにパトリック・キャンベル氏を送り込んだその同じ商人たちが、何年も前から設計してきていた架け橋である。

　イギリスの**オックスフォード**や**ケンブリッジ**のような伝統ある大学は、生きている言語の研究を重視することがほとんどなかった。しかし19世紀の前半からロンドンなどの都市で宅地開発や産業化が進んだため、それほどエリートでもない教育を必要とする新たな中産階級が生まれた。多くの学生が法律や商業や外交のコースを選んだが、自分たちの必要性に見合った履修内容を要求した。この新たな科目群のなかで近代諸語の重要性が高まりだした。そしてこの近代諸語のなかにスペイン語があった。商業活動の理由からスペイン語を勉強するということの重要性については、19世紀初頭のロンドンの業界団体のなかでは議論の余地さえなかった。スペインからの政治亡命者の何人かがスペイン語の教師となり、文法や辞書や教授法を書いて、文字通り生計を立てることができた。**アントニオ・アルカラ・ガリアノ**もそのうちのひとりである。彼はロンドン大学に設置された初めてのスペイン語講座を担当し、1828年に開設記念講演を行った。

　アルカラ・ガリアノの意見によると、南アメリカに果てしもなく広がる土地には、知性を備えた果敢な英国人にとって実に広大な活躍舞台が開かれていた。イギリスの資金がかの地に激流となって流れこむだろうから、英国人とスペイン系アメリカ人とのあいだに存在する既成の結び付きを維持する必要があったし、植民地の独立で新しく共和国が生まれたことで英国人が増えていく時期にはなおさら必要であった。スペイン語は大陸全域で話され理解されていたので、新生諸国の共通語になることが求められていた。英国人なら知らないではすまされない出来事ばかりであった。

　スペイン語の歴史のなかでよく起こることだが、スペイン語の繁栄は、スペイン語使用世界の内部からよりも外部からのほうが一層よく予測できた。そしてモリンス侯爵がスペイン人と南北アメリカ人とのあいだで言語基準をひとつ

にすることの便宜に関して理論的な考察をしているとき、ロンドンの商人や新興成金たちは、すでに何年も前から言語基準はひとつになっているものと考えていた。モリンスがおのれの気がかりを表明するほんの2、3ヶ月前に、英文の『スペイン語商業通信文』という便覧が出版され、当該ジャンルのベストセラーになったが、著者たちにとってはその事情など明白であって、「今日、スペイン語は商業用言語のあいだで適正な地位を獲得して国際関係の道具になっており、英語だけがその重要性でまさっているものの、スペインやアンティル諸島や浮上しつつある南北アメリカの共和国との取引を維持したい者にとって不可欠の言語になっている」のであった。

　この実際的な関心と手をつなぎ、あるいはそれに寄りそって、学問研究の新しいジャンルが登場してきた。スペイン語文化研究である。つまり、スペイン語とスペイン語文学への嗜好だ。その起源はロマン主義のドイツに求めなくてはならない。当時のドイツは18世紀から受け継いだ**古典主義**にうんざりしていて、セルバンテスやロペやカルデロンに文学上の活力・鋭敏さ・力強さを備えた人を見ていたのである。近代のスペイン語文化研究は、合衆国やフランスやドイツやイギリスやイタリアを経由して方向づけられた、実際的な興味と文化的な興味の混合物であった。外国の研究者たちは、ほかならぬスペイン人やスペイン系アメリカ人が自らの言語や文化について抱いている見解に影響を与えたが、しかしそれ以上に注目すべきは、アカデミックな組織を創設してくれたことである。今日ではそれが世界中に配置されていて、地球上の思いもよらない片隅にまでスペイン語が普及することに貢献してくれている。

XXXI. パトリックでなく、パトリシオと呼んでくれ

移民から生まれた言語上の成果。多様性から一体性へ。人的同化と単一共通語の利点。教会の役割。アカデミアの矛盾。

　パトリック・マリンズは生国のアイルランドを発って1849年にメキシコの町

モンテレイに到着した。そして知事の娘と結婚した。奥さんの苗字であるミルモを採用し、すぐにパトリックをパトリシオに換えたから、パトリシオ・ミルモになった。娘がひとりできたが、その子は北アメリアに移住してきた上級貴族（と本人が言っていた）のポーランド人と結婚した。家族は商業と銀行業に従事した。モンテレイのように専門職業人や行政担当者の大半がヨーロッパ人であった共同体では、それも自然な成り行きであった。北米人の共同体は大きかったが、メキシコ人も当然たくさんいた。しかしながら移民の流入が激しかったので、メキシコの独立から数年もすると、すくなくともモンテレイでは、移民たちと現地人たちのあいだに存在する相違点など、たいした意味もなくなっていた。移民の多くは名前をスペイン語風にし、仕事ではスペイン語を採用した。南北アメリアには当時、パトリシオ・ミルモたちでいっぱいだった。移入民が入れ替わる流れには色々あった。たとえば、100 年前のメキシコの繊維産業の事業主たちはスペイン出身であり、その大半はカタルニアから来ていた。しかし 1910 年頃の**サパタ**派革命の時期にはその多くが姿を消した。そうしなくてはならなかったのである。というのも、サパタと**カランサ**は非常に仲が悪かったにもかかわらず、**ガチュピン**［スペイン人］への憎しみは同じだったからである。しかしながら繊維の取引でスペイン人の代わりをしたのは、メキシコ人でなくてレバノン人であった。

　スペイン系アメリカへの移住者の大部分がスペインから来ているのではなかった。イギリス連合王国とイタリアと**オーストリア・ハンガリー帝国**とドイツが、この順番で多くの移民を送りこんだ。何人かの南北アメリカ人にとって、スペインからの移民はほとんど推薦に値しなかった。チリの作家であるベンハミン・ビクニャ・マッケナは 1864 年、チリにとって一番価値のある移住者はドイツ人であり、——彼は人類学の用語を使ってドイツ移民への奇妙な賛辞を書いている——、それに続くのはイタリア人、スイス人、場合によってはイギリス人、ときにはフランス人で、スペイン人は全然……だが、ベンハミンのことばを借りれば、**ケルト・バスクの人種**であれば例外、であった。この点においてドン・ベンハミンは**サンティアゴ・ラモン・イ・カハル**に似ていた。この人は、キューバにあまりに多くのアンダルシア人のいることが良いこととは思え

ないので、南北アメリカ向けに**カンタブリア**の人たちを推薦したのである。ほかの人たちはこういう人種的な考え方ではさほど徹底しておらず、全般的なスペイン人の集合体を南北アメリカ再生機構の重要な要素であると考えつづけていた。

　移住者たちの出自は彼らの言語と同様、じつに多様であった。そして場合によると国内生産物［現地生まれの人間］の数を想像以上に上回ることもあった。たとえば、1880年から1914年のあいだにアルゼンチン鉄道会社が雇ったのは、英国人が3分の1、さまざまな外国人が3分の1、そして残りの3分の1だけがアルゼンチン人であった。実際1940年には、アルゼンチンの外国出身者の数は、つねに移住者の大いなる受容者であると考えられてきたアメリカ合衆国の外国出身者の倍になっていた。ロシア人やドイツ人やイタリア人や英国人やチェコ人が、自分たちのあいだではロシア語やドイツ語やイタリア語や英語やチェコ語を話しながら、自分たちの住む南北アメリカに独特の様相を与えていた。まさにこの言語の多様性こそが、家の外にいる移民の家族のあいだでスペイン語の使用が広まっていくことを容易にした条件のひとつなのである。当時、スペイン系アメリカの社会に組み入れてもらうのは簡単でなかった。南アメリカは、北アメリカの典型である人種のルツボのような混在型には従わなかったし、家族のつながりは一層閉鎖的であったし、保護は同郷人共同体の内部に求められていた。しかしこのことさえ、そとから持ち込んできた諸言語の保存を保証してくれず、結果として、そういう具体的な共同体のなかで顕著な方言的差異があるような場合には、スペイン語が調停役を引き受けることが多かった。こうしたことがイタリア人のあいだで起こった。彼らはじつに早くから、ブラジルではポルトガル語を採用し、アルゼンチンではスペイン語を採用したのである。イタリアから持ってこられたことばの多様性はまるで迷宮だったからである。さらに、当然のように地方同士のいさかいがあったので、南北アメリカに移植されたイタリア人たちの共通語として地方語のひとつが立ち上がることなど、絶対に不可能であった。イタリア出身の移民の数からすると、もしそういう事情がなくて言語を共有していたなら、イタリア語は今ごろ、アルゼンチンとかウルグアイの第二言語に——特定の状況では第1言語にも——なることができ

157

ただろう。しかしそうはならなかった。とはいえイタリア語は、ブリンディジ Brindisi とかジャコメッティ Giacometti とかジェンティレ Gentile とかの苗字に、エンリコ Enrico などの個人名に、fiaca「怠惰」、mofa「不機嫌」のたぐいの口語に、そして特に pesto「ハーブ入りスープ」、ñoqui「(パスタの) ニョッキ」、minestrón「(野菜スープの) ミネストローネ」からわかるように当該地帯の料理法のなかに、目立って残されている。

　もし移民のグループが国家や社会の制度が強力な国から来ているのなら、文化的・言語的な同化は大抵ゆっくりしたものになった。チリに定住したドイツ人の家族の場合がそうである。彼らは独自の定住地を形成したが、ときにはそれがドイツ語を話すコロニーだったので、スペイン語は土地の人間と理解し合うためのリングアフランカになっていった。その「ドイツ的特徴」は容易に観察できたので、第二次世界大戦の初期、ヒットラーにはドイツの大義に対する彼らの忠誠心を確保しようという気があった。ドイツ系移民以外のケースでは第2世代か第3世代が同化した。しかしドイツ語話者さえおしなべて確実であったわけではなく、彼らが本式にスペイン化することも珍しくなかった。そこで例えば、シュナイダー Schnaider たちはまったく自然にエスナイデル Esnáider になっていった。

　スペイン政府は移民の流出を好ましく思っていなかった。それは自国にとって若者を失うことだったからである。とはいえ、政府は移出民を、アンティル諸島に残っていた最後の植民地領に向かうよう誘導した。ガリシアからキューバに向かった1854年の一大移民がそうだが、これはその前の2年間に起こった飢饉のおかげでやりやすくなっていた。もし移出民がガリシアやレオンやパイスバスコの田舎を貧しくしていくとしても、すくなくともキューバとかプエルトリコを豊かにするのなら仕方がない、というところであった。ガリシアからの移民は基本的に田舎出身者であってガリシア語を話していたが、ひとたび南北アメリアに上陸するとスペイン語に宗旨替えし、ガリシア語は――そういう意識があるときには――家庭語として維持された。ガリシアの田野はこの大移住によってひどく見放されてしまった。農村近代化計画がそれ以前から用意されていて、農地改革や高速道路や学校を通して実行されようとしていたが、そ

の恩恵を受けるべき民衆はずいぶん少なくなってしまった。このようにして田舎状態が保たれたので、村々にはガリシア語を残すことができた。というのも、もし、ガリシアの子供たちが発音を間違えたら首筋をつかまれること（これも少数派の通学児童だけの話だが）よりも実際的な方法でスペイン語を教えられるような計画が実行されていたとしたら、おそらくスペイン語の普及はさらに広くて深くなっていったからである。

　19世紀中頃の南北アメリカへの移住によって達成された成果のひとつに、共通語に関してだが、それまでの何世紀にもわたって妨害してきたもののひとつである教会、すなわち先住民諸語の強力な保護者である教会からの解放がある。私がこう考えるわけを説明しよう。独立時代以降、南北アメリカ在住のスペインの聖職者は、多かれ少なかれあおり立てられた国家主義的な目的で、少数支配者集団すなわち大土地所有者の利益を擁護してゆく。利害関係が近いので擁護したが、その姿勢は、土地の反教権主義者たちが「黒い侵略」と呼ぶ、1851年から南北アメリカに姿を現しはじめる僧侶たちによっても採用された。少数支配者たちは一般に、言語上の先住民語主義を圧迫もしなかったし、助長もしなかった。その結果として、チリ・メキシコ・アルゼンチン・ウルグァイ・ペルーの教会はスペイン語を使う大衆のための選り抜きの語学教育施設を創設する事業に参加し、副王時代からの古い先住民教区信者をなおざりにしたが、そうすることで、南北アメリカの言語地図を込み入らせるような決定的な働きはしなかった。福音伝道はすでに達成されていた。19世紀のアフリカで福音伝道者たち——彼らはその大陸の言語分裂に量的にも質的にも大いに貢献した——が行った問題提起は、もうすでに3世紀以上も前にスペイン人が南北アメリカで行っていた。いまやそれを繰り返す意味はなかった。

　スペインではまったく反対のことが起こっていた。すなわち、当のカトリック教会は、都市部や——共通語以外のどんな言語も政府によって排除させようとする意図が時に非常に激しい——不穏な空気の労働運動のなかで起こっていることを十分に理解することなく、田舎の、因習的で静かな、地主と農民の生活のなかに逃避し、そうすることでバスク語とカタルニア語を、そして規模は小さいがガリシア語を保存したり再活性化したりすることに力強く貢献した。

当時の移出民はおおむね低社会層の出身者であった。その集団はしばしば文盲であったが、ひとたび南北アメリアに着くと一定の社会的平準化が達成され、ヨーロッパに残っていたときよりも可動性が大きくなり、教育の質も高くなった。その結果、本や新聞や雑誌などの出版物のための市場と、教師や弁護士や俳優や教授や権威ある人々が目指す職場が用意されはじめた。南北アメリアの新聞記者たちはスペインの書き手を募集したし、また逆も起こったので、流れが一層スムーズな種々の言語上のつながりができた。その流れが総体的に混ざり合ってひとつの共通語になったが、ごく特徴的なその一例は、革命主義者たちが、すなわち中部ヨーロッパ出身の、そしてスペインからは主としてカタルニアとアンダルシアの出身の無政府主義・社会主義・バクーニン派にかかわる人たちが与えてくれている。そのようにして、ギリシアからメキシコに（そしてギリシア語からスペイン語に）移ったプロティノ・ロダンカナティとか、ブエノスアイレスで労働者の週刊誌『エル・アルテサノ』を編集した（カタルニア系の）**メノルカ**島の人バルトロメー・ビクトリが現れた。

　スペイン系アメリカへ独立時代から押し寄せてきている大量で多方面からの移民が、すでに説明されたような現地のスペイン語話者たちの言語戦争の時代に、スペイン語が思われているほどには広がっていない土台の上に載せられると、フランス人や北アメリカ人が抱く文化的——そして商業的——植民地化の興味もともなって、いわば、そういうものすべてによって、現地の共和国は共通語に関する交渉など、不可能ではないとしてもできなくなってしまったのだ。しかし確かなことに、まったく逆のことも起こった。移入民たちはその出自がどれほど異なっていても、大抵の場合、言語共有性の利点を自然に見抜き、かかる共有性を危機に直面させることなど決してしなかっただけでなく、想像することのできる限りで最も多様な言語的背景を経験しつつ、日本人からギリシア人までが共通言語たるスペイン語の維持に貢献したのである。

　移住はそれなりに第二の混血現象にもなった。すなわち、ときにスペイン語とは非常に異なる雑多な言語資産を持った人々が、あるいは相互に意志疎通を図るため、あるいは南北アメリカのスペイン語話者たちと姻戚関係を結ぶため、ついにはスペイン語を採用するのであった。スペイン語以外の言語では話し合

えないという驚くべき多様性、それこそが鍵であった。移住者自身は最初、それに反する役割を果たしたはずだが、その役割の程度は考えることができる。たとえば、南北アメリカが独立しはじめる 19 世紀初頭、大陸には約 1,200 万の人が住んでいるが、その 3 分の 1 しかスペイン語を話さない。そしてその時期から 1930 年までに、その人口に、2,000 万人以上の移住者が加わっていき、現地人の数をしのぐことも頻繁に起こる。たとえば 1861 年にはキューバの 100 人に 57 人が外国人であったし、また、1914 年には 100 人のブエノスアイレス人のうちの 49 人が外から入ってきていた。ところで、言語的迷路に沈んでしまったかもしれない、その実に多様な人間集団は、共通語を採用するだけでなく、それを保証さえもするが、このことについてはコンスタンティノ・スアレスが『裸の真実』（1924）のなかで次のように回想している。「多くの人はスペイン系アメリカとスペインとのあいだの最も安定したきずなは言語だと考えているが、それは言語でなくて移民である。移住者がこなければ、当の言語はさまざまな方言とか運用語に退化していたことだろう」。そういう日常の逆説のなかにあって、移住者集団に共通で普通に使われるスペイン語を教える段階で何らかの問題を引き起こした唯一のもの、それが王立アカデミアであった。

　アカデミアは創設以来ずっと、最良の見識でもって考えをめぐらせていた。文字の v は正書法の伝統を尊重するために書き方には残されているが、v も b も両唇で発音されているのであり、v を下唇をかんで発音して b と区別する者など、スペイン語の話し手にはひとりもいない、と。しかしフランス人もイタリア人もイギリス人もドイツ人も——方法は少し違うが古典ラテン語でも下唇をかむ v が発音されていたように——たしかに下唇をかむ f に似た v を発音していることがわかると、しばらくしてアカデミア会員たちのあいだに、何故スペイン人は［v を f にして］(Valentín cierra la ventana, que entra el viento. のかわりに) "Falentín cierra la fentana, que entra el fiento"「バレンティンは風が入るので窓を閉める」の如き優雅で国際的な発音をしようとしないのか、という疑問がわいた。ひらめくや即実行で、1754 年から 1920 年まで、そうしなくてはならないということに固執した。スペインではその固執が実を結ばなかった。子供たちの手に罰則のヘラが——**ピオ・バロハ**が思い出しているように——繰り返

しピシッと音を立てたが、幼稚園児たちは Valencia の v を Barcelona の b と同じように発音していた。そしてとても熱心な子供たちにだけ、記憶のなかに何かが残った。

　しかし南北アメリアの幼稚園児は（先生たちも同じだが）話が違っていた。彼らはイタリアやイギリス連合王国やドイツやさまざまな国から来ていて、その言語では下唇をかむ v の発音が習慣になっていたので、彼らにとっては慣れた発音であった。さらに、それがスペイン語の文法書で勧められていることもわかった。カスティリア語基盤のスペイン語には現れたことのない、しかしアカデミアの特別な決意のおかげで近代の南北アメリカの学校が普及させていたその発音を、人々は随分あとになるまで訂正しようとしなかった。

XXXII. 学校に対する借り

南北アメリカとスペインの、学校教育計画の弱さ。ウルグァイのポルトガル語とスペイン語。

　南北アメリカやスペインでスペイン語が一般大衆のあいだに普及するとき、学校の効力はたいてい、現実のものであるよりも想像されるだけのものにすぎなかった。1867 年のメキシコで**ベニト・ホアレス**政府の公教育問題担当の委員になったガビノ・バレラ氏は、つぎのような原則を宣言した。「国民のあいだに知識を広めることは、国民を教化し、憲法と法律への順守と自由を堅牢にうち立てるための最も確実で有効な手段である」。意図は良しとされたが、ほとんどの場合、「どのように実行するのか」という問題が持ち上がった。
　学校は人々を教化することができるということは、ほとんどだれも疑わなかった。学校があれば先住民が社会的な衰弱から解放されてゆく、ということも、疑う者はいなかった。市民の教養は一層豊かで統合された共和国を保証する、ということにも、疑う余地はなかった。悪いことに、疑う者はおそらく少数であったが、しかし力があった。疑う人は農場主や大土地所有者たちであっ

たが、彼らは「賢いインディオ、いなくなるインディオ」"indio leído, indio perdido" すなわち卑しい仕事には使えない者、という格言を作り上げた。学校に通うことになれば、おそらく、先住民たちは新しい知識を獲得し、ときがたてば農園や大土地所有制や地代を危機におとしいれかねない社会集団になるであろう。それゆえ、スペイン語を広めようという学校教育の哲学は、先住民主義の伝統が（あるいは、先住民を搾取するともいえる伝統が）強力な共和国においてよりも、そういう伝統のない——アルゼンチンやウルグァイやチリのような——共和国において、一層よく実行された。結果として、社会構造が水平であるほうの共和国が、共通語のなかに、社会的流動性に貢献するはずの階層間共通コードを見ていたことがはっきりする。他方、経済や所有物という面においてのみならず、知識の、すなわちスペイン語の所有とスペイン語が提供する資産という面においても階級制が目立っている共和国では、言語と社会階層のあいだの相違はなおさら目立っていた。当然想定されることだが、力のある階層はその違いを維持することに最も大きな関心を持っていた。スペイン語の知識がそれ自体では社会階層の対立から先住民を救ってくれないということはさておいても、彼らが母語を使っていてはその対立が深まるばかりであることは確かであった。

　おそらくウルグァイは、公立学校がほかよりも強く決意して国中にスペイン語を広める役目を果たしたケースであろう。奇妙なことにウルグァイでは、「この小国」に定住したカタルニア起源のインテリ一族であるサバー家が教育の理念と実践方法を提唱し、それがとてもよく根づいた。1828年にウルグァイが独立するころ、この国にはスペイン語とポルトガル語が共存していた。ウルグァイにはアルゼンチンと同様、先住民諸語にかかわる問題がなかった。すなわち、インディオは少数であり、そのうえ度重なる軍事行動によって根絶されたり、逃亡を余儀なくされたりした。国の北西部ではポルトガル語が話され、南東部ではスペイン語が話されていた。多くのウルグァイ人は——スペイン系アメリカにおける、おそらく最も明白な言語的国家主義のケースのひとつだが——この状況を異常なものであると考え、ポルトガル語使用地帯にスペイン語話者の村を建設し、行政上の決定機関を徐々にモンテビデオに集中させ、ポル

トガル語を後退させる決意のあからさまな——サバー家のような人々によって解釈されたアメリカ合衆国とオランダの手法に従った——学校網を設立した。その結果だが、50年強のあいだにポルトガル語は名声を失った言語様態に移行してゆき、使用領域を大きく譲り渡した。今日、ウルグァイは二言語併用国ではないが、そうなる可能性もあったのである。

　ウルグァイ人が国の唯一の言語としてスペイン語を奨励することに専念していたとき、メキシコでは人口の4分の1が先住民語のみを、あるいは主として先住民語を使っていた。メキシコにもスペイン語を勉強する学校はあったし、学校建設を示唆する——確実にガリシア人であったテレスフォロ・ガルシア先生のような——称賛に値する人々もいたが、なにしろメキシコの領土は広大だったし、国民も異種混交型だったので、多くの場合、学校の努力など役に立たなかった。それだけではない。ドン・モイセス・サエンスは、彼の言うように「口の利けない400万のインディオにカスティリア語の声を与えることから始まる統合要因」のひとつになるはずの田舎の学校建設事業に1928年に加わったが（1930年の先住民人口調査によると、口の利けない［スペイン語の話せない］インディオはその年、正確には2,241,780人だったから、上の数字は誇張である）、6年後にはついに、スペイン語を学ぶには学校を設置するよりも、街道や電話線やラジオ放送通信線を敷くことのほうがよい、と考えるようになった。しかしながらドン・モイセスの時代には、先住民問題は、いわば何世紀か前に想定されていたことと比べれば大したことのないケースになっていた。すなわち、18世紀初頭では人口のほとんど80%がインディオ系であったが、その時期以降、急激な下降が起こったのである。彼らが人的統合を果たしてスペイン語に移行するためには、テレスフォロ・ガルシアとかモイセス・サエンスのような人々が重要な働きをしたが、しかし同様に、混血の増加や統合を促す手段の働きも大きかった。そしてそのような手段においても学校の役割は二次的なものであり続けたのである。

　メキシコでは、学校は先住民諸語それ自身の根絶をその主要な仕事であるとは考えていなかった。そのようにすることもできただろう（そして実際、先住民諸語は何年も学校で拒否された）。しかしながら、とくにスペイン語で声を

出すこと、それだけが試みられた。多くの教師は、最初は子供たちに彼らのタラウマラ語、テペウアノ語、ピマ語、あるいはグァリヒオ語で教えていればその声は出るだろうと考えたから、1990年の国勢調査では記名した500万の先住民語話者（メキシコの人口の5％に相当するか）のうち、400万人以上が二言語併用者になっている。であるから結果として、メキシコでは先住民語のみを使う現象は珍しいものになっているが、しかし先住民語は、たしかに何種類かが保存されている。だからといってそのような言語が名声もあって開拓され、将来も存在すると考えるべきではない。大半が消滅の道をたどっていく記号体系であるが、それも人間のかかわるこういう事柄にとっては自然なコースなのである。

　南北アメリカに現実に姿を現したのは多くの外国人教師であった。ヨーロッパではどこかの国でこの仕事をしようとするとその国に所属していることが要求されたが、そういう慣習とは反対に、南北アメリカの新しい共和国はどこもこの意味での規定を定めていなかった。そこでは基本的にアングロ系アメリカの、そしてフランスやオランダの教育計画が輸入され、そして同じように、その計画を達成するために教師も輸入していた。そしてスペインの話だが、当時のアメリカ大陸の一層自由な性格が——一般的にスペインでは並みの大衆よりも優れている——非正統派人間だとか居心地の悪いはずの人々を引きつけたので、まさにそういう動機で国を離れて南北アメリカに向かった、なんらかの形での教師や教授が少なくなかった。カタルニア人の集団が注意を引く。すでにサバー家は引用した。おなじようにクラベー家とかヌノー家を引用することができる。ヌノー家の一人であるハイメはメキシコの国歌を作曲した。

　スペインに関して言えば、学校は、すくなくとも18世紀と19世紀には教育制度が不安定であって学校に在籍する子供が少なかったので、スペイン語を国民のあいだに普及させるときの決定的な要因になったとは思えない。教育の状況は目を見張るほどのものでなく、文盲の撲滅も容易でなかった。この国の事情がそういう情勢を助長した。スペインはもともと田舎だったからである。ここでは伝統的に民衆の教育を推進することに最も戦闘的である者が非常に弱かった。すなわち労働運動のことである。**ピ・イ・マルガル**は1895年、文盲状

態が深く根づいていたからであろうが、あることを思いついた。労働者や農民を教育するための最良の方法は大きな声で身振りをまじえて教えること、すなわち、人体が頭と胴体と手足でできていることを説明するときには、教師は聴衆の前に立ち、今日では飛行機の客室乗務員 azafatas（スペイン式）が——あるいは aeromozas（中南米式）が——離陸するときに、どこに避難出口があり、救命胴衣をどうやってふくらませるかを教える、あの方法に似た実演をする、ということであった。この方法があれば多くの人たちに、習字の練習で苦しませることなく、基礎的な概念を教えることができた。

　今日、情勢は変化している。国際的な無料教育システムが徐々に広がってきて、20世紀には学校教育のセンターにおいて言語が民衆のあいだに普及することが支援される。このことについては疑う余地がない。一般的に、経済的・政治的な多くの情勢がスペイン語の学校経由の普及を支援した。たとえばキューバ革命だが、これによってキューバは、スペイン語使用世界のなかで最も文盲率の低い国になることができた。間違いなく成功例だ。フランコ独裁制は、それはそれで、言語接触地帯においてスペイン語を優先し、1931年の共和国規範の熱にあおられて練り上げられた——カタルニアが顕著なケースだが——スペインのその他の言語に有利な教育計画を台無しにした。しかし純粋な言語普及は、とくにスペイン系アメリカにおいてだが、学校の主要な成果ではない。その働きを過小評価するわけではないが、さらに重要なほかの状況が、ひとつの言語を共有することが有利になるような、いろいろな必要性を作り出すことに貢献したのである。

XXXIII. メキシコがひっくり返る

言語の普及における社会的な自発性。たとえばメキシコとペルーの先住民語主義。マスコミの役割。

　1913年の4月、**パンチョ・ビジャ**は**エルパソ**を離れた。4人の連れと3頭の

馬、1キロの砂糖と1キロのコーヒー、そして半キロの塩を持って出た。彼はメキシコを征服するつもりであった。すでに名の知れた存在だった。ひと月も経たないうちに3千人の軍隊を立ち上げた。半年もするとチワワの軍の総督になり、30万人のための政府を組織する責任を負っていた。ビジャについては、その成功はある程度の教育を受けた相談相手に囲まれていたおかげだと言われてきた。その通りだろう。ビジャは教育を全然受けていない。彼は俗な言葉遣い、貧困層の言葉遣いでしゃべっていた。すなわち「文無しことば」である。しかしことばの使い方で発育不全のところはなかった。彼は何の基礎もなく、まったく自前で読み書きを学んだ。敵の弾よりも新聞記事を処理するほうがずっと厄介だった。読んでいるときなど、まるで子供が習いはじめた文字を復習するときのように喉を鳴らして、1語ずつ不安定なうなり声をあげた。

　ビジャの配下のなかでは、おそらくトリビオ・オルテガが革命メキシコの時代の最も勇敢な軍人であっただろう。ビジャは彼を将軍たちの誰にもまして信頼した。オルテガは北米のレポーターである**ジョン・リード**にインタビューされて、革命が起こったのは「35年間にわたって仲間の、貧乏で無邪気な大衆が搾取されるのを見てきたからだ。俺たちの狭い土地がひったくられる様子を見てきたんだ、わかるか。俺たちは家庭と、勉強する学校が、どうしてもほしかったんだが、そんな気持ちが馬鹿にされた」からだ、と説明した。ビジャもオルテガも、そして彼らと似た多くの者も、1867年から自分の省庁でメキシコの教育路線を方向づけていた**ガビノ・バレダ**のようには、公教育に関する有り難さについて高邁な理屈を並べることができなかった。しかしながら明白なことに、スペイン語はビジャやオルテガのような人物にも、バレダに対してと同じほどの恩恵を被っているのである。バレダ以上に、ではないとしても。

　考えるとおかしなことになるが、戦争や革命は、メキシコで、そして一般的に南北アメリカの国々において、共通語を普及させるという点ではおそらく学校よりも重要だったのである。戦争は時として自然発生的に社会的流動性のある奇妙なシステムを作り出したが、このシステムはごく短い時間で、出自の違う人たちに、ひとつの共通語を軸にして理解し合ったり組織立てたりすることが必要だと思わせた。すなわち、ビジャはエルパソを4人の兵士とともに出て

いったが、ひと月で3千人を集め、つぎのひと月に千人を加え、1年もしないうちに30万人の人間の生活や——言ってみれば——行政機構を組織しなくてはならなくなった。どのような学校教育ならこういうことをこんなに短時間でなし遂げられたというのか。ビジャやオルテガのもとに集まった者の多くは先住民だった。スペイン語を一言も聞かずに、あるいは「最小限のスペイン語」を話すかして、孤立した生活を送ったであろう貧しい人々であった。革命派の軍隊では、ライフルを持った兵隊とは別に、ときには彼らの女房や子供たちも同行しており、村を通るときにはいつも新人を徴兵するし、ダンスパーティーや結婚式や洗礼式に出席するし、平和のために力を合わすのと同じ早さで戦いの準備をする一種の共同体の生活が送られるが、そのような革命軍での独特のやり方によって、ビジャやオルテガのような者たちの主導権が最高のスペイン語学校になるのであった。

　すくなくともメキシコでは、このような言語教育と言語共有化の独特のやり方が、以前にも行われていた。1835年の北米人との戦争から伝承されてきた。その30年後にフランス人を相手に闘った戦争からもだ。**ポルフィリオ・ディアス**が**マデロ**に倒された時代からも。マデロが**エミリアノ・サパタ**を相手にして戦ったときから、サパタがマデロを継承したときから、**ビクトリアノ・ウエルタ**が、まさにビジャやオルテガの敵である**ベヌスティアノ・カランサ**に証人を引き渡したときから、伝わってきていた、ということだから、14年あとの1934年、**ラサロ・カルデナス**が大統領になるちょうどその年が、教師のドン・モイセス・サエンスの頭のなかに、最良の学校は人々が容易に自然に連絡を取り合えるための道路網であるという考えが浮かんだ時なのであった。しかし人々はおよそ1世紀間、自分のことだけをやりながら過ごしていた。本当だ。カルデナスの政府がもたらしてくれる近代生活のための便宜や、近代化へのプロセスを早めるのに貢献した便宜、すなわち、産業や街道や鉄道や、さらに先住民たちが母語を通してスペイン語を勉強することのできる教育計画の「タラスコ」であるが、それらを利用することはなかった。しかしながら**ヨランダ・ラストラ**の意見では、メキシコの場合、「学校教育はスペイン語学習にとって、当然ある程度の効果はあっただろうが、その主たる要因にはならなかった。十分な土

地のない農民には職を求めて都会に移住する必要があったことや、多くの親が子供たちに学校で困らないようにとスペイン語で話しかけたことが、公用語の学習に貢献した根本的な要因である」。実際、独立の時期から練り上げられてきて、19世紀中葉以降に加速された資本主義型の発展計画が、学校教育や専門家や文化面のどのような計画よりも目立った形で、スペイン語によるコミュニケーションに貢献してきた。この考え方はほとんどすべてのスペイン系アメリカに適用することができるが、とくに先住民層が際立っている国によく当てはまる。たとえば、ほかならぬメキシコであるが、ここでは先住民層がすでにかなり減少している（ほとんど人口の5％しか先住民諸語を話していない）。あるいはペルーだが、ここでは先住民の寄与がメキシコの3倍も大きい。

　ペルーにおける公教育は、この国が浴したその他の文明の恩恵と同じように、海鳥の糞である**グアノ**の取引から生まれる利益によってブームを迎えた。1872年から1876年まで、**マヌエル・パルド**大統領は公教育に気をつかったが、ペルーは3年後にチリとの**太平洋戦争**が始まって荒廃し、それとともに学校教育システムも無視されてしまった。1904年にその再構築が始まったが、10年後に起きた急性の経済危機によって再びだめになった。あらたに再建される1918年には、学校の数は1904年よりも少なかった。しかしながらこの時に始まった発展はそれほどの中断もなく続いている。ところが1918年には、学校に何の関係もない、国民的コミュニケーションの強力な推進要因が、すでに生まれていた。産業と石油・鉱業・繊維・ゴムの取引に一種のブームが起こり、50年前には経験したことのない社会的流動性への道が開かれたのである。人々は山岳部から沿岸部に下ってきて都市空間も広がり、港での往来が倍加し、交通通信経路の流れも一層大きくなった。

　この新たな需要に応えるべく、ウエスト・コーストという名の英国企業とセントラル・アンド・サウス・アメリカン・テレグラフという北米の企業が1878年から1882年にかけてペルーで営業し、学校とは比べものにならないほどの言語使用上の成功を収めた。すなわち、リマと**カジャオ**と**チョリジョス**とモジェドのあいだで即時の通話ができるようになったのだ。ブエノスアイレスとの通話なら10分待つだけでよかったし、ニューヨークとの通話なら20分待つこと

になっていた。
　あちらこちらの職場では、とくに沿岸部の都市空間とか街道筋とか——戦争が小刻みに続いている国では重要な——義務兵役の場合には、人々の往来がスペイン語の普及にとって、学校教育を通して組織されたどんな形式のものよりも実際的な手段となるのであった。この普及は非公式で自然発生的なものだったが、それゆえにペルーの人口の均衡を乱す現象を生み出した。そしてこの不均衡は**ロドルフォ・セロンパロミノ**にしてみると、「スペイン語話者の集団が大規模に、田舎よりも都会に、山岳部よりも沿岸部に集中し、土着語を話す集団が相対的に疎外されることになるような、社会的・経済的にばらばらの」社会を生み出したのである。ペルーは南北アメリカで最も複雑な言語状況のひとつであることが特徴となっていて、沿岸部の都市化された地帯ではスペイン語が話されているし、山岳部の高原台地はアイマラ語と、それぞれが独自の文法と語彙を持つ6種類の変種に分かれているケチュア語の支配地であるし、それとは別に、実質的に未開発の**アマゾン**流域も含まれている。1975年にケチュア語が公用語であると布告されたとき、その宣言が引き起こした問題は少なくなかった。ペルーを、ペルー人であることを意識している人たちとそうでない人たちが形成するふたつの国として描写する見解もある。後者の人々はしばしばスペイン語をも意識していないのだ。
　このような事情は先住民の存在が目立つほかの国々にも当てはまるが、それを論ずれば、スペイン系アメリカに非常に特徴的な問題の傷口に触れることになるのだ。すなわち、先住民の諸集団を国民レベルの生活に組み込むこと、そしてこの集団では文盲と貧困と社会的疎外の程度が一番高いということ、この両者が引き起こす問題の話である。南北アメリカのあらゆる憲法に謳われている平等・自由・友愛の革命的行動原則は、ここで鋭い矛盾を見せている。というのも、先住民の平等・自由・友愛にまつわる諸問題の大部分が、まさに、これらの人々がスペイン語を知らないことと誰もが昔から彼らにスペイン語を教えることに心をくだいてこなかったことから生じている、ということが明白だからである。これはスペイン系アメリカにおける共通語の普及を基本的に特徴づけてきた自発性の、表と裏なのだ。教育と文化の面で公的にも私的にも不当

なまでにしばしば方向付けを怠ってきた、非常に凸凹な経済発展の、その流れによって制限された自発性のことである。しかしながらスペイン語にも、先住民社会のリングアフランカ［混成共通語］になる資格は常に備わっている。数年前にメキシコで大きなインディオ種族会議が開催されたが、そのとき、共通語で会議を進行させる以外に方法がないということになった。スペイン語の出番だ。スペイン語はその集会に出席した256種類の先住民語のあいだで理解しあえる唯一の通話手段だったのである。

　しかしながら言語上の自発性は、古いウエスト・コーストの電報よりもずっと強力な手段によって支援されてきた。20世紀の中頃よりテレビとラジオが多くの家庭に据えつけられ、それらが言語的平準化に与える効果と民衆のあいだでのスペイン語の普及が明白になった。マスメディアが使用言語の普及を支援するということには、疑う余地がない。

　テレビによる言語平準化の1例を**連続テレビ小説**に見ることができる。アントニオ・エンリケ・フェルナンド・カスパロソ君が（まさに良家の娘である）クララ・ヒメナ・セシリア・フェルナンデスと結婚しようとするが、今度はクララ・ヒメナ・セシリアのいとこであるデリア・アリシア・サルトリ嬢のほうの夢がかなうかのような状態になるという、あの長編小説のことである。さて、このシリーズのプロデューサーは、作品をスペイン語使用世界の隅々にまで売って成績を上げなくてはならないので、シリーズがメキシコで撮影されていてもチリとか中央アメリカで十分に受け入れられるようにするため、脚本は地方色を抑えて書くように気をつかった。もし何か色のついたニュアンスが見逃されると、そのシリーズを受け入れたスペイン語使用世界にそのニュアンスがしみ込んでいくことが珍しくない。［中南米では「セックスする」という意味で使われる忌み言葉の］動詞 coger（スペインでは普通に「つかむ」の意味）が、このさきスペインでどうなるのか、私にはわからない（スペインでは「タクシーに乗る」ことを coger un taxi と言うが、アルゼンチンでこう言えば、タクシーの排気管をつかむことぐらいしか意味しないだろう）。しかしスペインでも時にクララ・ヒメナ・セシリア風に（タブー語になっている coger のかわりに agarrar「つかむ」を使って）agarrar una servilleta, un vaso「ナプキン、コッ

プをつかむ」という言い方が聞かれるのも事実だし、中南米に特有の形容詞である chévere「とても良い」が、ときとしてスペインのマスメディアに使われることも事実である。こういう言語上の往来の流れはどのような運命をたどるのかわからないが、単なる逸話になるのかどうかは、時がたてばはっきりするだろう。

　スペイン語は世界の諸言語のなかで現在見られるような位置を占めているが、たしかにそれは、本質的に、学校とか国家の干渉とかによるよりも自発性の結果であった。スペイン語が植民地体制のおかげで世界に広まった数世紀には、フランス語とか英語が伝播してきた背景にある現代の事情と比べれば、国家が市民に及ぼす影響は今日あるよりも無限に小さいものだったし、マスメディアも非常に貧相であった。このことから説明できるのは、概略的にではあるが、スペイン語が大衆のあいだに普及することでは、必要や利益や人的接触のほうが法律よりも一層大きな効果を上げてきた、ということである。学校であれ行政部門であれマスメディアであれ官僚の世界であれ、組織された国家的な手段が欠けていることで適用不能になるいくつかの法律よりも、である。一面では、スペイン語が分解せずに共通語になった理由とか、その話し手たちがほかの言語の意のままにならなかった理由とかに、ひとは驚くかもしれない。しかし実態は、ごく健全に維持されてきただけでなく、国際的な活力のある驚くべき姿を見せてもいるのである。とはいえ、疑う余地のないことに、私の言う自発性は、変則的に作用してきたのであるし、この言語の現在の、そして将来の据え付けに関して、ある種の暗雲を発生させてもいるのだ。この点には留意しなくてもいい、というものでもないだろう。

XXXIV. スペイン語はどこにある？

スペイン語の国際的状況。人口言語学。ほかの大言語群との関係。

　ここに10種類のヘビー級言語がある。英語、フランス語、スペイン語、ロシ

ア語、**中国語**、ドイツ語、日本語、スウェーデン語、イタリア語、**ヒンディー語**である(ポルトガル語や**ベンガル語**やアラビア語も考えられる)。この順序は思いつきでない。6種類のファクターに基づいて計られた評価を合計して、高得点順に並べられている。その要因とは、まず話者の数、そして人的開発の指数(ようするに、話し手が、話すことのほかに読んだり書いたりすることができるかどうか、その教育程度はどれほどか、彼らの家畜は犬と猫なのか、あるいは山羊と鶏なのか、彼らの職業はなにか、ひとり当たりの所得はいかほどか、平均寿命はどれほどか、など)だが、言語の地理的伸張度も考慮されるし、USドルで計算された商業的価値や、非話者が抱く第二言語としての魅力、そして最後に、国際組織における公的な位置付けである。当然のことながら言語に関する厳しいチェックなのである。

　考慮された価値はどれも絶対的なものでない。標準中国語は、話者の数では世界で一番よく話されていて、8億人が使っている。しかしながら地理上の広がりは英語よりもずっと狭いし、商業上の価値はドイツ語の6分の1である。スウェーデン語の話者1人につきヒンディー語話者約30人に相当するが、スウェーデン語話者の人的開発と、この言語の商品的価値と、ヒンディー語で世に出る翻訳1点につきスウェーデン語の翻訳は30点にのぼることにより、スウェーデン語は当面、国際的な重要度ではヒンディー語の前に位置づけられる。

　あっちの要因やらこっちの要因やらを評価して厳密に言語チェックをしてみると、スペイン語は3番目の位置を確保している。そうすると楽観的になる人も現れる。世界にある6,170の(しかし数え方によると2,700の)言語が参加する競技で銅メダルがもらえるからである。あるいは若干ながら楽観度が下がるかもしれない。スペイン語はこのエリート言語群のなかで、特定の要因においては、肩を並べている英語とかフランス語とかドイツ語とかイタリア語とかロシア語とかよりも、そしてスウェーデン語とかよりも評価が低いし、ときには非常に低いこともあるからだ。残念なことに問題の諸要因はしばしば言語の高品質を約束するものだ。すなわち話者の人的開発、言語の経済的価値、学習への関心度、翻訳される点数においてである。たしかにこれらの不利な点は、目立って大きな地理上の広がりや申し分のない統一性や優の評価がもらえる使用

者数によって埋めあわされるが、しかしその話者のどれだけが第3世界に住んでいるのだろう。そうあってほしい割合よりも、当たり前だが、多いのである。

　われらが言語に関する面白い定義を、**タマロン侯爵**が下している。「ほんのサッと概観しただけで、立派な国際語であり、おどろくべき統一性があり、地理的には十分だが広がりすぎているわけでもない、経済的重みはほとんどなく、じつに明らかに改善可能であると国際的に評価されていることがわかる」言語である、というのだ。

　話者の数については、他人の意見に賛同する著述家はひとりもいない。ということであるから、もし暇つぶしの楽しい仕事、やりながらずっと驚きを味わえる仕事を探している人がいるのなら、人口言語学、すなわち諸言語の話者の計算をおすすめしたい。後悔することはないだろう。

　私にはひとつの計算から別の計算に目を移すと5千万とかそれ以上の罪のない話者が消えてしまう仕組みが理解できないが、実際のところ、比較的容易にくすねることができるのである。われらが言語に関して公開されている最新の計算の示すところでは、スペイン語が公用語である国々でそれを使うことのできる人々は3億3,261万人いるし、この数には公用語でないところで使っている2,050万人を加えなくてはならない（たとえばグァム島には793人の話し手がいるが、彼らにはこの場を借りてご挨拶し、よろこんで加えさせていただく）。総計では低めに計算しても約3億6千万人のスペイン語話者がいることになる。そしてその数は急速に大きくなってゆく。21世紀には当然ながら、南北アメリカで増えつづけるだろう。それよりもずっと難しいのは、第二言語としてスペイン語を学んでいる人たちの数をつかむことであるが、その数も日々大きくなってきている。しかし学習している人の大多数は決して自由に使いこなすレベルに到達することがない、ということも想定するべきである。

　話者の数ということでは、スペイン語は標準中国語、英語、ヒンディー語の次に位置するはずだ。中国語について、私がなぜここでも標準とことわっているのかと尋ねる人が、おそらくいるであろう。じつは、中国語は中国諸語なのであり、それゆえ北京と上海と台湾と広東と梅県［メイシェン］の人たちは書き文字によってのみ互いに理解しあえるのであり、もし皆が自分流に話し出

したとすると、呉語であれ閩語(ビンご)であれ**フエ語**であれ客家語(ハッカご)であれ、すぐに互いにわからなくなる。まさしくこのことのために、彼らは共通の発音規範、すなわち中国語ではまさに共通語を意味する普通語(プートンファー)を作ることに従事している。諸言語をひとつにするというこの仕事こそ、そう、trabajo de chinos「中国人の仕事」(スペイン語で「根気のいる仕事」)となっているので、いつかは仕上がることだろう。ロマンス諸語を話す我々は、それに似たものを作っていくことに思いをめぐらしてもいいはずだ。

標準中国語に続くのは何語だろうか。ひとつ上の段落では英語であり、そのつぎがインドの6州で話されているヒンディー語だろうと想定された。想定されはした。しかし人口言語学の数字の平然とした大胆さに、我々はなおも驚かされる。すなわち、ほとんど共通の幹に属していると考えられるものを区別する、言いかえれば、ベンガル語をヒンディー語から切り離し、言語的迷路のインドのことだから、生まれつきのヒンディー語話者だけを数える人がいるのである。そこでヒンディー語はかなり大きな損失をこうむる。もうこれ以上とぼけないで言ってしまおう。ヒンディー語は恐ろしい血抜きをされて[話者の数がひどく減少して]、そうでなければ帰属させられる話者の数のほとんど半分しか計算されていないのである。それゆえ、べつの多数話者言語、すなわち1億5千万から2億の、その話者の大多数がバングラデッシュに密集しているベンガル語に出会うのである(この言い方では、なんとあっけなく5千万の同郷人が失われることか、よく観察されよ)。ヒンディー語には約2億たっぷりの話者が残っていることになるが、この数字もあなどることはできない。

ほかにも驚くことがある。英語はしばしば、スペイン語よりも多くの話者を当てにしてきたが(また確かに多くの人口言語学者が英語を話すし、その現象は何かの機会に気づかれたはずだが)、近年は英語話者の家庭で生まれる子供1人につき、スペイン語話者の家庭では5人の子供が生まれているのであるから、著述家のなかには**F. B. グライムス**のように、スペイン語は生まれつきの話者[ネイティヴ]ならすでに英語よりも多いと計算する者がいる。スペイン語は、英語系の出生率の低下とヒンディー語の血抜きとのあいだにあって、(スペイン語が公用語でない国々に住んでいる2,500万人の貯金も含めて)3億6千万人

の話者がいるとすれば、標準中国語の次の位置を占めることになるだろう。いずれにせよ結果として、この世界の20人に1人はスペイン語を話す、すなわち世界で任意に60人を集めれば、スペイン語を話す人は3人になるから、おしゃべりを楽しむことができるだろう。

　大言語の話者たちの好みは矛盾している。すなわち世界中に分散している話者たちもいれば、驚くほど極端にぎっしり集合している話者たちもいるのだ。たとえば1億以上のベンガル語話者がほぼアンダルシアの1.5倍の領土に住んでいる。中国語の話者は中国に集まっているが、それほど詰まってはいない。ロシア語の話者はロシアと旧ソビエトの共和国にいるが、さらにゆっくり間隔をあけて住んでいる。英語の話者はフランス語の話者と同じように、分散するほうが好きだ。セルバンテスの種族はその中間をいっている。すなわち、世界中に分散しているが、とくに南北アメリカに集中している。スペイン語話者9人のうち、8人は南北アメリカ人だ。そして残りの1人がスペインに住んでいる。アジアやアフリカにいた話者は(愛情を込めて言うと)ほとんど逸話になってしまったが、それは特に、この種族が事態を看過していたからである。というのも、スペイン語は、外地で忠実な話し手であった者たちを失ったり放棄したりしても何も文句を言わなかったからだ。このような事例は、世界の大言語のなかに存在したことがない。

　この遠隔性と地球の話は馬鹿げていると思われもしようが、そうではない。ある単純な事実について考えていただきたい。すなわち、もしだれかが非常に多くの人を相手にひとつの言語で話していて、しかし約千キロの範囲で言語を取りかえることなく移動できるとしたら(ベンガル語のケース)、あるいは2千キロちょっとなら(日本語のケース)、さらには4千キロなら(中国語のケース)、その距離の5倍も遠いところに移動しても通用する言語[スペイン語]とは話が違うということを否定しないだろう。いまや人々が理由もなくどん欲に何マイルも移動して、エキゾチックな目的地に潜入し、ゲリラに誘拐されたり残酷にも野獣に体を食いちぎられたりする危険に身をさらす時代だから、目的地に着いてもことばに困らないことがどんなに快適なことか、理解されるようになった。この点について一番多くの経験を積んできたのは英語話者である。事

実、我々スペイン語話者も遠く家を離れていると、つい ¿zu yu espic inglis? というパターンの重宝な問いかけを使って彼らのまねをしたくなる。

XXXV. 国際語

国際語の概念。多国籍言語と混成共通語［リングアフランカ］。

　話し手の数だけが言語の重要な側面ではない。また、ある言語が大きくて数カ国で話されていても、それなら純粋に国際語である、ということにはならない。internacional「国際的な」、universal「全世界的な」、global「地球規模の」、franca「妨げのない」は、じつに気前よく言語に付けられる豪華な形容詞である。世界には目立って多くの国で、そう、15ヶ国以上で話されている言語が3種類しかない。英語とフランス語とスペイン語だ。世界のその他の言語は大きくても小さくても同様の経験がない。

　しかし純粋に国際語になるために越えるべきバーは、とても高く設定されるようになった。話し手が多いとか色々な国で話されているとかでは、まだ十分でない。問題の言語は使えないものの、使えれば効率のいいコミュニケーションのチャンネルになるとわかってる人、そういう人たちによって選ばれることが必要なのだ。ということで、純粋に国際的な言語と、どちらかといえば多くの国で使われているだけの多国籍言語とを区別することができる。英語は当分、純粋に国際的な言語であるし、さらに、英語はどんな言語もこれまで獲得したことのないものを獲得した。すなわち、まだ持っていなければの話だが、惑星的言語というタイトルを手に入れつつあるのだ。おなじくフランス語は、とくに外交関係のフォーラムで捧げられている国際的な資格を享受している。スペイン語は色々な国で話されていてもそのすべてが（アメリカ合衆国を除いて）、もともとスペイン語の国であるから、国際語というよりもむしろ多国籍語である。それだけではない。もしそれらの多くの国が大規模の連邦国家にまとめられていたら、スペイン語は今日、21ではなくて2ヶ国か3ヶ国か4ヶ国で話さ

れていることだろう。

　フランス語と英語はこの2世紀のあいだ、かつてスペイン語が占めていた地位につくことで国際語、あるいは混成共通語の資格を獲得した。すなわち、通商路を開いたり、開かれればそれを利用したり、強力な軍隊と——フランス語の場合は公務員がまさに軍隊であった——巧妙な外交団と非常に有能な企業家や移民を備えている植民地大国の言語だったのである。スペイン語は15世紀末から19世紀初頭までその道をめぐり歩いていた。そしてその後、期待することが許される以上の幸運に恵まれて、維持されてきた。しかし新たな強国のために予約された領域に入り込むことはできなかった。そしてその領域のひとつは、今日ではフェリペ2世やカルロス3世の時代よりもはるかに強く必要とされ要求されている国際的なコミュニケーションや関係や体裁であった。

　セルバンテスの種族は、近代になって言語の純粋に国際的な条件が加わった勝負事において力強く賭けることができなかった。外交・軍事の重要性、経済力、商業や金融や科学や科学技術の大いなる活躍、という勝負のことである。セルバンテスの種族はフランス語や英語やドイツ語、さらにはロシア語の種族とは反対に、「第二話者共同体」と名づけられるようなものをほとんど持たなかった。ようするに、ある言語を、家にあって伝承されてきたからではなく、関心があって必要と思うから学び、それを第二言語とか混成共通語として身につけ、世界中で自分の言うことを聞いてもらうようにする、そういう人間集団のことである。スペイン語は16世紀から19世紀までそれを持っていた。私たちは1世紀のあいだ無為に過ごしてきたが、ようやく数年前からこの点に注意を促す提案がいくつか出されるようになった。これらの提案はヨーロッパよりも、セルバンテス派の増大が予想されている南北アメリカ（ブラジルとアメリカ合衆国）で一層の幸運に恵まれて実現する可能性が高い。というのも、ヨーロッパではすでに英語とフランス語とドイツ語が地歩を固めてしまっていて、譲歩しそうにないからである。これらの言語を話さない人たちに興味深いとか不可欠だとか思わせることで手に入れた地位である。ヨーロッパ連合のほとんどすべてが、非常に興味深くて絶対に欠かせないこの3種類の言語だけで統治されている。

言語にとっては、こういう外からの関心が活力の源泉になることも多い。フランス語で書かれた本を読める人の大部分がフランスやベルギーやスイスやカナダの外に住んでいる。セルバンテスの種族のほかには、スペイン語で読める者は少数派であり、彼らは概して、新たなメンバーが作り出す文学作品よりも先祖の文学者たちに一層大きな敬意を払っている。そして種族自身の内側には、この問題と矛盾する状況が出現している。すなわち、そこの住民の一部は、ときとして気がかりな数にのぼるが、スペイン語も何語も読めないのである。

XXXVI. セルバンテス族の苦悩

スペイン語の国際的据え付けに関するテーマと問題。言語と経済。

　セルバンテス族の苦悩は理解できる。言語はそれ自体でなく、それが何を約束してくれるかによって興味深いものとなる。世界中に蔓延している英語学習中の学生に、なぜ他の言語でなくて英語を選んだのかと問いかければ、いろいろな答えが返ってこようが、そのなかから面白い理由をいくつも取り出すことができる。一番明白なのは、選択の原因がシェークスピアにはないことだ。罪が深いのは、もろもろの交際やお金や旅行や職場などが英語を選ぶための些細な動機を提供してくれるという現実である。あらゆる仕事のなかでシェークスピアにできることは、世界で最も豊かな国々のあいだにある6ヶ国［英語圏］の行進を取りしきって名誉を与えることである。もちろん食欲をそそる状況ではある。まさにそれゆえ、さらに50の国々をお供に従えることができた。そのようなことはセルバンテスにはできない。無理であることを真摯に認めなくてはならない。彼の子孫たちが到達した「人的開発指数」はあの英国人の子孫たちが達した指数より低いし、日本やフランスやドイツやスウェーデンの子孫たちが達した指数よりも低い。話し手の物質的福祉の点なら、スペイン語は第1世界と第3世界をへだてているあいまいな境界線のあたりの位置を占めることになろう。そばで小さくなっている諸言語も、重要度がドルで測られるこの具

体的なランクではその境界線を越えてゆくことだろう。この事例でもっと重大なことは、話し手の人的開発の度合いが言語に対する関心をしばしば提供したり取り去ったりすることである。

　多くのスペイン語話者はまさにその話者でしかない。すなわちスペイン語の話し手というだけなのである。彼らはひとつの言語を話し、それをラジオで、そして特にテレビで聞くが、それを読んだり書いたりはしない。スペイン語が公用語である国々に住む3億3,200万の人間のあいだには毎日1,600万部の新聞が配られている。日本では、その3分の1の人間のあいだに7,200万部の新聞が配られている。

　セルバンテス族は新聞の印刷文字を拒絶する魔法のようなものにかかっているのだろうか。口頭言語に一層よく適合しているのだろうか。いや、答えはもっと簡単だ。文盲が多いのである。ボリビアやグァテマラやホンジュラスやペルーは、この点に関して際立った数値を示している。文盲率それ自身は人的開発の一部、国々の富の指数のひとつにすぎないとはいえ、人的開発指数がおしなべて低いことがスペイン語話者の世界のアキレス腱となっている。スペイン語の魅力を減じ、スペイン語を話す人たちから国際社会における権威をそぐものとなっているのだ。

　セルバンテス族の経済面の記録を読みなおしても、ためになる読書にはならない。しかし現実に目をつむるのも適切でない。スペイン語を使う国々ではひとり当たりの所得が先進国の半分であるし、年間成長率も半分、ストは倍、インフレ率は15から20ポイント上となっている。こういう一般的経済指標は、あまり人に知られたくない別の事柄と密接に関連している。たとえば、スペイン語使用国の半分以上、具体的には12ヶ国が「重度不平等社会体制」の評価を受けるグループに参加していて、そこでは財源の半分を12％の人口が享受している一方で、人口の88％が残りの半分を分けあっている。そのうちの何カ国かは世界最貧国の列のなかに並んでいるのだ。

　スペイン語使用国はどこも、教育のためのお金を節約するチャンピオンの列につらなっている。おおよそだが、比率からいえば、そういう国のいくつかは**チャド**とか**ソマリア**とかアフガニスタンとか中国とかネパールとかと同じほど

しか費やしていない（たしかに他の国々は反省し、もっと気前よくしようとしている）。だから文盲のコレクションをしているという言い方もできるのだ。たとえば10年前、グァテマラでは人口の半分が文盲であった。学校の話では、セルバンテス派の国々は教室に子供たちが一番多く詰まっているところになっているが、それは子供たちが授業に出席しようとしゃかりきになっているからでなく、教員の数がわずかだからである。街路の話なら、この国々はそこで働いている子供たちが一番多いところとなっていて、その比率でこれらの国を越えているのは、子供が大人よりもよく働くという印象を与えているアフリカやアジアの数カ国だけである。電話線も少ない。そして郵便配達業務は一時しのぎの体裁である。というのも、オーストラリア人が1年に出す郵便物が150通以上であるのと比べて、パラグァイでは平均して5通を越えないからである。郵便配達人が少なすぎることにくわえて、大学の研究者が少ない。とどのつまり、この種族の大地主のひとりは、スペインのことだが、25年前にヨーロッパ連合のひとり当たりの国内総生産の79.4%に達したが、いまでも多少の凸凹はあるものの、そのあたりに留まっている。この人的開発の低さは言語の国際的な権威を減じているし、権威は別にしても名声をおとしめている。しかしこれも最悪の事態ではない。さらに、ほかならぬ言語を扱うビジネスには新たな経済潮流が起こっているが、その潮流によって提供される諸々の機会を利用しようとするとき、セルバンテスの種族の活躍が制限されるからである。あれこれの制約はスペイン語の将来を暗くするし、このさき、この言語の健康と評判に関する問題を引き起こしかねない。

　しかしながら非常に大きな希望を抱かせる兆候がないわけでもない。すなわち、インターネットというあの新奇なメディアのことである。それほど以前でもないが、スペイン語使用諸国は、相対的に低いものの、一定の「努力係数」——すなわちデータを作って世界との交流手段としてインターネットを利用しようという意志の係数——を示していた。ネット上でのスペイン語の使用を促進するために王立アカデミアと通信会社のテレフォニカが調印した取り決めによって、おそらく流れは良くなるだろう。事実、すでに「努力係数」の目立った上昇がうかがわれるし、（まだだとしても）ごく近い将来、スペイン語はネッ

ト上で英語、日本語、ドイツ語に次いで第4位の位置を占めることだろう。

XXXVII. 金銭の問題

言語と商売。新しい科学技術と、科学技術の、言語への反映。

　言語は多くのお金を産む。言語をめぐって典型的な企業帝国が建設された。非物質的な姿をしている何かがゲンナマのユーロやドルや円で計れるのは変だと思われるかもしれないが、しかしそのように計られるのである。英国の歳入で5番目に大切な収入源は、なんと英語教育なのである。アングロ［イギリス］人はこの件では実際的であり、地球のどんなへんぴな片隅においても自分たちの言語をいい値段で売っている。しかし、ことばの教育は言語を使って行う最も明白なビジネスであるとはいえ、言語産業はそこに留まらず、枝分かれして思いがけない事業をいくつか生み出している。それらを活用する方法を知っている者の手にかかると、ときとして非常に洗練された利益の多い事業となるのである。

　セルバンテスの種族は、この分野ではある種の郷士的な、おうような態度をとりつづけている。すなわち、現地で生まれた者の大多数は自分たちが生み出してかなり潤沢に手に入る経済的利益に気づいていない。ときどき彼らの名前を使って別の者たちがそういう利を生みだしている。私たちスペイン語話者が役立たずであるというわけではない。単純なことだが、私たちのいる国に存在するこの産業分野は私たちを熱中させることはないが、しかし他の者を熱中させている、ということだ。たとえば日本人だが、彼らはすでにスペイン語の本の出版に関する大きな泉のひとつになっているのだ。いずれにせよ、言語ビジネスはおいしそうな数字をはじき出している。たとえば1992年、世界でスペイン語によって発信された広告だけで150億ドルを生み出した。スペインの話をすれば、スペイン語で展開される文化産業は国内総生産の3％を意味する。しかし、だからといって、その金がスペイン語話者のふところに納まるなどと考

えると、とんでもないことになる。これが頭痛の種なのだ。もしセルバンテスの種族が目を覚ますことなく、ことばの反響と名声が世界中で鍛え上げられる言語産業や情報科学や類似の分野でスペイン語を使って商売する術を学ばなければ、金を失い、良好なビジネスチャンスを失い、文化的に貧しくなり、独力で発言できることが少なくなり、自分たちの言語を拝借する別のグループの言いなりになることだろう。

数年前、**アントニオ・カスティジョ**は次のような警告を発した。「スペイン語使用諸国に向けられた経済活動の反響は巨大なものになるだろう。この人間集団はほとんど開発されていない豊富な潜在的市場を形成している。北米の産業はことばの科学技術の最先端に位置し、スペイン語の豊富な潜在力を発見してその市場の征服に着手した。もしスペイン語使用諸国が言語政策をなおざりにすれば、その市民たちは北米の、さらには日本の産業によって開発された製品を消費することになり、発音や統語法の非常に異なった語根の科学技術用スペイン語が導入されるであろう。このような事態はその国々の経済にとってのみならず、文化にとっても重大な結果をもたらすであろう」。文化的植民地化という状況は初めてでない。19世紀には南北アメリカの各地でスペイン語の本を出版して儲けたのは、ついでにフランス語を輸出しているフランスの出版業者であった（XXIX節を参照のこと）。現在、新たな言語処理技術の分野に安定した参加を確保するためには、スペイン系アメリカの協力が不可欠となっている。すなわち、南北アメリカの企業が協力して、スペイン語話者たちによって提供される、スペイン語でのエレクトロニクスの言語製品や言語サービスを開発することである。とはいえ、たしかに、ほかの言語の集団がスペイン語に関心を抱くのは、スペイン語にとっては一種のうれしがらせともなるが、しかし幸運でもある。

XXXVIII. 言語と科学

　物理学や工学やコンピュータや科学技術など、さまざまな科学について出版される書物や記事の指数を、単なる好奇心で調べてみると、英語のどん欲さに呆れてしまう。100本の記事があれば90本以上がこの言語で書かれており、その残りがロシア語（最近かなり低くなった）、ドイツ語、フランス語、イタリア語に分け与えられ、そしてスペイン語のものもいくつかある。言うまでもないが、アングロサクソン人がそれらすべてを自分たちだけのため書くということではない。ロシア人もドイツ人もフランス人もイタリア人もスペイン人もその他多くも、エンジニアになったり物理学者になったり数学者になったりするとすぐ、言いたいことが同僚たちにわかってもらえるように、夢中になって英語で書く、ということである。それは一種の隷属であるが、理解できないわけでもない。というのも、科学者は科学者でしかなく、絶望しながらも国際的に通用する記号体系を探しているからであり、それが昨日はラテン語であったが今日は英語である、というだけだ。

　わからないでもないことであり、すでにそこにはあきらめもあるが、この隷属のためにスペイン語の上空にいくらかの厚い暗雲がただよっている。そしてそれ以外の大言語の上空にも黒雲が広がっているからといって、それがなにかの慰めになる、というものでもない。以前は科学と科学技術は少数の自称哲人たちのものであったが、今日では時代の要請に従い、日常生活においても、その副産物は信じられないほどの量になっている。この副産物はたわいないものではない。すなわち、発展や福祉や名声を約束するのであり、それらを制御することのできる者たちにとっては利益を約束するし、また、我々が生きている世界やこれから生きていく世界の創造というような、その新奇な知識のすべてを表現したり伝達したりすることができる言語にとっては、機敏さを意味するのである。

　死神が、まさにこのようにして多くの言語の戸口で声をかける。そして分野

によってはそういう言語を開発能力なしのままに放置しようとしている。専門用語では、それは「機能性の喪失」と呼ばれている。言語がそれ自体で無能になるとか、話し手の数が非常に減少するとかというのではなく、その話し手たちが新しい知識を表現するために他の言語のほうを好む、という変化である。そして、一種の頭脳の流出が、すなわち自分の言語から逃げていく人々のことだが、彼らが見放していく言語を現代的なものにする力のありそうな、まさにそういう頭脳の流出が起こる。そういう言語はついに、民間伝承に適した文法のスクラップの山になって終わることが頻繁に起こるのである。これこそ、回りはじめたら止めるのが難しい悪循環なのである。たとえば、ひとりのスペイン語話者の科学者が英語のほうを好きになり、英語が不可欠になったり一層使いやすくなったりすると、この言語を使って、この言語を使う同僚に囲まれて発見を達成し、それをこの言語で発表する。そして少なくともそういう発見をスペイン語でしないようになり、スペイン語は貧しい言語になり、機能が低下していくので、ついには、彼がスペイン語話者の同僚と話をしたいときには、仕事のことなら英語を使うほうが話しやすく正確に伝えられる、というような結果になるのである。この悪循環でも助かるところが少しあるとすれば、それは、スペイン語が probar 「試験する」のかわりの testar ［cf. 英語 to test］とか técnica 「技術」のかわりの know how といった単語でいっぱいになることである（estudio de imágenes ［画像の検討］と言うよりは escáner 「スキャナーによる検査」と言う方が落ち着くということを否定する者はいないだろうし、さらに、後者はだれでもわかるが、もし前者を使うと、それはほかならぬスペイン語話者たちのあいだにおいてさえ、話がはっきりするというよりも紛らわしくなるだろう）。しかし最悪の事態になれば、スペイン語は escáner と言おうが言うまいがだれも耳を貸そうとしなくなり、科学や技術に関するコミュニケーションには役に立たない言語になってしまうだろう。

　スペイン語の場合、問題の悪循環が、もしまだ終結していなくても、まもなく終結するだろう、と考える、**ルイス・デ・ララ**のような人がいる。彼は言う。「現代のスペイン語圏の文化では、専門用語が英語やフランス語やドイツ語に由来している現代科学のことになると、各国がそれぞれ師と仰ぐ学問的権威が

使っている専門用語の流れに乗っていく。それゆえ、スペイン語圏の学問用語は大混乱になり、現実問題として、スペイン語を使う科学者のあいだでの意志疎通が妨げられている。現代の諸科学においてはスペイン語圏に共通の語彙がほとんど存在しない」。スペイン語には機能という点で領域が狭まる危機が待ち受けているが、その現象はとくに、私がコンピュータのそばに置いているこのマニュアルのような翻訳物において気づかれる。1節プレゼントしよう。

"La bahía central puede ocuparse por un flopy de conducción simple de diskette o por un pequeño paquete ［なぜ pakette でないのか］ de batería auxiliar. Cuando el módulo ha sido insertado, por favor, verifique que los lazos de cierre se acoplan en los lados dobles de la bahía central". セントラルポートは簡易誘導ディスケットのフロッピーか、または小型パックの補助バッテリーを装着することができます。どちらかが装着されたら、固定用締め具がセントラルポートの側面で二重にしっかり留められているかどうかを検証してください」。これだけだ。さあ、検証してみよう。

翻訳者はほかの散文を使えないのかもしれない。それだけではない。ときには翻訳など全然しないで、取り扱い方法が簡単にわかるようにと、スペイン語は出てこないが古代アラム語まで含まれる多言語で書かれた小型使用説明書を消費者にゆだねたりする。セルバンテスの種族のあいだで出版される学問や科学技術の雑誌では、いまだにスペイン語が多数派であり、そのことによってスペイン語の機能上の能力の、か細い炎が燃えつづけている。当然のこととしてそういう雑誌でも英語が有利になるだろうが、慎重な推測をすれば、スペイン語圏の国々が学問や科学技術の研究に——あるいは、世界中に散らばったスペイン語話者である研究者を呼び戻すことに——お金を使えば、そのお金とともに、この言語の立場は日ごとに回復されていくだろう。だが、私は英語に焼き餅を焼いているのではない。英語にかかわる利点や経済や大学や文法的簡素さは認めるものの、もしスペイン語が国際的に今よりも重みを増そうとすれば、あるいはスペイン語がこの特別な状況を制御するか、あるいはスペイン語を制御している情勢がなくなるか、しかないと思う。

しかしながらスペイン語の機敏さを脅かすものはすべて外にある、とは考え

ないでほしい。さきほど英語から訳された悪魔風の文章を紹介した。ここに、もうひとつ、スペイン人が書いたと思われるものがある。今朝Eメールで読んだものだ。"Taller desempeoramiento docente [...]: En este taller haremos el esfuerzo de penetrar práctica, concretamente, en ese ámbito, con el fin de procurar un cierto desempeoramiento que nos capacite para autoanalizarnos y ser mejores profesores y profesoras". 「教育力の反低下活動ワークショップ [...]：このワークショップでは、私たちはこういう世界に実際的に具体的に浸透する努力を行いますが、その目的は、自己分析するためと男性も女性も一層良い教師になるための資格を与えてくれる一定の反低下活動を提供することです」。つまり、だから、反低下活動をすればいいのだろう。

XXXIX. 将来のイメージ

　上記のような事情なので、セルバンテスの子孫には急を要する仕事がふたつある。ほかの大言語はすでに片づけているような急用である。すなわち、家を綺麗にすることと、まわりの隣人たちに自分の家が綺麗であることを見せることである。国内の景観のなかに、自国語に対する敬意や評価が低いことのほかに、学校のない子供たち、慢性的な文盲層、ほとんど広がっていないマスメディア、言語の名声が鍛え上げられるような知識の色々な分野のわずかな開発、そういうものが存在するとき、国際的な景観において言語的に高く飛翔することを期待しても、なんの役にも立たない。私たち自身が自分に敬意を示さなくては、ほかの人に向かって我々に敬意を示してくれと要求しても、それはほとんどかなえられないだろう。これらの急用の本質的な部分は、文学や哲学の領域には属していない。仕事は、それ自身では言語の問題でない。つまり、しばしばスペイン語を使う世界の諸地方を第三世界の中心部に固定するような経済的・政治的な関係をいくつか変える、という段階を経ることになる。この改善ができれば、疑いなく言語への関心が助長されるだろうし、その言語は、合計された話し手の数を越えてずっと多くの人に、あるいは相続している文学的伝

統を越えてずっと広い範囲で尊敬されるものになるだろう。スペイン語の話し手たちは量のほかに、言語の質も提供するように、そして言語といっしょに伝えられるイメージを改良するように努力するべきである。

　手がないわけでもない。スペイン語は話者の数においてはロマンス諸語のなかで最大の言語であって、多くの学生がそれ故に、あるいはそのロマンス諸語を学ぶための第1歩としてスペイン語を選んでいる。スペイン語を学ぶ学生の登録数の上昇は世界中で目立ってきた。ブラジルとアメリカ合衆国は大集団でそれを学ぼうとしている。スペイン語への関心が、この両国ほど大きくない国々では今よりも大きくならないとすれば、それは需要をカバーするだけの教員がいないという物質的な理由によるのである。結局、この具体的な両国では、その関心の増大は確実だと思われるだけでなく、おそらくあふれ出ることだろう。スペイン語は政治的・経済的な理由で19世紀末に二次的話者の集団を失ったが、21世紀になればそういう集団が生まれ、彼らの貢献に再び出会えることになるだろう。

　ほかにも再会がある。たとえば、雑誌の『タイム』は2000年1月号に、南北アメリカにおけるスペイン系会社の企業経営に関する面白いルポルタージュをのせた。数字ではなく、文字で表現すれば、それは壮麗な企業経営の話である。記者のひとりであるロナルド・ブキャナンは、彼が「再征服」と名付けた幸運が、人間や商業のつきあいを容易にしてくれた共通語のおかげで、スペイン人と南北アメリカ人のうえにもたらされていることを認めたのだ。すごい話である。21世紀になるとスペイン語は成長し、5億5千万人の話し手がいる言語にまでなるだろう。おそらく英語と肩を並べた、そしてフランス語よりも上位の、本物の国際的地位を持つ唯一の言語となるであろう。そのヨーロッパでの伝播は、すくなくともここしばらくはそれほど明白にならないとはいえ、スペイン語の国際的普及が前進を続けることに疑う余地はない。私たちの言語はじつに驚くべき成長を経験しているが、その成長を理解するには、スペインにある**セルバンテス協会**（http://cvc.cervantes.es）の『2000年度年報』を参照するだけで十分だ。そしてまた、ここに逸話になりそうなデータがある（数年もすればそれほど逸話でなくなる可能性もある）。アメリカ合衆国のユタ州にはほとんど

スペイン語話者がいないが、そこでは小学校の生徒の89％がスペイン語を学習している。中国ではスペイン語用に提供される就職口には60倍の応募者がいる。ブラジルでは学校でのスペイン語教育促進に関するカルドソ大統領の主導によって、数年もすれば国内で21万人の教員が必要となるだろう。

　スペイン語の言語体系については、正書法が単純であるといえるが——そしてもっと単純になりうるが——、それによってこの言語は、情報処理システムにおける書記言語の新たなテクノロジーに対する利点をいくつか示している。目立った文学的開拓があるし、数世紀にわたる記述上の伝統もある。この言語にいくつかの裂け目があるとする人がいるにもかかわらず、スペイン語は教養レベルの用法において確固たる統一性を見せている。世界中に散在する非常に多くの大学で研究されているし、その開拓やスペイン語文化の開拓に従事する何千もの学会があり、そのうちのいくつかは確実に称賛に値する。外国におけるその普及を目指す、できて間もない活発なセルバンテス協会の力を当てにすることもできる。22のアカデミアには最古参のスペイン・アカデミアから一番新しく設置された北米・アカデミアまでそろっているが、それは単なる名誉の舞台でなく、実働している。他方、スペイン政府が、スペインに今以上に大きな国際的権威をもたらしてくれそうな、そしてまさにスペイン語を国際的権威の獲得方法のひとつとして活用していけそうな外交政策審議会の創設を決定したことは、すでにその計画の意図によってだけでもすばらしいニュースなのである（『エル・パイス』紙、2000年7月22日号の27頁）。スペイン王立アカデミアの副会長である**グレゴリオ・サルバドル**の発言のなかの、「スペイン語諸国はこれまで全然、みずからの使用言語を売る術を知らなかった。この意味での言語政策、フランスやイギリスやドイツ、そしてイタリアまでもが実行してきたような、外国への言語の放射という政策は存在しなかった」という指摘を思い出してもいい。スペイン語のあるがままの姿をさぐるという意味においては、いかなる提案も余計なものとはならない。スペイン語は、諸言語が国際的に普及するためには2番目に重要な鍵となる文化的価値を別にしても、コミュニケーションの世界的規模の大きな経済的資産であり、その資産をスペイン語話者たちが所有しているのである。

スペイン語のイメージは——考えはじめたときほど軽々しい問題ではないが——目立って良くなるかもしれない。私たちはタマロン侯爵が指摘した次のような事実を、翼の下に頭を隠して否定するようなことはしないでおこう。すなわち、「spanish という形容詞が教養のある北米人の頭のなかに喚起するイメージは、パンチョ・ビジャであり、ペロンであり、異端審問であり、そしてまれにエル・エスコリアルの図書館である」ということだ。まったくその通りである。この喚起はなにも北米人だけのものでなく、世界の多くの教養人たちのものでもある。ほかならぬスペイン語話者の世界においてさえ、**プラド美術館**やメキシコのトジャン（別名トゥラ）のトルテカの巨像や「**アメリカズカップ**」に参加するヨットマンや（好みによって）セリア・クルスとかプラシド・ドミンゴとか**フリオ・イグレシアス**や映画スターや俳優や作家やジャーナリストや企業家やさまざまな人、すなわちスペイン語で公開される作品や活動が我らの言語に威厳を与えてそのイメージを良くするような人々を示すことに熱中するよりも、ゲリラや麻薬密輸業者や独裁者や地震を暴露することに熱中する度合いのほうが大きいと、ときには思われたりする。スペイン語話者の共同体にはこの点でひとつの任務がある。やり遂げるのが非常に難しいというほどのものでもない。喚起されるイメージの項目を現在とは逆にしようと努力するだけで十分だろう。これ以外のことでは、スペイン語の将来は明るいように思われる（おそらく有望すぎるくらいだ）。たとえば、北米の言語学者であるスティーヴン・フィッシャーによれば、今日世界中で話されている6千強の言語は、300年もすればほとんど2ダースほどしか残らないだろうし（本当かな？）、その24のうち、もっともよく話されるのは3種類だろう。すなわち人々の大多数は英語か中国語かスペイン語で自己表現するための基礎知識を身につけていることだろう、という。将来のことだ。確実に過去でいっぱいの将来だ。さあ、つぎは過去のことを復習する時間である。

第 3 部

XL. タリク・ベン・ジヤドの春

スペインにおける初期ロマンス語使用領域の形成。イベリア半島の言語史におけるアラビア人の貢献。

　旧カスティリア人が僻地からそとに出て世間並みになれたのは、勇敢な伯爵たちによる初期の推進力のおかげだ、と想像されているだろう。北部にあった隠れ家からそとに出た、戦士たる伯爵たちは、伝説の故地**アマヤ**をすて、**オカ**の山々を越えたり**パンコルボ**の間道を通ったりして進み、行く手で遭遇するアッラーの貧しい息子たちから生活の糧を略奪した。ロマンチックな話である。一部は正しい。本当のことを言えば少し違っていて、話はそれよりも前に始まっている。すなわち、もともとカスティリア人の起源はジブラルタルやセビリヤや**エシハ**やハエンなどの南部の隠れ家から姿を現した臆病な伯爵たちに始まる。彼らは**タリク・ベン・ジヤド**の剣から逃れようと蜘蛛の子を散らすように全速力で逃げていった。**タリク**は彼らをイベリア半島の北の僻地まで執拗に追い払ったのである。

　もしタリクとその部下が西ゴート族の政事に干渉しなかったなら、イベリア半島の言語史は実際の経路とはまったく異なった流れに沿って展開しただろう。タリクは711年4月28日、西ゴートの王**ドン・ロドリゴ**と戦っている王子アギラを助けるという高貴な意図を持って、イベリア半島最南端の**タリファ**に下船した。ロドリゴの陣営は敗北した。アギラの軍勢にもそれほど多くの収穫はなかった。当時、そこにある海峡を渡ったタリク、**ムーサ**、アルフール、アンバサなど、アラビアの多くの戦士は、「**恵まれたアラビア**」から起こってすでに1

世紀近く続いているイスラム教徒による征服の、その急速な進展によって派遣された人々である。彼らはカディスの地でドン・ロドリゴを殺してその未亡人たちと結婚したが、それだけでは満足しなかった。すぐにトレドに到着して町に入り、西ゴート君主国の政治の――そして象徴的な――中心地を台無しにした。西部では**ルゴ**まで北上し、東部ではカタルニアを征服してフランス南部に深く入り込んだ。西ゴートのスペインは手足をもぎ取られた。司法や宗教や、ある程度までは言語上の相対的な統一性がローマ系ゴートの人々を特徴づけていたが、それもつぶされてしまった。イベリア半島はがたがたになり、およそ次のように分割された。**ドエロ河**と**エブロ河**から南はアッラーと、かつてはローマ系ゴート人であったがイスラム化した、いわゆるモサラベ mozárabes（アラビア語の must'arab「アラビア化した」から）たちの土地、そしてドエロ河とエブロ河から北は、タリクの激怒から逃れた南部人とか、その土地に住み着いたローマ系ゴート人など、すなわち、南方でムーサやアルフールやアンバサが**カリフ**や彼らの教養語たるアラビア語を迎える用意をしていることを十分には知らない者たちの土地であった。

　そのようにひどい騒乱が言語事情にもたらした影響の結果として、アラビア語が、イベリア半島のロマンス語領土の3分の2に当たる地表を油の膜のようにおおっていった。そこが**アル・アンダルス**である。北部に位置する残りの3分の1がロマンス語を話すローマ系ゴートの避難民を住まわせた（バスク人は、当然のこと、例外である）。**ロマニア**はめちゃくちゃになってラテンの伝統はすり切れた糸のようになり、往来も乏しくなり、ときには自分たちの内部で果敢に抗争していたので、その言語は多様に分岐しはじめ、それぞれに異なったものとなっていった。時間とともに、そして一定の戦闘組織のもとで、言語様態の3種類が南に向かって目立った競り合いをし、アラビア人から土地を獲得しはじめた。西部は**ガリシア・ポルトガル語**、中間部はカスティリア語、そして東部は**カタルニア・バレンシア語**であった。

　中間部の言語は単純な事情によって幸運に恵まれることになった。すなわちカスティリア語は、最大の領地を占めた言語であり、古くてしかも日ごとに豊かになるイスラム教徒の支配地からレオン語の領域を手に入れた言語であり、

一番多くの人々をかかえた言語であり、東の人間が西と連絡したいときや南の人間が北と連絡したいとき（あるいは逆のとき）には通過が義務づけられた土地の言語であった。そしてまた、あとになると、この言語が何本かの興味深い大西洋交易ルートを開拓することになり、そのため、イベリア半島の言語ではアラビア語とかカタルニア語が支配していた伝統的な地中海貿易がひどく等閑視されることになった。すべての点でツキに恵まれたのだ。もしタリクが4月のあの日に上陸しなかったなら、ローマ系ゴート人たちはあのような振る舞いをしなかっただろう。そして彼らは北部の最後の砦に身を隠すことはなかったし、そのあとで組織を編成し、10世紀に入るやいなや南下を開始し、南部に残っていたロマンス語話者（当然、少数であったが）と連絡を取り合う、ということもなかったであろう。タリクが来なければ、おろらくローマ系ゴート人たちは彼らだけで半島全域を占領したままで、おとなしくしていただろう。これは我らが言語史に対するアラビア人の重要な貢献であった。すなわち、ロマンス語の中心地が、人口集中都市のトレドやセビリアやコルドバや**タラゴナ**から、ラテン語の伝統もほとんどない北部の寒村であるアマヤやブルゴスやイリア・フラビアや**ハカ**やウルヘルなどに移されたことである。この移転とともに、陸続たる再入植を通して、レオン地方からアラゴン地方までにのびる東西の広範な領土的・人的な空間を作り出すための土台が固められた。そしてその広い空間には多様な人々、渡り歩く人々が集積してきたが、彼らは互いに同等の立場であるとみなし、鍬と剣を巧みに操ることに慣れていて、そして私たちの歴史にとって興味深いことに、もともと再入植者たちが運んできたひどい方言的多様性を解消すべく、共通の、単純で、広大な空間においても十分に使える記号体系で理解しあわなくてはならなかった。ある意味では、旧カスティリアの言語はイスラム教徒の手になる産物であった。

　タリクもムーサもいなければ、すべてがずっと静かな形で展開しただろう。何世紀にもわたってフランスやイタリアで展開したことが起こったことだろう。すなわち、バスクの領土を除外したイベリア半島の大部分はローマ系ゴート人たちが占領し、ローマ帝国の行政制度の属州と非常によく似た方法で区分された諸地方に定住しただろう。彼らにはラテン語という共通の元手があったから、

その気さえあれば互いに理解しあえるいくつかの言語を話していただろう。それぞれの地方では言語様式が領土内で最も活力のある都市によって決められていっただろう。時間がたつとおそらく、すくなくとも４種類のロマンス語の変異形式が作り出されていっただろう。すなわち、ひとつはイベリア半島中部・東南部のカルタヒネンシス語で、中心地はトレドとカルタヘナ、そして人々は fuente「泉」、plomo「鉛」、paloma「鳩」、fierro「鉄」 と発音するだろう。西部のガリシア・ルシタニア語は**ブラガ**や**メリダ**が中心地になり、人々は fonte、chumbo、 pomba、 ferro という発音を好むだろう。東北部のタラコネンシス語は**サラゴサ**とタラゴナとバルセロナが中心になり、人々は font、plom、coloma、ferro と発音するだろうが、この地方の北西端部には多分、［fierro のかわりの］ ierro とか、そして時には ［fuente のかわりの］ uente とか onte とかの言い方もあるだろう。４番目は南部のベティカ語であり、中心地はコルドバとセビリアだが、そこでの発音は他とそんなに違わないものの、escudeiro 'escudero'「従者」、zapateiro 'zapatero'「靴屋」 と、そしておそらく lechera「ミルク缶」のかわりに laitaira と言うだろう。ほかにも臨時の話しことばがあるだろうし、地域限定の変種もあるだろうが、さまざまな様態のバスク語を話す者を別にすれば、イベリア半島は方言学者にとって、おおいに食欲をそそる新ラテン語［ロマンス語］の庭園になっていただろう。人々は静かに生活しているだろう。あらゆるところに、友好的に分割された家族のような雰囲気がただよっていることだろう。

　数世紀もすると、この家族的な人々はもう少し分割されただろう。言語変種のいくつかは互いに理解できなくなってしまうだろう。（フランス語で起こったように）18 世紀の末期に、あるいは（イタリア語で起こったように）19 世紀の最初の 30 数年間には、この４種類のうちのひとつが、その話し手たちの商業や人口や軍事や文学や文化の重要性によって、スペインの共通語として立ち上がるだろう。スペイン人の平等や友愛に関する革命的な思想の高まりによって、あるいは国家を愛するロマン主義に独特の思想の高まりによって、カルタヒネンシス語かガリシア・ルシタニア語かタラコネンシス語かベティカ語か、とにかくそのひとつだけがスペイン語になってしまうだろう。そしてそれが学校で

教えられ、印刷文字やラジオやテレビの大部分を占め、教養語規範の使い方を決め、その他の言語に安楽死の判決を下すであろう。しかしながら、タリクのおかげで、あるいはタリクのせいで、上記の私の想像に似たことは何も起こらなかった。

XLI. スキピオがハンニバルを探す

先ローマ期の人、ローマ帝国時代の人、西ゴート時代の人。

　アッラーの手の者たちがジブラルタル海峡のアフリカ側の岸辺で乗船しようとしていたとき、ヨーロッパ側の陸地には、すでにラテン語で書かれた古い歴史があった。それはタリクとかアギラとかドン・ロドリゴがこの世に現れた時より9世紀も前に書かれはじめた。ローマ人は紀元前218年、単なる作戦上の理由で**アンプリアス**に姿を現した。北アフリカに住む**カルタゴ**人たちと商業戦争をしていたのである。カルタゴの船団はローマの船団に太刀打ちできなかったので、カルタゴ人たちは商品をイベリア半島経由で陸送していた。そして彼らのなかには、年中通過可能な経路をたどって**ピレネー山脈**を越え、ローマ人を苦境に立たせる**ハンニバル**のような者たちがいた。そこでローマの**スキピオ**は、彼らの先回りをしてそのピレネー越えの経路を切断し、カルタゴの荷物のルートを支配するべく、半島の北東部に上陸したのである。ローマ人はひとたび半島の土を踏むと、さらに実質的な仕事が待っていることに気づいた。思いもかけぬ鉱山があり、ローマで不足している金属があること、鉱山に従事させる人手があること、穀物の生産地帯があること、良港と木材・**アフリカハネガヤ**・ロープ類など造船用のすぐれた資材があることを発見したのである。驚喜したのは無理もない。ギリシア人の観光客である**ストラボン**によると、カルタヘナの銀鉱山には「4万人の労働者がいて、毎日2万5千ドラクマの利益をローマ民族に与えていた」からである。言うまでもないが、これは驚異的な金額だ。そういうことで、紀元前19年にはもう、ローマ人たちはラテン語で**ヒスパニア**

と呼ばれたところを領有してしまっていた。そしてこの呼び名は、ある者によれば「ウサギの土地」を、そしてまたある者によれば「隠された土地」を意味するフェニキア語の名称であった。いずれにせよ、それは船乗りたちが方角を判断するために海岸線に付けた多くの名称のひとつである。

　ローマ人は胸の内に、文明化してやろうという大きな野心も、ラテン語を広めようという意欲も持ってはいなかった。ことは単純で、彼らが半島にいたさまざまな種族よりも実際的な組織を持つ者たちだっただけである。彼らはまた、民事と軍事にかかわる行政に関して面白い考え方をしていた。鋤などの革新的な技術を持っていた。強力で教練の行き届いた軍隊も。アルファベットのある高度な言語も。彼らはその当時まで知られていなかった天然資源の開発法と交通通信と交易のシステムを作り上げた。それゆえ、土地の特権階級の者たちが息子をローマの軍団に入隊させたり、ラテン語とギリシア語の学校へ送り込んだり、演劇やサーカスの興業に出むいたり、ローマ人の居住地や行政地区に住んだりするようになったが、そうなるためには、力を入れて宣伝する必要などなかったし、ほっておいても結局、彼らはローマ人並になることに関心を抱いた。この点に関しては舗装道路と商業のほうが、ラテン語文化を教える学校よりも重要であった。たとえば、エブロ河流域に浸透する――そしてかなり早期に達成される――ローマ化は、タラゴナからレリダとサラゴサを通って**ブリビエスカ**とか**パンプロナ**とか**クルニア**にまで引かれた通商ルートに沿っている。属州バエティカは将来アンダルシアになるが、そこのローマ化は最初に商業活動の接触が行われた土地であったことから非常に強かったため、**トラヤヌス**と**ハドリアヌス**の治世に就任したローマ系スペイン出身の27人の元老院議員のうち、18名がアンダルシア人であり、そのうちの9名が**イタリカ**生まれであった。彼らはローマでは、ラテン語の特別なアクセントによって知られていたようだ。

　ストラボンは紀元前14年に**プロバンス**やスペイン南部をめぐり歩いているとき、つぎのようにコメントした。「ここの現地人たちはみずからの習慣を変え、完全にローマ様式を採用した。ローマ風マントのトガをはおり、ラテン語を話しさえする。また自分たちの法体系も変えた」。先ローマ期の人々が「ラテン

語を話しまでする」ことでストラボンが驚いたのもゆえ無しとしない。多くの場合、ローマ化とラテン語化は共起しないからだ。ラテン語は、まず、あらたな入植地に移動したローマ人自身が話す。であるから、広大な地帯がローマの行政と法のもとに入っていても、新来の——ラテン語を話す——行政官には今度の被統治者たちが話す内容など、たいして重要なことではなかった。事実、ギリシア・ラテンのアルファベットのおかげで、ラテン語と接触するようになったイベリア語や**ケルト・イベリア語**や**ルシタニア語**のような古いイベリア半島の言語について記録された痕跡が残っているし、それらの言語はローマ人が採録することをやめたあとでも生き残っていたに違いない。そしてどれも徹底的に忘れられた。だから、ギリシア人やラテン人のおかげで記録された証拠はあるものの、その解釈には常に専門家のあいだで論争が起こるのである。たとえば紀元前 45 年には貨幣での二言語併用が姿を消す。このテーマに関して珍しいケースをバスク語が提供している。この話しことばは使用地域がローマ化されなかったわけではないが、何世紀ものあいだ維持されてきた。そして紀元前 80 年以降のことだが、ネシル Nesille とかエナサギン Enasagin の——フランス系バスク語の刻印のある——名前の親が、息子たちがクネウス・コルネリウス Cneus Cornelius やプブリウス・ファビウス Publius Fabius といったローマ風の名を名乗ることに平然としていたという情報がありさえもする。

　先ローマ期のイスパニアは非常に込みいった言語の迷路であった。多くの話者が、とりわけ田舎に住んでいる人たちだが、ラテン語を学習する必要があるとは思わなかったし、ローマの文民権力もラテン語が学習されるようにと躍起になることがなかったので、諸言語の併存状態が何世紀も続いた。地中海沿岸部にいるイベリア語の話者は最終的にラテン語に移ったが、他方、最初に渡ってきたローマ人のなかにイベリア語に移った者がいたとか、まったく自然にイベリア語で話のできる者がいたとかの情報もある。時間の経過とともにラテン語は迷路の壁を壊していき、不確実な情報しか残っていないこのイベリア語やケルト・イベリア語やアルタブリア語や**タルテソス語**やルシタニア語やその他多くの言語は姿を消していった。その当時の名残としてバスクの諸語が維持されて——今日の標準バスク語に併合されて——いるが、それらが残ったのは、

話し手たちの英雄的な抵抗によるというよりも、それらの地域が交通通信条件も悪く、開発すべき天然資源もなく、目立った都会の生活もなく、地中海側の港ほど有用な港もないことで、ローマ人の商業活動にとってほとんど魅力がなかったからである。そのうえローマ人にとって、その地は女性が支配している風変わりな習慣のある種族の国であると思えもした。宗教以外でも多少ローマ化した。その地のローマとのつながりは、ほかの者たちにとって、ある種の古風な雰囲気を持っていたに違いない。そこではロマンス語が何世紀ものあいだバスクの諸語と共存してきた。それだけではない。初期カスティリア・ロマンス語の敷地のひとつは、まさにその地域であった。すなわち、**アラバ**やビスカヤや**ギプスコア**の地であった。

　イベリア半島の言語地図はローマ人が到着する前にどれほど分岐していたかを考えれば、ラテン語はその異質なもので構成されていた地図を統合したことになる。しかしながら、ラテン語それ自体も均一ではなかった。中央部と西部に入植した者たちは mensa、 fabulare、 comedere と言っていたので、今日ではスペイン語もポルトガル語も mesa「机」、hablar - falar「話す」、comer「食べる」と言っている。地中海の側面に入植した者たちは tabula、 parlare、 manducare と言っていて、それが今日カタルニア語が taula「板」、parlar「話す」、menjar「食べる」と言っていたり、フランス語が table、 parler、 manger と言っていたりするものになっている。最初、これらの相違は、当のスペイン語で今日見られるような、coche「自動車」と言う者がいたり carro と言う者がいたりする相違と比べると、それよりずっと大きかったわけでもない可能性がある。しかしながら、当時の生活がさまざまな条件から孤立していてスムーズな言語コミュニケーションが難しかったゆえに、隣の村の話しことばと対照されることもなかったし、教養語法や文学語法よりも進んでいる共通規範に似たものも全然なかったので、小さな違いが積みかさなり、それが一体となって展開し、ときとともに、同族でも異なった新たなラテンの諸語、すなわちロマンス語になった。

　ラテン語の普及はローマの文民勢力の都合に決定的には従っていない。文民勢力はラテン語に関連する分野で十分な関心を示さなかった。その普及は、どちらかといえば宗教的な熱意、すなわちキリスト教の伝播のプロセスに負って

いる。政治的なローマ化は必ずしも実質的なラテン語化を含意していなかったが、実際、キリスト教化とラテン語は手をたずさえて進むことが多かった。しかしながら、**プルデンティウス**とかバルセロナ司教のサン・パキアヌスのようなスペイン系の名のあるキリスト教著述家たちは、西暦3世紀に入ってからでなければ、すなわちスキピオと彼のハンニバルに対する冒険から5世紀後にならないと現れない。このことはラテン語の大衆的な普及が固まるのにどれほど時間がかかったかということについて、漠然とした知識を与えてくれるであろう。キリスト教化を目指す本当の熱意はローマ人だけのものでなく、とくに、**レカレド**が589年にローマ人の宗教であるキリスト教への改宗を宣言した西ゴート族のものでもあったから、さらに時間がかかったかもしれない。そしてその改宗宣言は、**フランク族**が**クロービス**の改宗のあとでフランスにおけるカトリック教会の右腕になってから約100年後のことであった。

　西ゴート族はローマ化の度合いが強かったとはいえ、イスパニアでは**アリウス主義**の少数派でありつづけた。このことは純粋な宗教問題よりも、むしろ政治や経済にかかわる紛争を引き起こしていた。そのため、レカレド王は**第3回トレド宗教会議**において西ゴート人とローマ系スペイン人を例外なく、同一の宗教たるキリスト教［カトリック教］のもとに統一し、そしてそれを口実として、政治権力にとってさらに魅力のある別の統一政策を押しすすめた。そして、王国を共有していた2種類の民族を一体化するにあたり、全国に適用する新たな法典と、裁判関連の新たな基準を作成したのである。言いかえれば、君主国の権力が何倍も大きくなった。そしてその増大には2種類の障害が予想された。ひとつは、西ゴートの大物のなかの不満分子が干渉する障害、そしてこの障害に加えて、キリスト教にも新法にも無関心の姿勢をとり続ける大量の田舎者たちがいたことである。それゆえ、解決すべき最初の問題は、当時 correctio rusticorum と呼ばれたもの、すなわち、田舎者たちの教育とラテン語による彼らのキリスト教化であった。

　しかしながら、6世紀とか7世紀に田舎者の矯正に使われたであろう「ラテン語」の概念は、少しばかり検討しなおしたほうがよい。というのも、その当時では――礼拝式や典礼書は別にして――彼らにキケロの言語を教えるという

よりも、ラテン語が生み出していた土地土地の変種のことばをつかって口頭でやりとりしながら彼らをキリスト教徒にしていく、という話になったようだからである。そしてその仕事は、ほかにやりようがないので、下級僧侶たちが担当することになった。他方、書記言語である古典ラテン語は多かれ少なかれ完成されたラテン語であった。とはいえ、西ゴートの宗教的国家主義（とその政治的な関連政策）は、話されている多様なロマンス語を民衆が認知するための拍車になったに違いないし、そしておそらく、程度は低くとも一種の意識、すなわち、自分たちのことばを近隣の変種と違ったものにしていこうという意識が生まれることに力を貸したことであろう。それゆえ、ラテン語をロマンス語に変えて、すくなくとも宗教と政治の部門ではそれをスペインに普及させたのは西ゴート人である、というあの実に古い考え方には、今日のスペイン語文献学では実際上忘れられているとはいえ、（私の考えでは過剰評価されている）**バスコニア**の要素に与えられている重要性とはかかわりなく、たしかな基盤があるのだ。しかし田舎者を矯正して獲得されたはずのイベリア半島言語地図は、711年4月のある夜、タリク・ベン・ジヤドがタリファのあたりに下船したその日に分断されてしまった。分断はされたが、残ったものもある。

XLII. モサラベの出番

ジネルはコルドバの善良な男であった。彼は正直さが認められ、首長**アブドゥル・ラフマーン2世**（822-852）がひとりの裁判官に対して執行する裁判で証言した。ジネルの証言はとても誠実で表現力豊かだったので、首長は彼の証言だけでその裁判官を有罪にした。しかしながらアブドゥル・ラフマーンはジネルの証言を翻訳してもらわなくてはならなかった。ジネルはロマンス語で証言し、その裁判官を tío malvado「極悪な奴」とか malandrín「悪党」ということばで呼んでいたからである。まさにこれらが、首長を動かしたことばであった。20年後、コルドバの別の裁判官スレイマン・ベン・アスアドは、相手が望めばロマンス語で話し合うことができた。コルドバで、しかもアラビア化が最高度に

達している時期に、まさにその首長や裁判官を前にする厳粛な場で平然とロマンス語で話すことができたというのだから、ほかの町で、ほかの時期に、ほかの機会に何が起こっていたのか、容易に想像することができる。たとえば、1059 年に没したイスラム教徒の神秘主義者であるトレドのテマン・ベン・アフィフが弟子たちに、もし自分の話が上等なら何語で表現されているかなどはささいなことだ、と教えていたようなことである。敬虔な伯爵であるレオビヒルドの良き行いはこの点に関するひとつの見本になる。すなわち、彼はロマンス語でもアラビア語でも理解できたと想定しなくてはならないのだ。なぜなら、もしそうでなければ、**サンジェルマンデプレ**の修道士たちに心酔しているキリスト教徒であって、同時に、カリフのモハンマドがトレド人を相手にして 858 年に出陣したときの軍に迷わず入隊したことの説明がつかないからである。なんといっても、つねに戦争は、修道士への心酔よりも実り豊かな仕事ではあった。かなりあとのことだが、**ロドリゴ・ディアス・デ・ビバル**［エルシド］がレオビヒルド伯爵の行いに似たことをしている。他方、**アブドゥル・ラフマーン 3 世**の話だが、彼については何と言うべきだろうか。彼には韻文で小噺を作ることが好きなアブルカシム・ロペという名の大臣がいたようだ。大臣はそういう小話のひとつでアラビア語の韻が思い浮かばなかったとき、ロマンス語ではどうなるかと考えた。韻語を見つけることはできたが、首長を前にしているので、その二言語併用の小噺をどうしても口にすることができなかった。当のアブドゥル・ラフマーンはロペの意図を見抜き、su culo「彼の尻」というきっぱりとした一言で詩を完成させてやった。まさにそれが韻を踏むロマンス語だったからである。

　アラビア系の首長たちも裁判官たちも大臣たちも、どこにいってもロマンス語を耳にすることが大変なことだとは考えていなかったようだ。アル・アンダルスがイスラム教になってもロマンス語の痕跡が消滅することはなく、少し弱まっただけであった。アラビア語は書記言語に、そしていわば公用語になっていった（もし「公的な」という形容詞があの数世紀間の言語使用状況に適用されるならば、である）。アラビア人たちによって書かれる、そしてロマンス語を話すモサラベたちによって書かれる言語になろうとしていた。そして時ととも

に旧カスティリア語に刻印を残した。そしてこの刻印によって旧カスティリア語は、ロマンス語のなかで特に語彙の面で最もアラビア化した言語になった。いずれにせよ、多くのアラビア語話者は日常の雑事の折りにはロマンス語を理解し、ロマンス語話者もアラビア語を理解したことがわかる。そしてこの状況のなかでは、文化的な事柄とは非常にへだたっている、ある関心事が強く意識されていた。レオビヒルド伯爵の関心事、例のエルシド（ナバラのいくつかの年代記では Campeador「勇者」から Cambiador すなわち当時の「銀行家」になっている）の関心事、あるいはまた、韻語を求めるアブドゥル・ラフマーン3世の関心事である。トレドの住民を例とするならば、彼らが北部の住人と取引する必要があるときにはロマンス語が優勢になっただろうし、ハエンとかコルドバへ南下して商売するときにはアラビア語が優勢になっただろう。あのジネルも、コルドバからブルゴスに出向いたときには、その地の同時代人であるフレドゥルフォに、首長が彼の言い方である tío malvado や malandrín を使って裁判官を有罪にした様子を語って聞かせるのにさほどの困難も感じなかったであろう。フレドゥルフォにとって emir「首長」とか cadí「裁判官」は聞きなれないことばだろうが、tío malvado とか malandrín とか culo はそうでなかった。

　イスラム教徒とモサラベと北部の住人のあいだには、平和でのどかな共同生活はなかったとしても、このように複数の言語を使う交渉事のときに最もよく気づかれる、使用語に関する一種の互助姿勢は、確実に存在した。事実、モサラベのロマンス語はアラビア語から受ける圧迫によっても消滅せず、北部からやってくる人々が話すさまざまなロマンス語と合流していった。南に下ってきて、色々な協約によってイスラム教徒から活動分野を少しずつ獲得していった人たちのロマンス語である。他方、トレドのモサラベは、もしその気があれば、**1085 年**に**アルフォンソ 6 世**に率いられて**タホ河**の岸辺までやってきたレオン人やカスティリア人に見とがめられずにすんだだろう。北部の者たちは彼の雰囲気や職業や衣類や言語によって――人前でロマンス語で話そうとせず、モサラベ式典礼の教区教会のなかで見られたりしなければ――、彼をほかのイスラム教徒と見分けることができなかったはずだからである。

　ドミンゴ・アルポリチェン、別名ドミンゴ・ベン・アブダラ・エル・ポリ

チェニーはそのようなトレドのモサラベであったが、12 世紀のごく末期に、自分の町にある古いイスラム教の痕跡が北の人たちの行き来に従って消えていく様子に気づいていた。アルポリチェン家はトレドの有力な一族であった。とくに大聖堂参事会において影響力があったが、そこでは**ロドリゴ・ヒメネス・デ・ラダ**というナバラ人がすべてを取りしきっていた。大聖堂では、想像されるように、宗教上の祭式が執り行われていたが、しかしそこは、とりわけ、その土地の商取引を調整する一大センターでもあった。ドミンゴはカスティリア人とかレオン人とかフランク人とかナバラ人とかユダヤ人とかと共同生活するのに抵抗を感じるわけではなかったが、しかし彼の家族は、はじめは彼らと交わるときに偏見を抱いていたはずだ。ドミンゴはモサラベだったから、自身の教区教会では北部のキリスト教徒に共通のものとは異なる典礼に従っていた。そして彼の祖父母は西ゴートの根が深い特別法に従って生活してきたが、それによって彼らは、自分たちをカスティリア人やフランク人と区別していた。さらに、彼らがアラビア語を知っていたことの確率は非常に高い。

　しかしながらドミンゴは、4 世紀という長い年月の過去にコルドバ人のジネルの世代が体験していたのとは逆のプロセスを経験する世代に属していた。ジネルはローマ系ゴート人がイスラム教徒の権力を前にして、そして自分のロマンス語がアラビア語を前にして降伏する姿を目にしていた。すなわち、彼はモサラベという、イスラム教徒の覇権のもとに生きてゆくキリスト教徒になったのだ。それゆえ彼の側の者たちは多くがアラビア化したし、別の多くが（たいていは税金を前払いして）自分たちのロマンス語や習慣や宗教を維持した。しかしながらドミンゴは自分がジネルよりも幸せだと思っていた。イスラム教徒たちが北部からやってきた者を前にして降伏する姿を見ていたし、彼にとって幸いなことに、北部の者は典礼は異なっても同じ宗教の人間であり、古いローマ系ゴート人という根のところでは一致しており、彼らとはロマンス語で理解し合うことができたからだ。そして全能のアラビア人たちが**ムデハル**という、キリスト教徒の覇権のもとに生きていくことになるイスラム教徒に変わる姿を見ていた。ドミンゴの祖父母は純粋主義の強い願望のせいで、依然としてモサラベと北部人のあいだに宗教や法律や言語の差別を行っていた。モサラベたち

と北部人たちは、ときとともに、そしてとりわけ、トレドがイスラム教徒の商人たちとブルゴス主導の強力な商業組合とを仲立ちして結びつけ、両者の取引が展開するとともに、たがいに合流していった。ドミンゴの同時代人の多くは彼のようにモサラベであったが、なにかの証書がアラビア語で作成されたときには、公証人が彼らのためにロマンス語に翻訳してやらなくてはならなかった。トレドはそのような合流の奇妙な事例であった。たとえば、アルポリチェンの側の者たちは——司法的に確立された規定に忠実に——記述された法律をカスティリア人たちに与えた（カスティリア人は法律を、慣習として別の形で、すなわち生の声で運んできていた）。そしてカスティリア人たちは言語の合流によって、彼らの刻印があるとはいうものの一種の共通ロマンス語が生まれるのを手助けしたが、その共通語は古いモサラベの特徴を消してしまった。ドミンゴが売買契約書を作成するときには、一から十まで、安定していて使いやすいカスティリアのロマンス語で書くのであった。

アルポリチェンたちやラダたちやその当時の他の多くの商人の活躍によって、1207年になると、ほかならぬ**アルフォンソ8世**は、まさにトレドの地で、多くの商業上の往来を制御してトレドを通る商品に値段を付けるための身分制議会を容易に組織することができた。そのような調整は多種多様な出自の商人たちが従わなくてはならないものになっていった。全員が便利でわかりやすいように、カスティリア語で書かれた。カスティリア語は、言いかえれば外交文書のためにデビューしたばかりの言語であり、どこにでもあるラテン語を外交文書から追放しはじめた言語でもあった。

しかしジネルの時代からアルポリチェンの時代までには長い時間がたっている。その期間に、トレドの北側でさまざまなことが起こった。カスティリアの君主が13世紀のほんの初頭に、多様な臣下の商取引を、だれもが一層よく理解しあえる言語で調整することができるようにしたことなどである。そしてその言語は、文書にすることもできた。

XLIII. 1月の8人の息子たち

カスティリア語使用地域の出現。国境の地域と人々と、彼らが使用言語に及ぼした影響。

　必要に迫られて行動し、結果として利益を得る人々がいる。たとえば、古いアストゥリアスの王たちの時代に生きた人たちである。上陸して間もないイスラム教徒の脅威が南方にあるので、仕方なく、多くの人たちが羊の放牧の専門家になった。単純だが実際的な経済である。羊は毛やミルクや肉を提供してくれるし、そのうえ移動する。その家畜に草を食べさせようと連れていくが、イスラム教徒の襲撃があればどこかの小道や間道に急いで連れ込んで隠す。イスラム教徒たちは畑や町や家々を自分のものにすることはできようが、すぐにいなくなる家畜を手に入れるのは難しい。イスラム教徒がいなくなると羊が戻ってくる。健脚の羊はかなり南まで下って、おなじ速さで北に戻ることができる。

　8世紀末、**アルフォンソ2世**は羊の移動経路の保護を強化した。すでにある程度の農業活動や初歩の商業活動が近辺に確立しているところを通る道だ。強化は**アストルガ**からサラゴサに続く古いルートに沿って行われた。たしかに広大な土地だ。計画は素朴なものだった。すなわち、農牧業の開発のための定住地を選定し、ムーア人の襲撃に備えて真ん中に砦を建設し、だれか無謀な伯爵がその防衛の責任者になり、人々にそういう勇敢な生活の面白さを教えるのである。それらの砦が並んでいる地域は、昔からバルドゥリアという名で知られている土地にあった。この名称は、その土地の個性になる新たな一連の防衛用定住地に敬意を表してすぐに変えられた。それがカスティリア Castilla であり、文字どおり castillo 「砦、城」の複数形であった。

　その土地に再び人を住まわせるための方策として、定住を決意した者に何らかの特権が与えられた。彼らはそこそこ容易に土地を入手することができた。

気に入った草原に杭を打ち込み、その周囲を音を立てて、できるだけ大回りして歩くだけでいい。すると、その範囲内にある土地はすべて彼のものとなった。税金も普通より少なかったろうし、関税や通行料として払うものも少なかったか、あるいは全額免除であったろう。そのかわり、ムーア人の襲撃のときにはその地でなんとか持ちこたえることになっていた。この方策は民衆にとって、予想に反して好評であった。とくにドエロ河の北に広がる西の周辺地帯で評判が良かった。そこにはイスラム教徒がほとんどいないか、いてもごくわずかであった。さらにそこにいる少数も攻めやすかったので、入植者たちが南に下っていくと、ときには完成した町や家屋に出くわすこともあった。幸運だった。エブロ河の方面にある東の周辺部に再入植した者たちは難儀したが、それは、そこに住んでいたイスラム教徒たちがしばしば多人数であって土地を放棄するのに大きな抵抗をみせたからである。

　いずれにせよ、かつてのバルドゥリアに人々が集まりだした。多くの人であった。運まかせで生きる者があふれる国境定住地に典型的な、ある独特の生活スタイルの人々であった。そこはイベリア半島にある一種の Far West すなわち兵士や牧人や商人のいる「遥かなる西部」であった。定住者よりも放浪者のほうが多かった。彼らはもともとの自分たちの土地を放棄して更なる幸運を求め、自分たち同士で組んで大勢のムーア人と戦ったり、あるいはムーア人と組んで内輪で戦ったりして幸運を手に入れることに、なんの不都合も感じなかった。姻戚とか主従の縁はその地に着くまでに雲散霧消していた。そして非常に雑多な境遇の出身者たちであったが、多くの者たちの言語の基盤が分岐していたとはいえ、それは同じラテン語から相続したものだったので、――興味深いことに――たがいに理解しあうことができた。それゆえ彼らは、ロマンス語の少々粗野な性格の一変種に合流することになる人々の集まりでもあった。そしてその粗野な性格は否定しなくてもよい。この変種は斧で切断してできたようなものであり、聞き慣れない発音をしていたので、ラテン語に一層よく似ている近隣の変種と見分けることができた。昔の年代記作家たちが言っているように、それは「ラッパのように響く言語」であった。言うまでもないが、それがすなわち旧カスティリアの言語である。

この独特なロマンス語の派手で革新的な特徴は、人々の性格によるものではなく、ひと味違う話し方でもって目立ちたいという意図のせいでもなかった。国境地帯の人間はその気がなくても「ひと味違っている」からである。彼らは生活の物質的な諸条件が派手で革新的なので、自分たち自身もそうなったのだ。この彼らの条件は、因習的なやり方にしがみつき、先祖が固定してきた人付き合いとは根本的に違う人的接触などのことは考えず、自分たちの町や村にとどまって拘束されつづける人々、そういう人たちの条件とは異なっていた。

　国境地帯は別世界である。人々はやってきては去り、親しんできた発音も、祖母たちが伝統的に伝えてきてくれたことばも、維持するすべはない。非常に雑多な新語を耳にしはじめるし、よそ者と理解しあうために珍奇な約束事も設定しなくてはならない。そのようにしてカスティリア語は生まれた。具体的に誰のものでもない国境の言語としてである。その新しくて珍しい発音はモサラベのものでも、フランク人のものでも、アストゥリアス人のものでも、イスラム教徒のものでも、ナバラ人のものでも、バスコニア人のものでもないし、さらにはカスティリア人のものでもなく、全員に、かつてのバルドゥリアに姿を見せた者全員に適合する約束事なのであった。そのようなコミュニケーションの記号体系は、大抵、完成した言語としては認知されないだろうし、どちらかといえば便利な道具でしかないだろう。それもこの言語の幸運のひとつである。すなわち、単なる相互理解の、ゆるくて広範囲に通用する手段として出現したことである。この手段のなかには目新しい事柄が、すなわち使えばすぐに出身地を問題にされるような場所では生まれ得ない事柄がおさまっていた。カスティリア語はそのように、いわゆる西のアストゥリアス・レオンの地から東のパンプロナやアラゴンまでの土地のあらゆるものを飲み込んでいった。そこはイベリア半島中央部をまたぐ広大な土地であり、そこには相互理解しながらも落ち着かない多くの人々がいた。

　王のアルフォンソ6世 (1102-1109) がログロニョや**サントドミンゴ・デ・ラ・カルサダやナヘラ**などの定住地といっしょに**サアグン**やアストルガや**ポンフェラダ**といったレオン地域に再入植を行うとき、さまざまな年代記によれば、それには「**ガスコーニュ人、ブルターニュ人、ドイツ人、イギリス人、ブルゴー**

ニュ人、**ノルマン**人、**トロサ**人、プロバンス人、**ロンバルディア**人など、さまざまな国と珍しい言語の再入植希望者」が加わっていた。100 年たつと、再入植希望者たちはトレドで、曾祖父母のきわめて多様な言語基盤にもかかわらず、王家の査定士から「豚の生肉 1 **リブラ**はペピオン硬貨 5 枚のみ」と指示されるときに同じ言語で理解しあっている。両者の時期の中間に当たる1156年ごろ、ソリアのディエゴ・ペレス・デ・フエンテアルメヒルという名の者が、以前セゴビアに立ち寄ったことのある**オスマ**の司教ホアン 2 世に所属しているアルコサルの城の権限を譲り受ける。贈呈式にはアラゴンの王に派遣されたフォルトゥン・ロペスとかいう者、ベルナルド・デ・パレンシア、ナバラの女王**ブランカ**の礼拝堂付き司祭などが出席する。テキストは 9 世紀以前のソリア人、セゴビア人、アラゴン人、パレンシア人、ナバラ人に用意されたものと同じだが、本書の読者にも理解できることだろう。すなわち、"E io Diag Pedrez prometo a Dios e a sancta María e al obispo d'Osma que los pobladores qui son el Alqozar e qui hi poblarán que los tenga a tal foro qual el obispo les diod d'Osma".「そして私、ディエゴ・ペレスは、神と聖母マリアとオスマの司教様に、アルコサルの住人とそこに住み着く者たちが、オスマの司教様が彼らに与えられた特権を享受できるようにすることを約束します」。言語においてブルターニュ人とトロサ人とドイツ人とナバラ人とアラゴン人とソリアの人々とをついに結婚させてしまったこの混成言語は、国境地帯に典型的な混合物なのである。国境地帯は結果として領土的にも人的にも大きかったので、それはよく耳にされ、隣接地帯にやすやすと入り込んでいく混合物でもあった。

　イベリア半島のロマンス語はどれも似かよっていた。同じラテン語という母親から生まれた子供たちだった。しかしながらカスティリア地域では、国境地帯だから変動しやすいという条件によって起こる変化によって、はやばやとほかの地域の言語と十分識別できるようになる。ポルトガル語の oito filhos de janeiro とカタルニア語の vuit fills de gener（フランス語の huit fils de janvier も含めて）はよく似ている。そしてこれらは、また、南のモサラベが言ったであろう oito fillos de yenair とそこそこ似ている。そしてこれらすべての語句はラテン語の octus-filius-janarium と似ているのだ。もしアルフォンソ 2 世がバル

ドゥリアの防御を固めていなければ、イベリア半島全域で同じような語句が生み出されたことであろう。バルドゥリアは国境地帯であったから、住民たちは結果として、周囲にあるものとはかなり異なった、そして各自が国境の地にもってきたものとも少しずつ異なったものを作りだした。それは ocho hijos de enero「1月の8人の息子たち」であった。この発音法は、ポルトガル語やカタルニア語やモサラベ語やフランス語やラテン語と比べると、まさに逸脱である。すなわち、hijo (<filium) は語頭の f を失って奇抜な j を組み込んでいるし、ocho (<octus) では新しい音のチ ch が姿を見せているし、enero (<janarium) にはポルトガル語とかフランス語の j も、カタルニア語の g も、モサラベ語の y もない（すべてスペイン語の y すなわちジのような発音）。結局、hijo、ocho、enero という風変わりな言い方になった。おそらく当時なら、この発音法は粗野な人々の単なる野暮だと考える者もいたであろう。国境地帯の逸脱、野暮、風変わり、あるいは田舎風、といった発明品はヒットしていくが、それは、なかでも、いくつかの都市で周知徹底されていったおかげである。

XLIV. ブルゴス株式会社

ブルゴスの通商能力とその言語的影響力。

　ブルゴスは884年ごろ国境線にそって再入植された都市——と呼べば都市であるが、むしろ大きな村——のひとつであった。西の側面部では当時、**オポルト**や**コインブラ**や**サモラ**や**トロ**などの都市が並存していた。人々にとってしばしば頭痛の種であることが、ときとともにブルゴスにとっても、ひとつの宿命になっていった。貧困である。大きな天然資源も農業生産も牧畜生産も、一度として手に入れたことはなかったし——気候さえも助けにならなかったし——、ほとんど一時しのぎの定住地であったから、そこの住民は生きのびるために、商業活動に従事した。それは彼らの最良の決断であった。ブルゴスは時間がたつと、羊毛取引や、熱心な巡礼活動から生まれた当時の宿泊施設のサービスと

いった仕事に元気づけられ、本物の商人たちの共和国になっていった。フランスやイギリスやドイツやロンバルディアの商人が早々とその地に定住した。彼らはメセタの北部にあるいくつかの大都市と結びつき、カンタブリア地方の港を通って北ヨーロッパの通商回路と関連づける商業目的の連絡網を張りめぐらせた。

　そういうことだから、900年前のブルゴスには2種類の目立った特徴があった。ひとつは集約された商業活動で、もうひとつは国境の地に生まれた革新的な話し方であった。このふたつの、一見しただけではつながりそうにない特徴が結びついてひとつになっていったが、それも偶然ではない。なぜならば、商業活動は——基本的に、ブルゴス人が自分たちの生活環境とは無関係で非常に雑多な人々といっしょに動いたり交際したりすることだから——とても多くの活動分野で自分たちの言語を駆使し、かかわらせたからである。上記の北部の港がその一例になる。すなわち、あちらこちらの港からイギリスやドイツやオランダに向けて出てゆく製品の大部分は、ブルゴスでその手続きがなされていたし、実際、税関で働いている役人はすべてブルゴスの出身であった。彼らが自分たちのやりかたで話したり——そして書いたり——するとき、ほかの者はその真似をしたが、そうすることで、アストゥリアスやバスクの話し方や、そしてカスティリアのその他の、ブルゴス人によって評判の高まった国境地帯の話し方とは違って孤立していた話し方は、片隅に押しやられていった。

　ブルゴスの幸運はこれで終わらない。ブルゴスの商人は12世紀末から、王国を通行料や関税や税金といった障害なしに動き回れるという特権を享受した。ブルゴスのものは、そのなかには言語もあったが、カスティリアとその近隣諸国で自由に動くことができた。この町の成功はそこまでであったわけでもない。すなわち、多くの者が裕福になり（burgalés「ブルゴス人」は実際、17世紀までrico「金持ち」の同義語であった）、貨幣を発行し、パルド家、クリエル家、アルテアガ家、アランダ家といった一種の商業貴族を輩出した。そして彼らは12・13世紀には王室に金を貸していたが、まさにそのことによって、王室の政策決定に強い影響力を持っていた。

　ドイツはどうだろう。興味深いケースがある。ブルゴスが富を蓄積していた

ころ、商業活動で豊かになった町がそこにある。**リューベック**だ。**ハンザ同盟**の首府であった。そこの商人たちは自分たちの個性的な言語用法を、共通語のレベルにまで押しあげた。**低地ドイツ語**である。それは中央ヨーロッパ北部の全域と**バルト海域**とスカンジナビアで通用した。途中でブルゴス人の船隊と遭遇し、おたがいが助け合ったり、息子たちと娘たちが結婚しあったりしても、とくに注意を引きはしない。商品と言語が手をたずさえて移動する人生である。ブルゴスもリューベックも文学や文化の知識の中心地ではなかった。そのようなことは両者にとって何でもないことだった。自分たちが使う言語が、その使用が容易に普及したり流行したり有力者の話し方として受け入れられたりしたことで手に入れた幸運は、つぎのような単純なことわざで実に容易に理解できる。「金は人を呼ぶ」である。今日ではスペイン語の話し手に独特の特徴、すなわち b と v の発音の同等化、ほかの地方では filho と言っていたのに語頭の f- が失われたり例外的な軟口蓋音の j があったりすること、ほかの地方では vuit とか muito と言っていたのに ocho「8」や mucho「多くの」にある硬口蓋破擦音 ch を発明したこと、ほかの地方の axada や faxa に対して azada「鍬」、haza「耕作地」と言うときの無声歯間音 z のこと、これらすべては、10 世紀にカスティリアの国境地帯に植えつけられていた。ブルゴスがそれらを広汎に流布させたのである。ブルゴス株式会社が振り出す典型的な手形は為替手形［letra de cambio（cambiar「変える」の関連形）］であったが、これ以上にうまい言い方はない。なぜならば、その手形はラテン語の octo-filium-januarius を ocho hijos de enero に変えたからである。しかし発音することと書くことは別物だった。

XLV. ロマンス語正書法のトリック

ロマンス語が記述されはじめた理由とその様子。書くことの実際的な必要性。

　大勢を前にしてフランス語で話をしなくてはならないがフランス語はわから

ない、という場面を想像してほしい。有力者や王やどこかの総裁は、しばしばこういう立場に立たされる。外交辞令として、ときには知らない言語で短いせりふを口にしなくてはならないのだ。解決法は簡単である。もし、フランス語を知らないままフランス語でスピーチをしなくてはならないのなら、Bonjour mademoiselle 「お嬢さん、今日は」と読むテキストを使って事態をこんがらがらせてはいけない。bonyúr madmuasél と読めるようなテキストを求めればいいのだ。フランス人を前にしているのなら、おおむね後者のように発音するのである。これがロマンス語の秘密であった。

　ロマンス語の書記法は自然にできあがったわけではない。中世では、読んだり書いたりするのは特別な仕事であった。そういう仕事をする者は大抵ラテン語で行った。彼らはロマンス語を話していたが、記述テキストを作るときになると、勉強机のうえで学んだラテン語学 latinidades にすがる以外に手はなかった。話すのと書くのが別々の方式であっても、中世のラテン人 latino、すなわちラテン語をあやつってその文法を勉強する者には、苦にならなかった。それが自然だと思っていたのだ。今日、フランス人が mademoiselle と書いて、書いた文字をひとつずつ発音しないことが当たり前であるように、かつてはカスティリアの修道士とか公証人は januariu と書いて enero と読んだり octus と書いて ocho と読んだり filiu と書いて hijo と読んだりすることが普通だと認識していた。発音するとおりに enero、 ocho、 hijo と書きはじめたのは優れた思いつきであった。これこそ「ラテン人」たちのアイデアであり、ほかの者の話ではない。

　ロマンス語はラテン語を知らない者たちが、まさにラテン語を知らないという理由から書きはじめたという考え方は、理屈は通るが、じつは間違いである。ロマンス語の書き方はラテン人たちの発明である。彼らだけが、当時では文字や書き方にかかわることができたのであり、彼らだけが、発音しているものをいかに正確に文字で表すかという困難な問題について考えることができた。カスティリア語の場合、その土地特有の書き方は1023年ごろオビエドの司教をしていたポンス・デ・タベルノレスの庇護を受けているフランスやカタルニアの修道士たちが磨き上げていった、と考えるのが理屈に合っている。彼らはレオ

ン地方のサアグンという町のあたりに定住していたと思われる。フランス人やカタルニア人はロマンス語を記述する新たな方法に関してはいくらかの経験があり、王たちと法王庁との政治的取り決めによってカスティリアにやってきていた。カスティリアに入るとすぐに、カスティリア人のロマンス語の発音に自分たちの書記技法を適用した。

　このアイデアの起源をひとことで説明するような答えは出しにくい。たしかに、「ラテン人」全員が書き方の新しい流行に加わったわけではなかった。カスティリア人たちは聞こえるとおりに ocho hijos de enero と書きとめることによって他の者よりも先んじていたわけでもない。しかし、彼らは独特の行政や経済や政治の仕組みを持っていて、その仕組みと同じように実際的な解決法のほうへ傾いていった、と言うことはできる。カスティリアは近隣の国々とは反対に、書かれた法律で統治されているのではなかった。そこは多くの国境地帯とおなじように、「法律のない国」であった。習慣や用法や「判決」はあったが、それは慣習に従ってほとんど常に口頭で適用された。王自身も裁きや業務を口頭で執行しながら、苦もなく王国をめぐり歩いていた。口約束の頼りなさを教える格言「ことばと羽は風がさらっていく」に反して、彼のことばは風がさらっていかなかった。王の口からしか出なかった。そしてそのことばは証人たちの記憶にとどまり、書かれた書類と同じか、あるいはそれ以上の法的効力があった。なぜならば、裁きのような場所には実際のところ、読んだり書いたりすることのできる者はひとりもいなかったからである。テキストは、交渉されたり取り決められたりしたことを他人がラテン語で読めるから、というより、むしろ、せいぜい取り決めに関する物的な記念のカードとか書き物として羊皮紙にラテン語で書かれたにすぎない。

　しかしながら再入植が進み、人口が増え、多種多様な人々がカスティリアのあちらこちらの中心地に定住すると、商取引からの要求によって官僚主義の機械的システムを採用する必要性が倍加したが、そういう仕組みにおいては、書類や登記を書いたり昔の口頭の裁定を記録に移したり売買契約書を大声で読み上げたり、などの仕事が、徐々に増えていった。そのような書類づくりをすべてラテン語で行うことに大した意味があるわけではない。いってみれば古い書

き方で記載することになる。januario と書いて enero と読んだ、あのやり方である。それゆえ、書く仕事に従事する多くの者が、一層実際的で役に立ち、そして特に、書類の作成者たちのあいだで解釈の取り違えがほとんど起こらないという近代的な書き方に移行することを考えはじめた。それだけではない。書かれた法律では統治されないというカスティリアの習慣のせいで、古いラテン語のテキストに現れてもいなければ正確なラテン語の名前もない独特の社会制度ややり方が生まれることになった。だがそのようなラテン語の名前など、無理して探すこともない。1090 年以降、その方法で書かれたカスティリアの法律のコレクションが存在するからだ。ときがたつと、ラテン語による書類の作成も有効であり、目立って発展し、洗練されはするが、じかにカスティリア語で書いて作成される特別法や権利証書が普通である、という度合いが徐々に大きくなっていく。しかし書かれるカスティリア語を、ときにはほとんど人に知られることなく練習している者たちがいた。具体的に言えば、大修道院にいたのである。

　昔の修道士は祈りと果樹園の世話に従事していたという考えは、間違ってもいるし牧歌的でもある。大修道院は祈りの家である以上に、じつは大変なところであった。しばしば領地の経済生活を統制した。ときには仕事相手が驚くほど枝分かれして広がっていた。目立った例を出してみよう。**リオハのサン・ミジャン**修道院である。そこの修道士たちはラテン語で敬虔なテキストを書いていたが、『サン・ミジャンの鉄格子』を書いた修道士でもあった。

　『鉄格子』は 200 強の町村の名前が詳述されている珍しい文書であるが、その町や村はサン・ミジャンの納税者であり、地代や各種の支払いや、当時の農作物とか産業に関する通商協定によって修道院と結びついていた。『鉄格子』を読めば気づかれることだが、サン・ミジャンの通信ケーブルは領地であるリオハを突きぬけて広がっていた。すなわち、ナバラに広がり、そしてカンタブリアの周辺部に枝分かれしてパレンシアや半島中央部にまで届いていた。『鉄格子』はラテン語ではない。文書のなかに記載されている内容が、ロマンス語で生活している町や村と取り交わされた通商協定であるから、ラテン語で書いてもたいした意味はなかっただろう。サン・ミジャンの修道士たち以外にも、その時

代に同様の一覧表を作成したケースがある。サン・フスト・イ・パストル・デ・ロスエラの修道院の食料品係である修道士が、980 年に修道院で消費されたチーズ（知りたい人もいるだろう、26 個である）の計算をするときに、おなじくロマンス語で作成した一覧表である。『鉄格子』よりも古い。

　商取引においては、たんなる文化的な興味からというよりも、経済的・法的なつながりに強くせきたてられ、実用的な書き方を試したり人々を訓練して書き方をマスターさせたりしなくてはならなくなった。各地に点在する大修道院は、その作業の格好の見本になっている。「語注解」、すなわちラテン語のテキストの余白に記載するロマンス語の注解の書き方を練習していた人たちは、それ以前からまさにその書き方を業務の管理に利用していたが、その種の管理ではラテン語が、役に立たないか、あるいは新たなロマンス語風正書法ほど実際的でなくなっていた。彼らはラテン語学を勉強しながら、ロマンス語書記法の実技を洗練していった。趣味で洗練していたのではない。手続きを、とくに証人を前にして書類を大声で読み上げる手続きを敏速に、そして簡略にしてくれるようなコミュニケーションの記述方法が必要だったからである。おおよそのところ、このようなことが今から 1 千年前に起こったのだ。文献学者たちはしばしば、そういうものがアラゴン語で書かれていたのか、リオハ語でか、ナバラのロマンス語でか、あるいはカスティリア語で書かれていたのか、ということについて論争してきた。しかしこの件は逆方向に解釈することもできる。すなわち、アラゴンやリオハやナバラやレオンやカスティリアの人々が、おなじような話し方をするという偶然があったので、無理をしなくてもパンプロナからサアグンまで十分によく理解しあえるのだから、──自分が政治や行政や方言のなかで占めている位置を十分には意識することもなく──話していることを書類に記述するとき、めいめいがどのような工夫をしたのか、という観点からの解釈の仕方である。カスティリア人が新たな書記方法を利用したとすれば、それはしばしば、一層近代的だとか一層巧みだとか一層教養度が高いとかの理由からではなく、自分たちの政治的・軍事的・経済的な組織のタイプに非常によく合致していたからである。彼らには強みがもうひとつあった。規範が多様で自由に多言語を使用している状況、すなわちその当時、頻繁に起こっていた

状況では、カスティリアのロマンス語を話している者が一番多かったので、その言語で書かれる——あるいは読まれる——文書は格好の調停者になれたことである。

1206年3月26日、レオンの**アルフォンソ9世**とカスティリアのアルフォンソ8世が講和のために合流した。はじめての合流ではなかった。しかしラテン語を使わないのは、そのときが初めてであった。レオン人たちがラテン語を避けたからではなく、カスティリアの外交団長であるディエゴ・ガルシアがその折りのために、両者が使う予定の大部の書類をカスティリア語で書いて用意していたからである。その協定は、いくつかの城とその収入の分配の仕方に言及していた。テキストはその場の全員に知らせるために大声で読まれたはずである。また、その演説がレオン側にも難なく理解されたと想定するべきである。そうでなければ、ほかならぬディエゴ・ガルシアがカスティリア語で書かれた書類の写しをレオンの王に与え、レオンの王はそれをごく自然に自分のものとして保管したことが理解できない。両アルフォンソのあいだの休戦はそれまで常にラテン語で取り決められていたから、ということが理由として出されないかぎり、そういう書類にカスティリア語を使っても問題になることはなかったのだろう。

しかしながら1206年の講和条約は特別であった。すなわち、支配している城や税関が生みだす収入の通貨**マラベディー**に関する非常に重要な金銭問題がある一方、カスティリア語が使われればカスティリア側が和平の取り決めで非常に有利になるのだった。これらすべてのことから、テキストがレオン側の同意を得てカスティリアの外交事務局で準備され、マラベディーの数量にしても紛争の火種であった城の名称にしても、疑義の生じない書記体系で記載されたのだ、ということが理解できる。わかりやすい例をあげてみよう。もし、そこに集まっていた者がだれでも Castroverde 「カストロベルデ」という場所を知っていたとすると、その名をラテン語で Castrum Uiridis と書くことにどんな意味があるというのだろうか。ほかの場所のように見えるかもしれない。そうなると、両アルフォンソの孫たちが随分あとになって、祖父たちがラテン語で署名した和平協定のほこりを払いおとし、Castrum Uiridis が Castroverde なのか

Castrouridiales なのかを論争し、双方が新たに宣戦布告する、という事態になるかもしれないだろう。

　ロマンス語の正書法ならこのような解釈の不都合を避けることができた。行政や司法や経済のテキストに適用された新たな書記体系とその細心の工夫に一番よく通じている者のなかに、パレンシアの専門学校で教育された書記たち、すなわち1206年には少なくとも100年のカスティリア語書記法の伝統を背負っている者たちがいたことに間違いはない。書記法の組立ても悪くはなかったが、しかし、つまりは伝統の力だ。こういう事情はレオン人たちも、外交上のいざこざもなく認めただろう。そして彼らは、そのやり方で書類を作るにはディエゴ・ガルシア側の若者たちのほうが役に立つのだということを納得していただろう。国境地帯の人々のあいだでは、レオンの種々の話し方とカスティリア語のあいだにある国境が相互理解不可という定義によって線引きされたことは一度もなかったし、金銭の問題ではそれ以上に通じあっていたから、カスティリアのガルシアたちが一方にも他方にも同じように使えるロマンス語のテキストを用意したのである。議論の余地があるとすれば、それは書類のカスティリア語化が、カスティリアのアルフォンソ8世の側において、明白に愛国者的な肯定を意味していたかどうか、あるいは、自分たちの外交団がレオン側の外交団よりも進んでいるということの示威を意味していたかどうか、という点である。両アルフォンソは救いがたいほど仲が悪かったが、その理由は多分、レオンのアルフォンソはウラカと離婚するまでカスティリアのアルフォンソの娘婿だった、ということであろう。仲裁が入ったころには、元しゅうとと元妻はレオンのアルフォンソを生活できないほどの窮地に追い込んでいた。しかし最も説明が困難なのは、ディエゴ・ガルシアがそれほど重大な書類にロマンス語書記法を使うことに同意した理由である。というのも、当時の有力な「ラテン人」のなかに、正書法の前衛思想について熟知していても熱狂はしなかった者がひとりいるとしたら、それがディエゴ・ガルシアだったからである。

XLVI. 1207年のトレド

初期のカスティリア共同市場と、その言語表現。

　ちょうど1年後の1207年にもう1本の重要な王室文書が同じくロマンス語で書かれたが、この言語で書くことを承認した責任はディエゴ・ガルシアの執務室にある、とすることはできない。この年、じつに明解な目的のために、トレドに身分制会議が招集された。カスティリアに流通している商品の配分方法と価格を組織だったものにするためであった。トレドには多くの人が到来したが、しかし**カストロ・ウルディアレス**とブルゴスとセゴビアの代表者の数が群を抜いていた。ある者たちはカンタブリアの主要な港（カストロ・ウルディアレス）から、ある者たちは優れて商業的な都市（ブルゴス）から、そしてまた、ある者たちは王国の主要な繊維産業都市（セゴビア）から集まってきていた。当時の年代記を信用するならば、レオン人やポルトガル人やガリシア人も招集されていた。彼らはトレドで、アラビア系スペインの世界との商業上の連絡係である者たち［トレド人］と合流した。1207年の会議は、言ってみれば、その当時の商業貴族と、アラビア語で取り引きして豊かになったトレドの特権商人を、一ヶ所に集めたのだ。後者は豊かになっただけでなく、アル・アンダルスの巨大なビジネス・チャンスを視野に入れており、アルフォンソ8世がタホ河の南方全域、すなわちラ・マンチャと**シエラモレナ**に向けて計画している再入植事業を満足げに眺めていた。

　1207年の文書はカスティリアのロマンス語で書かれている。商人たちの要望を満足させるためであった。いくつかの書式はラテン語に譲歩しているが、しかし織物や皮革や乗用馬や肉や魚（参考までに記せば、新鮮な鱒は2**スエルド**だった）や金具類や鷹や捕獲獣の値段や輸出とか外国商人との関係に関することをすべて指示するのに、その全部がカスティリア語で書かれている。ほか

にやりようがなかった。この文書は王国全域で履行が義務づけられるものになる予定であり、有効期限が長くなると予想された。前年に署名された講和条約のときと同じように、取引でラテン語を利用していない人々に向かって名前や製品や価格をラテン語で示せば、それは1種の障害になっただろうし、不都合なまぎらわしさを引き起こしたであろう。トレドで合意しようとしている人たちが商人であれば、共通語で合意することになったに違いない。

　ある意味では、1207年の身分制会議は、繁栄を約束する南部の土地を視野に入れた小振りの国際共同市場がテーマになったと言える。会議の参加者は3種類の言語を使いわけた。すなわち、形式的なことに使うラテン語、トレド共同体でよく知られていてトレド以南に出かけるときには必要不可欠なアラビア語、そして共通語のカスティリア語である。その他のロマンス語の変種、たとえばモサラベたちが話していたであろう古風な言語や、アルフォンソ8世の祖父母に従ってトレドまでやってきていた者たちのレオン語や、ナバラ語や、リオハ語などは、王が署名した公定価格表を理解することのできる言語、すなわちほとんど共通語になっているカスティリア語に近い様式に変わってしまっていた——か、そうなる途中であった——。

　1207年1月のある日。その日は単なるもうひとつの日付である。その日以前には起こらなかったしその後も起こらないようなことは全然起こらなかった。身分制会議が招集された日である。王国のおもだった面々が集まってきた。しかし、単なるもうひとつの日付であるとはいえ、トレドの議事録が卓越した文学的な文書を全然含んでいないとはいえ（歴史学者でもなければ、退屈な内容である）、1207年の1月、トレドでは興味深いことが行われた。すなわち、カストロ・ウルディアレスとブルゴスとセゴビアの人々と、モサラベとナバラ人とレオン人とポルトガル人とガリシア人が集合したのである。そして問題の王は彼らにラテン語で——Adefonsus Dei Gratia Rex. Concilio Toletato: Salutem「神に感謝する王、アルフォンソである。トレドの会議で挨拶をする」と——宣言したあと、重要な文書を彼らに手渡す。それは全員を同等な者とみなしており、全員が履行するべき内容の書類であり、王国全土に有効な文書であり、そして、彼らが問題なく同等な者として扱われ、彼らがかならず履行することができて、

全員に有効であるような、そういう言語で書かれていた。その言語はまさに彼らが長年自分たちの取引を行ってきたときに使用したものであり、そして彼らはその取引のことで1207年、タホ河の岸辺のトレドにやってくることになった。その言語で書かれた内容は次のように聞こえる。"Sepades que entiendo que las cosas se vendíen más de so derecho & era vuestro gran daño & de la tierra & del arzobispo & de los bonos omnes de mis villas & pusimos por provecho de vos & de todo el regno coto en todas las cosas. Conviene a saber..."「皆の者に心得ておいてほしい。余の理解では物品がその適正代価以上で売られていたが、それは皆の、そしてこの土地の、そして大司教の、そして我が町や村の善良な者たちの大きな損害であったので、我々は皆と全王国の益となるように、物品すべてに定価を付けることにした。知りおくのに相応しいのは……」。知るべきことはすべて、そして定価（coto）が付けられたものはすべて、十分に理解された。ラテン語ではなかった。その種の書き物は、たとえディエゴ・ガルシアには気に入らなかったとしても、おそらく彼は承認しただろう。

　私の理解では、1206年のカブレロスの講和条約はトレドの身分制会議とおなじように、特別な意味を持っている。というのも、言語の歴史で決定的な力を持つのは、言語がいつどのように「生まれるか」（これも他方では、特定するのが難しいか不可能な事態）ではなくて、いつどのように「確立するか」、言いかえれば、国家の枠組みの一部として使われはじめる時期とその使われ方だからである。そして国家の枠組みのなかでは、いくぶん中央集権化をともなう公文書作成作業でその言語を使用し、それに固定性を与え、あるいは、理屈としてはそのようにすることを意識しはじめるが、そうすると、そのような言語コードで書類を作成することを専門にする人材を教育することになり、結果として問題のコードは、広汎な領域での使用が義務づけられることになる。諸言語の史実性にとっては、このような状況のほうが、単にいつ姿を見せたかとか、単発の文学的書物が作成されたとかということよりも、ずっと重要である。まさにこのことから、スペイン語の歴史にとって、1207という年は、数ある年のひとつにすぎないが、若干、象徴的な年になってもいるのだ。もうひとつ興味深い側面がある。すなわち、いくつかの研究で示唆されたように、もし本当に

この会議で『エルシドの歌』が初めて人前で朗唱されたとすれば、アルフォンソ8世のトレドはその機会にカスティリアの覇権を（とくにレオン王国に向かって）我が物にしたことになる。27年後、カスティリアとレオンは**フェルナンド3世**という人物によって決定的に統合された。しかしレオン王国の言語変種はカスティリアの言語変種と統合されることなく、かなり方言化し、局地的なコードとしてのみ有用なことばになっていった。

XLVII. アンダルシアの入り口

カスティリアのイベリア半島南部への拡張。人口統計と領土。カスティリアとレオンの統一。行政と共通語。

　アルフォンソ8世の時代には、タホ河の南方に大きな繁栄を約束する状況が広がっていた。カスティリアの騎士たちはすでに1164年に**カラトラバ騎士団**を創設してそういう土地を守っていた。10年後、王は騎士たちに、征服したすべての城を所有する特権と城下町や村の支配権を与えた。特権には条件がひとつ付いていた。タホ河からシエラモレナまでの地域にキリスト教徒を再入植させる、という条件である。カラトラバの面々は熱意をもってその仕事に身をささげた。非常に熱心だったので、商人たちがトレドに集まるころには、**ムワヒド朝の人々**との対決が避けられなくなっており、しかもその対決はさし迫っていることがわかっていた。教皇はそれ以前に、ヨーロッパのイスラム教徒の最後の残留者と戦うためにスペインに向かう者に免償（罪の許し）を与えていた。しかし教皇の免償よりもさらに興味深い、征服の権利という意味の免償もあった。アルフォンソ8世の約束である。それゆえ、再度トレドの話だが、商人たちの公定価格が取り決められて5年すると、戦士たちも自分らの公定価格を取り決めはじめた。主人役のカスティリアのもとに、多くの戦士がフランスから、アラゴンから、そしてナバラから集まってきた。

　戦闘は1212年7月16日にハエンの**サンタエレナ**とミランダ・デル・レイの

あいだで始まった。今日では**ナバス・デ・トロサ**として知られている場所である。イスラム教徒の敗北は徹底していたので、またたくまにアル・アンダルスからイスラムの兵隊が消えてしまった。実際、武器を使える者は残らず死んだ。連合軍の戦利品は数えきれないほどであった。ヨーロッパ市場で金の価格が大幅に下落するほどであった。アル・アンダルスへの入り口はキリスト教徒に向かってどこもいっぱいに開かれた。具体的に言えば、カスティリア人の目の前には、自分たちが住んでいる領土の倍も広く、豊かで耕作された領地が展開していたが、彼らはそれを獲得し、それによって、南の地中海沿岸部と、——事実上、当時は未知であったが——そこよりもずっと有望になる大西洋の沿岸部に達することができるようになった。さらに好都合なことに、彼らはナバスの圧倒的勝利によって、ほとんど歩き回るだけで、その領土の中心部を占領することができるようになったのである。

カスティリアとアラゴンとナバラとレオンの商人や戦士は、数世紀前に旧バルドゥリアの防衛線を引いた時と同じように、今度は自身の利益のためにアル・アンダルスの入り口を開き、それによって、カスティリア語を本体とする共通ロマンス語を送りこんだ。数年前にトレドで公定価格が取り決められたときと同じ共通語である。これがカスティリア語の、もうひとつの幸運となった。すなわち、5世紀前［カスティリア伯爵領の創設期］に学んだのと同じ歴史を、13世紀にも経験するのである。アンダルシアは多様な出自の人々の到来が活発になる、もうひとつの国境地帯となり、彼らをひとつの言語共同体に同化させていった。そしてこの言語共有性によってその地の人口が容易に増加し、人と言語の流動が一層スムーズになってゆく。そして2世紀後、この流動のおかげでカスティリア語は、北部や南部の方言もわずかに含んではいたものの、話し手の数という点で、イベリア半島のどの言語でも達成不可能だったほどの優位な立場に立つことができた。まもなくその広大な領土のために複雑な行政組織を作りあげなくてはならなくなったが、その領土には、古い書類のラテン語を理解しようとせず、書類は自分たちの言語で書いてほしいという大勢の人が再入植していた。また、カスティリア語で書かれた公的証明書類はカンタブリアの沿岸部から大西洋の沿岸部にまで到達したはずである。そういう書類はカ

ストロ・ウルディアレスの鯨捕り漁師にもセビリアのオリーブ業者にも等しく有効でなくてはならなかった。そのうえ、ロマンス語の正書法は解決されていた。その間、この新領土で対抗可能な唯一の言語であるアラビア語を話す人たちは、村や町を放棄し、グラナダ王国に追いつめられていった。とはいえ、アンダルシアにおけるカスティリア語の幸運のなかには、もうひとつの一層大きな幸運が刻み込まれていた。アンダルシアがなければ、南北アメリカもなかったであろう。

　ロドリゴ・ヒメネス・デ・ラダは上述のプロセスに関する比類のない証人であった。彼は1174年にナバラで生まれた。フランスで教育を受け、ブルゴスで働いたのち、トレドの大司教に任命された。彼はナバラの同郷人をできるだけ多くトレドに連れていった。ロドリゴは珍しいケースである。すなわち、知識人であり、兵士であり、商人であり、金融業者であり、金貸しであった。何種類かの言語を話した。しかしながらロドリゴはビジネスマンであったから、多言語使用はときによって不都合になることを知っていた。彼はナバスの合戦の折に武装したトレドを、多数の言語を話す人たちであふれた都市として描いている。彼の年代記ではこの状況が、文字通り、ほかならぬ悪魔によって練り上げられた混乱として言及されているのだ。ロドリゴは常にラテン語で書いたが、ナバスの合戦の数年後、**ブリウエガ**と**アルカラ**に住むカスティリア人たちにロマンス語で特権を書いて授与した。中世のトレドにいたビジネスマンなら、実際的で誰でもわかるコミュニケーション手段が持っている良さを納得するのは難しくないだろう。それとも、ホアン・デ・ソリアが彼を説得したのかもしれない。

　だれもがホアン・デ・ソリアは非常に有能な人物であったと言う。彼はサンタンデルとバジャドリーの大修道院長だったし、オスマとブルゴスの司教だったし、教皇の判事だったし、外交官だったし、賢者だったし、雄弁家だった。もろもろの美徳の手本である。フェルナンド3世は王位につくやいなや、彼を外務大臣に任命した。1217年のことであった。ロマンス語よりラテン語に親しみを感じていたディエゴ・ガルシアには、ねぎらいのことばでもってその職からお引取り願った。王を待ち受けている仕事は容易なものでなかった。エスト

レマドゥラ、アンダルシア、そしてトレド王国の大部分に再入植をさせながら、ムワヒド朝の大敗で手に入った戦果を収集しなくてはならなかったからである。

　北部からの移住者はガリシアやポルトガルやアストゥリアスやレオンやカスティリアから南下するが、新たな領土上の決まりごとを良く知らなかった。彼らの置かれた状況は想像できる。逃げなかった少数のムーア人が彼らを助けることはできた。しかしながら北部人には、アラビア語で付けられた名前を認識することが難しかった。定住地と境界に関する論争が持ち上がる。裁判官は、調査して住民の口述証言を忠実に集めるように人を派遣するが、しかし住民はラテン語を話さない。ホアン・デ・ソリアの前に、ある行政上の仕事が持ちあがった。すなわち、入植者の生活を保障する公的証明書類をすべて集めてファイルすることである。もし彼が、ガルシアがもっていたはずの熱意に似た何らかの強いラテン語主義の願望を持っていたとしても、それは現実の必要性のため、かなえられなかっただろう。彼が新たな外務事務局に導入した行政改革のなかでは、テキストにロマンス語を使う度合いが増大した点が注意を引く。ロドリゴがトレドの大聖堂をナバラ人でいっぱいにしたのと同じように、ホアンは外務事務局をソリア人とカスティリア・レオン人でいっぱいにした。中世の同郷人主義には美点をひとつ認めてやる必要がある。すなわち、おそらくそれがなければ、ナバラ人やソリア人にはトレドで人々と理解しあう必要性が全然なかっただろう。そして、集団で南下した多数の人々にも同じことが言える。彼らは異なった別の集団と、ブリウエガやマドリードやアルカラや**バエナ**やコルドバやセビリアなどの場所、すなわち、そうでもなければ孤立したままになったであろう人々が合流するべき多くの場所で合流した。その本流で聞かれるロマンス語のことばが、ホアン・デ・ソリアの書類のなかに満ちあふれだしたのだ。

　1230年にレオンとカスティリアの王国がフェルナンド3世という人物の手で統一されたとき、ホアンはその機会を利用してレオンの外交事務局とカスティリアの外交事務局を統一しようとした。リストラである。レオン側の多くの者が、本心では、新たな土地においてカスティリア側の者たちと同じ運命に従い、自分たちの仕事も同じように運ばれることを願っていた。そのような決意が

あったので、**サンティアゴ・デ・コンポステラ**に外交事務局を置くレオン側の行政区域は、新たな国境地帯を前にしてずいぶん重要度が減少したが、それゆえに、レオンとか、あるいはガリシアのような伯爵領に関連のある行政上のテキストは、多くの場合、カスティリア語で書かれるようになり、その土地の書記たちは少しずつ、べつの物的状況なら発展したであろうレオンやガリシアの、使われはじめたばかりの行政ロマンス語を放棄していった。

　ホアン・デ・ソリアはおそらく、アンダルシア植民活動の初期、——レオンのアルフォンソ9世が1200年ごろ設立した——**サラマンカ大学**の法学者の忠告に従って、ラテン語の書きものに対抗して行政上のテキストをカスティリア語基盤のロマンス語で書きすすめ、それによってカスティリア・レオンの法律上の手続き、言いかえれば南の地への再入植による絶え間ない人的増加があったことから集積していた手続きを迅速に処理しようとした。ホアン・デ・ソリアの若い配下のロマンス語は、ソリア人やセゴビア人やブルゴス人やサンタンデル人やパレンシア人の、そしてレオンやコエンカの一部の人たちに独特の、そしてそれほどではないがトレドの人たちの、個性的なロマンス語であった。そういうカスティリア語で、アンダルシアの国境地帯の粗野な人々に対して、彼らの牧草や水の権利とか境界線とか定住するうえでの特権が、大声でくわしく説明されはじめたであろう。取り立てて珍しいことでもなかった。多くの粗野な者たちは、ソリア人、セゴビア人、ブルゴス人、パレンシア人、レオン人、コエンカ人であったが、これらの地域以外の出身者の、たとばガリシア人であっても、ホアンの準備した文書が大声で読まれたとき、それを理解するのにてこずる者はひとりもいなかった。カスティリアのロマンス語で書かれたテキストは、カスティリア語が人的合流の結果生まれたコードであることから、量的に一番多かった。当時、レオン語風に書かれたテキストや、（アビラ特別法のように）アストゥリアスのロマンス語でさえ書かれたテキストが、なかったわけではない。しかし入植者が南に下っていって、さまざまな地域から来ている者たちとの意志疎通をはかることが必要であるあいだは、話しことばの地方色はたいがい薄められた。これがカスティリア語のもうひとつの幸運であった。すなわち、アンダルシアの書類手続きの全体で一番多く使われた言語になった

ことだ。それは、おもにレオンとカスティリアから新たに下ってきてアンダルシア人になったすべての者にとって役に立つ唯一の言語であった。

　統一を一層すすめるため、カスティリアの市町村はもう、独自の法律を書面に明記することができなくなった。王は古い『**フエロ・ジュズゴ**』という共通の型のもとに南部の諸都市に特権を与えつつ、自身の権威を増強した。『フエロ』はもともとラテン語で書かれていたが、アンダルシアの再入植を機にカスティリア語に翻訳された。そのようにして多くの再入植者がカスティリア語で公布されたレオンの法律によって統治されるようになった。レオンから、基盤が西ゴートのものである共通の法律がやってきたのだ。カスティリアからは、言語を共通にするための実践的な方法がやってきた。巧みに混合されたこの言語で、カスティリア王国の生活が快適になった。すなわち、1248年になると、もはやこの言語を使って、南方のセビリアから北方のビスカヤの地まで移動することができたのである。

　ブルゴスやトレドなどの強力な商業都市は、取引の順調な進展のために従うべき言語使用に関して——積極的に、あるいは消極的に——つねに圧力をかけてきた。1480年にはトレドの要請でひとつの法律が公布されたが、それによって、カスティリア語の知識が判定される**国王顧問会議**の試験を通るか、その免許を得るかしなければ、だれも書記の資格を獲得することができないようになった。そしてそれゆえ、王国のその他の使用可能なロマンス語は、ガリシア語であろうがアストゥリアス語であろうがレオン・エストレマドゥラのことばであろうが、おなじくバスクのことばであろうが、すべて、総合的な行政のためには実際上役に立たなくなり、ビルバオとブルゴスとトレドとコルドバとセビリアで構成される商業と政治の強力な枢軸を前にして、目立った記述上の発展も生まれなくなった。

XLVIII. 古風な王

賢王アルフォンソ10世の仕事。政務と言語の問題。法律と経済と使用言語。言語の「知的成長」。

賢王アルフォンソは卓越した性格の人物であった。1252年に父親フェルナンド3世の後を継いだ。賢王というニックネームは、科学と学問に私心のない無償の熱意を持つようにという願いから付けられたわけではない。なるほど彼はこの両者のために多くをなした。中世カスティリア語は彼の膨大な仕事のあと格段に成長し、ロマンス語で書こうとする者などほとんどいないようなテーマにも耐えられる言語になった。しかしながらアルフォンソの、ロマンス語を使うという思いつきには、彼の立場、すなわち王であることに応えるような、ある政治的な目的があった。歴史的な意味での自分の権威や人物像や影響力に関して、彼ほど意識していた王は少ない。アルフォンソは、「知識」という土台のうえに権威をうちたてるという、そういうカスティリア諸王の伝統に属していた（そしてフランスの君主のなかには、手を差しのべるだけで病人を治すという奇跡の力のうえに権威をうちたてた者もいた）。彼はスペイン王のなかで唯ひとりの「賢者」になったわけではないが、政治的権威の土台を固めるため、全知の者にごく近いということ、すなわち宇宙の秘密をすべて知り尽くしていることを明らかにする必要があった。アルフォンソはその証明に深く専念し、天才的な作品を量産した。それらは（自分がジュピターの遠い親戚であることを示すために創作された）世界の年代記であり、（彼がスペインの伝説上の最初の住人である**トゥバル**の親戚になっている）スペインの歴史であり、**ケプラー**の時代まで有効であった天文学の書物であり、じつに多様な物的・知的項目に関する専門書であったが、それらすべてがカスティリアのロマンス語で書かれていた。

　さらに大切なことがある。すなわち、当時、カスティリア再入植の伸張事業のために各地にもたらされた特権や特典が迷路のようにはびこり、その迷路では王の権威もしばしば失われることになっていたが、彼はその特権や特典をローマ法の型にはめて統一する法典を編纂しようとして躍起になっていた。かかる法的統一は共通語でしか、そしてさらに、以前には知られていなかった極端な程度にまで共通語共有性を濃縮することによってしか行うことができなかった。ようするに、アルフォンソにとって、法律上の純正なテキストは自分

が自分の机の上で作るものである、ということが明白になったのだ。そして彼のそばから公認のコピーが離れていくのだが、解釈に疑問が生じたときには、アルフォンソ本人とともに旅をしているオリジナルテキストにすがる必要があった。当時の立法組織によって、すくなくとも王が計画した組織によって、サアグンで書かれた法文が、最低でもマドリード、**エスカロナ**、**タラベラ・デ・ラ・レイナ**、セビリア、ムルシア、コルドバ、アリカンテ、**エルチェ**に普及することと、法的テキストを解釈するときにはその基準を統一すること、この両者が可能になった。実際の処理の段階では事の起こり方が違っていたが――そして多くの者が、アルフォンソのコードの言語や法律専門用語がわからないという苦情を述べたが――、しかし特定の権威が管理した言語普及のシステムは実に目新しいものであったし、理論上、言語用法の中央集権化とそれが広大な領土に共通して普及することに関しては効果的であった。

　新米同然の書記体系カスティリア語という選手が、ローマ法に特徴的な知識とか、ギリシア・ラテン・アラビアという学問言語の御三家の独擅場となっている科学知識に順応するために実行すべき練習メニューは、じつにハードな内容であった。それもアルフォンソの偉大な仕事のひとつである。すなわち、fazañas「判決文」や特別法や数点の文学作品しかない古くさいカスティリア語に、その当時、ひとつの言語に組み込めうる共有財産の知識をすべて組み込み、そして、その言語が啓発され、豊かになり、知の最も微妙な意味合いや、聖書のであれ俗界のであれ最も中身の濃いもろもろの歴史を忠実に表現する能力を備えさせることであった。私の理解では、アルフォンソ10世はその成果にこそ、ときに「公正なカスティリア語」 castellano derecho という名前を与えたはずだ。今日の言語学者たちはその過程を言語の「知的成長」と呼んでいる。いずれにしてもそれは、はた目に見える度合よりもずっと重要なプロセスなのだ。言語というものは、知的成長を完遂しなければ近代生活の役に立たなくなるかもしれないからである。

　しかしながらアルフォンソ10世は、ラテン語の対抗馬として書記ロマンス語を推奨するという点での、いわゆるパイオニアではなかった。彼は、おなじくロマンス語で書いていたイタリアのダンテやフランスの**ギョーム・ド・ロリ**や

カタルニアの**ラモン・ムンタネル**、あるいはマジョルカの**ライムンド・ルリオ**などの同時代人なのである。この王はまた、[現代語の zodíaco「黄道体」を] zodiacho と書くべきか zodiaco と書くべきか zodyacho と書くべきか、について大いに悩んだということもないし、決然としたカスティリア語主義者でもなかった。彼の宮殿では義務的なラテン語は別にしても、さまざまな言語があやつられていたからである。彼は『サンタ・マリアの古謡集』をガリシア語で書いたが、その言語はまさに彼の王国の北西方面で話されていたものであって、叙情詩の用語としてはカスティリア語よりも伝統が深く、洗練度も高いと考えられていた。また南東部の末端にはカタルニア語を話す人々が残っていたし、アラビア語も、すでにかなり分散していたとはいえ、カスティリアの領土では全然珍しくもなかったし、ビスカヤ領では「古いナバラ語」[バスク語] が聞かれた。さらに、王自身がムルシアにキリスト教・イスラム教の一種の大学を創設したが、そこでは賢者アブベカルがグラナダに移動する時までアラビア語とヘブライ語で教えていた。

　アルフォンソが山をなす作品を書いたのは、もともと、具体的な一言語に栄光を与えたり、その他の言語を別にしてその言語だけに愛国主義的な性格を与えたりするためではなく、神の代理人として臣下の前に姿を見せるためであった。多くの事柄を知っていることを証明するためであった。その事柄のいくつかは過去のものであり、またいくつかは不思議で神秘的なことであり、さらにいくつかは、最終的な権威はほかならぬ王にある法律や規律を通して人々の生活を組み立ててやる方法についてであった。彼は結局、自身の権威を築きあげるために書いた。それは共通語の、平民（と、いくつかの点でかなり深刻に対立していた貴族）の大多数が使う言語でのみ可能な仕事であった。スペイン語はアルフォンソの時代に書記言語として発展する潜在力を何倍にも伸ばすが、その潜在力は、すくなくとも半世紀まえに鍛えはじめられていたし、13世紀の後半にカスティリア王国で展開する経済・政治の独特の情勢によって桁外れに大きくなった。サンプルを紹介しよう。フェルナンド3世の時代に始まった、カスティリアとレオンの法律を両者に共通のローマ法の型にはめて統一しようとする努力は、息子のアルフォンソ10世が加速させることになる作業でもある

が、それによって、15世紀までスペインで書かれるラテン語＝ロマンス語の法律辞典がすべてカスティリア語で編集されることになるのである。

　しかしながら私が思うに、アルフォンソが自分の言語をおおいに引き立てた目的は、その言語を広範囲に、ときには近代の単なる運用言語にとって前代未聞であるような分野において開拓することではなかった。その引き立ては、自身が年代記や法律のなかで形を与えた言語を話す人たちが王国のなかを容易に流動できるようにするためであった。アルフォンソ10世は自分の政治活動を、王国が一層高い繁栄レベルに上昇する方向にリードした。南部にあるイスラム教系スペインの大きな商業中心地を北部のカスティリアと結びつける方策を支援した。カスティリアの海上貿易はずいぶん拡大された。国境地帯が南部に移動したことで、牧畜業と羊毛産業の発展が容易になった。かかる産業を活発にしようとして、大きな定期市が移牧飼育の家畜の通過時期にあわせて開催されるように規定された。結局、北部の人たちは南方に、幸運と繁栄のある落ち着き場所を見つけることになった。尺貫法が統一され、ある程度は通貨も統一された。あれこれの障害や平価切り下げやインフレがなかったわけではないが、カスティリアの富の源泉やその平均所得は増大した。カスティリア人はカスティリア語を使いながらこれらすべてを実行した。ここで指摘したいのは、その経済的な流通が言語の流通を容易にしたことである。それゆえ、俗界の業務であれ聖なる仕事であれ——当時、具体的な初等教育という場面ではその区分けがはっきりしていなかったが——、ロマンス語で書くことの必要性は異常なまでに増大した。アルフォンソ10世は、慣用的な言い方をすれば、そのように多くの人の関心を引く人的開発事業の特権的公証人なのであった。

　重要な問題がひとつある。上記の「多くの人」のことである。歴史学者である**ビセンテ・A・アルバレス**と**ルイス・スアレス**はこの種の数値はごく慎重に扱うべきであると忠告しているが、彼らの計算によれば、アルフォンソの治世の末期にはイベリア半島に約7百万の人間が住んでいたはずであり、そのうちの5百万人はまさにカスティリアに集中していたことになる。非常に早くからカスティリア語話者の集団が増強され、その数は近隣諸王国の話者とくらべれば（ナバラの）50倍、（カタルニアの）10倍、（ポルトガルの）5倍になってい

た。カスティリア王国はこの強みを放棄することなどなかったし、それどころか、この強みのおかげで、ほかの王国ではペストや戦争や経済的破綻の形で大量の死者を出した災難も、カスティリア人にはそれほど深刻な事態にはならなかった。16世紀初頭になるとこの人口統計上の優位性が高くなる。この現象は疑いなく、古いカスティリア語の幸運のひとつであった。すなわち、半島におけるそれ以外の言語様態のどれもが達することのできなかったほどに広い地理的領域で、非常に早くからその話者の確かな声を何度も聞くことができたことである。そういう事情であったから、アルフォンソの治世が終わる13世紀の末期にもなると、近隣諸王国はカスティリア人のあいだで起こっていることに強い関心を抱くようになった。

　この点に関してだが、——スペイン文化研究者の**ロルフ・エベレンス**が指摘しているように——、たとえばラモン・ムンタネルは年代記のなかでカタルニア語に愛国主義的な、あるいはプロパガンダ的な補強をほどこしたが、アルフォンソ時代のカスティリア語がしっかり立つためには、そのような補強など必要なかった。ムンタネルの年代記に姿を見せているのは、イベリア半島における均質で多人数の集団としてのカタルニア語話者たちと、多言語に分配されている地方としてのカスティリアである（この最後の、多言語に分配されているという指摘では、この年代記作者は正しかった）。たしかに、ムンタネルの時代のカタルニア語話者たちはカスティリア語話者集団を、ムルシアやアラゴンや**カステジョン**やバレンシアで勢力を伸ばしてきている脅威と見なしていたはずだ。しかしカスティリア語話者たちは、自分たちの使用言語の主導権をおびやかすような力のある言語コードには出会うことなく、カタルニア人やポルトガル人よりも3倍も4倍も広い領土を動き回ることができたが、使用言語の価値に関して「愛国者的な」省察などほとんど見せたことはなく、運用言語の運命を、それを話している民衆の運命と結びつけるような傾向も示さなかった。この点に関するアルフォンソの姿勢は漠然としている。そしてこの王は、疑いなく、自分の血統と立場が、神聖ローマ帝国の盟主の座さえ熱望していた西ゴート系スペインの統一的伝統を継承するものであることを強く意識してはいたが、カスティリア語をその象徴として意識的に使ったとは言いにくい。とは

いえ、たしかにこの言語は、アルフォンソ王の帝国主義的イデオロギーからとてつもなく大きな利を得ていた。

　自分たちが使っている言語に関する明白な賛辞は、ずっと後になってから起こった。それらは 16 世紀と 17 世紀に非常に頻繁になるが、その時期は、カスティリア語話者が文字通り身近にある異質なものに対峙しているときである。その異質なものとは、南北アメリカの実態であった先住民諸語の迷路であり、ヨーロッパで徐々に連係を強めていく多言語使用の国際関係であり、スペインにおけるモリスコの同化であった。トレド――西ゴートの古い首都――をカスティリア語の良き話し方の中心地であるとする伝説はその頃のものだ。たしかにこの伝説の動機は、言語的性格というよりも、むしろ政治的な性格を帯びていた。

XLIX. 貧窮の時代

近隣領土がカスティリア化する現象と、そのアラゴン王国の場合。黒死病の影響。

　1340 年のバルセロナにはおよそ 5 万の住人がいた。まがうかたなき大都市であった。その年、セビリアは 1 万 4 千人ほどであった。しかしながら 1477 年になるとバルセロナは 2 万人弱になり、他方、セビリアの人口調査では 3 万 2 千人になっている。どうしてこうなったのだろう。理由は単純である。**黒死病**と呼ばれるペストだ。スペインはヨーロッパを壊滅させたペストの、もうひとつの結節点であった。黒死病はマジョルカ島で 1348 年 2 月に発生した。そして強烈に襲ってきた。すなわち、フィレンツェでは住民の半数を殺し、**シエナ**では 3 分の 2 を、**ベネチア**では 3 分の 1 を殺した。そしてスペインではアラゴン王国の沿岸地帯にそって広がっていった。オリエントから船舶のネズミによって運ばれ、とくに港湾地帯に害を及ぼしたのだから、この広がり方はもっともである。当時、イベリア半島にはバルセロナやバレンシアと水運交易をしている

都市はなかった。また、商取引の大中心地であった中東はこの歴史の皮肉によって、またたくまに疫病の中心地になっていったが、その中東に商業領事館を持っている都市もなかった。1年たってみると、半島のほぼ全域がおかされていた。しかしアラゴンが、そして特にバルセロナとバレンシアが出した大量の死者は、ほかの場所と比較にならないほど多かった。

　わかっているところでは、ホアン・デ・アトラロのケースがユニークである。アトラロはアルムデバルという名のアラゴンの町の住人であったが、王室は彼を、学問には無縁な男であったから学識があるという長所によってではなく、十分に健康であることによって、王家の公証人に任命した。その地域の公証人は全員死亡し、住人はすべて死にかけていたからだ。アトラロは黒死病患者の最後の意志を公式に証明することのできる唯一の生存者であった。その後、感染したかもしれないし、金持ちになったかもしれない。カスティリアではアトラロのような者たちのことは知られていないが、彼らは罹病しても、領土が広く住民が分散していたから、そして病気の伝染経路との濃厚な通商関係がなかったから、アラゴンほどひどい災難をこうむらなくてすんだ。

　数年もすると黒死病の悪性の度合が低くなっていったとはいえ、ときには思わぬ形で再発したことも確かである。そして住人のいなくなった土地は住む人のいないままに放置され、大量に死者を出した都市はゆっくりと成長していった。黒死病が引き起こした社会的混乱は大きかった。働き手の不足と田畑の放棄と取引の整理によって、急性の経済危機が起きた。アラゴン王室は輝かしい地中海進出を忘れ、ギニアの黄金のルートや香料のルートに位置するアフリカ北部との交易に専念しながら嵐の過ぎるのを待った。バルセロナの船主たちは、当時の食品産業にとって非常に有益なこの価値ある製品［香料］を商ってきた。しかしカタルニアやアラゴンの人たちにはその通商の熱意において手強いライバルがいた。ポルトガルである。直截的に言えば、ポルトガルにはあらゆる分野で負かされた。ポルトガル人は現実的であった。彼らは単にアジアの生産拠点に姿を見せてさえいれば香料のルートを支配することができると考えていた。14世紀末以降、アフリカの海岸線にそって航行し、徐々に南下していった。その進出は絶え間なく続くように思えた。取引のルートはすでに大西洋に

移っていた。カタルニア・アラゴンの通商関係者たちはそう読んだ。たしか、大西洋にはカスティリアの港があったはずだ、とも考えた。そしてセビリアでは、バルセロナの本位に従った通貨での取引が見られるようになった。カスティリアの本位に従った言語での取引がバルセロナとバレンシアで見られはじめたのが偶然でなかったように、である。バルセロナ人とセビリア人には憂慮すべき競争相手がリスボンにいた。そこで競争相手を前にして、彼らは同盟した。

　アラゴンにとっての問題は、アラゴン人が占めている領土がスペインの21％であるのに対して、カスティリア人がその76％を占めていることであった。そしてまた、アラゴンに住んでいるのはスペイン人の14％であるのに対してカスティリアにはその80％が住んでいることでもあった。このような数字を見れば、**トラスタマラ家**のカスティリア人である**フェルナンド・デ・アンテケラ**が1412年以降、アラゴンの領土に君臨したことも、とりたてて不思議な現象とはならない。フェルナンドは並の人間でなかった。カスティリアの羊毛取引の大物であった。そのことによって即位しやすくなった。すなわち、カスティリア人を王位に戴くことで、カタルニア人はポルトガルという大胆な海運強国との対決で後援者を得ることになるし、ついでに、カスティリアの原料はカタルニアの繊維産業の復興に貢献することになるからだった。

　ところで、カスティリア語はまさに、この海運と羊毛のビジネスが引いてくれたルートを通ってアラゴンの新しい宮廷に出現した。アラゴンに入ったカスティリア語には、宮廷貴族の言語であることとは別に、もうひとつの強みがあった。すなわち、書記形式が統一されており、2世紀前から行政と司法の錯綜した事務を処理するエキスパートになっていて、半島の南端のカディスから北端のサンタンデルまでで使えたし、ほかならぬカスティリアの3分の1に相当する領土でアラゴン語やカタルニア語やバレンシア語といった言語変種の対抗馬になりはじめた言語だったのである。アラゴンの貴族たちは早々とカスティリアの言語変種に合流した。アラゴンとカスティリアの変種のあいだには言語特徴の類似点があったから、この合流は早くて痛みの少ないものであったろう。たとえば、1409年にカスティリアとアラゴンのあいだで関税協定が結ば

れるが、外交文書によれば、その協定にはカスティリア語とアラゴン語の2種類の版が作られることになっていたのに、40年後には、アラゴン語の詰め込まれた詩を書くペドロ・デ・サンタフェーが古風なメッキをほどこされた詩人のように思われていた。その頃になると、アラゴンの価値ある詩人はみな、カスティリア語に移ってしまっていたからである。アラゴン語は方言化して田舎に点在する「ファブラ語」の形で残された。カタルニア語との合流はそれほど深くなかったから、宮廷でのコミュニケーションは時に1.5言語方式で行われたはずである。すなわち、かなりあとの時代にカルロス1世が妻の兄弟のドン・エルナンド・デ・カルドナと話すときのように、対話者がどちらも自分の言語を話しながら行う対話のことである。しかしながらカタルニアの名士たちには、将来はできるだけ早くカスティリア語をものにしなくてはならない時代になることがはっきりしていた。とどのつまり、カスティリア語はドン・フェルナンド・デ・アンテケラと香料と羊毛の言語であった。

　カスティリアとアラゴンは1474年に合体するが、それはカタルニア語・アラゴン語の使用地域における分裂傾向を加速するだけであった。すなわち、カタルニアとバレンシアの貴族たちはカスティリア語を話す宮廷にじわじわと引きつけられていった。商人階級にも似たようなことが起こるが、他方、その他の住民は独自の文化を発信することができなくなった。そしてこの文化は、**アウシアス・マルク**の詩と騎士道小説の『**ティラン・ロ・ブラン**』が最後の業績となった。名声のある著述家たちは宮廷と関わっていて、カスティリア語で書くほうが面白いものになると判断していた。バレンシアはバルセロナの影響から逃れる傾向にあったので、1500年以降になると、バレンシアの有名な作家で土地の言語で書く者はひとりもいなくなった。すなわち**ティモネダ**、レイ・デ・アルティデア、**ビルエス**、**ギジェン・デ・カストロ**は、何世紀も以前から行っているかのようにカスティリア語で書いている。バルセロナの**ホアン・ボスカン**にもまったく同じことが起きていて、死後の1543年に、親交のあったトレド生まれの詩人である**ガルシラソ・デラベガ**との共著の詩集が出版された。

　アラゴン宮廷の方言分化はすでに用意されていた。16世紀の著述家で文学表現用のカタルニア語の使用を擁護する者は依然として少なくなかったとはい

え、彼らのことばは砂漠で出す大声のようなものであった。さらに悪いことに、伝統的に移動式であった宮廷がフェリペ2世の時代にマドリードに固定されることになると、カタルニアとバレンシアの貴族のあいだに生まれたカスティリア語の必要性には、もはやどんな疑いも認められなくなった。とはいえ、ごくわずかな疑いは残っていたかもしれない。150年のうちに、黒死病とジブラルタル海峡のカスティリアの港とトラスタマラの羊毛と**フェルナンド・イサベル**による両王国の合併とハプスブルク家による行政とによって、アラゴンの言語領域にもカスティリア語が深く浸透することになった。印刷術のような当時の偉大な発明は、その分裂した言語規範を統一するのに手助けとなるはずだったが、たいして役に立たなかった。1490年からバルセロナに定住していたドイツの印刷業者は、数年もすると、すでにカタルニア語よりも頻繁にカスティリア語で出版していたからである。理由は単純であった。そのほうが販売部数を伸ばすことができたからである。**モンセラー修道院**の印刷所もこの使用言語上の流行に加わった。

　アラゴンやカタルニアやバレンシアやバレアレス諸島でカスティリア語が徐々に採用されていった現象は、言語の歴史学者のあいだで非常によく知られている現象の1例となっている。ようするに言語は、ネイティブの話者が多くなることによって大きくなるだけではなく、近隣地帯の話者たちが、とくに経済とか政治が動機になって生まれる通信上の必要性によってそれを第二言語として採用する、ということからも大きくなるのである。近隣の話者集団がその言語を自家薬籠中の物としたときに、その言語は彼ら本来のものではないなどと言えば、その指摘は正しくないことになるかもしれない。つぎのケースについて考えてみよう。1583年に高僧のフランシスコ・ガルシアがバレンシアで**『あらゆる契約を網羅した非常に役立つ書物』**を出版した。バレンシアの16世紀の僧侶がスペイン語で書かれた経済と商業の日課書の出版に精を出せば、それは奇異に思われるだろう。しかしこの場合も、つぎのことを考えれば説明がつく。すなわち、当時の［僧侶が中に入って、外側にいる信者の告白を聞くためのボックスである］告解室が、取引がことあるごとに引き起こしていた道義的な疑いに悩んでいる多くのカトリックの商人にとって慰め役になっていたこ

とである。それゆえ聴罪司祭のなかには、ヒット商品である宗教と商業の日課書を出版することの有用性がわかっている者もいた。かなり特異な教理問答集がバレンシアの商業界のためにスペイン語で書かれたという事実から、レバンテ地方の商業評議会の関心がどこにあったかがわかる。1502 年にバレンシアで生まれたラファエル・マルティン・デ・ビシアナが独特の説明をした。「カスティリアの言語はバレンシア王国にある多くの入り口を通ってこちら側に入ってくるし、バレンシア人ならだれでもそれが理解できるし、多くの者が自身の言語を忘れて話している言語だ」ということだった。

L. グラナダの終焉

　アンダルシアで話されているカスティリア語がどのようなものであったのかについての論評のなかで、参照できる最古のものは、グラナダ王国征服の時代に書かれた。耳に心地よいといえるような内容でもない。カスティリア語はナスル朝のグラナダ王国に集まったアラビア語と近接していたことによって本来の力強さがそこなわれた、ということが事実として扱われている。この考え方は 15 世紀末に生まれたが、かなり後まで繰り返し主張されつづけた。1762 年になっても学者のサルバドル・ホセ・マニェルは、h は「スペインでもカナリア諸島でも南北アメリカでも」発音されていないが、「アンダルシアにそれを発音する人がいるとすれば、それは、h の出所であるサラセンの支配がアンダルシアに、そのほかの王国のどこよりも長く留まっていたことからくる悪癖である」と言っている。マニェルの言うことがすべて正しいわけではない。というのも、h を気音で発音する現象のいくらかはカスティリア・レオンの北部から南部に下ってきていたからである。北部には（そこに定住した話者のあいだに潜在していたかもしれないが）一度も反響をみなかったような種々の発音傾向のなかの、ときには度が過ぎると言えそうな気音化もあったが、それが下ってきた南部では、その発音を容易にしてくれる人的流動の条件がいくつかかなえられた、ということである。北のほうで s と z を区別していた人も、南部に落ち

着くやいなやその区別をやめた。ブルゴス人は自分の土地にいたときには、当時の言い方に従えば、「h を傷つける」ことは決してなかった。すなわち、それを無声軟口蓋音のホタ j のように発音することは決してなかっただろう。しかし同じブルゴス人でも、エストレマドゥラかアンダルシアに再入植するために南下するレオン人とかアストゥリアス人といっしょになったなら、ホタのように発音するようになる者もいただろう。とはいえ、何人かの著者にとっては、そして議論すべきテーマでもあるが、アンダルシアの言語様態のいくつかが形成される段階で 15 世紀のスペイン系アラビア語が与えた影響は除外できないことになっている。言語純粋主義者の耳なら、南部の話し方がどうしようもなく悪く聞こえたとしても不思議ではない。

　しかしながらスペイン語には、その他の言語に起こったこととは反対に、言語規範の普及者になったり良き話し方の審判となったりする拠点的都会が一度も存在しなかった。中世のブルゴスは共通スペイン語にすぐれて特徴的ないくつかの用法を残してくれたが、それについてはすでに扱ってきた（XLIV 節を参照のこと）。とはいえ、16 世紀の著述家たちにとってブルゴスの話しことばは、どちらかといえば昔の古くさいものに聞こえていた。トレドの話しことばを優先的に採用しようとした者もいたが、しかし本当のところ、トレドの言語モデルは、その確かな構成や使い方が明確に理解されたことがほとんどない。それは、どちらかといえば、実在のものというよりも伝説から生まれた話だったからである。マドリードはフェリペ 2 世の時代にわずかな貢献をしたが、それも自身でそうしたのではなく、バジャドリーとかの北部カスティリアから南下してきた人々によって行われた。セビリアとカナリア諸島は南北アメリカとの連絡係になったが、スペイン系アメリカでは規範が把握しにくいというこの歴史がふたたび繰り返している。セルバンテスはこのケースを「純粋で、適切で、優雅で、明瞭な言葉遣いは、分別ある宮廷人のなかにある。たとえ彼らがマハダオンダの生まれであるにしても」という意見で要約した。

　マハダオンダはマドリード県にある町だが、そこの話しことばはチリのサンティアゴを取り巻く町や村とどっこいどっこいである。近代になって作家の**エルネスト・サバト**がその考え方を繰り返して、つぎのように述べた。「人はみな、

238

自分の土地の色がついた話し方をするべきである。アルゼンチン人はアルゼンチン人のように、ベネズエラ人はベネズエラ人のように、マドリード人はマドリード人のように話すべきである。そして、そうすることが美しいのだ。私はそれをオーケストラにたとえる。オーケストラはさまざまな楽器で構成されているが、全員がおなじ楽譜で演奏している。たとえば私たちがオーボエを吹き、ベネズエラ人がトロンボーンを吹くから、それゆえにオーケストラとなるのである。全員がおなじ楽器を扱うようなオーケストラは狂人のオーケストラになるだろう。多様性のなかにあってその統一を守る必要がある」。

　ドン・ミゲル・セルバンテスは、のちのドン・エルネストと同じように、規範という概念を地理的な場所の特定から社会層に移動している。すなわち、楽譜のことを知り尽くしている人なら、キト人であれ、メキシコ人であれ、ボゴタ人であれ、カラカス人であれ、バルセロナ人であれ、ブルゴス人であれ、バジャドリー人であれ、トレド人であれ、はたまた南部の国境地帯にいた古きスペイン人のようにイスラム教徒の隣人であれ、上手に話すであろう。グラナダ王国との国境地帯のことである。

　カトリック両王の時代には、グラナダは美しい亡霊であった。古い**タイファ**の諸王国の、すなわち分割されてキリスト教王国の納税者になっていたイスラム教徒の領地の生き残りであった。古いタイファの諸王国はエルシドがアルフォンソ6世のために貢ぎ物を取り立てながらめぐり歩いたのと同じ領地のことである。グラナダ人は魅力的な年貢を黄金で払ってくれていたので、ひとは彼らに対して寛大であった。10年に及ぶ戦争と外交のすえに年貢が関心を引かなくなって、**アルメリア**やマラガやカステル・デ・フェロの港が面白くなったとき、ナスル朝王国グラナダの支配が終わった。1492年のことである。

　それはネブリハが『カスティリア文法』を出版した年でもある。ネブリハは、諸言語は平和時には絶頂期を迎えるが、戦争が起これば話し手たちの共和国や王国が分割されるので衰退期を迎える、ということを知っていた。そうなったのがヘブライ語であり、ギリシア語であり、ラテン語であった。ネブリハの想像では、その当時、「王国であり共和国であるカスティリア」は絶頂期にあって、国としてのまとまりも最高の状態に到達していた。そして平和を求めるための

技芸を必要としていた。そういう技芸のことなら、習得を助ける明確で正確な、統一された法則に従いつつ永続する言語、そういう言語よりも優れた技芸があるだろうか。ネブリハの組み立てた技芸があれば、カスティリア語を、それが本来の言語ではないが必要とするようになった人々でも、容易に学ぶことができるであろう。しかしこの言語を知っていても、それは、純粋に世界的規模のもうひとつのマスメディアを実現させるための、さらなる一歩の前進にすぎなかった。

　ネブリハが表明している考え方のなかにカスティリア語による言語帝国主義の十全な事例を見ようとする動きがあったが、しかしながら本当のところ、彼の考え方では、帝国に随伴することになる言語はロマンス語ではなく、ラテン語、すなわち母語たる新ラテン語に基づいて十分に学習されたラテン語なのであった。他方、実際問題として、数世紀にわたってアフリカ北部や南北アメリカやアジアに分散していたスペイン人は、ラテン語であれロマンス語であれ、言語共有性というものが平和のための技芸のひとつであるという点では、ネブリハをそれほど評価しなかった。歴史といえども、彼のことを中途半端なものとしてしか考慮しなかった。さまざまな南北アメリカの戦争が同一言語の人々のあいだで数え切れないほど起こったからである。そして帝国ということに関しては、スペイン帝国は分裂したがその言語は分裂しなかったし、大英帝国も言語は分裂しなかったし、ポルトガル帝国も言語は分裂しなかった。それだけではない。これらの帝国が政治的重要性を失っていくにつれて、スペイン語も英語もポルトガル語も、話者の数という点での人的重要性を獲得していった。

　カスティリア人がグラナダで見つけたのは、多くのイスラム教徒を別にすれば、ジェノバの商人たちであった。彼らはかなり以前からそこにいた。1492年にはグラナダ戦争の結果を目にして、さらに多くのジェノバ商人がやってきた。最初はマラガに落ちつき、そしてただちにセビリアに向かった。彼らは密な集合体を形成し、自分たちの利益を守るために、教皇にジェノバ人をその町の司教に任命してくれるように頼みさえした。ほとんど全員が、今日なら企業管理と命名されるような業務に従事した。彼らの業界が生み出した典型的な成果のなかに、偉大な計画を温めていたひとりの人物が含まれている。それは西に航

海して香料生産地に到着し、黄金の輸入ルートを開発するという計画であった。ヨーロッパの宮廷はどこも彼のことを意に介さなかった。そこで彼はスペインにやってきた。アラゴン王室の財務官であったホアン・デ・コロマはカトリック両王の宮廷で彼と、香料の土地を探すための契約をした。4ヶ月後、彼はパロスの港から出帆した。飲料水の補給のために**ゴメラ島**に立ち寄った。そのあと、西の方角に航行した。何週間も海をながめたあと、青々とした木々やさまざまな姿の果物や海岸に立つ裸の若者たちが目に入ってきた。彼らとは身ぶり手ぶりでしか理解しあうことができなかった。ルイス・デ・トレスとかロドリゴ・デ・ヘレスといった無能な通訳たちは、それらの若者がいつの日か自分たちと同じ言語を使う人々になるなどと想像することなど全然なかったし、想像したという証拠も残っていない。しかしそういう想像は、何千レグアも離れたところに住んでいるネブリハには思い浮かんだかもしれない。グァナハニーの現実を肌で感じていれば、そのようなことは想像もできなかった。時が経過すると、その想像が可能になっただけでなく、それが実現した。現実は虚構をしのぐ、ということであろう。

参 考 文 献

Actas del Congreso de la Lengua Española [celebrado en Sevilla, 1992], Instituto Cervantes,1994.

ALATORRE, Antonio: *Los 1,001 años del idioma español*, FCE, México, 1989.

ALDRETE, Bernardo José: *Del origen y principio de la lengua castellana o romance que oi se usa en España*, Roma, 1606. Edición facsimilar y estudio de Lidio Nieto, CSIC, Madrid, 1972.

ALONSO, Amado: *Castellano, español, idioma nacional. Historia espiritual de tres nombers*, Losada, Buenos Aires, 1.ª edición, 1938.

ALVAR, Manuel: *El español de las dos orillas*, Mapfre, Madrid, 1992.

——— : *Hombre, etnia, estado. Actitudes lingüísticas en Hispanoamérica*, Gredos, Madrid, 1986.

ÁLVAREZ, Vicente A. y SUÁREZ, L.: *Historia de España. La consolidación de los reinos hispánicos (1157-1369)*, Gredos, Madrid, 1988.

ÁLVAREZ NAZARIO, Manuel: *Historia de la lengua Española en Puerto Rico*, Academia Puertorriqueña de la Lengua Española, 1991.

ARCINIEGAS, Germán: *El Continente de siete colores. Historia de la Cultura en la América latina*, Suramericana, Buenos Aires, 1965.

ARIAS, Juan: "El español conquista Brasil", en *El país*, 8 de mayo de 2000.

BARÓN RODRÍGUEZ, José A.: "La independencia lingüística", en *Jahrbuch für Geschitchte von Staat, Wirtschaft und Gesellschaft Lateinamerikas*, vol. 12, 1975.

BORGES, Jorge Luis: *Obras completas*, I-III, Emecé, Barcelona, 1989.

BRYSON, Bill: *Made in America*, Black Swan (ed.), 1999.

CAMPBELL, George L.: *Compendium of the World's Languages*, Routledge, Londres-Nueva York, 1991.

CANDAU DE CEVALLOS, María del C.: *Historia de la lengua Española*, Scripta Humanistica, Potomac, USA, 1985.

CANO AGUILAR, Rafael: *El español a través de los tiempos*, Arco/Libros, Madrid, 1988.

CARILLA, Emilio: *El romanticismo en la América Hispánica*, Gredos, Madrid, 1967.

CASTILLO, Antonio: "El poder tecnológico de la lengua española", en Marqués de Tamarón, *El peso de la lengua española en el mundo*, INCIPE, Instituto de Cuestiones Internacionales y Política Exterior, 1995.

CASTRO, Américo: *La peculiaridad lingüística rioplatense y su sentido histórico*, Losada, Buenos Aires, 1941.

CATALÁN, Diego: *El español, orígenes de su diversidad*, Paraninfo, Madrid, 1989.

CERRÓN-PALOMINO, Rodolfo: "La enseñansa del español en contextos bilingües de América: Perú", en *Actas del Congreso de la Lengua Española* [celebrado en Sevilla, 1992], Instituto Cervantes, 1994.

CÉSPEDES DEL CASTILLO, Guillermo: *América Hispánica (1492-1898)*, Labor, Barcelona, 1983.

CHAUNU, Pierre: *Seville et l'Amérique, XVI-XVII siècles*, Flammarion, París, 1977.

CORVALÁN, Graziella: "La enseñanza del español en contextos bilingües de América: Paraguay", *en Actas del Congreso de la Lengua Española* [celebrado en Sevilla, 1992], Instituto Cervantes, 1994.

CUERVO, Rufino José: *Apuntaciones críticas sobre el lenguaje bogotano*, París, 1907.

DÍAZ PLAJA, Guillermo: *Historia del español. La evolución del lenguaje desde sus orígenes hasta hoy*, La Espiga, Barcelona, 1943.

DOUGLASS, R. Thomas: "Notes on the Spelling of Philip II", en *Hispania*, n.º 65, 1982.

EBERENZ, Rolf: "Conciencia lingüística y prenacionalismo en los reinos de la España medieval", en *Einheit und Vielfalt der Iberorromania*, Buske, Hamburgo, 1989.

ECHENIQUE, María Teresa: *Historia lingüística vasco-románica*, Paraninfo, Madrid, 1987.

—— : "Protohistoria de la lengua española en el primitivo solar castellano", en *Actas del IV Congreso Internacional de Historia de la Lengua Española*, La Rioja, 1-5 de abril de 1997.

El español en el mundo. Anuario del Instituto Cervantes, Círculo de Lectores/ Instituto Cervantes/Plaza y Janés, 2000.

FERNÁNDEZ, Pura: "El monopolio del mercado internacional de impresos en castellano en el siglo XIX: Francia, España y 'la ruta' de Hispanoamérica", en *Bulletin Hispanique*, n.º 100, 1998.

FERRER, Eulalio: "La lengua Española en México", en *El País*, 3 de noviembre de 1998.

FRAGO GRACIA, Juan A.: *Historia del español de América*, Gredos, Madrid, 1999.

GARCÍA DE CORTÁZAR, Fernando y GONZÁLEZ, José M.: *Breve historia de España*, Alianza, Madrid, 1994.

GONZÁLEZ OLLÉ, Fernando: "El largo camino hacia la oficialidad del español en España", en M. Seco y G. Salvador: *La lengua española hoy*, Fundación Juan March, Madrid, 1995.

—— :"La precaria instalación de la lengua española en la América virreinal", en *Anuario de Lingüística Hispánica*, vol. XII-XIII, Universidad de Valladolid, 1997.

GRANDA, Germán de: *Español y lenguas indoamericanas en Hispanoamérica*, Universidad de Valladolid, 1999.

—— : *Estudios lingüísticos hispánicos, afrohispánicos y criollos*, Gredos, Madrid, 1978.

GRIJELMO, Álex: *Defensa apasionada del idioma español*, Taurus, Madrid, 1998.

GRIMES, B. F.: *Ethnologue: Languages of the World*, Summer Institute of Linguistics, Dallas, 1996.

GUERRA Y SÁNCHEZ, Ramiro: *La expansión territorial de Estados Unidos a expensas de España y los países hispanoamericanos*, La Habana, 1964.

GUITARTE, Guillermo L.: "La unidad del idioma. Historia de un problema", en *La lengua española y su expansión en la época del Tratado de*

Tordesillas, Sociedad V Centenario del Tratado de Tordesillas, Valladolid, 1995.

——:"Del español de España al español de veinte nacionales", en *Actas del III Congreso Internacional del español de América*, vol. I, Junta de Castilla y León, 1991.

HASSÁN, Iacob M.: "El español sefardí (judeoespañol, ladino)", en M. Seco y G. Salvador: *La lengua Española hoy*, Fundación Juan March, Madrid, 1995.

HASTINGS, Adrian: *La construcción de las nacionalidades*, Cambridge University Press, 2000.

HEATH, S. B.: *Telling Tongues. Language policy in Mexico. Colony to Nation*, Teachers College Press, Nueva York y Londres, 1972.

HERNÁNDEZ, Francisco J.: "Las cortes de Toledo de 1207", en *Las Cortes de Castilla y León en la Edad Media*, Las Cortes de Castilla y León, Valladolid, 1988.

HERNANDO DE LARRAMENDI, Ignacio: "Geopolítica del idioma castellano para el siglo XXI", en *Actas del I Congreso de Historia de la Lengua Española en América y España*, Universitat de València, 1995.

JUARISTI, Jon: *Vestigios de Babel (Para una arqueología de los nacionalismos españoles)*, Siglo XXI, México, 1992.

LAPESA, Rafael: *Historia de la lengua Española*, 9.ª ed., Gredos, Madrid, 1988.

LARA, Luis F. de: "La complejidad léxica del español contemporáneo desde el punto de vista internacional", en *Langues et sociétés en contact. Mélanges offerts à Jean-Claude Corbeil*, Max Niemeyer, Tubinga, 1999.

LASTRA, Yolanda: "La enseñanza del español en contextos bilingües de América: México", en *Actas del Congreso de la Lengua Española* [celebrado en Sevilla, 1992], Instituto Cervantes, 1994.

LÁZARO CARRETER, Fernando: "Las academias y la unidad del idioma", en *Boletín de la Real Academia Española*, enero-abril de 1996.

LIPSKI, John M.: *El español de América*, Cátedra, Madrid, 1994.

LODARES, Juan R.: "Consideraciones sobre la historia económica y política de la lengua Española", en *Zeitschrift für romanische Philologie*, Band, 115, 1999.

——— : *El paraíso políglota (Historias de lenguas en la España moderna contadas sin prejuicios)*, Taurus, Madrid, 2000.

LOMAS, Derek W.: "La lengua oficial de Castilla", en *Actas del XII Congreso Internacional de Lingüística y Filología Románicas*, vol. 2, Bucarest, 1971.

LOPE BLANCH, Juan Miguel: "El español de América y la norma lingüística hispánica", en *Actas del III Congreso Internacional del español de América*, vol. III, Junta de Castilla y León, 1991.

LÓPEZ GARCÍA, Ángel: "La unidad del español: historia y actualidad de un problema", en M. Seco y G. Salvador: *La lengua española hoy*, Fundación Juan March, Madrid, 1995.

——— : *El rumor de los desarraigados (Conflicto de lenguas en la península ibérica)*, Anagrama, Barcelona,1985.

LÓPEZ MORALES, Humberto: "La hispanización lingüística en Hispanoamérica", en Maria Vittoria Calvi (ed.), *La Lingua Spagnola dalla Transizione a Oggi (1975-1995)*, Mauro Baroni Editore, 1997.

——— : *La aventura del español en América*, Espasa Calpe, Madrid, 1998.

LÓPEZ PEÑA, Arturo: *El habla popular de Buenos Aires*, Freeland, Buenos Aires, 1972.

LUQUE, Elisa: *La educación en Nueva España*, Escuela de Estudios Hispanoamericanos, Sevilla, 1970.

MAGALHAEES, Vitorino: *Os descobrimentos e a economia mundial*, Portugália, Lisboa, 1971.

MAGNUS, Mörner: *Aventureros y proletarios: los emigrantes en Hispanoamérica*, Mapfre, Madrid, 1992.

MALMBERG, Bertil: *La América hispanohablante. Unidad y diferenciación del castellano*, Istmo, Madrid, 1966.

MARCOS MARÍN, Francisco: *Reforma y modernización del español*, Cátedra, Madrid, 1979.

MARQUÉS DE TAMARÓN: "La lengua española en los Estados Unidos" en *El*

guirigay nacional, Miñón, Valladrid, 1988.
—— : *El peso de la lengua española en el mundo*, INCIPE, Instituto de Cuestiones Internacionales y Política Exterior, 1995.

MARRERO, Carmen: *40 lecciones de historia de la lengua española*, Playor, Madrid, 1975.

MARTINELL, Emma: *Aspectos lingüísticos del descubrimiento y de la conquesta*, CSIC, Madrid, 1988.

——: *La comunicación entre españoles e indios*, Mapfre, Madrid, 1992.

MARTÍNEZ BARGUEÑO, Manuel: "Pasado y presente del lenguaje administrativo castellano", en *Revista de Llengua i Dret*, n.º 18, 1992.

MENÉNDEZ PIDAL, Ramón: *La lengua de Cristóbal Colón*, Espasa Calpe, Madrid, 1942.

——: *Orígenes del español*, Espasa Calpe, Madrid, 1976 (1.ª ed., 1926).

MEO ZILIO, Giovanni y ROSSI, Ettore: *El elemento italiano en el habla de Buenos Aires y Montevideo*, Valmartina, Florencia, 1970.

MILHOU, Alain: "L'imperialisme linguistique castillan: mythe et réalité", en *Les cahiers du CRIAR*, vol. IX.

——: "Les politiques de la langue à l'époque moderne. De l'Europe à l'Amérique", en Marie-Cécile Bénassy-Berling, *Langues et Cultures en Amérique Espagnole Coloniale*, Presses de la Sorbonne Nouvelle, 1993.

MORENO CABRERA, Juan Carlos: *Lenguas del mundo*, Visor, Madrid, 1990.

MORENO DE ALBA, José G.: *El español en América*, FCE, México, 1988.

——: *Diferencias léxicas entre España y América*, Mapfre, Madrid, 1992.

MUÑOZ CORTÉS, Manuel: "El español, lengua internacional", conferencia de clausura del I Congreso Internacional de la Asociación Española de Lingüística Aplicada, Granada, 1992.

NAVARRO GRACIA, Luis: *Hispanoamérica en el siglo XVIII*, Universidad de Sevilla, 1975.

NIEDEREHE, Hans-J.: *Alfonso X el Sabio y la lingüística de su tiempo*, Sociedad General Española de Librería, Madrid, 1987.

NIÑO-MURCIA, Mercedes: "Ideología lingüística hispanoamericana en el siglo XIX", en *Hispanic Linguistics*, 9:1, 1997.

Ontañón Sánchez-Arbós, P.: *La posible fragmentación del español en América. Historia de un problema*, Universidad Nacional Autónoma de México, México, 1967.

Peny, Ralph: "Sobre el concepto del castellano como dialecto revolucionario", en *Actas del I Congreso de Historia de la Lengua Española en América y España*, Universitat de València, 1995.

Picón Salas, Mariano: *De la conquista a la independencia. Tres siglos de historia cultural hispanoamericana*, FCE, México, 1992 (1ª ed.,1944).

Pountain, Chris: "Spanish and English in the 21st. Century", en *Donaire* (Embajada de España en Londres, Consejería de Educación y Ciencia), n.º 12, abril de 1999.

Presente y futuro de la lengua Española. Actas de la Asamblea de Filología del I Congreso de Instituciones Hispánicas, I-II, Cultura Hispánica, Madrid, 1964.

Pulido, Ángel: *Los israelitas españoles y el idioma castellano*, Riopiedras, Barcelona, 1992 (1.ª ed., Madrid, 1904).

Ramírez, Arnulfo G.: *El español de los Estados Unidos. El lenguaje de los hispanos*, Mapfre, Madrid, 1992.

Ramos, Demetrio: *Audacia, negocio y política en los viajes españoles de descubrimiento y rescate*, Casa-Museo Colón, Valladolid, 1981.

Rico, Francisco: *Nebrija frente a los bárbaros*, Salamanca, 1978.

Rivarola, J. L.: *La formación lingüística de Hispanoamérica. Diez estudios*, Universidad Católica del Perú, Lima, 1990.

Roldán Pérez, Antonio: "Motivaciones para el estudio del español en las gramáticas del siglo xvi", *Revista de Filología Española*, 1976.

Romera Navarro, M.: "La defensa de la lengua española en el siglo xvi", en *Bulletin Hispanique*, XXXI, 1933.

Rosenblat, Ángel: *Estudios sobre el español de América*, vol. III, Monte Ávila, Venezuela, 1984.

Salvador, Gregorio: "El español hablado en los culebrones", en *Actas III Jornadas de Metodología y Didáctica de la Lengua y Literatura Españolas*, Universidad de Extremadura, Cáceres, 1993.

—: *Lengua española y lenguas de España*, Ariel, Barcelona, 1987.

—: *Política lingüística y sentido común*, Istmo, Madrid, 1992.

SECO, Manuel y SALVADOR, Gregorio: *La lengua española hoy*, Fundación Juan March, Madrid, 1995.

SOLANO, Francisco de: *Documentos sobre política lingüística en Hispanoamérica (1492-1800)*, CSIC, Madrid, 1991.

STAVANS, Ilan: "El mundo hispánico hablará *spanglish*", en *El País*, 2 de enero de 2000.

SUÁREZ ROCA, José Luis: *Lingüística misionera española*, Pentalfa, Oviedo, 1992.

WALKER, Geofrey J.: *Política española y comercio colonial*, Ariel, Barcelona, 1979.

WRIGHT, Roger: *Latín tardío y romance temprano*, Gredos, Madrid, 1982.

ZAMORA VICENTE, Alonso: *Historia de la Real Academia Española*, Espasa Calpe, 1999.

ZAVALA, Silvio: "El castellano, ¿lengua obligatoria? Nuevas adiciones", en *Nueva Revista de Filología Hispánica*, vol. 40, n.º 1, 1992.

ZIMMERMAN, Klaus y BIERBACH, Christine (eds.): *Lenguaje y comunicación intercultural en el mundo hispánico*, Biblioteca Iberoamericana, 1997.

固有名詞などの解説

本文中の、スペイン語文化圏に関連する固有名詞などを解説する。人物は本文の理解にとって重要なものとか、一定の歴史的意義のあるものだけを扱った。なお、見出し項目は、本文では初出のみ太字で示されている。見出し項目の末部の数字は本文の頁番号である。

アイゼンハワー Eisenhower アメリカ合衆国の第34代大統領（1953-61）。（138）
アイマラ語 el aimara 南米のアンデス地方のボリビアとペルーとの国境にあるチチカカ湖の周辺の高原地帯を中心に居住するアイマラ族の言語。話者は150万人強。ケチュア語と似ている。（50, 170）
アイラン・スタヴァンズ Ilan Stavans 参考文献を参照のこと。（149）
アウシアス・マルク Ausias March スペインの詩人（1397-1459）。（235）
アウディエンシア Audiencia 中世のカスティリア王国では司法関係の最高機関。アメリカ新大陸にも設置されたが、そこでは本来の裁判機関としてだけでなく、副王や総督を補佐して行政や立法の機能をも果たした。植民地では副王と並ぶ中心的なスペイン王室機関。（114）
アカデミー・フランセーズ Académie Française フランス学士院の5種類のアカデミーのうちで最古のもの。フランス語の統一と純化を目指した。正式な発足は1635年。（122）
アギラル Aguilar → ヘロニモ・デ・アギラル。（34）
アグスティン・デ・イトゥルビデ Agustín de Iturbide（Agustín de Iturbide y Aramburu）メキシコの軍人・政治家（1783-1824）。ゲレロと対立。1822年に皇帝に即位したが、1824年に銃殺された。（108）
アステカ Azteca アステカ族は14世紀から、テノチティトラン Tenochititlán（テスココ湖のなかの孤島）と呼んでいた現在のメキシコ市の中心部に都を置いて栄え、1521年にスペイン人のコンキスタドール、エルナン・コルテスによって征服された。自分たちをメシカ Mexica と称したが、現在の国名メヒコ（英語読みではメキシコ）はその名に由来する。アステカ族（メシカ族）は、現在のメキシコ市の北方にあった故郷を12世紀初頭に離れて南下し、13世紀にはメキシコ盆地に入った。アステカ語はナワ語（ナワトル語）の一方言だが、後者の同義語としても使われる。（17, 28, 31, 32, 41）
アストゥリアス Asturias スペイン北西部の自治州の名。北はビスケー湾に面している。中心都市はオビエド。南のカンタブリア山脈が海岸線近くまで迫っていて平野は少ない。気候は温暖多雨。紀元前10世紀以降にケルト人が入植し、ローマ帝国の支配には半島内で遅くまで抵抗する。8世紀初頭にはイスラム教

徒が半島南部に侵入したが、718年のコバドンガ Covadonga の戦で敗北した。キリスト教徒側の勝者ペラヨ Pelayo はこの戦いのあと、西ゴート王国の正統な継承者としてアストゥリアス王国を建設し、以後、国土再征服戦争の拠点とした。9世紀後半からはレオン・アストゥリアス王国。11世紀に王国内の伯爵領カスティリアが王国となってレオンを占領、アストゥリアスはレオン・カスティリア王国に統合された。14世紀末、ホアン1世がエンリケ王子に「アストゥリアス皇太子 Príncipe de Asturias」の称号を与えたが、それ以降今日まで、この称号は王位継承権をもつ王子の呼名となっている。(68, 72, 74, 205, 207, 210, 224-226, 238)

アストルガ Astorga　スペイン北西部にあるレオン地方の都市。ガウディ設計の司教館で有名。(205, 207)

アタバリパ Atabalipa → アタワルパ。(34)

アタワルパ Atahualpa　インカ帝国最後の皇帝。内戦を経て、1532年クスコへ向かう途中、ペルー北部のカハマルカでピサロに捕らえられ、翌年殺された。(34, 35, 44)

アドリアン・ハスティングス Adrian Hastings　参考文献を参照のこと。(69)

アバラン Abarán　スペイン南東部のムルシア自治州にある町。(96)

アビレス Avilés　スペイン北部のアストゥリアス自治州にある港町。(73)

アブドゥル・ラフマーン2世 Abderramán II　コルドバのウマイヤ朝（後ウマイヤ朝）の第4代のエミール。統治は822-852年。トレドの生まれ。(200)

アブドゥル・ラフマーン3世 Abderramán III　コルドバのウマイヤ朝（後ウマイヤ朝）の第8代のエミール（891-961）。初代のカリフ。コルドバ生まれ。学芸を保護してコルドバをイスラム文化圏の中心地にする。後ウマイヤ朝は最盛期を迎えた。(201, 202)

アフリカハネガヤ esparto　スペインや北アフリカに産するイネ科の植物。ロープやかごを作る。エスパルトとも。(195)

アマゾン el Amazonas　南アメリカ大陸の大河。流域の面積は世界第1位。ペルーのアンデス山地に源をもち、アマゾン低地へと流れ下り、大西洋にそそぐ。その長さはナイル川についで世界第2位。(170)

アマド・アロンソ Amado Alonso　スペインの文献学者・文芸評論家（1896-1952）。スペイン語学の雑誌 Revista de Filología Hispánica の創設者。1943年に『カスティリア語、スペイン語、国家語。この3名称の精神史』Castellano, español, idioma nacional. Historia espiritual de tres nombres をブエノスアイレスで出版した。(143)

アマヤ Amaya　スペイン北部のブルゴス県にある村。(191, 193)

アメリカ América　日本では一般に、「アメリカ」といえばアメリカ合衆国を指す。しかしスペインでは América は南北の両アメリカ大陸全体を指すのが普通である。ゆえに本書では、América を「アメリカ大陸」とか「南北アメリカ」などと訳して、日本の読者の誤解を避けるべく工夫した。ちなみにスペイン語は、現在、いわゆるラテンアメリカだけでなく、北米のアメリカ合衆国の南西部、

南部、東部でも使用されている。また、スペイン語圏の大国メキシコも北アメリカの南部に位置する。近年、そういう南北アメリカで使用されているスペイン語を「アメリカ・スペイン語」と呼ぶようになった。(14 他多数)

アメリカ合衆国 Estados Unidos de América （英語では United States of America） 米国とも。イギリスがこの地で植民地経営を始めたのは 1607 年。1776 年には東部の 13 の植民地がイギリスからの独立を宣言した。それ以後は領土を西方に広げ、19 世紀半ばにはメキシコとの戦争を経て領土を倍増し、太平洋岸に達する。人口は 2 億 8 千万強。(26 他多数)

『アメリカで正書法を単純化して統一することの便利さに関する示唆』 Indicaciones sobre la conveniencia de simplificar y unificar la ortografía en América. 1823 年にロンドンで、G. R. と A. B. の署名にて出版された。(128)

アメリカズカップ La Copa América （英語では America's Cup） 一番古くて有名な国際ヨットレース。(190)

アメリコ・カストロ氏 Don Américo Castro スペインの評論家・歴史学者 (1885-1972)。(141)

アラゴン Aragón スペイン北東部の地方（自治州）の名。主都はサラゴサ Zaragoza。北は中央ピレネー山脈の山岳地帯、中央にはエブロ川流域の肥沃な平野がある。アラゴンの起源は、ウェスカ山岳地帯にあるハカ Jaca の住民が 8 世紀にイスラム勢力を撃退したときに生まれたアラゴン伯領。11 世紀中頃にラミロ 1 世が王国を建国。首都はハカ。アラゴンは国土再征服戦争でイスラム教徒のサラゴサを征服し、12 世紀中頃、バルセロナ伯とともにアラゴン連合王国を形成。アラゴンは 13 世紀になると地中海へ進出。14 世紀にサルジニアを占領。15 世紀前半にナポリを征服して絶頂期を迎えた。(13 他多数)

アラバ Álava スペイン北部のバスク地方を構成する 4 県（ギプスコア Guipúzcoa、ビスカヤ Vizcaya、アラバ Álava、ナバラ Navarra）のひとつ。前 3 県がパイスバスコ自治州を構成する。アラバの県都はビトリア Vitoria。(198)

アラビア語 el árabe アフロ・アジア諸語のうち、セム語派に属する言語。アラビア半島から北アフリカ西岸にかけて使用される。8 世紀初頭から近世初頭まではイベリア半島でも使用された。(14 他多数)

『あらゆる契約を網羅した非常に役立つ書物』 Tratado utilísimo y muy general de todos los contratos. (236)

アランダ伯爵 Conde de Aranda （本名は Pedro Pablo Abarca de Bolea） スペインの軍人・指導的政治家 (1719-1798)。1766 年にカルロス 3 世によって王室顧問会議の議長に任命された。1767 年にはスペイン帝国からイエズス会士が追放されたが、その政策の中心的推進者であった。(57, 109)

アランフエス Aranjuez スペイン中央部のマドリード自治州の南部にある町。ラ・マンチャ地方への入口で、タホ川の肥沃な南岸にある。(63)

アラン・ミロー Alain Milhou 参考文献を参照のこと。(74)

アリウス主義（派） La religión arriana アリウス (250?-336?) が始祖となって提唱した、古代キリスト教で異端とされた宗派。(199)

アリカンテ Alicante　スペイン南東部にあるバレンシア自治州の県と県都の名。（73, 228）

アリストテレス Aristóteles　古代ギリシアの哲学者（紀元前384-322）。プラトンの弟子。前342年にマケドニア王フィリッポスに招かれ、王子アレクサンドロスの家庭教師となる。（13）

アリゾナ Arizona　アメリカ合衆国南西部の州。州都はフェニックス Phoenix。州の大半はアメリカ・メキシコ戦争の結果、メキシコの手を離れ、1848年に合衆国領となる。（103, 113）

アル・アンダルス Alandalús　（Al-Andalus、Al-Ándalus）スペイン中世のイスラム教徒支配の時代、彼らが自分たちの支配領域につけた名称。アランダルスとも。この名からスペイン南部を指すアンダルシア Andalucía の名前が生まれた。（192, 201, 218, 222）

アルカサルキビル Alcazarquivir　モロッコ北部の町。商業の中心地。（76）

アルカラ Alcalá　（Alcalá de Henares）スペイン中央部のマドリード県（自治州）に属する都市のひとつ。人口は17万弱。ローマ時代にはコンプルトゥム Complutum。現在の呼称はイスラム時代の Al-Kala Nahar に由来。1498年にシスネロスが創設したサン・イルデフォンソ学院、すなわちアルカラ大学（1836年にマドリードへ移転）にはエラスムスをはじめ、国内外の人文主義者が迎えられ、「多言語訳聖書」が作成された。セルバンテスが育った町。（223, 224）

アルジェ Argel　アルジェリア Argelia の首都。アルジェリアの北部、地中海沿岸のほぼ中央に位置する重要な商港・軍港。（92）

アルゼンチン Argentina　（República Argentina）アルゼンチン共和国。南アメリカ南東部の国。人口は約3,600万。首都はブエノスアイレス Buenos Aires。公用語はスペイン語。国名の意味は「銀の国」。16世紀初頭にラプラタ河を発見したスペインの探検家が、先住民の装身具に銀が目立っていたので「銀の河」という意味の名前を付けた。スペインからは1816年に独立。（36 他多数）

アルタ・カリフォルニア Alta California　現在のカリフォルニア州。（108, 110）

アルバセテ Albacete　スペインの中心部にあるカスティリア・ラ・マンチャ自治州の南東部にある、バレンシア自治州に接する県とその県都の名。（73）

アルバル・ヌニェス・カベサデバカ Álvar Núñez Cabeza de Vaca　スペインのコンキスタドール（1507-1559）。北米南部をアパラチア山脈からカリフォルニアまで横断してメキシコのベラクルスに至る。のちにはパラグァイを探検した。（26）

アルフォンソ2世 Alfonso II　アストゥリアス王国の純潔王（el Casto）（759-842）。791年に即位。794年にオビエド Oviedo を首都にする。イスラム教徒の軍隊を破り、796年にリスボンを奪還。カール大帝と同盟し、アストゥリアス王国を堅持。西ゴート王国を継承する国。伝説によれば彼の治世に、使徒サンティアゴ（聖ヤコブ）が埋葬された墓が発見された。（205, 209）

アルフォンソ6世 Alfonso VI　レオン・カスティリア王国の王。11世紀中頃に生まれ、トレドで没。レオン国王（在位1065‐1109）、カスティリア国王（在位

1072‐1109)。王フェルナンド1世の次男。父親からレオン王国を継承し、長男のサンチョ（2世）がカスティリア王国を継承する。兄弟は両国をひとつにまとめようと画策したが、アルフォンソはサンチョに敗れて、当時はイスラム王国であったトレドに亡命。しかし兄の死後カスティリアの王位も継承し、ここにレオン・カスティリャ王国が誕生した。しかし、エルシドを中心とするサンチョの家臣団に、兄の死に関わりのないことを誓わされたことで、エルシドを恨み、以後、彼を追放する。最大の功績は1085年にトレドをイスラム教徒から再征服（奪還）したこと。（202, 207, 239）

アルフォンソ8世 Alfonso VIII　カスティリア王国の王（1155-1214）。彼の生涯はキリスト教勢力の代表者としての、ムワヒド朝のイスラム軍との戦いであった。1212年、ナバス・デ・トロサの決戦で大勝。（204, 216-219, 221）

アルフォンソ9世 Alfonso IX　レオン王国の王（1171-1230）。（216, 225）

アルフォンソ10世 Alfonso X el Sabio　カスティリア・レオン王国の賢王（1221-1284）。1252年に父王フェルナンド3世から王位を継承。カスティリア語散文の創始者。アラビア語文献のカスティリア語への翻訳活動を推進した。（226, 227, 228, 230-232）

アルプハラ Alpujarra（Las Alpujarras）　スペイン南部のネバダ山脈の南方にあり、グラナダ県とアルメリア県のあいだに広がる山岳地帯。カトリック両王やフェリペ2世の治世にモリスコが反乱を起こしたことで有名。（60）

アルフレド・ド・ミュッセ Alfredo de Musset　フランスの文人（1810-1857）。（119）

アルベルト・デル・ソラル Alberto del Solar　チリの作家（1860-1920）。（141）

アルメリア Almería　スペイン南部のアンダルシア自治州にあって地中海に面している県とその県都の名前。（239）

アレクサンデル6世　ローマ教皇（1492-1503）。権謀術数の人。1494年、新大陸のインディアスに関してスペインとポルトガルの境界線を、トルデシジャス条約 Tratado de Tordesillas によって決定した。それにはポルトガルのジョアン2世とカスティリアのカトリック両王が署名。（25, 47）

アレハンドロ・サワ Alejandro Sawa　スペインの著述家（1862-1909）。（120）

アレハンドロ・ファルネシオ Alejandro Farnesio　スペインで活躍したイタリアの軍人（1545-1592）。1571年のレパントの海戦に参加。1585年、将軍としてフェリペ2世の命に従い、アントワープの反乱を制圧し、その地を占領した。（80）

アレハンドロ・マラスピナ Alejandro Malaspina　スペインで活躍したシチリアの船乗り（1754-1810）。世界周航を2度経験し、アラスカを探検した。（37）

アロンソ・デ・モリナ Alonso de Molina　フランシスコ会の修道士。1571年にメキシコでスペイン語＝アステカ語の語彙集を作成した。（31）

アンダルシア Andalucía　スペイン南部の地方名で、8県で構成される自治州（人口最多の自治州で、約700万人強）になっている。州都はセビリア Sevilla。農業中心の地方で、グァダルキビル川 el Guadalquivir の流域はスペインの穀倉地帯になっている。ローマ帝国時代にはバエティカ州（ベティカ）として繁栄し、8世紀以降はイスラムの支配地として繁栄。13世紀中頃からキリスト教徒の領

土。(13 他多数)
アンティル（諸島）　Antillas　カリブ海に大きな弧を描いて浮かぶ島々。別名、アンティジャス諸島、カリブ諸島。フロリダ半島の南から東西に並ぶ大きい島々（キューバ、ドミニカ、プエルトリコなど）が大アンティル諸島、その東側に南北に並ぶ小さな島々を小アンティル諸島と呼ぶ。スペイン人は、大アンティル諸島は征服して植民したが、小アンティル諸島では先住民を奴隷として扱い、植民には力を入れなかった。そこにはイギリス・フランス・オランダなどが進出して植民地としたので、現在、スペイン語を公用語とする国がない。(26, 38-40, 155, 158)
アントニオ・アルカラ・ガリアノ　Antonio Alcalá Galiano　スペインの政治家・著述家（1789-1865）。ロマン主義者。(154)
アントニオ・カスティジョ　Antonio Castillo　参考文献を参照のこと。(183)
アントニオ・デ・カプマニ　Antonio de Capmany　（Antonio de Capmany y de Montpalau）スペインの政治家・歴史家・文献学者（1742-1813）。(67)
アントニオ・デ・ネブリハ　Antonio de Nebrija　（Elio Antonio de Nebrija）　スペインの人文学者（1444-1522）。スペイン南部のレブリハ Lebrija で生まれ、中央部の学術都市アルカラ・デ・エナレス Alcalá de Henares にて没。サラマンカ大学とアルカラ大学の教授。アルカラ多言語訳聖書 Biblia políglota complutense を校訂。1492 年にはロマンス語で最初の本格的文法書『カスティリア文法』Gramática castellana を出版し、イサベル女王に捧げた。(74)
アントニオ・プチブラン　Antonio Puigblanch　（または Puig y Blanch）　スペインの政治家・文献学者（1775-1810）。カタルニア生まれ。(130)
アンドレス・デ・ウルダネタ　Andrés de Urdaneta　スペインの航海者・僧侶（1508-1568）。ギプスコアで生まれ、メキシコで没。カリフォルニア沿岸部を探検。(44)
アンドレス・ベジョ　Andrés Bello　ベネズエラの文人・文献学者・法学者（1781-1865）。カラカス生まれで、チリのサンティアゴで没。弟子のひとりがシモン・ボリバル。チリではサンティアゴ大学の初代の学長になる。古典的な文法書の『南北アメリカ人に勧められるカスティリア語文法』を書いたが、その機能論的な文法論は現在でも参照されている。(125, 128 ,129, 132, 136)
アントワープ　Amberes　アントワープは英語読み。フラマン語（オランダ語）ではアントウェルペン Antwerpen、フランス語ではアンベルス Anvers またはアンベール、スペイン語ではアンベレス。ベルギーの北部にある大貿易港・臨海工業都市で、同名の州の州都。15 世紀中頃までは小さな地方都市だったが、16 世紀中頃にはヨーロッパの代表的な商業・金融業の中心地となった。スペイン語の書籍が多く出版された。イギリス、ポルトガル、ドイツ、スペイン、イタリアなど全ヨーロッパの商人が集まったが、オランダ独立戦争の戦乱や 1585 年のスペインへの降伏により、商業活動などはアムステルダムに移る。(80)
アンプリアス　Ampurias　スペイン東北部のカタルニア自治州の、そのまた北部にある Girona ジロナ県の村。考古学的な遺跡で有名。ローマ人が紀元前 218 年

に到着した。(195)

アンヘル・ロペス・ガルシア Ángel López García 参考文献を参照のこと。(43)

『怒り狂ったオルランド』 Orlando furioso イタリアの詩人ルドビコ・アリオスト (1474-1533) の作品。ヨーロッパの叙事詩の代表作のひとつ。(82)

イエズス会士 los jesuitas スペイン北部の沿岸部にあるギプスコア県のロヨラ村に生まれた聖イグナチウス・ロヨラ San Ignacio Loyola (1491-1556) が 1534 年に創設した (カトリック教会の) イエズス会 Compañía de Jesús の僧侶。同会の創設にロヨラに協力した聖フランシスコ・ザビエル San Francisco Javier (1506-1552) は日本にも滞在し、東洋の布教に生涯を捧げたことで有名。イエズス会は大きく成長し、宗教活動の全域で強力な組織になった。ヨーロッパ各地で王権をおびやかすまでになり、18 世紀後半にはポルトガルやフランスから追放される。広大なアメリカ植民地を含むスペイン領からは 1767 年に追放された。しかしながら白ロシアを経由して 19 世紀初頭に再興され、現在にいたる。(51)

イギリス Inglaterra 英国。ヨーロッパ大陸の西側に位置するグレートブリテン島とアイルランド島北東部からなる立憲君主国。人口は 6 千万弱。正式名称は「グレートブリテン・北アイルランド連合王国」。紀元前 7 世紀頃にケルト民族が渡来し、ローマの支配をへて 5 世紀頃からアングロサクソン人が支配する。18 世紀には世界中に植民地を築き、19 世紀には大英帝国として世界に君臨する。18 世紀中頃から産業革命を主導した工業国。(13 他多数)

イギリス系アメリカ Angloamérica アメリカ合衆国の別名。(114, 116, 123)

イサベル Isabel カトリック女王 Isabel la Católica。アラゴン王フェルナンド 2 世 (在位 1479-1516) と結婚したカスティリア女王イサベル 1 世 (在位 1474-1504)。カトリック王の称号はイベリア半島に残った最後のイスラム教国グラナダを征服したことにより、ローマ教皇から贈られた。(13)

イサベル 2 世 Isabel II スペイン女王。在位 1833-68 年。(136)

イスタンブール Estambul (英語で Istanbul) トルコ最大の都市。トルコの西端にあり、ボスポラス海峡を隔ててアジアとヨーロッパをつなぐ歴史的都市。ビザンチン時代はコンスタンティノポリス Constantinopolis。トルコ語ではイスタンブール。古称はビザンチウム。コンスタンティノポリスの英語名コンスタンティノープル Constantinople も旧称として使われる。(99)

イスパニア Hispania ローマ時代の、イベリア半島を指すラテン語の呼称。紀元前後まではヒスパニアという発音であったが、西暦に入るころから発音が変わり、イスパニアになる。(82, 197, 199)

『イスパニア』 Hispania 1917 年に創設された「アメリカ合衆国のスペイン語とポルトガル語の教員協会」が発行している雑誌。(151)

イタリア Italia 南欧の共和国。人口 6 千万弱。イタリア語はロマンス語のひとつ。現在のような国家の形になったのは 19 世紀後半に入ってからのこと。(54 他多数)

イタリカ Itálica ローマ帝国時代、イベリア半島南部の属州バエティカにあった都

市。セビリアの近くに位置する。ローマ時代の遺跡が多く保存されている。ハドリアヌス帝やトラヤヌス帝の出身地。(196)

イダルゴ志向 hidalguización → 郷士。(61)

異端審問（所） la Inquisición　キリスト教会が異端を摘発して処罰するための裁判制度。宗教裁判とも呼ばれる。スペインには15世紀末、改宗ユダヤ教徒に対して独特の制度が施行された。思想を統制する強力な組織となり、南北アメリカの植民地をも含めてカトリック信仰を擁護した。この制度はじつに19世紀初頭まで機能している。大審問官として有名なのは、自身が改宗ユダヤ人であったトルケマダ Juan de Torquemada（ヌエバエスパニャで1624年に没）。(18, 92, 95, 189)

イトゥルビデ Iturbide → アグスティン・デ・イトゥルビデ。(15)

イベリア Iberia　スペインの古称。スペインのある半島の名称。先住民であるイベリア人は紀元前6世紀に半島の中央部で、ヨーロッパ中央部から南下してきたケルト人と混血し、ケルト・イベリア人が生まれたが、彼らは高い文明を持っていた。(8, 44, 58, 59, 65, 71, 73, 75, 77, 82, 85, 91)

イベロアメリカ Iberoamérica　南北アメリカ大陸にあって、スペインとポルトガルによって入植された国々を指す名前。(76)

インカ Inca　スペイン人が南米に入る前の15世紀後半、現在のエクアドルからチリ、アルゼンチン北部までに広がるインカ帝国を建設した種族。首都は現在のペルーの高原都市クスコ Cuzco。最後の皇帝アタワルパはスペインのコンキスタドール（征服者）であるピサロ Francisco Pizarro によって1533年に処刑され、帝国は滅んだ。公用語はケチュア語。(34-37, 41, 44, 54-56)

インカ・ガルシラソ Inca Garcilaso（El Inca Garcilaso de la Vega）　スペインの征服者とインカの王女の間に生まれた、ペルーの歴史家（1539-1616）。征服者の内部抗争などについてスペイン語で記述した。(44)

インディアス Indias　コロンブスがインドの東部沿岸に到着したと信じたことから、南北アメリカに付けられた名前。現在も公的な呼称であるが、その命名が誤りであることに気づかれたあと、新大陸 Nuevo Mundo とか América と呼ばれるようになった。この地を Indias Occidentales「西インド」と呼び、インドを Indias Orientales（東インド）と呼ぶこともある。(13, 18, 21, 30, 35, 53, 55, 58, 62)

インディアン　スペイン語 indio「インディオ」の、英語での呼び名。(44, 114)

インディオ　indio　スペイン系アメリカの先住民の総称。(16 他多数)

『インディオの教区司祭のための旅程』 Itinerario para párrocos de indios。(28)

ウィリアム・ウォーカー William Walker　アメリカ合衆国の冒険家。1824年にテネシーで生まれ、ホンジュラスで1860年に銃殺されて没。(101)

ウェールズ語 el galés　19世紀後半のブエノスアイレスで、イタリアの諸方言やカタルニア語やガリシア語やフランス語や英語とともに、よく使われていた言語。ウェールズは、イギリスの連合王国を構成する公国 Principality で、グレート・ブリテン島南西部の半島状地域。ウェールズ語はケルト語派のなかのブリタニック諸語のうちで一番重要な言語であり、現在もウェールズ地方で話される。

(141)

ウエルバ Huelva スペイン南西部の州と州都の名。ポルトガルと大西洋に面している。(32, 52)

ウナムノ Unamuno (Miguel de Unamuno y Jugo) スペインの著述家・哲学者(1864-1936)。ビルバオ生まれ。作家集団である「98年の世代」の代表的人物。サラマンカ大学の学長を務めた。(12, 146)

ウルグァイ Uruguay (正式にはウルグァイ東方共和国 República Oriental del Uruguay) 南米南東部の国。アルゼンチンとブラジルに隣接。公用語はスペイン語。人口は約340万。首都はモンテビデオ Montevideo。国民の9割以上は白人系。南アメリカではアルゼンチンに次いで白人の比率が高いが、これはアルゼンチンと同様、19世紀後半以降、イタリアなどのヨーロッパ諸国から大量の移民が流入したことによる。インディオ人口は皆無に近い。黒人人口もムラト（黒人と白人の混血）を合わせて2%程度。(110 他多数)

ウンベルト・ロペス・モラレス（教授） (Profesor) Humberto López Morales 参考文献を参照のこと。(50)

エウヘニオ・マリア・デ・オストス Eugenio María de Hostos プエルトリコ人の著述家・教育者(1839-1903)。プエルトリコ独立のために戦う。(153)

エクアドル Ecuador (República del Ecuador) 南米中部の太平洋に面した共和国。コロンビアとペルーに接する。首都はキト Quito。人口は約1,210万。公用語はスペイン語。(28, 65, 137, 148)

エシハ Écija スペイン南部のセビリア県にある町。(191)

S音法 (えすおんほう) el seseo スペイン中部・北部で無声歯間音で発音している音を無声歯茎摩擦音のSのように発音する方法。スペイン南部や南北アメリカで一般的な発音。(60)

エスカロナ Escalona スペイン中央部のトレド県にある町。(228)

エスタニスラオ・デル・カンポ Estanislao del Campo (別名 Anastasio el Pollo) アルゼンチンの政治家・詩人（1834-1880）。(142)

エストレマドゥラ Extremadura スペイン中央部の西側にある自治州。ポルトガルに隣接する。カセレス県とバダホス県で構成される。州都はメリダ Mérida。エストレマドゥラの名は、キリスト教徒が中世の国土再征服運動の時代にイスラム教徒の領土との国境地帯であったことを指す。13世紀には、この地方から好戦的貴族の集団であるサンティアゴ騎士団とかアルカンタラ騎士団が誕生した。(41 他多数)

エスパングリス espanglis スパングリッシュ Spanglish とも。スペイン語 Spanish と英語 English の混成言語。(150)

F. B. グライムス F. B. Grimes 参考文献を参照のこと。(175)

エブロ河 El río Ebro スペイン北東部の大河。地中海にそそぐ。全長910km、イベリア半島第2の大河。(192, 196, 206)

エミリアノ・サパタ Emiliano Zapata メキシコの政治家・革命家（1883-1919）。メキシコ革命の農民運動の指導者。改革のシンボル的存在となった伝説的英雄。

20世紀初頭にパンチョ・ビジャと同盟を結ぶも、実効はなかった。護憲主義を掲げる革命指導者カランサとは対立していた。(168)

エリザベス1世　Isabel I　イギリスの女王(1533-1603)。即位は1558年。内政では59年に礼拝統一法を発布し、それまでに行われたカトリック再興を元に戻して英国国教会を確立し、ヨーロッパの新教徒を支援した。外交ではカトリック大国であるフランスとスペインの対立を巧みにあやつって、フェリペ2世のスペインの強敵であり続けた。(77, 78, 80)

エル・エスコリアル　El Escorial　スペイン中央部のマドリード県にある町の名前。また、この町の郊外にある大修道院サン・ロレンソ・デ・エル・エスコリアルの略称。この修道院はフェリペ2世が1557年にフランス軍を破った(8月10日、San Lorenzoの祝日)のを記念して1563年から21年の歳月をついやして建造した、王室修道院・離宮。ここの図書館にはスペイン史の貴重な文献が保存されている。(96, 190)

L. S. ロウイー　L. S. Rowe。(151)

エルサルバドル　El Salvador　(República de El Salvador) 中米の共和国。グァテマラとホンジュラスに接し、太平洋に面している。人口は約640万。首都はサンサルバドル San Salvador。公用語はスペイン語。19世紀前半にスペインから独立し、中米連邦共和国を経て独立。(103)

エルシド　El Cid　(本名 Rodrigo Díaz de Vivar)　スペイン中世のカスティリア王国の騎士であった英雄。1043年ごろにブルゴスのビバル村で生まれ、1099年にバレンシアで没。キリスト教王国カスティリアの宿敵であるイスラム教徒の軍勢からもその武勇を称えられ、「我が主人」という意味のアラビア語でÇidiと呼ばれたことから、「勇者エルシド」El Cid Campeadorの名でも知られた。アルフォンソ6世の怒りに触れ、国外追放になり、戦士として各地をさまよう。バレンシアを統治していて没。(201, 202, 239)

『エルシドの歌』　El Poema de Mío Cid　エルシドの武勲を称えた、カスティリア文学の最初の記念碑的作品で、スペイン最古の叙事詩。別名 Cantar de Mio Cid。1140年ごろに作詞されたが、1307年ごろのコピーとしてマドリードの国立図書館に保存されている。(221)

エルチェ　Elche　スペイン南東部のアリカンテ県にある町。1897年に「エルチェの貴婦人」La Dama de Elcheと呼ばれる女性の胸像が発見された。紀元前5世紀の、イベリア人芸術の代表作。(228)

エルナン・コルテス　Hernán Cortés　スペインの征服者(コンキスタドール)(1485-1547)。サラマンカで法律を学び、1504年にアメリカに渡る。1519年にアステカ族が支配しているメキシコに遠征し、モクテスマに歓待され、征服する。(26, 33, 46)

エルナンド・デ・ソト　Hernando de Soto　スペインのコンキスタドール。1500年ごろスペインで生まれ、1542にミシシッピー河の近くで没。ミシシッピー河を発見した。(30)

エルネスト・サバト　Ernesto Sábato　アルゼンチンの作家。1911年生まれ。1984年、

スペインのセルバンテス文学賞を受賞。(238)

『エルパイス』 El País　独立・近代性を目標に 1976 年に創刊されたスペインの朝刊紙。スペイン最大の発行部数を誇る。1983 年から世界の 150 ヶ国に国際版を届けている。(117)

エルパソ El Paso　アメリカ合衆国の、テキサス州の東部にある都市。ブラボ(グランデ)河の沿岸にある。対岸にあるメキシコ側の町はフアレス Juárez。(166, 167)

エンコメンデロ encomendero　スペインの新大陸における先住民統治の、入植初期の方法のひとつに、王権が一定地域の先住民に関する権利と義務を私人に信託するエンコミエンダ encomienda がある。一定地域の、奴隷でも農奴でもない先住民に関する統治権を、彼らをキリスト教徒にすることを条件にして与えた制度。そしてエンコメンデロは「その信託を受けた者」。16 世紀初頭から実施されたが、入植時代の当初はメキシコとペルーで各々 500 人ほどにすぎなかった。ほとんどがコンキスタドールたちであった。(53)

オアハカ Oaxaca　メキシコ合衆国南部の州のひとつ。(34)

大きくもない船 3 艘　コロンブスが第 1 回目の航海をしたときの 3 隻のカラベル船の、サンタマリア号、ニニャ号、ピンタ号。本文では「クルミの殻 3 個」tres cascarones de nuez。(14)

王立科学アカデミー　Académie Royale des Sciences　パリにあって、ルイ 14 世の宰相であるコルベールが主唱して 1666 年に創設されたフランスの科学アカデミー。18 世紀末のフランス革命のあと、「王立」が削除された。(83)

オーストリア・ハンガリー帝国 Imperio austro-húngaro（Austria-Hungría）　1867 年にオーストリア帝国とハンガリー王国が合体して生まれた中部ヨーロッパの国。ハプスブルク家が支配した。(156)

オカ Oca　スペイン北東部でエブロ河に合流する川の名前。また、ブルゴス県にある山岳地帯の名。(191)

オスマ Osma　スペイン北部の中央部にあるソリア県の、ローマ時代から存在する町の名。(208, 223)

オスマン帝国 el Imperio otomano　中央アジアのトルコ族の帝国。15 世紀中頃にコンスタンティノープルを占領し、大帝国を建設する。16 世紀中頃が最盛期。レパントの海戦(1571)でハプスブルク王家などのヨーロッパ諸国の反撃にあい、帝国の領土拡張は止まる。19 世紀に解体し、現在のトルコ国となる。(98)

オックスフォード Oxford　イギリスのテムズ川上流にある学術都市。12 世紀にイギリス最古の大学が創設された。(154)

オバンド Ovando（Nicolás de Ovando）　スペインの政治家(1460-1518)。16 世紀初頭、インディアスへの本格的な入植活動を指揮したエスパニョラ島の総督(1502-1509)。かの地にサトウキビの栽培を導入した。(24)

オヒギンス O'Higgins（Ambrosio O'Higgins）　アイルランド出身のスペインの政治家・将軍。1801 年にリマで没。チリの総督(1788-96)、ペルー副王領の副王(1796-1801)。(15)

オポルト Oporto　ポルトガル第 2 の都市、港湾都市。ワインの積出港。(209)

オラビデ　Olavide　（Pablo de Olavide y Jáuregui）　ペルーの政治家・著述家（1725-1803）。（71）

オラン　Orán　アルジェリア北西部の、地中海に面した町。10世紀初頭にアンダルスの船乗りによって建設され、16世紀初頭にスペイン領となるが、19世紀中頃にフランスの支配地になる。アルジェリア民主人民共和国は1962年に独立。（45）

オランダ　Holanda　パイセス・バホス Países Bajos を指す、不適当だが慣用される呼称。またの名は Nederland。首都はアムステルダム Amsterdam。人口は1,530万強。中世末期、オランダはネーデルラント（今日のベルギー、ルクセンブルク、北フランスの一部とともに）の一部であったが、16世紀に入ると複雑な婚姻関係からスペイン王カルロス1世が支配権を握る。その後、フェリペ2世が支配したが、17世紀初頭、スペイン軍を破って独立を獲得し、オランダ共和国（正式にはネーデルラント連邦共和国）となり、ヨーロッパで最も富裕な商業国家になった。（25 他多数）

オリウェラ　Orihuela　スペイン東部のバレンシア自治州のアリカンテ県にある町。（92）

ガウチョ　gaucho　18・19世紀にアルゼンチンの平原やウルグァイの原野に住んでいた農民を指す呼び名。牧童が多く、乗馬の達人を指すこともある。語源不明。（131, 139）

カサ・ロサダ　Casa Rosada　アルゼンチンの首都ブエノスアイレスにある大統領官邸。（138）

カジャオ　Callao　ペルーの県と県都の名。県都はペルー最大の港で、リマの外港。（169）

ガスコーニュ　Gascuña　フランス南西部の地方の名。この地方はピレネー山脈西部とビスケー湾に接している。（207）

カスタニョス　Castaños　（Francisco Javier Castaños y Aragnoni）　スペインの将軍（1758-1852）。スペインに進入してきたナポレオン軍を初めて負かしたバイレンの戦いを指揮した。（15）

カスティリア　Castilla　（Condado y Reino de Castilla）　カスティジャとも。スペイン中世の国のひとつ。この名は8世紀頃から使用され、ドエロ河からカンタブリア山脈のあいだにある領域を指していた。初出は8世紀中頃にアラビア語で書かれた記録。この地方の豪族たちはその後、アストゥリアス王の許可を得て、伯爵としてイスラム教徒の領土を征服してゆき、伯爵領となる。10世紀の中頃、アストゥリアス王国が発展して大きくなったレオン王国から独立し、カスティリア王国となる。13世紀の中頃にレオン王国を吸収合併し、15世紀後半にはイサベル女王がアラゴン王国の王子フェルナンドと結婚することによって、スペイン王国が始まる。（13 他多数）

カスティリア語　el castellano　カスティリア王国の言語で、俗ラテン語から発展したロマンス語のひとつ。旧カスティリア地方に発して広大な南北アメリカに広まる。スペインの公用語で、「スペイン語」とも呼ばれる。（11 他多数）

カスティリア顧問会議 Consejo de Castilla　中世カスティリアに存在していたが、中世末にはほとんど機能しなくなっていた国王顧問会議 Consejo Real の後身。統一スペイン王国がカスティリアを中心にして形成されたことから、16・17世紀には王国の中心的な機構。(69)

『カスティリア語文法』　→　『南北アメリカ人に勧められるカスティリア語文法』。(132, 239)

カステジョン Castellón　スペイン東部のバレンシア自治州に含まれる県のひとつ。別名カステジョー Castelló。地中海に面している。イスラム教徒に占領されたが、13世紀の中頃、カタルニアのジャウメ1世によって再征服される。(231)

カストロ・ウルディアレス Castro Urdiales　スペイン北部の、カンタブリア自治州にある港町。(218, 219)

ガスパル・デ・ビジャロエル師 Fray Gaspar de Villarroel　南米エクアドルの、聖アウグスティヌス会の修道士・著述家（1587-1665）。(58)

カタルニア Cataluña （カタルニア語では Catalunya）　スペイン北東部の地方・自治州の名。この自治州はバルセロナ Barcelona、ジロナ Girona、ジェイダ Lleida、タラゴナ Tarragona の4県で構成されている。人口は約620万。北はフランス、東は地中海。自治州の公用語は、住民の7割が話すカタルニア語（あるいはカタルニャ語、カタロニア語。ロマンス語のひとつ）とカスティリア語（スペイン語）が併用されている。中世後期にはアラゴン王国と連合し、地中海に進出してその勢力圏を広める。現在はスペイン有数の工業地帯。(22 他多数)

カタルニア・バレンシア語 la variedad catalano-valenciana　カタルニア地方とバレンシア地方で使われているカタルニア語。(192)

ガチュピン gachupín　メキシコや中米で「スペイン人」を指す蔑称。cachupín の語形でも広くスペイン系アメリカで使われている。(156)

カディス Cádiz　スペイン南部のアンダルシア自治州にある県と県都の名。県都は大西洋上の島にあり、地峡で本土とつながっている。県の北部はセビリア県と、東部はマラガ県と接する。イベリア半島南端に位置するタリファ Tarifa 市は、ジブラルタル海峡を挟んでモロッコに臨むが、モロッコの最北端にはスペインの特別市、セウタ Ceuta がある。カディス市には1812年に自由主義者たちが集まり、スペイン最初の憲法を起草した。(14, 18, 37, 44, 65, 71, 192, 234)

カトリック両王 los Reyes Católicos　カスティリア王国の女王イサベル1世とアラゴン王国の王フェルナンド2世のこと。この夫妻が1492年の正月に、イベリア半島に残っていた最後のイスラム王国であるグラナダを征服したことにより、ローマ教皇から贈られた称号。(72, 239, 241)

カナリア諸島 Las Islas Canarias　スペインのカナリアス自治州になっている。アフリカ西岸の大西洋上に浮かぶ島々。自治州はサンタ・クルス・デ・テネリフェ Santa Cruz de Tenerife とラス・パルマス Las Palmas の2県でできている。州都はラス・パルマス・デ・グラン・カナリア Las Palmas de Gran Canaria。ここには、近年低調になってきたとはいえ、日本の遠洋漁業の基地もある。この島々のことはローマ時代から知られていた。カナリアスの名は、そこに野犬が

多かったから、とも言われている。15世紀末にスペイン人によって征服された。先住民はグアンチェ Guanche と呼ばれた。この諸島はコロンブスの第1回航海のときから、スペインとスペイン系アメリカとを結ぶ航路の、重要な中継地として大きな役割を果たしてきた。ちなみに、小鳥のカナリヤの名はこの島々が原産地であることによる。(41 他多数)

カハマルカ Cajamarca　ペルーの県と県都の名。同名の川が流れている。この県都で、かつてアタワルパが処刑された。(35)

カバルス Cabarrús（Francisco, conde de Cabarrús）　スペインの、フランス系の財政家・政治家（1752-1810）。ジョセフ・ボナパルト（ナポレオン1世の弟）がスペイン王であったとき（1808-1813）に国務大臣を務めた。(71)

ガビノ・バレダ Gabino Barreda　メキシコの教育家（1820-1885）。宗教から切り離した無料の義務教育制度を導入しようとして努力した。(167)

カラオラ Calahorra　スペイン北東部のラ・リオハ県の町。古名はカラグリス Calagurris。(48, 75)

カラカス Caracas　南米北部のベネズエラ共和国の首都。シモン・ボリバルの故郷。スペイン人によって1567年に建設された。(129, 145, 239)

カラスパラ Calasparra　スペイン南部のムルシア県にある町。(96)

カラトラバ騎士団 La Orden de Calatrava　スペイン最古の騎士団。カラトラバ地方をイスラム教勢力から守るために、1158年に結成された。(221)

カランサ Carranza（Venustiano Carranza）　メキシコの政治家（1850-1920）。共和国大統領（1915-20）。暗殺によって死亡。サパタとは不仲。(156)

ガリア系方言 un dialecto gálico　フランス語訛りのスペイン語。(118)

ガリシア Galicia　スペイン北東部の地方名。また、自治州の名。この自治州はラ・コルニャ La Coruña、ルゴ Lugo、オレンセ Orense、ポンテベドラ Pontevedra の4県で構成されている。州都はサンティアゴ・デ・コンポステラ。ガリシア語はロマンス語のひとつ。(66 他多数)

ガリシア・ポルトガル語 la variedad galaicoportuguesa　スペインのガリシア地方とポルトガルに共通のロマンス語様態。別名 el gallego-portugués。(192)

カリスト・ブスタマンテ・カルロス・インカ Calixto Bustamante Carlos Inca　18世紀のペルーの著述家で、別名、コンコロルコルボ。1773年、モンテビデオからブエノスアイレスを通ってリマまで、946レグァを歩き通し、旅行記『遍歴盲人のラサリジョ』を書いた、と想定されていた。しかし、この旅行記の本当の作者は Alonso Carrió de la Vandera であり、コンコロルコルボは彼の書記であったことが証明されている。(56)

ガリバイ Garibay　Esteban de Garibay y Zamalloa　スペインの歴史学者で、フェリペ2世の蔵書担当官（1525-1599）。(82)

カリフ el califa　イスラム教国の王。アラビア語ではハリーファ khalífa。もともと「継承者」とか「代理人」を意味する。初期イスラム国家の最高権威者を指す。ムハンマド（マホメット）の後継者の意味。(192, 201)

カリブ Caribe　中央アメリカやアンティル諸島、南米大陸北部の熱帯地帯に広がっ

ていたアメリカ先住民。現在はベネズエラの沿岸部に数種族いる。この先住民の名がカリブ海の名になっている。(21, 23, 38, 39, 118, 125, 153)

カリフォルニア California　アメリカ合衆国の南西部の州（アルタ・カリフォルニア）、メキシコの太平洋岸にある湾、その先に延びる半島（メキシコ領、バハ・カリフォルニア）の名。カリフォルニア州もスペイン人が入植し、メキシコが独立してからは（1848年まで）メキシコ領であった。(101他多数)

ガルシア・ラッソ・デラベガ　García Lasso de la Vega。(44)

ガルシラソ・デラベガ　Garcilaso de la Vega　スペインの著述家。16世紀初頭にトレドで生まれた（1536年没）。ボロニャでのカルロス1世の戴冠式に出席。スペインにイタリア式韻律を導入した人。(235)

カルタゴ　Cartago　紀元前9世紀頃にフェニキア人がアフリカ北部の地中海岸近くに建設した都市国家。紀元前6世紀頃には地中海西部を制覇したが、紀元前146年にはポエニ戦争でローマに敗れて滅亡（その国民をローマ人はポエニPoeniと呼んでいた）。(195)

カルタヘナ　Cartagena　ふたつの大きな町の名前。スペインのカルタヘナはその南東部のムルシア県にある地中海沿岸の港湾都市。ローマ帝国時代の紀元前225年に、「新カルタゴ」Carthago Novaとして建設された。他方、スペイン系アメリカのカルタヘナは、南米コロンビア国のカリブ海沿岸部の、かつての要塞都市。現在は商業港・軍港。1533年に建設された。スペインの植民地時代にはイギリスなどの海賊の襲撃に備えた。スペインの町と区別するため、古くから「インディアスのカルタヘナ」Cartagena de Indiasとも呼ばれている。(32,194,195)

カルデロン　Calderón　(Pedro Calderón de la Barca)　スペインの著述家(1600-1681)。マドリードの人。騎士でもあり、僧侶でもあった。とくに劇作家としての名が高い。(85, 87, 130, 155)

カルロス1世　Carlos I　スペイン王（在位1516-56）。ハプスブルク家の神聖ローマ皇帝としてはカール5世（在位は1519-56）。皇帝マクシミリアン1世の孫。マクシミリアンとブルゴーニュ公女マリーの子が、父フィリップであり、彼とスペイン王女ホアナ（カトリック両王の娘）の長子としてフランドルで生まれた。父は早くなくなって母は精神病にかかった。1516年にスペイン王フェルナンド2世が没したので、16歳でスペインの王位につく。1519年、カルロス1世は神聖ローマの皇帝に選ばれる。ドイツ国内では宗教改革をおさえ、フランスや北イタリアの国々を相手の戦争に明け暮れる。晩年はフランドル地方やスペインやナポリの支配権を長男のフェリペ（2世）に譲り、1556年にスペインのユステに隠退する。2年後に没。(53, 78, 79, 235)

カルロス3世　Carlos III　スペインの国王(1716-1788)。若くしてナポリやパレルモの支配権を獲得し、パレルモでナポリの王位に就く。1759年からスペイン国王。1767年に、とくに植民地の王権の確立のため、中南米を始めとするスペイン領からイエズス会士を追放した。フランスと組んでイギリスと対抗したが敗れ、イギリスにフロリダを譲渡。王権の確立を図った彼の政策は結果として

南北アメリカの植民地に独立への機会を与えた。（25, 37, 56, 57, 63, 74, 86, 178）

カルロス 4 世 Carlos IV　スペイン国王（1748-1819）。カルロス 3 世の息子で、1788 年から 1808 年まで王位に就く。彼の治世では、王妃の愛人と噂される寵臣・政治家ゴドイ Godoy が活躍した。1805 年にはトラファルガー海戦で全艦隊を失ってイギリスに敗れる。ポルトガルに進撃したいナポレオンに対して、イベリア半島の通過を許す密約を結び、結果として、07 年のナポレオン軍のイベリア半島侵入を許してしまった。1808 年には王子のフェルナンド（のちの 7 世）がアランフエスで暴動を起こし、それによって王位を息子に譲る。ナポレオンの後押しで一時は王位を取り戻すが、それもすぐにナポレオンに譲り、ローマで客死。（104）

カルロス・テヘドル Carlos Tejedor　アルゼンチンの政治家・法律学者。ブエノスアイレスの人（1817-1903）。ブエノスアイレスの知事であった 1880 年、大統領のニコラス・アベジャネダに反対して自治主義派の革命を画策した。（140）

カロリン諸島 Las Carolinas （Caroline Islands）　ミクロネシアの島々の、マリアナ諸島とマーシャル諸島を除いた総ての島々の総称。現在の共通語は英語。カロリン諸島の名前は、1686 年にスペインの総督が、スペイン国王カルロス 2 世にちなんで命名した。（45）

カンザス Kansas　アメリカ合衆国の中央部にある州。16 世紀中頃にスペイン人が探検し、1800 年まではスペイン領。その直後に合衆国に加わった。（115）

カンタブリア Cantabria　スペイン北部のカンタブリア海に面した地方で、自治州。州都はサンタンデル Santander。山岳部にはヨーロッパの後期旧石器時代の芸術が残されている（アルタミラの洞窟画など）。（157, 210, 214, 218, 222）

カンペチェ Campeche　メキシコの州のひとつと、その州都の名。州都はユカタン半島の北側のメキシコ湾沿岸部にある。1540 年にスペイン人が建設。（33）

カンポ・デ・カラトラバ Campo de Calatrava　スペイン中央部のシウダ・レアル県の、その中央部に広がる平野。（73）

ギジェルモ・L・ギタルテ Guillermo L. Guitarte　参考文献を参照のこと。（147）

ギジェン・デ・カストロ Guillén de Castro　スペインの著述家（1569-1631）。バレンシア人。（235）

キト Quito　南米のエクアドル共和国の首都。町は東・西の両アンデス山脈のあいだの標高 2850 メートルの盆地にある。かつてはインカ帝国の町であったが、1534 年にスペイン人が占領し、San Francisco de Quito と名付けた。（28, 29, 36, 37, 58, 145, 148, 239）

ギニア Guinea　ヨーロッパの 15 世紀に、アフリカ西海岸の、セネガル共和国からアンゴラ共和国までのあいだの沿岸地域に与えられた名称として一般化した。現在のギニア湾岸はその一部。ギニアの名称はヨーロッパの地図に 14 世紀中頃から現れており、イギリスが西アフリカ産の金で最初に金貨を鋳造したのも 14 世紀。この金貨が「ギニー金貨」guinea。（13, 101, 107, 233）

ギプスコア Guipúzcoa （別名 Gipuzkoa）　スペイン北部、ビスケー湾に面したパイ

スバスコ自治州のなかの県。県都はサンセバスティアン San Sebastián（別名 Donostia）で、州の東端にあるが、フランスとの国境がすぐそこまで延びている。（198）

旧カスティリア Castilla la Vieja　スペイン中央部の北側の古い地方名。→ 両カスティリア。（89, 90, 92, 134, 191, 193, 202, 207）

旧キリスト教徒 cristianos viejos　主として、スペインの中世後期から近世にかけて使われた概念で、ユダヤ教やイスラム教に関わりのない、もともとのキリスト教徒を指す。これに対して、新キリスト教徒 cristianos nuevos とは、ユダヤ教やイスラム教から改宗したキリスト教徒を指した。（95）

キューバ Cuba　（República de Cuba）　カリブ海に浮かぶ最大の島にある社会主義共和国。まわりの小島を含む。人口は 1,120 万弱（半数は無宗教者で、4 割がカトリック教徒。7 割弱が白人、混血が 2 割強で、1 割強が黒人）。首都はハバナ La Habana とサンタクララ Santa Clara。公用語はスペイン語。1492 年のコロンブスの第 1 回航海中に発見された。ハバナはその後の植民地時代、スペインと大陸部とのあいだの中継地として活用された。18 世紀末から「砂糖革命」と呼ばれる大規模な奴隷制砂糖プランテーション産業が興る。アメリカ合衆国はキューバの政治や経済に大きな関心を抱いていたが、1898 年 4 月ついにキューバを支援してスペインに宣戦布告する。この米西戦争はごく短期間で合衆国が一方的に勝ち、同年 12 月パリで講和条約が結ばれた。その結果、キューバがスペインの支配から離れ、1902 年に独立したが、アメリカ合衆国の干渉が続く。1953 年に親米派のバティスタ政権を打倒すべく、フィデル・カストロ Fidel Castro が指導してスペイン系アメリカにおける最初の社会主義革命が勃発。1959 年に革命政府が樹立され、現在にいたる。（39 他多数）

教父母 padrinos　代父母、代親。カトリック教会で洗礼に立ち会い、受洗者の宗教的保護者となる男女。（21）

ギョーム・ド・ロリ Guillermo de Lorris　アルフォンソ 10 世の時代にフランスでロマンス語（フランス語）で著述していた詩人（1240 年頃没）。（228）

キリスト教　イエスを救済者とし、その行動と教えを中心に神の愛と罪の赦しを説く宗教。パレスチナにおこり、西暦 4 世紀末にはローマ帝国の国教となり、各地に広まった。現在、仏教・イスラム教とともに世界三大宗教のひとつ。東方正教会・（ローマ）カトリック教会・プロテスタント諸教会などに分かれている。スペインはローマ帝国時代からカトリック系のキリスト教が広まって今日に至る。（14 他多数）

グァダラハラ Guadalajara　スペインのグァダラハラは、スペイン中央部のカスティリア・ラ・マンチャ自治州にある県と県都の名。メキシコのグァダラハラは、メキシコ中央部東寄りにあるハリスコ州の州都。（114）

グァダラマ山脈 Sierra del Guadarrama　スペインの中央山系に属する山脈。セゴビア県とマドリード県を分かつ。（91）

グァダルペ・イダルゴ条約 Tratado de Guadalupe Hidalgo　アメリカ・メキシコ［米墨］戦争は、1846-48 年にアメリカ合衆国が太平洋岸まで領土を拡張する過程

で引き起こしたメキシコ領土への侵略戦争であるが、その直接の原因は 1845 年にメキシコの旧領土テキサスが米連邦へ加入したことや合衆国がカリフォルニアとニューメキシコの買収による併合を要求したことなど。その休戦条約がグァダルペ・イダルゴ条約 Treaty of Guadalupe Hidalgo であるが、それによって合衆国はメキシコにテキサスへの請求権を放棄させ、ニューメキシコとカリフォルニアを譲渡させたが、その代価として 1,500 万ドルを支払った。その結果、メキシコは国土の半分近くを失い、合衆国は領土を太平洋岸一帯まで拡大して太平洋とアジアへの進出の足場を築いた。(114)

グァテマラ Guatemala (República de Guatemala) 中米の共和国のひとつ。人口は 1,190 万弱。公用語はスペイン語。マヤ系の先住民や混血が多い。首都は国名と同じくグァテマラ。メキシコ、ベリーズ、ホンジュラス、エルサルバドルに接している。中央アメリカでは最大の人口を抱え、マヤ系先住民の比重も一番大きい。(103, 110, 148, 180, 181)

グァナハニー Guanahaní コロンブスが初めて上陸したカリブ海の島。バハマ諸島のなかの島のひとつ。別名サンサルバドル San Salvador、ワトリングス Watlings。現在はサン・サルバドルと呼ばれる島がいくつかあり、どの島がグァナハニーかは判明していない。(13, 14, 27, 47, 100, 241)

グァノ el guano 鳥糞石。海鳥の糞が堆積したもので、古くからリン酸肥料として利用されている。主産地はペルー沖のチンチャ諸島。(169)

グァム島 Guam 太平洋の西部に点在するマリアナ諸島南端に位置するアメリカ合衆国領の島。1521 年にマゼランによって発見される。1898 年の米西戦争の結果、スペインからアメリカ合衆国に譲渡された。現在はアメリカ合衆国が空軍と海軍の基地として利用している。(45, 174)

グァヤキル Guayaquil 南米のエクアドルとペルーの、大西洋に面した湾、およびエクアドルのグァヤス県の県都の名。湾の沿岸部の大半はエクアドル領。県都は同国の主要な外港。(44)

グァラニー語 el guaraní 別名トゥピー・グァラニー語 el tupí-guaraní。グァラニー族はアマゾン河からラプラタ河までのあいだに住んでいたアメリカ先住民の種族。17 世紀から 18 世紀にかけてイエズス会士によって組織され教化されたが、会士の追放(1767)のあと衰退した。グァラニー語はスペインがアメリカ植民地布教活動で使用した先住民諸語のひとつであったし、現在はパラグァイ共和国でスペイン語とともに公用語になっている。(51, 69)

クエジャル Cuéllar スペインの中央部にあるセゴビア県の町。(32)

クスコ Cuzco (Cusco とも) 南米ペルーの県と県都の名。この県都はインカ帝国の首都。スペインのコンキスタドールであるピサロ Francisco Pizarro が 1533 年に進入してスペイン風に改装した。インカ時代の石畳の道や精巧な石壁などがいたるところに見られる。アンデスの東山脈と中央山脈のあいだの盆地にあり、標高 3500 メートル。(44, 54)

クチャレス Cúchares (Curro Cúchares) 本名 Francisco Arjona Herrera。スペインの有名な闘牛士(1818-1868)。(134, 135)

クック　Cook　（James Cook）　イギリスの航海者(1728-1779)。ニュージーランドやニューカレドニアをはじめ、太平洋上の多くの島々を発見した。(37)

グラナダ　Granada　スペイン南部のアンダルシア自治州にある県と県都の名。県都はイスラム教徒のナスル朝の王国であった時代に築かれたアルハンブラ宮殿で有名。グラナダ王国はイベリア半島に最後まで残ったイスラム王国であったが、1492年の正月にカトリック両王によって滅ぼされた。(47他多数)

クラビヘロ　Francisco Javier Clavijero　メキシコのイエズス会士で歴史学者（1731-1787)。『メキシコの古史』Historia antigua de México の著者。この著述以外に、歴史に残ることは何もしていないと言われている。(54)

クリアカン　Culiacán　（Culiacán Rosales）　メキシコ中部の太平洋沿岸に近い町。(26)

クリスマス港　Puerto de Navidad　コロンブスがエスパニョラ島(サントドミンゴ島)で、座礁したサンタマリア号の船体を利用して、1492年12月に建てた砦の港。(21, 23, 24, 44)

クルニア　Clunia　スペインのブルゴス県にある、ローマ時代の都市。(196)

グレゴリオ・サルバドル　Gregorio Salvador　参考文献を参照のこと。(189)

クレオール　criollos　スペイン語読みなら、クリオジョ。スペインの南北アメリカ植民地でスペイン人の親から生まれたスペイン人を指す。スペインからやってくるスペイン人（半島人 peninsulares）とは、さまざまな利権などの点で差別された。植民地独立運動の主役。スペイン語からフランス語、英語に伝播して一般化する。(8他多数)

クロイス侯爵　Marqués de Croix　（Charles François）　フランス語ではクロアだが、スペインではスペイン語風にクロイスと呼ばれてる。フランドルの貴族(1699-1786)。スペインの軍隊で活躍した軍人。18世紀後半には一時期、ヌエバエスパニャ（副王領）の副王。(56, 57, 62, 64)

黒い伝説　la leyenda negra (española)　君主国スペインに対して諸外国が流した非難中傷の総称。スペイン帝国の最盛期である16世紀にヨーロッパで流された「黒い伝説」には3種類のテーマがあった。フェリペ2世の人となり、南北アメリカの征服におけるスペインの振る舞い、スペインでの異端審問のやり方、である。(46, 59, 152)

クロービス　Clodoveo　（Clovis）　フランク王国の王、クロービス1世（481-511）。496年にキリスト教に改宗した。(199)

ケチュア語　el quechua　アルゼンチンなどでは quichua とも。ペルーのクスコ近辺の、アンデス山脈の高原地帯に住みついたアメリカ先住民の種族であるケチュア族の言語。この種族はチャンカ族との抗争でインカ族と同盟したが、後者はケチュア族の言語を採用し、それがインカ帝国の公用語となる。また、植民地時代にはスペインがキリスト教布教用の言語として採用したので、インカ帝国時代よりも広汎な地域で使用されるようになった。現在ではエクアドル・コロンビア・ペルー・チリ・ボリビア・アルゼンチン（アンデス地方）で使われている。(34, 50, 51, 170)

ケプラー Kepler（Johannes Kepler） ドイツの天文学者（1571-1630）。(227)

ケベド Quevedo（Francisco de Quevedo y Villegas） スペインの文人・政治家(1580-1645)。ナポリの副王に任命されたオスナ公爵に従ってシチリアへ赴任。政治家としても活躍したが、スペインの黄金世紀を代表する著述家のひとり。(85)

ケルト・イベリア語 el celtibero（celtíbero） イベリア半島の、先ローマ時代にケルト人とイベリア人が混血して生まれた種族ケルトイベリア族の言語。半島の中央部に居住した。(197)

ケルト・バスクの人種 la raza céltico-vasca ケルト人とバスク人の混血人種。(156)

『権威辞書』 Diccionario de Autoridades スペイン王立言語アカデミアが1726-1739年に編纂したカスティリア語辞書。各見出し語に有名著述家の書いた文章が引用されていることから、「権威」の名が付いている。(61, 85)

『言語問答』 Diálogo de la lengua ホアン・デ・バルデスの1535年の著書。カスティリア語で書かれた最初のカスティリア語法に関する説教調の語学書。(72)

ケンブリッジ Cambridge イギリスの南東部にある町。この町にあるケンブリッジ大学は1229年に創設され、そのレベルの高い学問研究と教育は、オックスフォード大学（12世紀に創設）と肩を並べている。(154)

コインブラ Coimbra ポルトガル中部にある県と県都の名。美しい古都。1139年から1260年まで同国の首都。1290年に創設されたコインブラ大学は、ヨーロッパ最古の大学のひとつ。(209)

コエンカ Cuenca クエンカとも。スペイン中央部のカスティリア・ラ・マンチャ自治州を構成する県と県都の名。県都の旧市街は崖っぷちに建てられた家（美術館など）で有名。(73, 91, 97, 225)

郷士 hidalgo スペインで中世後期と近世初期に存在した、貴族と平民の間に位置づけられる社会階級。イダルゴ。ドン・キホーテもそのひとりである。イダルゴ志向はそのような中間階層的な位置づけを目指す傾向。(80, 97, 134, 182)

コーラン Corán イスラム教の聖典。ムハンマド（マホメット）が唯一神アッラーから受けた啓示を、7世紀中頃に集録したもの。114の章（スーラ）から成る。イスラム教の信仰に関することだけでなく、日常生活の規範も示されている。(94)

国王顧問会議 コンセホ・レアル Consejo Real（または Consejo de Castilla） カスティリア王国には、国王が主宰し、その裁判権が行使されもする最高審議会の通常王会 Curia ordinaria があったが、それが発展して14世紀後半に設置された国王の顧問会議。行政全般に関する諮問機関で、高位聖職者・騎士・市民の代表たちで構成された。(226)

黒死病 La peste negra ペストの別名であるが、全身の皮膚が内出血のために紫黒色になって死亡することから、そう呼ばれもした。ペストは法定伝染病のひとつ。ペスト菌の感染によって起こり、死亡率も高い。かつて、しばしば流行した。とくに14世紀にはヨーロッパ全域に大流行した。(232, 233, 236)

ココリチェ cocoliche ブエノスアイレスのボカ地区で、1857年以降にアルゼンチンに入った大量の移民の結果として生まれた、ルンファルドとは違うもうひと

つのイタリア語系スペイン語の隠語。(138, 140)
コスタリカ Costa Rica (República de Costa Rica) 中米の共和国。北はニカラグァと、南東はパナマと接している。首都はサンホセ San José。人口は約 380 万。公用語はスペイン語。気候的には熱帯に属しているが、年平均気温には大きな地域差がある。北部では 5 月から 10 月が、南部では 4 月から 12 月が雨季で、その他の季節は乾季。中米ではスペイン人が最初に到着したところ。メキシコといっしょに 1821 年にスペインから独立したが、中央アメリカ連邦をへて個別の国になる。住民はスペイン系白人が 8 割以上。19 世紀末からはバナナ栽培が盛んになり、アメリカ合衆国のユナイテッド・フルーツ社が国内で大きな勢力を築き上げた。1949 年の憲法で軍隊を放棄し、民警隊 guardia civil で国の治安を維持している。義務兵役制はない。教育水準も高く、識字率が 95% に近い。バナナ・コーヒーを産する。(103)

古典主義 17・18 世紀のヨーロッパにおける、古代ギリシアやローマの文芸を尊重する立場。(155)

ゴドイ Godoy (Manuel Godoy y Álvarez de Faria) スペインの政治家 (1767-1851)。カルロス 4 世の寵臣。王妃の愛人と噂された。ゴヤの肖像画がある。1792 年に宰相に就任し、フランスと交戦して敗れる。以降、逆にフランスに接近し、ナポレオンに翻弄され、失脚。(103)

コプラ coplas 民謡に使われる歌詞。(130-132, 140)

ゴメラ島 La isla de La Gomera スペインのカナリア諸島の、サンタクルス・デ・テネリフェ県に属する島のひとつ。(241)

コリント Corinto 古代ギリシアの都市国家のひとつ。ギリシアの南部にあって、ペロポネソス半島の付け根に位置する商業都市。(49)

コルテス Cortés → エルナン・コルテス。(27, 33, 34, 46, 47, 53)

コルドバ Córdoba スペイン南部の、アンダルシア自治州にある県と県都の名。グァダルキビル河の北岸に広がるこの県都は、スペインの古都のひとつ。ローマ人がイタリアからの入植者のためにヒスパニアに建てた最初の植民都市。ローマ期を通じてイベリア半島の代表的都市のひとつ。ローマ最大の思想家と評されるストア哲学者のセネカなどの生地。756 年に後ウマイヤ朝の首都となり、以後 3 世紀間はヨーロッパ中世の学芸の中心地として栄えた。アル・アンダルスにありながら、コルドバは西ヨーロッパ第一の都市となる。10 世紀に入ると、バグダードやコンスタンティノープルに比肩するまでになった。現在もイスラム文化の遺跡が多く、レコンキスタ（国土再征服戦争、国土回復戦争、国土再征服運動、国土回復運動とも訳される）以後はキリスト教の大聖堂となったマグレブ様式の大モスク（メスキタ）がある。(73 他多数)

コルネーユ Corneille (Pierre Corneille) フランスの劇作家 (1606-1684)。(104)

コロンビア Colombia (República de Colombia) コロンビア共和国。南アメリカ北部にあり、中米のパナマにつながっていて、太平洋とカリブ海に面している。人口は約 4,400 万。首都はボゴタ Bogotá。公用語はスペイン語。スペイン語研究で有名なカロ・イ・コエルボ研究所 Instituto Caro y Cuervo がある。(113, 118,

137, 144, 145, 148, 151）

コロンブス Cristóbal Colón　スペイン語ではクリストバル・コロン（英語読みはクリストファー・コロンブス）。スペインの航海者。公的な資格でアメリカ大陸に到着した最初のヨーロッパ人。15世紀中頃、イタリアのジェノバで生まれたとも言われる。1492年、スペインのカスティリア国の女王イサベル1世の援助を受け、インドを目指して大西洋を西方に向かって出帆し、サンサルバドル島（現在はどの島か不明）に上陸した。キューバ島・ハイチ島を探検。合計4回の航海でカリブ海沿岸部を探検したが、目指す黄金を見つけることはできなかった。1506年、スペインのバジャドリーで、失意のうちに逝去。（13他多数）

コンキスタドール Conquistador　征服者。とくに15世紀末と16世紀前半に南北アメリカを探検し、征服したスペイン人たちを、このように呼ぶ。彼らは征服によって新しい領土を獲得し、黄金や財宝を探し求めた。その征服事業は国王の認可を必要としたが、財政的にはほぼ個人の力にまかされ、ほとんど国家の援助はなかったので、軍の規模は小さく、山師的な仕事でもあった。代表的なコンキスタドールはコルテスとピサロであるが、前者は400名ほどの兵士でアステカ王国を、後者は200名ほどの兵士でインカ帝国を征服し、莫大な財宝を獲得した。（33, 46, 107）

コンゴ Congo　コンゴと呼ばれる大部族は、中部アフリカを流れるアフリカ第2のコンゴ河（別名ザイル河）の両岸地域、現在のコンゴ民主共和国、コンゴ共和国、アンゴラに居住する。15世紀末、ポルトガルの航海者がコンゴ河口からコンゴ王国に入った。そのときからこの王国とポルトガルは交易を通じて緊密な関係を保った。コンゴ王国はこの地方を14世紀から19世紀まで支配していた古王国。そして中央集権的な王宮制度を導入するが、その財源を確保するために奴隷輸出が盛んになった。（38, 40-41）

コンコロルコルボ Concolorcorvo　→　カリスト・ブスタマンテ・カルロス・インカ。（56）

ゴンサロ・ゲレロ Gonzalo Guerrero。（33, 36）

ゴンサロ・コレアス Gonzalo Correas　スペインの人文学者（1570?-1631）。当時のスペインのことわざを集大成し、出版した。（75）

サアグン Sahagún　スペイン北部、レオン県にある古い町。（207, 213, 215, 228）

サ・デ・ミランダ Sá de Miranda（Francisco Sá de Miranda）　ポルトガルの作家（1481-1558）。カスティリア語で多数の韻文作品を書いた。（75, 76）

サナントニオ San Antonio　17世紀末にスペイン人が建設した、アメリカ合衆国のテキサス州南部の町。かつてはスペイン領、その後はメキシコ領、そしてアメリカ合衆国領。（111, 114）

サパタ Zapata（Emiliano Zapata）　→　エミリアノ・サパタ。（156）

サミュエル・ダニエルズ Samuel Daniels　イギリスの詩人・劇作家（1563?-1619）。（82）

サモラ Zamora　スペイン北西部のカスティリア・イ・レオン自治州のなかにある県と県都の名。県都はドエロ河の南岸にある。（209）

サラゴサ Zaragoza スペイン北東部のアラゴン自治州にある県と県都の名。県都は自治州の州都でもあり、エブロ河の南岸に広がる。（194,196,205）

サラマンカ Salamanca スペイン北西部のカスティリア・イ・レオン自治州のなかにある県と県都の名。県都はトルメス川の北岸にあり、自治州の州都でもある。（75, 78, 97）

サラマンカ大学 Universidad de Salamanca スペインのサラマンカにある大学。1244年に開学された。初年度から1万数千名の学生を集める。13世紀以降はスペインの著名な聖職者や学者の多くが同大学の出身者であった。14世紀にはイタリアのボローニャ、フランスのパリ、イギリスのオックスフォードなどの大学とともに西ヨーロッパにおける学問の中心地となる。（225）

サルミエント → ドミンゴ・ファウスティノ・サルミエント。（134-137, 139, 152, 153）

サンサルバドル San Salvador 中米の共和国エルサルバドルの首都。（145）

サンジェルマンデプレ Saint-Germain-des-Près フランスの首都パリのセーヌ川左岸に6世紀に創建された修道院。9世紀後半からノルマン人の侵入などで荒廃したが、12世紀には学問の中心地となる。（201）

サンセバスティアン San Sebastián スペイン北部のパイスバスコ自治州の東端部にあって、カンタブリア海に面しているギプスコア県の県都。別名ドノスティア Donostia。（147）

サンタエレナ Santa Elena スペイン南部のアンダルシア自治州のハエンにある田舎町のひとつ。（221）

サンタフェ Santa Fe アメリカ合衆国のニューメキシコ州の州都。スペインのアメリカ植民地の一部であり、19世紀中頃まではメキシコ領。（111）

サンタマルタ Santa Marta 南米コロンビア国のカリブ海沿岸部にある港湾都市。1525年にスペイン人が建設。（32）

サンタンデル Santander スペイン北部の、カンタブリア海に接するカンタブリア自治州にある県と県都、そして州都の名。夏には国際大学が開校されることと音楽フェスティバルが開催されることで有名な観光地。（73, 223, 225, 234）

サンティアゴ（チリ） Santiago de Chile 南米南西部の共和国チリの首都。東側にはアンデス山脈が南北方向にそびえている。約百キロ西には太平洋が広がっており、そこにはチリ最大の港湾都市バルパライソ Valparaíso がある。1541年にスペイン人によって建設された。（58, 145, 238）

サンティアゴ・デ・コンポステラ Santiago de Compostela スペイン北西部のガリシア自治州の州都。商業・観光・宗教都市。11・12世紀に建造された大聖堂で有名。伝説によると、そこにはスペインで発見された聖ヤコブの遺体が眠っている。カトリック教の3大聖地として古くからヨーロッパの巡礼を引きつけてきた。その巡礼路は「サンティアゴの道」Camino de Santiago と呼ばれ、ヨーロッパと北部スペインの諸都市を経済的・人的・文化的に結びつけてきた。（225）

サンティアゴ・デレステロ Santiago del Estero アルゼンチン北部の州と州都の名。1553年に建設された、アルゼンチンで最古の町。（51）

サンティアゴ・ラモン・イ・カハル Santiago Ramón y Cajal スペインの組織学者

（1852-1934）。1906 年にノーベル医学賞を受賞。（156）

サンディエゴ San Diego アメリカ合衆国のカリフォルニア州の、太平洋に面した商工業都市・軍港。スペインの植民地時代である 1769 年に建設された。その後、メキシコ領時代を経て 1848 年にアメリカ合衆国領となる。大きな湾を持つ天然の良港であり、漁業の根拠地としても発展した。巨大な海軍基地でもあって、艦船や航空機の産業が活発。（113）

サントドミンゴ Santo Domingo カリブ海にある西インド諸島のうちの大アンティル諸島の、キューバ島とプエルトリコ島の間に、エスパニョラ島・ハイチ島・サントドミンゴ島などとも呼ばれる島がある。この島の東側がドミニカ共和国であり、その首都がサントドミンゴ。スペイン人の南北アメリカ進出の基地となり、インディアスではもっとも古い植民地ともなった。この首都はコロンブスの弟バルトロメー・コロンブスが建設した。そこにあるサント・トマス・デ・アキノ大学（現在、サントドミンゴ大学）は 1538 年に設立された、新世界で最古の大学である。（33, 54, 101, 103, 104）

サントドミンゴ・デ・ラ・カルサダ Santo Domingo de la Calzada スペイン北西部にあるリオハ県の町。12 世紀建造で 16 世紀に再建された大聖堂がある。（207）

サンドー Sandeau （Jules Sandeau） フランスの作家（1811-1883）。（119）

サンドマング Saint Domingue エスパニョラ島のフランス領である西半分を指す古名。スペイン領である東半分はサントドミンゴ Santo Domingo。（103）

サンフランシスコ San Francisco アメリカ合衆国西部にあるカリフォルニア州中部の大都市。太平洋岸最大の良港。都市の北側に架かっているゴールデン・ゲート（金門橋）で有名。18 世紀後半になってスペイン探検隊がこの天然の良港（サンフランシスコ湾）を発見して砦を作ったのが、この町の始まり。1821 年のメキシコ独立とともにスペイン領からメキシコ領になり、アジア貿易や太平洋上の捕鯨の基地となる。メキシコとアメリカ合衆国との戦争（米墨戦争）が 1848 年に終わると合衆国領になる。1860 年代後半には大陸横断鉄道の建設の基地となったが、そのとき多くの中国人が労働力として入国し、チャイナ・タウンを形成した。その後、彼らの多くは南に下って中米やカリブ海に住みつくことになる。（113, 116）

サンマルティン → ホセ・デ・サンマルティン。（15, 143）

サン・ミジャン San Millán （San Millán de la Cogolla） スペイン北東部のリオハ県にある村。そのそばに有名なリオハの修道院がある。山手にあってスソ（San Millán de Suso）と呼ばれる建物は 931 年に設立されたモサラベ様式のものであり、平地にあってユソ（San Millán de Yuso）と呼ばれる建物は 16 世紀のもので、「リオハのエスコリアル」El Escorial de La Rioja とも名付けられており、貴重な古文書が保管されている。（214）

サンルイス San Luis アメリカ合衆国の南部にあるミズーリ州の、ミシシッピーの河岸に広がる町。サンルアスとも。（113）

サンルカル・デ・バラメダ Sanlúcar de Barrameda スペイン南部のカディス県にあっ

て、グァダルキビル河の河口に広がる港町。(26)
サンロレンソ San Lorenzo　カナダ西南部の、バンクーバの近くの湾の名前。(37)
C音法（しいおんほう）ceceo　スペイン中部・北部のカスティリア語では、文字ce, ci, za, ze, zi, zo, zu の子音は無声歯間音で発音され、s は無声歯茎摩擦音である。その他のスペイン語圏には両者を歯音で発音するところがある。その現象をC音法という。(60)
シエナ Siena　イタリア中央部のトスカナ地方にある都市。(232)
ジェノバ Génova　イタリア北西部の、ジェノバ湾に面した都市。(22, 39, 240)
シエラモレナ Sierra Morena　スペイン南西部の、グァダルキビル河の北方に東西に延びる山脈。(218, 221)
シナロア Sinaloa　メキシコ北部の州の名。(26)
ジブラルタル Gibraltar　スペイン語ヒブラルタルの英語読み。スペイン南端の半島の名。その沖合がジブラルタル海峡。1704年にイギリス軍が占領した。スペインの度重なる返還要求にもかかわらず、いまだイギリスの自治領で、その海軍基地になっている。(135, 150, 191, 195, 236)
シボラ Cíbola　別名 Cibola。メキシコ北部に7都市で構成されていると言われた伝説の地方。スペイン人が何度か探検したが、16世紀の中頃にはこの伝説も打ち消された。(32)
シモン・ボリバル Simón Bolívar　ベネズエラの軍人・政治家・文筆家（1783-1830）。ベネズエラの独立革命指導者。父親はクレオール、母親はスペイン人。アンドレス・ベジョについて文法や修辞学を学ぶ。スペインで成人し、結婚。ナポレオンの戴冠式に出席して感動する。カラカスの公務員としてロンドンに渡る（1808）。1811年には彼の主導でベネズエラが独立宣言するが、すぐにスペイン軍に圧倒される。スペイン軍との一進一退が続いたが、1819年のボヤカ Boyacá（コロンビア中央部）の大勝で独立が決定的になる。1822年にはグァヤキル Guayaquil（エクアドルの外港）で、南米南部の独立運動の主役たるサンマルティンと会見。ベネズエラ・コロンビア・エクアドルを解放し、大コロンビア共和国を成立させて大統領となる。さらにペルー・ボリビアを解放。みずからの連邦主義に対して、分離主義の強い流れに押され、サンタマルタで寂しく没した。ボリビアの国名に彼の名が残る。(14, 25, 125)
ジャンピエール・ボアイェ Jean-Pierre Boyer　カリブ海のハイチの政治家（1776-1850）。ハイチの大統領としてドミニカを征服した。(103)
ジュピター Júpiter　別名ユピテル、ジュピテル。ローマの3主神のひとり。天空の神で気象現象をつかさどるが、法の守護者でもあった。のちにはギリシア神話のゼウスと同一視されるにいたる。(47, 227)
ジョン・アダムズ John Adams　アメリカ合衆国の法律家、第2代大統領（1797-1801）。(122)
ジョン・ウェイン John Wayne　アメリカ合衆国の、おもに西部劇の映画俳優（1907-1979）。(114)
ジョンソン博士 Doctor Johnson　サミュエル・ジョンソン Samuel Johnson（通称が

Dr. Johnson)、イギリスの辞書編纂家（1709-1784）。経済的に苦しみながらも9年がかりで記念碑的な英語辞書を編纂し、1755年に出版する。（62）

ジョン・リード John Reed　アメリカ合衆国の新聞記者（1887-1920）。メキシコ革命とソビエト革命に取材。（167）

ジル・ヴィセンテ Gil Vicente　ポルトガルの作家（1470-1536?）。（75, 76）

新興成金 Los robber barons　イギリスの歴史で、中世の「追いはぎ貴族」、そして19世紀後半の「新興成金」、「悪徳資本家」を指す。（151,153,155）

スエルド El sueldo　スペインの古い通貨で、土地と時代によって換算率が異なる。現在の意味は「給料」。（218）

スキピオ Escipión　古代ローマの将軍（紀元前236-184）。第2次ポエニ戦争でスペインのカルタゴ勢力を制圧してハンニバルを破り、大アフリカヌスと称された。（195, 199）

ストラボン Estrabón　ローマ時代のギリシア系地理学者・歴史学者（紀元前64?-紀元後21?）。地中海沿岸の各地を旅行してその知見を出版。地理書の17巻は最古のもので、その大部分が現存。第3巻がイベリア半島について書かれている。（195-197）

スパングリッシュ Spanglish　→　エスパングリス。（116, 149, 150）

スペイン España（Reino de España）　スペイン語ではエスパニャ。イベリア半島にあるスペイン王国。現在は17の自治州で構成されている。人口約4,300万。（13 他多数）

スペイン王立アカデミア Real Academia Española　スペインの王立アカデミアといえば、その代表が国語のアカデミア。その辞書は Diccionario de la Real Academia Española で、略名は DRAE。（83, 84, 128, 132, 189）

スペイン系アラビア語 el hispanoárabe　イスラム教徒が8世紀初頭から15世紀末までイベリア半島を支配していたときのアラビア語。（59, 94-97, 238）

スペイン系ユダヤ人 judíos sefarditas　中世後期から（追放までとすれば）1492年までスペインにいてユダヤ教を信仰していた人たち。その年、信仰を続けたい者はスペインから追放され、地中海のあちらこちらへ移住した。（94, 97-98）

スペイン語　→　カスティリア語。（15 他多数）

スペイン語文化研究 el hispanismo　このスペイン語には「スペイン語文化研究（への傾倒）」という意味のほかに、「スペイン語独特の言い方、スペイン語法」、「スペイン語以外の言語で使われているスペイン語系の言い方」という語義もある。（151, 152, 155）

『政治家』 El Político　（El político don Fernando）　バルタサル・グラシアンが1640年に書いた作品。カトリック王フェルナンドに関する研究書。（74）

聖書 Biblia　聖典集。ユダヤ教から継承した旧約と、イエス・キリストによる「新しい契約」を啓示する書物の意味の新約とに分けられる。（50, 94, 228）

『正書法』 Ortografía　スペイン王立（言語）アカデミアが1741年に出版した、スペイン語表記法を規定する書物。最新の改訂版は1999年に出ている。（85）

聖パウロ San Pablo　西暦1世紀の中頃に伝道に活躍したキリスト教の使徒のひとり。新約聖書中に彼が書いたとされる手紙が何通か含まれている。（49）

赤道ギニア　Guinea Ecuatorial　(República de Guinea Ecuatorial)　アフリカ西部、ギニア湾に臨む大陸部のリオムニとビオコ島から成る小さな共和国。公用語はスペイン語。1968 年スペイン領から独立。カカオ・コーヒーを産する。住民は黒人。カトリック教徒が多い。首都はマラボで、ビオコ島にある。人口は 100 万強。(101, 107)

セゴビア　Segovia　スペイン中央部にある、カスティリア・イ・レオン自治州を構成する県と県都の名。セゴビア市にはローマ時代に建造された水道橋が今でも使用されているし、カトリック両王が住んだアルカサルはディズニーの「白雪姫」の城のモデルにもなったといわれている。(73, 91, 97, 208, 218, 219, 225)

セネカ　Séneca　西暦 1 世紀に活躍した古代ローマの思想家。ローマ帝国の属州イスパニア(スペイン)のコルドバ生まれ。(19, 20)

セバスティアン　Sebastián　ポルトガルの王(1554-1578)。3 才で戴冠。モロッコのアルカサルキビルで戦死。(37)

セバスティアン・デ・コバルビアス Sebastián de Covarrubias (Sebastián de Covarrubias y Orozco)　スペインの語彙学者(1539-1613)。近世初期のカスティリア語の辞書・百科事典たる『スペイン語宝典』Tesoro de la lengua castellana o española の著者。(89)

セファルディー　los sefardíes　中世までスペインに住んでいたが 15 世紀末に追放され、地中海世界などに移住したスペイン系ユダヤ人とその子孫たち。約 40 万人か。また、単数形では彼らの使うユダヤ系スペイン語も意味する。(97-99)

セビリア　Sevilla　セビジャとも。スペイン南部の、アンダルシア自治州を構成する県と県都の名。県都は大西洋に通じるグァダルキビル川下流東岸に臨む河港都市。アンダルシア地方の古都でイスラム教系の史跡も多い。南北アメリカがスペインの植民地であった時代、植民地とのあいだの新大陸貿易の中心地であった。(18 他多数)

セルバンテス　Cervantes　(Miguel de Cervantes Saavedra)　スペインの作家。1547 年に、マドリードの近くのアルカラ・デ・エナレスに生まれ、1616 年にマドリードで没。貧しい外科医の息子だったので、家族とともに各地をめぐり、落ち着いて正規の教育を受けることがなかった。波瀾万丈の人生を送り、1571 年には有名なレパントの海戦に加わって左手を負傷し、「レパントの片腕男」とも呼ばれた。晩年は貧困の中で執筆活動を継続。代表作は近代小説の先駆といわれる『ドン・キホーテ』El ingenioso hidalgo don Quijote de la Mancha (第 1 部は 1605、第 2 部は 1615) のほか、『模範小説集』Novelas exemplares など。スペインが大帝国となったフェリペ 2 世の治世に成長し、スペイン語文芸の最盛期たる「黄金世紀」Siglo de Oro を代表する。(9 他多数)

セルバンテス協会　Instituto Cervantes　スペイン語やスペイン語圏の文化を普及・促進するためにスペイン政府が 1991 年 3 月 21 日に創設した、営利を目的にしない公的機関。世界各地に事務局を設置し、スペイン語にかかわる語学講座や文化講座を開設している。(188, 189)

セルベラ　Cervera　スペイン北東部の、カタルニア自治州を構成するジェイダ県に

ある町。1717 年にフェリペ 5 世によって創設された大学で有名。19 世紀の中頃まではカタルニア地方にある唯一の大学だった。(68)

ソノラ Sonora　メキシコの、アメリカ合衆国との国境沿いの西側にある州の名。(108, 111)

ソマリア Somalia　アフリカ東端部にある民主共和国。(181)

ソリア Soria　スペイン北西部のカスティリア・イ・レオン自治州にある県と県都の名。県都はドエロ河の上流にある。(73, 208, 224)

第 3 回トレド宗教会議 El III Concilio de Toledo　スペインの、ほぼ西ゴート統治時代（5 世紀初頭から 8 世紀初頭）に相当する時期に、トレドで開催された一連の宗教会議のうち、最も重要な会議。西ゴートの王レカレド Recaredo が 589 年に招集し、正式にカトリックに改宗した。(199)

太平洋戦争 Guerra del Pacífico（1879-83）　ボリビアとペルー南部の沿岸部に広がる硝石地帯をめぐってチリの軍隊とペルー・ボリビア同盟軍が争った戦争。(169)

タイファ taifas　イスラム教徒によるイベリア半島統治の第 3 期（11 世紀中頃から、その支配が終焉する 15 世紀末まで）はタイファ諸王国の時代。コルドバのカリフ王国が解体されたあと、半島のイスラム教支配領域が小王国に分割されたが、その王国をタイファと呼ぶ。(239)

タオス Taos　アメリカ合衆国ニューメキシコ州の北部にある小都市。16 世紀後半にスペイン人が町をつくり、サンタフェ街道の交易中心地として発達した。現在は観光地。(111)

タバスコ Tabasco　メキシコのユカタン半島の基部にあって、メキシコ湾岸に面した州。州都はビジャエルモサ Villahermosa。熱帯雨林気候。巨大な戦士の顔を刻んだ石の彫像で有名なオルメカ文化が開花した土地。1518 年にグリハルバ Juan de Grijalva が探検し、1519 年にエルナン・コルテスがメキシコ征服に出発したときに最初に先住民と対決して勝利したところ。香辛料のタバスコソースはこの土地のトウガラシを使っているが、この土地で作られた商品ではない。(30, 33)

タホ河 El Tajo　スペイン中央部を東からトレド経由で西に流れる川。ポルトガル領に入ってテジョと呼ばれ、リスボンの北側で大西洋に流れ込む。(202, 218, 220, 221)

タマロン侯爵 Marqués de Tamarón　参考文献を参照のこと。(174, 189)

タラゴナ Tarragona　スペイン北東部のカタルニア自治州にある県と県都の名。県都は地中海の港町で、ローマ帝国時代の名はタラコ Tarraco。この町に政庁をおいて統治された属州の名がタラコネンシス Tarraconense。(193, 194, 196)

タラベラ Talavera（Talavera de la Reina）　スペイン中央部のトレド県の、タホ河沿いにある都市。陶器の生産で有名。(228)

タリク　→　タリク・ベン・ジアド。(191-193, 195)

タリク・ベン・ジアド Táriq ben Ziyad（あるいは Tariq ibn Zeyad）　ペルシアかベルベル族の出身で 8 世紀に活躍したイスラム勢力の首長のひとり。タンジールの総督をしていたときの 711 年、アラビアの軍勢がイベリア半島に進入する渡

海作戦を指揮し、グァダレテで西ゴートの王ロドリゴの軍勢を敗ってトレドまで進軍した。(191, 200)

タリファ Tarifa スペイン南部のカディス県にある町。イベリア半島南端にある。(191, 200)

タルテソス語 el tartesio イベリア半島南部で、そこの先住民が建設した最初の国がタルシス Tarsis であるといわれている。タルテソス Tartesos（または Tartessos）はその首都。最盛期は紀元前 8 世紀末から 6 世紀末まで。ローマ人はタルテソスをトゥルデタニア Turdetania と呼んでいた。聖書ではフェニキア人たちが金属をもとめて海路やってきた国として言及されている。(197)

タルムード Talmud 4 世紀から 6 世紀に編まれたユダヤ教の口伝律法（ミシュナ）とその注解（ゲマラ）の集大成。トーラー（律法）とともにユダヤ人の生活規範・精神文化の基盤となっている。(94)

ダンテ Dante（Dante Alighieri） イタリアの詩人（1265-1321）。生地フィレンツェでの政治闘争に荷担したことで追放される。終生の理想の女性ベアトリーチェを主人公として人類救済の道を示す叙事詩『神曲』Divina Comedia などを書いた。(141, 229)

チャド Chad République du Tchad 中央アフリカの共和国。(181)

中央アメリカ Centroamérica 北アメリカ大陸と南アメリカ大陸とをつなぐ地峡部を指す名称。グァテマラ、ベリーズ、エルサルバドル、ホンジュラス、ニカラグァ、コスタリカ、パナマの 7 ヵ国からなる。その北に位置するメキシコを加えて中部アメリカ（Middle America）と呼ぶこともある。カリブ海と太平洋にはさまれている。ベリーズ（公用語は英語、スペイン語も使われる）以外はスペイン語が公用語。スペインの植民地であったときは、グァテマラからコスタリカまでグァテマラ総督領の支配下におかれていたが、同総督領が 1821 年に独立し、中央アメリカ連邦が結成された。しかし分離主義の勢いが強く、その後、解体してグァテマラ、ホンジュラス、エルサルバドル、ニカラグァ、コスタリカが生まれる。(101, 137, 150, 171)

中国語 マンダリン中国語 el chino mandarín 中国の公用・標準語、官話のこと。17 世紀に華南に渡来したヨーロッパの宣教師が、役所で使われる当時の北方共通語を「マンダリン」（官話）と名づけたが、この名称がヨーロッパに広がった。清朝になると満州人は、首都である北京のことばを官話として普及させた。中華人民共和国が成立すると、北京官話は「普通話」になる。なお、マンダリンといえば、中国の清朝の高級官吏、中国の公用・標準語（官話）、中国原産でヨーロッパで栽培される小型のミカン、などを指す。(173-176, 190)

チョリジョス Chorrillos ペルーのリマ市の一地区で、観光用のビーチが広がる。(169)

チョリソ・ソーセージ chorizo スペインで作られるセミドライタイプのソーセージ。(134)

チリ Chile（República de Chile） 南アメリカ南部の共和国。首都はサンティアゴ Santiago。人口は 1,500 万強。公用語はスペイン語。アンデス山脈の西側を太

平洋に面して南北に4千キロ以上も延びる細長い国土。住民は比較的白人系が多く、先住民系のアラウコ人などは総人口の2％程度しかない。大多数がカトリック教徒。オヒギンス Bernardo O'Higgins のもとで1818年にスペインから独立。国立のチリ大学は1738年に創立された。（58 他多数）

チワワ　Chihuahua　メキシコ北部の州と州都の名。犬の品種のチワワはここが原産地。（26, 167）

ディエゴ・デ・アルバラド・テソソモク　Diego de Alvarado Tezozómoc。（43）

ディエゴ・デ・カストロ　Diego de Castro → ティトゥ・クシ・ユパンキ。（44）

ディオス　Dios　キリスト教の神、超越的絶対者、世界の創造主。（47, 48）

低地ドイツ語　el bajo alemán　ドイツ北部の言語。ドイツ語はゲルマン語派に属するが、ドイツの中部や南部で使われていて標準ドイツ語のもとになっている高地ドイツ語と、北部の低地ドイツ語に分けられる。（211）

ティツィアーノ　Tiziano　（Tiziano Vecellio）　イタリアの画家（1477-1576）。（82）

ティトゥ・クシ・ユパンキ　Titu Cusi Yupanqui　16世紀の南米インカの人。別名ディエゴ・デ・カストロ。クスコの生まれで、スペイン人のガルシア・ラッソ・デ・ラベガと、アタワルパの姪である王女イサベル・チンプの息子。（43-44）

ティモネダ　Timoneda　（Juan de Timoneda）　スペインの16世紀の著述家。バレンシアの人。（235）

『ティラン・ロ・ブラン』　Tirant lo Blanc　カタルニアの騎士道小説。スペイン語では Tirante el Blanco。（235）

テキサス　Texas　アメリカ合衆国中部の、メキシコ湾に面した州。スペイン語圏では Tejas とも。州都はオースチン Austin。合衆国の代表的な油田地帯。もともとスペイン領、そして19世紀前半からメキシコ領であったが、1836年に独立して共和国となる。1845年合衆国に加入。（103, 108, 111-115）

テクスメクス　el tex-mex　ヒスパニックが作りだした英語とスペイン語の混成言語のひとつ。テキサス Texas と Mexico から。（116）

デスペニャペロス　Despeñaperros　スペイン南部のハエン県にある山間の隘路。カスティリアのメセタ（高原台地）の南部とアンダルシアのグァダルキビル河の低地を結ぶ。（60）

テネシー　Tennessee　アメリカ合衆国南東部の州。州都はナッシュヴィル Nashville。アパラチア山脈に源を発して合衆国南部を流れる、ミシシッピ川の支流にテネシー川がある。（101）

テネリフェ　Tenerife　スペイン領であるカナリア諸島のなかの最大の島。（148）

デュマ　Dumas　フランスの小説家・劇作家（1802-1870）。大デュマ（Dumas père）。通俗だが波瀾万丈の筋立てで大衆を魅了。小説『三銃士』 Los tres mosqueteros などの作者。息子（1824-1895）の小説家・劇作家は小デュマ（Dumas fils）。（119）

テルエル　Teruel　スペインのアラゴン自治州の南部にある県と県都の名。県の南西部からタホ河が発する。（73）

ドイツ　Alemania　（Deutschland）ヨーロッパ中央部の連邦共和国。北はバルト海と

北海に面し、南はスイスやオーストリアと接する。古代ゲルマニアの地。10世紀後半から19世紀初頭まで神聖ローマ帝国の主要部。18世紀後半にはプロイセンを中心として統一され、ドイツ帝国となる。第二次大戦に敗れ、1949年には、米・英・仏の占領地区にドイツ連邦共和国（西ドイツ）が、ソ連占領地区にドイツ民主共和国（東ドイツ）が成立。しかし1990年に西ドイツが東ドイツを吸収合併してドイツ連邦共和国。首都ベルリン Berlín。人口8,250万。（67 他多数）

ドイツ・ローマ帝国 Imperio Romano Germánico 神聖ローマ帝国（英語名は Holy Roman Empire、ラテン語名は Sacrum Romanum Imperium、スペイン語では普通 Sacro Imperio）のこと。10世紀後半から19世紀初頭までのドイツの呼称。皇帝は血統権に基づく選挙制によって選出し、さらにローマ教皇の加冠を受けることで、ローマ帝国の伝統とキリスト教会の権威を結びつけた。ナポレオンの勢力下で崩壊。(81)

トゥクマン Tucumán （San Miguel de Tucumán） アルゼンチン北部の県と県都の名。(36, 37, 51)

トゥデラ Tudela スペイン北部のナバラ県の、エブロ河に沿って広がる町。(97)

トゥバル Tubal ノアの孫であり、スペインの伝説ではイベリア半島にやってきて最初に住みついた人になっている。(227)

ドエロ河 El río Duero スペイン北部を西に流れ、オポルトで大西洋に注ぐ。(192, 206)

トーマス・ジェファソン Thomas Jefferson アメリカ合衆国の第3代大統領（1801-1809）。(122)

トーマス・ペイン Thomas Paine 英国生まれのアメリカ合衆国の思想家・作家（1737-1809）。(127)

トックヴィル Tocqueville （Alexis Clerel de Tocqueville） フランスの文人・政治家（1805-1859）。北アメリカ各地を旅行し、帰国後に著述した『アメリカのデモクラシー』 La democracia en América 2巻（1835, 1840）が有名。(123, 128)

トマス・アクィナス （Santo） Tomás de Aquino イタリアの哲学者・神学者（1225-1274）。ドミニコ会士。スコラ学の中心的人物。(49)

ドミニカ República Dominicana カリブ海の大アンティル諸島のなかのサントドミンゴ島（別名ハイチ島、エスパニョラ島）の東側にある共和国。首都はサントドミンゴ Santo Domingo。人口は820万強。公用語はスペイン語。長い間スペイン領であったが、フランス領・ハイチ領の時代をへて、1844年に独立。住民はムラト（白人と黒人の混血児）と黒人が多い。(103, 104, 116)

ドミンゴ・ファウスティノ・サルミエント Domingo Faustino Sarmiento アルゼンチンの作家・政治家（1811-1888）。独学の人。自叙伝的な作品が多い。チリに滞在中、アンドレス・ベジョたちと正書法などのことで論争する。ヨーロッパからブエノスアイレスに伝わったロマン主義思潮の信奉者となる。1845年にはスペイン系アメリカにおけるロマン主義文学の最高傑作といわれる『ファクンド』Facundo を発表して当時の独裁者ロサス Rosas を批判した。自国の後進

性がスペイン的伝統や粗野なガウチョの存在によって引き起こされていると
しつつ、ヨーロッパからの移民の誘致や教育の拡充による西欧化をはかった。
政治家としては祖国の大統領をつとめた (1868-1874)。(133-134, 142)

トラスカラ　Tlaxcala　メキシコ中央部の州と州都の名。この地の先住民であるトラ
スカラ族は 16 世紀の初めには 30 万人ほどであったが、コルテスのアステカ王
国征服に協力した。(27, 41, 46, 47)

トラスタマラ家　La familia Trastámara　イベリア半島で 14 世紀後半から 16 世紀初頭
まで、カスティリア王国とアラゴン連合王国を統治した王朝の家系。この王朝
の初代の王はカスティリアのエンリケ 2 世 Enrique II（在位、1369-1379）。ア
ラゴン連合王国は王家が 15 世紀に入って断絶したので、その王位を、トラス
タマラ朝のカスティリア王家の王子フェルナンド・デ・アンテケラ（フェルナン
ド 1 世）が受け継いだ。それゆえカスティリア王国とアラゴン連合王国は同一
王家が統治することになる。15 世紀後半に活躍するカトリック両王は共にト
ラスタマラ家の王であるが、彼らに王位継承者がいなかったため、彼らの代で
トラスタマラ王朝は終焉。そしてカスティリア王国とアラゴン連合王国から
成るスペイン王国の王位は、16 世紀初頭、ハプスブルク家のカルロス 1 世（神
聖ローマ帝国のカール 5 世）が世襲することになる。(234)

トラヤヌス　Trajano（Marcus Ulpius Trajanus）　西暦 52 年にイベリア半島南部のイ
タリカで生まれたローマ帝国皇帝 (117 年没)。(196)

トリニダード島　Trinidad　カリブ海の小アンティル諸島の最南端に位置する、2 島
から成るトリニダード・トバゴ共和国の主島。その北側にトバゴ島がある。共
和国の公用語は英語。ほかにスペイン語、ヒンディー語、フランス語などが使
われる。コロンブスが第 3 次航海でこの主島を発見し、抜きん出た三峰を目に
してトリニダード（スペイン語で「三位一体」）と名づけた。スペイン領となっ
たが 17・18 世紀はフランスやイギリスに占領され、19 世紀初頭に最終的にイ
ギリスの領地となる。1962 年に独立。トバゴ島はイギリスの小説家デフォー
Daniel Defoe の「ロビンソン・クルーソー」の舞台となった。(103, 104)

トルコ　Turquía　小アジア半島とバルカン半島の南東部から成る共和国。首都はア
ンカラ Ankara。人口は 7,130 万。13 世紀末にオスマン帝国が成立。15 世紀末に
スペインから追放されたセファルディーを快く受け入れ、16 世紀には大帝国
として繁栄し、地中海の制海権を獲得した。しかしキリスト教諸国が反撃し、
スペインを含む（セルバンテスも参加した）連合艦隊とのレパントの海戦 (1571
年) が起こった。そこで大敗してから次第に衰退。1923 年に共和国として再生。
(76, 96, 98)

トルティヤ　tortilla　メキシコの食材。トウモロコシ粉をこねて薄焼きにしたせん
べいで、肉や野菜を包んで食べる。(27)

トルトサ　Tortosa　スペイン北東部のカタルニア自治州にあるタラゴナ県の町。(97)

トレド　Toledo　スペイン中央部のカスティリア・ラ・マンチャ自治州にある県と県
都の名。県都はタホ河に囲まれた小高い丘陵地にあり、ローマ帝国時代を経て、
569 年には西ゴート王国の首都となる。中世中期にはイスラム教徒の支配下に

入ったが、1085年にはアルフォンソ6世によって再びキリスト教徒の領土になる。イスラム教徒・ユダヤ教徒・キリスト教徒が共存した町で、12・13世紀にはその利点を活用し、学術的な翻訳活躍が展開された。(32, 58, 89-91, 97, 146, 192-194, 199, 201, 202)

トロ　Toro　スペイン北西部のカスティリア・イ・レオン自治州にあるサモラ県の町。ドエロ河に沿っている。(209)

トロサ人　los tolosanos　トロサ Tolosa の住人。トロサはピレネー山脈の北側にあるフランスの都市トゥールーズ Toulouse の古名。(208)

ドン・アントニオ・マルティネス・デ・カラ　Don Antonio Martínez de Cala　→　ネブリハ。(24)

『ドン・キホーテ』　El Quijote　→　セルバンテス。(80, 128)

ドン・フランシスコ・ハビエル・マリア・デ・ムニベ　Don Francisco Javier María de Munibe（Conde de Peñaflorida）スペインの著述家・思想家（1723-1785）。(67)

ドン・ルイス　Don Luis　→　ルイス・デ・ゴンゴラ。(40)

ドン・ロドリゴ　Don Rodrigo　711年にイスラム教徒によって消滅した西ゴート王国の最後の王。(191, 192, 195)

ドン・ロレンソ・ガリンデス・デ・カルバハル　Don Lorenzo Galíndez de Carvajal　カスティリアの法学者・年代記作家（1472-1525）。(94)

ナイアガラ　Niágara　アメリカ合衆国北東部で、カナダとの国境にもなっていてエリー湖とオンタリオ湖を結ぶ河の名。49メートルの高さの瀑布で有名。(122)

ナスル朝王国　reino nazarí　スペイン南部で13世紀前半に成立したイスラムのナスル王朝によって1492年まで統治されたグラナダ王国。(60, 237, 239)

ナッシュビル　Nashville（Nashville-Davidson）アメリカ合衆国中央部の東寄りにあるテネシー州の州都。大学もある。(101)

ナバス・デ・トロサ　Navas de Tolosa　スペイン南部のハエン県にある寒村。1212年にカスティリアのアルフォンソ8世がナバラのサンチョ7世とアラゴンのペドロ2世と共にイスラムのムワヒド朝の軍勢を敗ったことで有名な場所。この敗戦でイスラム教徒の退潮が始まる。(222)

ナバラ　Navarra　スペイン北部の県で、ナバラ特別法自治州（Comunidad Foral de Navarra）を構成する。州都はパンプロナ Pamplona。(72 他多数)

ナヘラ　Nájera　スペイン北東部のリオハ県にある町。(207)

ナポリ　Nápoles　イタリア南部の港湾都市。付近にはベスビオ火山やポンペイの遺跡などの観光地がある。古代ギリシア・ローマ以来の都市。かつての両シチリア王国（イタリア半島南部とシチリア島）の首都。この王国は15世紀と19世紀に成立するが、前者はスペインのアラゴン王国のアルフォンソ5世が統治し、後者はブルボン王朝が支配した。19世紀中頃にガリバルディが侵略し、イタリア王国に組み込まれた。(82)

ナポレオン　Napoleón I Bonaparte　ナポレオン1世（1769-1821）。フランス第1帝政の皇帝（在位 1804-1815）。砲兵士官としてフランス革命に参加。1804年皇帝に即位、イギリスを除く全ヨーロッパをほぼ制圧した。イギリスに対してポルト

ガルが大陸封鎖を破ったため出兵。それを口実にしてスペインに侵攻し、ほぼ全域を占領したので、スペインは民衆主体のゲリラ戦によって独立戦争を起こした。その後、ナポレオン打倒を目指す同盟軍がフランスに侵入し、1814年パリも占領され、同年、スペイン独立戦争も終焉。彼はエルバ島に流された。1815年にはエルバ島を脱出してフランスに上陸し、再度フランスを支配したが、ワーテルローの戦に敗れてイギリスに投降し、セントヘレナ島に幽閉され、没した。(101, 105, 126)

ナワ語　el nahua　メキシコの16世紀初頭まで栄えたアステカ王国の公用語。ナワトル語とも (náhoa, náhuatl, náhuatle, náguatle などとも書く)。(34, 50, 54)

『南北アメリカ史』　Historia de América。(54)

『南北アメリカ人に勧められるカスティリア語文法』Gramática de la lengua castellana dedicada al uso de americanos　アンドレス・ベジョが1847年に出版したスペイン語の文法書。現在も古典として尊重されている。(129, 132,239)

ニカラグァ　Nicaragua　(República de Nicaragua)　中米の共和国。中米最大の国でカリブ海と太平洋とに挟まれ、北はホンジュラスと、南はコスタリカと国境を接している。首都はマナグァ Managua。人口は507万。公用語はスペイン語。この地には16世紀初頭にスペイン人が入ってきて植民地とし、グァテマラ総督領の一部になる。この総督領が1821年にスペインからの独立を宣言すると、1823年には中央アメリカ連邦の一部になった。そしてこの連邦が崩壊した1838年にニカラグァ共和国として自立。(101)

ニコラス・アベジャネダ　Nicolás Avellaneda　南米アルゼンチンの政治家・新聞記者 (1837-1885)。この共和国の大統領 (1874-1880)。(140)

西ゴート　los visigodos　ビシゴドとも。北ヨーロッパのゲルマン民族の一部族。東から侵攻してきたフン族の圧迫を逃れて、4世紀後半、ドナウ川北岸の定住地を南下してローマ帝国領の東側に移住した。彼らはそこから地中海の北岸に沿うように西進し、ローマ軍と各地で衝突したが、5世紀初頭に南フランスで王国を建てる。6世紀初頭よりイベリア半島に落ち着き、トレドを首都にした西ゴート王国になる。しかし王国は、8世紀初頭にジブラルタルから北進してきたイスラム教徒勢によって崩壊する (711)。(82, 191, 192, 195, 199, 200, 203, 226, 231, 232)

ニューメキシコ　Nuevo México　アメリカ合衆国南西部の州。メキシコと国境を接している。州都はサンタフェ Santa Fe。16世紀初頭からスペインの植民地。19世紀初頭からメキシコ領。州の大半は1848年の米墨戦争で合衆国領となる。人口の3割以上がメキシコ系のヒスパニックである。(103, 108, 113, 116)

ヌエバエスパニア　Nueva España　スペイン植民地時代の、メキシコを含む北米南部の副王領の名称。1535年に設置され、19世紀初頭まで存続。首都はメキシコシティー Ciudad de México。(45, 56, 63, 64, 103, 110)

ヌエバグラナダ　Nueva Granada　スペインが南北アメリカを植民地にしていた時代に南米北部を統括した副王領。1717年に設置され、主都はボゴタ Santa Fe de Bogotá。この名称は、また、この地方がスペインから独立してグラン・コロン

ビア共和国が正式に成立したのは 1821 年だが、それが解体したあと、現在のコロンビア共和国が採用していた（1832-1858）。(59)

『ヌエバグラナダ王国の征服に関する全史』 Historia general de las conquistas del Nuevo Reino de Granada　ルカス・フェルナンデス・デ・ピエドライタが 1688 年に出版。(60)

ネブラスカ Nebraska　アメリカ合衆国中央部の州。ロッキー山脈東斜面の大平原に位置する。州都はリンカーン Lincoln。(115)

ネブリハ → アントニオ・デ・ネブリハ。(24, 88, 239-241)

ノーア・ウェブスター Noah Webster　アメリカ合衆国の辞書編纂者（1758-1843）。1828 年に『アメリカ版英語辞典』An American Dictionary of the English Language を出版。これは以後のウェブスター辞典 Webster's Dictionary の母体となった。(123)

ノルマン人 normandos　ゲルマン系の種族で、スカンディナビアに住んでいた民族。なお、ノルマンディーは、フランス北西部の、イギリス海峡に臨む古い地方名。(208)

バーゼル条約 la Paz de Basilea　18 世紀末頃、スペインはフランス革命政府と交戦したが敗れ、戦後処理のためにフランスとの間に締結されたのがこの条約（1795）。これによってスペインは、領有していたサントドミンゴ島をフランスへ割譲。カルロス 4 世の寵臣であったゴドイはこの敗戦のため、フランス革命政府やナポレオンに対して宥和政策をとってその力をスペインに引きつけ、スペインの海外植民地へ触手をのばしはじめたイギリスに対抗した。その結果、1805 年にはフランスと組んでイギリスを敵に回し、トラファルガーの海戦を企てたが大敗。中南米への交易航路をイギリスにより切断されてしまった。ナポレオンとゴドイの取決め（1807）により、イギリス側についたポルトガルを軍事的に制圧するため、という口実で、フランス軍がスペインに侵入し、駐留したが、この情勢がスペインの独立戦争に発展していった。なお、バーゼルはスイス南部の県と県都の名。(103)

パイスバスコ el País Vasco　ピレネー山脈を挟んでスペイン北部とフランス南西部に広がるバスク人の住む地方の、スペイン側の名。バスク人はスペイン側に約 265 万人、フランス側に約 35 万人住んでいる。しかしバスク語を話せる者はスペイン側の約 60 万人、フランス側の約 4 万人に過ぎない。パイスバスコはスペイン北部の自治州の名でもあるが、この場合、バスコ語で Euskadi とか Euzkadi とも呼ばれる。自治州はビスカヤ、ギプスコア、アラバの 3 県で構成されている。北にはカンタブリア海が広がり、南にはエブロ河が流れる。この地にはバスク人が太古から住んでおり、ローマ帝国やイスラムの支配する時代を経て自らの言語文化を維持してきた。現在も独立を目指す政治行動が続いており、スペイン社会の不安定要因となっている。(134, 158)

ハイチ Haití　カリブ海でコロンブスが第 1 回目の航海で発見して命名したエスパニョラ島、すなわちサントドミンゴ島の別名。この島の西側に、ハイチ共和国がある。島の東部にはドミニカ共和国がある。スペイン領であったが政治的

な駆け引きでフランスに譲渡された。1804年世界最初の黒人国家としてフランスから独立。主要言語はフランス語・フランス語系クレオール（ハイチ語）。首都はポルトープランス Puerto Príncipe。人口は700万弱。（103）

ハイデルベルク　Heidelberg　ドイツ南西部の町。（94）

ハイメ・バルメス　Jaime Balmes　スペインの僧侶・哲学者（1810-1848）。カタルニア人。（153）

バエサ　Baeza　スペイン南部のハエン県にある町。（97）

バエティカ　Bética　ローマ帝国時代のイベリア半島の、南部の属州名。現在のアンダルシア地方に当たる。ベティカとも。（196）

バエナ　Baena　スペイン南部のコルドバ県にある町。（224）

ハエン　Jaén　スペイン南部のアンダルシア自治州にある県と県都の名。（14, 97, 191, 202, 222）

ハカ　Jaca　スペイン北部のウエスカ県にある小都市。11世紀末までアラゴン王国の首都。（193）

バジャドリー　Valladolid　スペイン中央部の北部にあるカスティリア・イ・レオン自治州を構成する県と県都の名。県都は自治州の州都でもある。この町は中世後期、イスラムの支配下に入ったが、レオン王国の軍隊によって再征服され、植民された。13世紀には王宮が建造され、16世紀前半にはカルロス5世によってカスティリア王国の実質的な首都になっていた。（58, 78, 87-90, 223, 238, 239）

バスク　Vasco　→　パイスバスコ。（44 他多数）

バスコニア　Vasconia　バスク地方の古名。（200, 207）

パタゴニア　Patagonia　南アメリカ南端部にある地方の名で、アルゼンチンとチリに属する。北限はネグロ川、南はマゼラン海峡まで。その南にフエゴ諸島がある。乾燥気候で牧羊が盛んなところ。（101）

バダホス　Badajoz　スペイン南西部のエストレマドゥラ自治州にある県と県都の名。県都はポルトガルとの国境から6キロのところ、グァディアナ川の左岸に位置する。（89, 97）

ハドリアヌス　Adriano　（Publius Aelius Hadrianus）ローマ皇帝。在位117-138年。五賢帝の第3番目。ヒスパニア（イベリア半島）の出身。（196）

パナマ　Panamá　（República de Panamá）　中央アメリカ南端にある共和国。国は東西に延びており、有名なパナマ運河は北西から南東につながっている。西はコスタリカに、東はコロンビアに国境を接している。首都は南側の太平洋に面するパナマ（シティー）。人口は310万。公用語はスペイン語。この地域は1903年までコロンビアの領土であった。19世紀末にレセップスがパナマ地峡を横断して太平洋・大西洋間を結ぶ運河の建設を試みたが失敗。アメリカ合衆国とイギリスは運河を支配したいため、合衆国がセオドア・ローズヴェルト大統領のとき、コロンビアの政情不安にかこつけてこの地域の分離独立を図り、1903年にパナマとして独立させた。運河は1913年に完成するが、それ以降、この国はアメリカ合衆国の植民地の如く、その支配下で運河の運営に総てをかけてきた。運河は1999年に共和国に返還され、共和国の手で順調に機能している。

（33, 103）

ハバナ La Habana　カリブ海に浮かぶ最大の島を占めるキューバ共和国西部にある県と県都の名。県都は国の首都でもある。16世紀初頭にスペイン人が建設した。正式名称はサンクリストバル・デ・ラ・アバナ San Cristóbal de La Habana。（64, 148）

ハプスブルク家 los Austrias （Casa de Habsburgo）　13世紀以降のヨーロッパで最も由緒ある名門の王家。オーストリアなど中部ヨーロッパを中心に勢力をもった。13世紀後半にドイツの国王（神聖ローマ皇帝）になり、それから1918年までオーストリアなどを支配した。カール5世（スペインではカルロス1世）がスペインのカスティリア国王を兼ねた16世紀前半に最盛期となる。1556年スペイン系とオーストリア系に分裂し、スペイン系は1700年に断絶（スペインの王位はその後、フランスのブルボン王家が継いで現在にいたる）。オーストリア系は19世紀初頭に神聖ローマ帝国皇帝を退位してオーストリア皇帝を称したが、その帝位も1918年に失った。（74, 76, 236）

バブレ語 los bables （asturianos）　スペイン北西部のアストリアス地方で話されているロマンス語系の諸方言。レオン語の現代の様態。（68）

パブロフ Pavlov　ソ連の生理学者（1849-1936）。消化腺の研究で条件反射の作用を発見。（47）

パブロ・モリジョ Pablo Morillo　スペインの将軍（1778-1837）。19世紀初頭のスペイン独立戦争で活躍し、その直後、南米北部のヌエバグラナダ副王領に派遣されてその地の反乱の鎮圧に当たる。しかしボヤカの決戦（1819）で敗れ、休戦して帰国。（14, 15）

パラオ Palaos　太平洋のミクロネシアにあるパラオ諸島を領土とするパラオ共和国。16世紀中頃にスペイン人が発見し、スペインの領土になったが、1899年にドイツに売却された。1994年に独立。人口は2万弱。（45）

パラグァイ Paraguay （República del Paraguay）　南米南東部の共和国。パラグァイ川の流域を占める内陸国。首都はアスンシオン Asunción。人口は590万。先住民との混血が人口の9割以上を占める。公用語はスペイン語とグァラニー語。この地方はグァラニー族の土地であったが、16世紀初めにスペイン人が植民地にする。おなじくスペインの植民地であったラプラタ領と、アンデスの彼方にあるペルー副王領の首都リマを結ぶルートの通過拠点として、1537年にアスンシオンの町が建設された。この地でイエズス会の宣教師が先住民へのキリスト教の布教活動を活発に展開したが、その勢いを危険視した王権によってイエズス会は1767年に追放された。1811年にスペインからの独立を宣言。19世紀後半には国境問題でブラジル・アルゼンチン・ウルグァイを敵にまわしてパラグァイ戦争に突入し、広大な領土と半数近い国民を失った。1932年には石油をめぐってボリビアとの国境紛争が起こっている（チャコ戦争）。（51, 52, 54, 56, 110, 148, 181）

バルタサル・グラシアン Baltasar Gracián　スペインの著述家（1601-1658）。イエズス会士。（74）

バルト海域 El Báltico　バルチック海とも。スカンディナビア半島とヨーロッパ大陸とに囲まれた北ヨーロッパの内海。(211)

バルトロメー・デ・ラスカサス Bartolomé de las Casas　スペインの僧侶（1470-1566）。ドミニコ会に入り、1502年には、カリブ海にあるスペインの南北アメリカ進出の基地であるエスパニョラ島へ伝道師として渡り、自身もエンコメンデロになる。しかしスペインの南北アメリカ植民地における横暴に気づき、それを非難し、先住民たちの自由と生存権を守るために活動した。(33, 38)

バレアレス（諸島）　(Islas) Baleares　地中海の西端部にあり、スペインのバレアレス諸島自治州になっている島々。大きな島はマジョルカ Mallorca、メノルカ Menorca、イビサ Ibiza、フォメンテラ Fomentera。州都はマジョルカ島にあるパルマ・デ・マジョルカ Palma de Mallorca。紀元前7世紀にはフェニキア人が入植し、その地の支配はローマ人、イスラム教徒へと移っていき、13世紀の前半にはアラゴン連合王国の手に落ちた。その後、カタルニア人を主にしたスペイン人が入植し、現在にいたる。(74, 77, 98, 236)

パレンシア Palencia　スペイン北西部のカスティリア・イ・レオン自治州にある県と県都の名。(73, 208, 214, 217, 225)

バレンシア Valencia　スペイン東部の自治州と県と県都（州都）の名。州都のバレンシアは紀元前2世紀の中頃にローマ人が建設し、8世紀の初頭にイスラム教徒が占領した。カスティリアの英雄である武将のエルシドが1094年に再征服したが、彼はその地で1099年に没。再度、ムラビド朝のイスラム教徒の手に落ち、13世紀の中頃にアラゴンのジャウメ1世によってキリスト教徒側の領土になった。「ムワヒド朝の人々」を参照のこと。(63 他多数)

パロス Palos　(Palos de la Frontera)　スペイン南部のアンダルシア自治州にあるウエルバ県の港町。ここの港から、コロンブスが1492年の8月3日、西に向けて第1回目の航海に出た。(100, 241)

汎アメリカ会議 Conferencia Panamericana　汎アメリカ主義は南北両アメリカ大陸で19世紀の末からアメリカ合衆国と中南米諸国とが相互のきずなを強めるための思想を指すが、その具体的な運動は、合衆国の提唱で1889年末から翌年初めにかけてワシントンで開かれた第1回米州諸国会議 International Conference of American States で示された。以後ほぼ定期的に米州諸国会議が開催された。事務局は1910年にパン・アメリカ連合と改称されたが、本文では、その1915年の会議を指している。(121)

パンコルボ Pancorvo　スペイン北部のブルゴス県にある小都市と、そこにある間道の名。間道はカスティリアの高原地帯（メセタ）とエブロ河の盆地をつないでいる。(191)

ハンザ同盟 La Liga Anseática　13世紀からリューベック・ハンブルク・ブレーメンなどの北ドイツ商業都市が結んだ都市連合体。貿易の独占と保護を目的とした。17世紀後半に消滅。(211)

パンチョ・ビジャ Pancho Villa　(本名は Doroteo Arango Arámbula)　メキシコ革命期の軍事指導者・戦士（1876-1923）。革命勃発と同時にゲリラ集団を率いて革

命軍に参加し、ディアス独裁政権の打倒に貢献した。大統領カランサと対立し、北部で反抗したが、暗殺された。（166, 190）

ハンニバル　Aníbal　紀元前3世紀の中頃に生まれた、アフリカ北部の都市カルタゴの将軍。イベリア半島で軍人として活躍し、ローマと連合していたサグント Sagunto（バレンシア県）を攻撃して紀元前218年に第2次ポエニ戦争を引き起こした。のちにカルタゴの総督。（195, 199）

パンフィロ・デ・ナルバエス　Pánfilo de Narváez　スペインのコンキスタドール（1470?-1528）。1512年にキューバに渡る。フロリダへの探検隊を指揮。（26）

パンプロナ　Pamplona　スペイン北部のナバラ自治州の州都で、ピレネー山脈のふもとに位置する。別名 Iruña。7月に開催されるサンフェルミンの祭り（牛の追い込み）で有名。紀元前1世紀にローマ人によって建設された古い町。（196, 207, 215）

ビーナス　Venus　ローマ神話の菜園の女神ウェヌスの英語名。ギリシア神話の美と愛の女神アフロディテ Afrodita と同一視される。金星の呼び名でもある。（47）

ピ・イ・マルガル　Pi y Margall　（Francesc Pi i Margall）バルセロナ出身の政治家・歴史学者・評論家（1824-1901）。（165）

ピオ・バロハ　Pío Baroja　スペインの小説家（1872-1956）。サンセバスティアンの出身。98年の世代の作家群のひとり。（161）

ビクトリアノ・ウエルタ　Victoriano Huerta　メキシコの軍人（1854-1916）。（168）

ビゴ　Vigo　スペイン北西部のガリシア自治州にあるポンテベドラ県の町・漁港。（70）

ピサロ　→　フランシスコ・ピサロ。（34, 35, 41）

ビジャ　→　パンチョ・ビジャ。（167, 168）

ビスカヤ　Vizcaya　スペイン北部の、パイスバスコ自治州にある県。中世カスティリア王国の国王はビスカヤ領（Señorío de Vizcaya）の主都のゲルニカ Guernica にある樫の木の下でこの領主国の特権擁護を宣誓した。（70, 77, 198, 226, 229）

ヒスパニア　Hispania　古代にローマ人がイベリア半島に与えた名称。なお、ヒスパニアの発音は、紀元前後からイスパニアになっていた。（195）

ヒスパニック　los hispánicos　（英名 the Hispanics）現代のアメリカ合衆国に居住する、スペイン語を母語とするラテンアメリカ系住民を指す呼び名。彼らは自分たちをラティノ latinos と呼ぶ。（116, 150）

ビセンテ・A・アルバレス　Vicente A. Álvarez　参考文献を参照のこと。（230）

ビセンテ・バルベルデ　Vicente Valverde　スペインの僧侶で、ペルーへ入植。ピサロのインカ帝国征服事業に同行し、アタワルパをキリスト教に改宗させようと試みる。ペルー初代の司教。（34）

ピューリタン　puritanos　清教徒。16世紀の後半にイギリス国教会の宗教改革を進めたプロテスタント各派の信者の総称だが、彼らのうちの一部は17世紀の前半に北アメリカに渡り、ニューイングランドを開拓した。（16）

ビルエス　Virués　（Cristóbal de Virués）スペインの作家（1550-1609）。バレンシアの人。（235）

ビル・クリントン　Bill Clinton　（William Jefferson Clinton）アメリカ合衆国の政治

家（1946-）。第 42 代の大統領（1993-2001）。(116)

ビルバオ　Bilbao　スペイン北部のパイスバスコ自治州を構成するビスカヤ県の県都。カンタブリア海に面する、ヨーロッパ有数の港町。13 世紀に建設。(73, 90, 226)

ピレネー山脈　Los Pirineos　フランスとスペインの国境となっていて、カンタブリア海のビスケー湾岸から地中海へ東西に走る山脈。長さは 440 キロ。(195)

ヒンディー語　el hindi　インドの公用語のひとつ。インドヨーロッパ語族に属する。(173-175)

ファウスティノ・サルミエント　→　ドミンゴ・ファウスティノ・サルミエント。(61,135)

ファブラ語　las fablas（aragonesas）　アラゴン語が方言化して田野部に散在するさまざまな言語様態。(68, 235)

ファランヘ党　Falange　ホセアントニオ・プリモ・デ・リベラ José Antonio Primo de Rivera（1903-1936）が 1933 年に結成したスペインの国家主義政党であり、フランコ政権と表裏一体となってスペインを支配した。(106)

フィラデルフィア　Filadelfia　（英語名 Philadelphia）　アメリカ合衆国東北部のペンシルバニア州にある港湾都市。1776 年のアメリカ独立宣言が行われた町。(127, 152)

フィリピン諸島　Islas Filipinas　東南アジアでフィリピン共和国を構成する諸島。おもな島はルソン島とミンダナオ島。共和国の首都はマニラ、人口は約 8 千万人。16 世紀中頃からスペイン領、20 世紀初頭からアメリカ合衆国領。第 2 次世界大戦のあとの 1946 年に独立。住民はマレー系で大部分がカトリック教徒。公用語はフィリピノ語で、都市部では英語が普及している。(42, 45, 103, 105)

フィレンツェ　Florencia　（イタリア語 Firenze）　英語名はフローレンス。イタリア中部のアルノ川流域にある観光都市。トスカナ州の州都。イタリアに起こったルネサンスの中心地。旧市街は「都市博物館」ともいわれ、そこには多くの歴史的な建築物や美術品が多い。(141, 232)

フエ　el yue　ベトナム中部のアンナン地方の古都の言語の名。フランス語風にユエとも呼ばれる。(175)

ブエノスアイレス　Buenos Aires　南米南部のアルゼンチン共和国の首都。ラプラタ川河口部の西岸にある港湾都市。16 世紀中頃にスペイン人が建設（1535 年に建設されたが廃村になり、1580 年に再建された）。1776 年に設置されたリオデラプラタ副王領の首都。1816 年に共和国がスペインから独立すると内乱が始まり、それが 19 世紀中頃まで続く。その後、都市の繁栄が始まった。(51 他多数)

『ブエノスアイレスの農民たちの象徴』　Representación de los labradores de Buenos Aires　マヌエル・ベルグラノが 1793 年に出版した作品。(65)

フェリペ 2 世　Felipe II　スペインの国王。1527 年にバジャドリーで生まれ、1598 年に没。カルロス 1 世（ドイツのカール 5 世）の息子。国王在位は 1556-1598 年。カトリックを堅持しつつ専制政治を強化した。地中海の制海権を巡ってキリスト教徒軍がトルコ軍と衝突して勝利したレパントの海戦（1571 年）にも参加

した。1580年からポルトガル王を兼ねる。海外領土のフィリピンやアメリカ大陸を擁する大帝国の支配者であったが、オランダ独立戦争やイギリス相手の無敵艦隊の潰滅（1588年）で国運の衰退が始まった。(44, 76-78, 80, 83, 87, 90, 93, 95)

フェリペ3世　Felipe III　スペインの国王（1578-1621）。フェリペ2世の息子。1598年に戴冠。平和主義者。しかし30年戦争（1618年から48年の30年間に、ドイツを中心に欧州各国が参戦した宗教戦争。旧教側にスペインが、新教側にフランスなどが加担した国際戦争）には参加して、ドイツ側についた。1609年にはモリスコを追放し、その後の農牧業の不振を招く。(75)

フェリペ4世　Felipe IV　スペインの国王（1605-1665）。1621年に戴冠。在位は1665年まで。没落するスペインの、かつての栄光を求めて中央集権化を強めるが失敗。その間、オランダは1648年に正式に独立。国内では中央集権化政策に反対する反乱が相次ぐ。ポルトガルも独立を宣言。しかし彼の治世には、スペインの黄金世紀を代表する画家のベラスケス、作家のロペ・デ・ベガ、ケベド、ゴンゴラ、カルデロンなどが活躍。(36, 54, 58, 80)

フェリペ5世　Felipe V　スペインの国王（1683-1746）。スペインのハプスブルク朝最後の王カルロス2世の遺言に従って1700年に即位。1746年まで在位。スペインのブルボン朝最初の国王。即位に際し、オーストリアはイギリスやオランダとともに反対したので、スペインはフランスと組んで王位継承戦争（1701-13）が始まる。それは国内でも、フェリペ5世のフランス的中央集権化政策とヨーロッパにおけるスペイン領土保全を目指すカスティリア地方と、オーストリアの政策である地方優遇策の維持を目指すカタルニア地方との内戦にもなった。王位継承戦争は1713年のユトレヒト条約で終結。フェリペ5世は在位を認められたが、ジブラルタルやヨーロッパ大陸における領土を失った。それと同時に、国内ではオーストリア派が押さえられ、中央集権化が進んだ。文化面では啓蒙主義の思潮にのり、王立アカデミアも設置された（1714年）。(67, 68, 84)

プエルトリコ　Puerto Rico　西インド諸島を構成する大アンティル諸島の東端にある島。16世紀からスペイン領であったが、1898年の米西戦争の結果、アメリカ合衆国領となり、1952年にアメリカ合衆国の自由連合州となる。主都はサンホアン San Juan。公用語はスペイン語。人口は390万。(38, 39, 103- 105, 116, 148, 153, 158)

フェルナンデス・デ・オビエド　Fernández de Oviedo　（Gonzalo Fernández de Oviedo）スペインの歴史学者（1478-1557）。カルタヘナ・デ・インディアスの総督になり、『インディアスの自然史総論』Historia general y natural de las Indias を書いた。(39)

フェルナンド　Fernando　カトリック王。アラゴン王のフェルナンド2世で、カスティリア王としては5世（1452-1516）。1468年にシチリアの王に即位。1469年にカスティリア王国のイサベル王女と結婚。1474年にカスティリア王が死去し、ふたりはカスティリアの同格の王となる。1479年にアラゴン王が死去し、

フェルナンドが即位することで、事実上、両王国は合併された。両王は1482年から国土再征服運動を押しすすめ、1492年の1月2日にはグラナダ王国を陥落させ、イベリア半島からイスラム教徒の支配を一掃した（この業績によって、ふたりはローマ教皇から「カトリック王」の称号を与えられる）。その同じ年、両王に後援されたコロンブスが新大陸に到達し、将来の大帝国への道が始まる。（13, 22, 38）

フェルナンド・イサベル　Fernando e Isabel　→　カトリック両王。（236）

フェルナンド3世　Fernando III　カスティリア・レオンの王(1201-1252、在位は1217-1252)。レオン王国のアルフォンソ9世とカスティリア王国のベレンゲラの息子。カスティリア王が死去してカスティリアの王位に就き、父親が死去してレオンの王位に就き、その結果、1230年にカスティリア王国とレオン王国を最終的に統合した。彼は国土再征服運動を押しすすめ、死去したときには、イスラム勢力としてはグラナダ王国だけが残った（それゆえ、ローマ教皇から列聖され、「聖王」el Santo と呼ばれるようになる）。賢王アルフォンソ10世の父。（221, 223, 224, 227, 229）

フェルナンド・デ・アンテケラ　→　トラスタマラ家。（234）

フェルナンド7世　Fernando VII　スペインの王（1784-1833）。カルロス4世の息子。1808年のアランフエスの暴動によって父親から王位を譲られた。しかしカルロス4世は、スペインをねらうナポレオンの後押しで王位を奪回する。その後、ナポレオンはその王位を兄のジョゼフに与えたが、1814年にナポレオン軍がイベリア半島を撤退することで、フェルナンド7世が絶対主義君主として統治を始めるとともに、1812年にカディスで制定された自由主義憲法の廃棄を宣言した。その後、自由主義陣営と王党派の対立が生まれる。彼が長女（イサベル2世）に王位を譲渡したことから、第1次カルリスタ戦争が勃発し、スペインは内部分裂の状態に陥る。（101, 105, 126）

『フエロ・ジュズゴ』　Fuero Juzgo　フェルナンド3世はレオン王国とカスティリア王国を統一したが、両国を法的にも統一しようとした。当時、共通の統一的象徴とも考えられていた西ゴート王国の法典 Liber iudiciorum を、息子のアルフォンソ10世と共にラテン語からカスティリア語に訳し、カスティリアの共通法として適用しようとしたのである。その翻訳法典の名称。（226）

プチブラン　→　アントニオ・プチブラン。（130）

ブラガ　Braga　ポルトガル北西部のミニョ地方の県と県都の名。3世紀末にはローマ帝国の属州ガラエキアの主都。聖ヤコブ伝道の地と伝えられている。（194）

プラセンシア　Plasencia　スペイン南西部のエストレマドゥラ自治州にあるカセレス県の町。（97）

プラド美術館　El Museo del Prado　スペインの首都マドリードにある、スペインで最大の美術館。1819年にフェルナンド7世が絵画展示場として開館。（190）

ブランカ　Blanca　スペイン北部のナバラの女王、1151年からカスティリアの王サンチョ3世の妻（?-1156）。（208）

フランク族　los francos　ゲルマン民族の1部族。アルプス山脈の北側に住んでいた

が、4世紀に始まった民族大移動期にライン川東岸に住みつき、その地を保持しつつガリア地方に勢力を拡大して、5世紀末にはフランク王国を建国。フランス南部にあった西ゴート王国を圧迫し、イベリア半島に追いやった。(199)

フランコ Franco（Francisco Franco Bahamonde） スペインの軍人・元首（1892-1975）。1936年にモロッコで反乱を起こして市民戦争（1936-39）に入り、人民戦線政府を倒して独裁者となる。立憲王政の準備をしつつ、75年に没。(106, 166)

フランシスコ・アントニオ・ロレンサナ Francisco Antonio (de) Lorenzana スペインの高僧（1722-1804）。(55, 56)

フランシスコ・エルナンデス Francisco Hernández Córdoba スペインの軍人・探検家（1475-1526）。ペドラリアスに従ってパナマに赴き、ニカラグァを領有したが、彼に滅ぼされた。(30)

フランシスコ・デ・イバラ Francisco de Ibarra スペインのコンキスタドール（1539-1575）。(32)

フランシスコ・デ・コロナド Francisco de Coronado（Francisco Vázquez de Coronado）スペインの探検家（1510-1554）。(113)

フランシスコ・ピサロ Francisco Pizarro スペインのコンキスタドール（1478-1541）。1529年にスペイン王室からペルー征服の許可を得、1532年に征服に向かう。カハマルカでインカ帝国のアタワルパ王を捕縛し、身代金の金塊を受けとりながら処刑。インカの首都クスコを征服し、リマを建設したが、内紛で暗殺された。(34)

フランシスコ・J・エウヘニオ・エスペホ Francisco J. Eugenio Espejo（Francisco Eugenio de Santa Cruz y Espejo） 南米エクアドルの作家・政治家（1747?-1796）。(65, 69)

フランス Francia ヨーロッパ西部にあって、大西洋と地中海に面する共和国。農業国、世界的な観光国。ローマ帝国時代にはその属州ガリア。中世には西フランク王国。近世に入ってからはヨーロッパの強国になった。1789年にはフランス革命が起こり、1792年には王制が廃止されて共和制が樹立した。以降、文化的にも政治的にも西欧諸国に大きな影響力を持つようになる。(13 他多数)

フランソア1世 Francisco I フランスの王（1494-1547, 在位 1515-1547）。文芸を愛好し、イタリアのルネッサンスをフランスに導入。神聖ローマ皇帝位をハプスブルク家のスペイン国王カルロス1世（ドイツのカール5世）と争って敗れ、イタリア戦争でも敗れる。しかし国内では教会・貴族を抑えて王権を強化した。(78)

フランドル Flandes 英語名フランダース。ベルギー西部を中心にフランス北部からオランダの一部を含む歴史的な地域。北海に面する。神聖ローマ帝国の一部。15世紀末頃からハプスブルク家に属し、スペイン王カルロス1世が受け継ぐ。(73, 78-80, 82)

フリーメーソン masonería（支部はロッジ logia masónica） 博愛・自由・平等の実現を目指す世界的規模の団体。秘密結社ではないが、入社式が公開されないので、その全容は明らかでない。中世以来の熟練石工組合を母体として18世紀初めイギリスで結成。たちまち大陸に波及して、30年代にはとりわけフラン

スで勢力を拡張した。アメリカ合衆国では独立運動家のワシントンやフランクリン、ジェファーソンなど多くの指導者がフリーメーソンであったという。啓蒙主義精神を基調とし、多くの名士を会員に含む。（15, 104）

ブリウエガ Brihuega　スペイン中央部のカスティリア・ラ・マンチャ自治州の北端にあるグァダラハラ県の都市。（223, 224）

フリオ・イグレシアス Julio Iglesias　スペインの歌手（1945-）。（190）

ブリュッセル Bruselas　英語名はブラッセル。ベルギー王国の首都。鉄道・海路の交通の要地。美しい町並みと毛織物製造で知られる古い都市。国際機関の本部がある。（90）

フルクロア Furcroy　（Antoine François, comte de Fourcroy）フランスの化学者（1755-1809）。（86）

ブルゴーニュ Borgoña　フランスの東部、パリの南東方にあって、ソーヌ川流域を占めている地域。中世にブルゴーニュ公国が栄えた。ワインの名産地。中心都市ディジョン。（207-8）

ブルゴス Burgos　スペインのカスティリア・イ・レオン自治州にある県と県都の名。県都の近くには、いにしえのカスティリア地方を象徴する英雄エルシドの故郷がある。（24, 73, 78, 89, 91, 134, 193, 202, 204, 209）

ブルターニュ Bretaña　フランス北西部のブルターニュ半島を占める地域の名。この名は、5・6世紀にアングロサクソン人に追われてグレートブリテン島から移住してきたケルト系のブリトン人 bretón に由来する。先住民が作ったドルメンなどの巨石遺構が残っている。（207）

プルデンティウス Prudencio　（Aurelius Prudentius Clemens）　代表的なキリスト教ラテンの詩人。イベリア半島の生まれ。405年に詩歌集を刊行した。（199）

ブリビエスカ Briviesca　スペイン北部のブルゴス県にある町。（196）

ブルボン Borbón　フランスの王家。最初の国王は1589年に即位したアンリ4世、最後の国王は1830年に退位したシャルル10世。スペインではブルボン家の最初の王がフェリペ5世で、1700年に即位。その後、王位を離れた期間が少しはあったものの、この王家の血族がスペインを支配してきた。20世紀に入ってからは、第2共和制（1931-1939）とフランコ体制（1939-1975）のあと、Juan Carlos de Borbón　が現在の国王ホアン・カルロス1世。（68, 75）

プロバンス Provenza　フランス南東部にあって、ローヌ川下流からイタリア国境にかけて広がる地方の名。地中海に面する地域。15世紀末からフランス王国に所属した。（196, 208）

フロリダ Florida　アメリカ合衆国の南東端にある半島。東側には大西洋、西側にはメキシコ湾が広がる。フロリダ海峡を挟んで、南方にキューバ島、東方にバハマ諸島がある。湿地や湖沼が多いが、観光地、保養地も多い。1513年にスペイン人のポンセ・デ・レオンが発見した。（15, 26, 31, 103, 104, 116）

フンボルト Humboldt　（Friedrich Heinrich Alexander, barón de Humboldt）ドイツの地理学者・博物学者（1769-1859）。コロンブスにならって新大陸の科学的再発見を目論み、1799-1804年にベネズエラ、ブラジル、エクアドル、メキシコなど

を調査し、その成果を『新大陸の熱帯諸地域への旅行』 Viajes equinocciales al Nuevo Continente 35巻（1805-34）の大著にまとめた。気候や動植物に新知見を加えつつ、近代地理学の基礎を築いた。(67)

ベジョ　→　アンドレス・ベジョ。(130, 133, 135, 136)

ペスト　→　黒死病。(91, 231, 232)

ペドラリアス　Pedrarias （Pedro Arias Dávila、通称 Pedrarias Dávila）　スペインの軍人・政治家（1440-1530）。15世紀末のグラナダ戦争で活躍。16世紀初頭には新大陸に渡り、インカ帝国の征服事業などに参加。1519年にはパナマ市を建設した。(24)

ペドロ・デ・エレディア　Pedro de Heredia　スペインのコンキスタドール(1504-1574)。(32)

ベネチア　Venecia　ヴェネチアとも。英語名はベニス、ヴェニス Venice。イタリア北東部の州と州都の名。州都はアドリア海に面する港湾都市。水路が網目のように張りめぐらされていて、サンマルコ聖堂などの多数の史跡をゴンドラで観光する世界的な歴史都市として有名。中世には地中海貿易を独占する強力な共和国。ルネッサンスの15・16世紀には芸術の中心地となった。19世紀後半にイタリア王国に統合される。(232)

ベニト・ホアレス　Benito Juárez （Benito Pedro Juárez García）　メキシコの政治家（1806-1872）。1858年にメキシコ共和国の大統領。(162)

ペニャフロリダ伯爵　Conde de Peñaflorida　→　ドン・フランシスコ・ハビエル・マリア・デ・ムニベ。(67)

ベヌスティアノ・カランサ　Venustiano Carranza　メキシコの政治家（1850-1920）。大統領時代（1915-20）に、現行のメキシコ憲法を草案する議会（1917）を招集した。(168)

ベネズエラ　Venezuela（República Bolivariana de Venezuela）　南アメリカ北部にあって、北はカリブ海に面した共和国。東はガイアナ、南はブラジル、西はコロンビアに接している。石油の輸出国。首都はカラカス Caracas。人口は2,570万。公用語はスペイン語。住民の大半は白人と先住民との混血のメスティソで、ほとんどがカトリック教徒。15世紀末にコロンブスがこの国の海岸部に上陸した。16世紀の中頃に先住民カラカス族の地にカラカスが建設される。1811年にスペインからの独立を宣言。その後の独立運動の主役になったのはリベルタドール（解放者）のシモン・ボリバル。1819年に、ヌエバグラナダ（旧副王領）とベネズエラをまとめたグラン・コロンビア国が成立したが、1830年にベネズエラ、コロンビア、エクアドルが分離独立した。(33, 66, 103, 124, 127, 135-137, 145, 146)

ヘブライ語　el hebreo　イスラエルとかユダヤとかとも呼ばれてパレスチナに住みついたヘブライ人が使った言語。ヘブル語とも。現在はイスラエル国の公用語。また、世界各地のユダヤ人社会で使われる。古代ヘブライ語は旧約聖書の言語。(14, 98, 100, 229, 239)

ベラクルス　Veracruz　メキシコのメキシコ湾岸にある州と港湾都市の名。この都

295

市はもともと、エルナン・コルテスが 1519 年に建設した。(26, 46)

ベラスケス Velázquez (Diego Velázquez de Cuéllar) スペインの軍人で新大陸への入植者 (1465-1524)。とくにキューバを開拓し、ハバナの町などを建設。(24)

ペルー Perú (República del Perú) 南米大陸の西側の中央部にある共和国。首都はリマ Lima。人口は 2,710 万。公用語はスペイン語とケチュア語などの先住民語。その約半数が先住民系で、残りは 3 割が混血、1 割強が白人。大部分がカトリック教徒。公用語はスペイン語。太平洋岸に沿って南北にアンデス山脈が走り、鉱物資源が豊富。世界有数の水産国でもある。北部にはアマゾン河が流れる。かつてのインカ帝国の中心地で、高地には古都クスコ Cuzco などにその遺跡がある。この地は 1531 年にパナマからフランシスコ・ピサロが入り、1533 年にはクスコを占領し、インカ帝国を滅ぼした。彼はその後、リマを建設。1544 年にはリマを首都とするペルー副王領が成立した。1821 年にはスペインからの独立が宣言される。(41, 44, 45, 51, 54, 55, 58, 61, 110, 113)

ペルー副王領 → ペルー。(51)

ベルトレ Berthollet (Claude Berthollet) フランスの化学者 (1748-1822)。(86)

ベルナル Bernal (Bernal Díaz del Castillo) スペインのコンキスタドールで、年代記作者 (1492?-1580?)。メキシコの遠征に同行し、その記録を著した。(27)

ベルナルド・デ・アルドレテ Bernardo de Aldrete スペインの人文主義者 (1565-1641)。『カスティリア語の誕生について』Del origen y principio de la lengua castellana の著者。(19, 20, 45, 74)

ベルレーヌ Verlaine (Paul Verlaine) フランスの詩人 (1844-1896)。(120)

ヘロニモ・デ・アギラル Jerónimo de Aguilar。(33)

ペロン Perón (Juan Domingo Perón) アルゼンチンの軍人・政治家 (1895-1974)。1946 年に労働者の支持によって大統領となり、1951 年に再選された。独裁者的に改革を推進。1955 年に起きた軍の蜂起によって亡命。73 年に再び大統領となるが翌年に急死した。ペロニズムとも呼ばれる労働者擁護の政党を結成した。2 番目の夫人エバ・ドゥアルテ Eva Duarte はエビタ Evita の愛称で知られるが、彼女がみずから主宰した慈善組織エバ・ペロン財団は、救貧活動などを通して大衆の大きな支持を受けた。(138,190)

ベンガル語 el bengalí インドヨーロッパ語族のなかの、インド・イラン語派に属し、現在はバングラデシュの公用語となっている。使用者が約 1 億 4 千万人いる大言語のひとつ。(173, 175, 176)

ベンジャミン・フランクリン Benjamin Franklin アメリカ合衆国の政治家・哲学者・物理学者 (1706-1790)。アメリカ合衆国の独立運動 (宣言は 1776 年) で活躍し、大陸会議代表や独立宣言起草委員を務めた。電気の性質に関する科学的研究でも知られ、凧を使った実験による大気電気の確認や避雷針の発明を行った。(122, 152)

ペンテコステ Pentecostés「聖霊降臨祭」。キリスト教徒の伝説では、キリストの弟子なら何語ででも理解してもらえるという奇蹟の象徴になっている。(47,52-53)

『遍歴盲人のラサリジョ』 Lazarillo de ciegos caminantes → カリスト・ブスタマンテ・カルロス・インカ。(56)

ホアン・グリハルバ Juan Grijalva （Juan de Grijalva o Grijalba） スペインの探検家、ニカラグアで没（1480?-1527）。(30)

ホアン・デ・スマラガ師 Fray Juan de Zumárraga スペインのフランシスコ修道会士（1476-1548）。メキシコ初代の司教。1539年、メキシコに印刷所を運びこんだ。(49)

ホアン・デ・バルデス Juan de Valdés スペインの著述家。15世紀末にコエンカで生まれ、ナポリで没（1541）。1535年の著書『言語問答』はカスティリア語についてカスティリア語で書かれた最初の文法評論。(72)

ホアン・ドミンゴ・ペロン Juan Domingo Perón → ペロン。(138)

ホアン・バウティスタ・アルベルディ Juan Bautista Alberdi アルゼンチンの作家・法律家（1810-1884）。人生の大半を亡命して過ごした。パリで客死。(123, 128, 141)

ホアン・バレラ Juan Valera スペインの外交官・小説家・批評家（1824-1905）。(120)

ホアン・ボスカン Juan Boscán （Juan Boscán y Almogáver） スペインの作家（1492?-1542）。バルセロナの人。(235)

ホアン・ポンセ・デ・レオン Juan Ponce de León スペインのコンキスタドール（1460-1521）。キューバのハバナで死去。1508年にはボリンケン（いまのプエルトリコ）に上陸し、サンホアンの町を建設した。1512年にはフロリダを発見する。(38, 39)

ホアン・マヌエル・デ・ロサス Juan Manuel de Rosas アルゼンチンの軍人・政治家（1793-1877）。食肉の塩漬け工場を友人と一緒に設立して大成功する。ブエノスアイレスの知事（1829-32）。再選されて独裁政治を行う（1835-52）。(139)

ホアン・マリア・グティエレス Juan María Gutiérrez アルゼンチンの作家・政治家（1809-1878）。ブエノスアイレスの人。(141,144,145)

ホアン・ミゲル・ロペ・ブランチ Juan Miguel Lope Blanch 参考文献を参照のこと。(149)

ボゴタ Bogotá 南米北部のコロンビア共和国の首都、クンディナマルカ州の州都。アンデス山脈中の2600メートルの高地に位置。「黄金博物館」などで有名。名称は1990年代に一時期、初期のサンタフェデボゴタ Santa Fe de Bogotá になったが、現在は再びボゴタ。(89,145,239)

『ボゴタ語に関する批判的備忘録』 Apuntaciones críticas sobre el lenguaje bogotano → ルフィノ・ホセ・コエルボ。(145)

ボス法 voseo スペイン中世で使っていた、二人称複数形人称代名詞 vos による話し相手（単数）への敬語表現方式。15世紀末から南北アメリカで使われはじめたスペイン語に、地方によってはこの待遇表現が残っている。(61)

ホセ・デ・アコスタ（神父）（Padre） José de Acosta スペインの年代記作者・イエズス会の宣教師（1539-1600）。『インディアスの自然と人倫の歴史』Historia natural y moral de las Indias の著者。(48)

ホセ・ガルベス　José Gálvez　（José Gálvez, marqués de Sonora）（1729-1787）。ヌエバエスパニャの総巡察吏を6年間勤める。スペインに戻ると1775年にインディアス担当の事務官に任命された。南北アメリカの植民地との貿易の自由化を進めた。(63-65, 69, 70)

ホセ・デ・サンマルティン　José de San Martín　アルゼンチンの将軍・愛国者（1778-1850）。ラテンアメリカ独立の英雄。若くしてスペインに渡り、カスタニョス将軍についてスペイン独立戦争に加わる。1812年にブエノスアイレスに戻り、チリとペルーの独立のために戦い、独立後はその守護者となるが、それも放棄してフランスに渡り、客死。(15)

ホセ・プロタシオ・リサル　José Protasio Rizal　（José Protasio Rizal y Mercado Alonso）フィリピンの政治家・医者・作家（1861-1896）。スペインからの独立を図って運動し、捕縛されて処刑された。フィリピン独立運動の英雄。(46)

ホセ・マルティ　José Martí　キューバの作家・政治家（1853-1895）。独立運動中に戦死。(153)

ボナパルト　Bonaparte　→　ナポレオン。(104)

ボバディジャ　Bobadilla（Francisco de Bobadilla）スペインの騎士団長（?-1502）。(24)

ボリバル　Bolívar　→　シモン・ボリバル。(14, 15, 109, 126, 143)

ボリビア　Bolivia　（República de Bolivia）　南米中央部にある共和国。内陸国。首都はラパス。西部をアンデス山脈が南北に走り、アマゾン川上流域を含む。ラクダ科のリャマやアルパカの飼育が盛ん。人口は880万。大半がインディオとメスティソ。カトリック教徒が多い。公用語はスペイン語で、人口の3割がケチュア語を、そして2割がアイマラ語を話す。ピサロがクスコを占領した後、その軍隊が入り込んでチチカカ湖を発見。ラパスの町はペルーの副王が16世紀の中頃に建設した。その頃、ポトシの大銀山が発見され、そこに10万人ほどの人が住む大きな町ができた。スペインの植民地時代にはアルトペルー Alto Perú と呼ばれていたこの地方は、1825年にボリバルによってスペインからの独立が確保された。(41, 51, 110, 126, 180)

ポルトガル　Portugal　（República Portuguesa）　スペインが大半を占めるイベリア半島にある、もうひとつの共和国。大西洋に面し、ヨーロッパ南西端部を占める。首都はリスボン Lisboa。人口は1,010万。1143年に独立の王国となるも、その後、スペインに併合される時期が何度かあった。1910年の革命によって共和国となる。中世末から近世にかけて東洋貿易を独占して繁栄する。16世紀には南蛮貿易の相手国として日本に鉄砲やキリスト教を伝えた。ブラジルは1500年にポルトガルの植民地になり、1822年に独立している。(13 他多数)

ポルフィリオ・ディアス Porfirio Díaz　メキシコの軍人・政治家（1830-1915）。フランス軍と戦い、革命運動を指揮した。何度か大統領になる（最後は1884-1911）。(168)

ホルヘ・ルイス・ボルヘス　Jorge Luis Borges　アルゼンチンの作家・評論家・詩人（1899-1986）。(38, 141)

ホンジュラス　Honduras　（República de Honduras）　中米の共和国。グァテマラ、エ

ルサルバドル、ニカラグァに隣接する。北部はカリブ海に面するが、大部分は山地。首都はテグシガルパ Tegucigalpa。人口は 730 万弱。9 割以上がメスティソ。公用語はスペイン語。現在の中米はスペインの植民地時代、グァテマラからコスタリカまでグァテマラ総督領の支配下におかれていた。同総督領が 1821 年に独立し、中央アメリカ連邦が結成されたが、分離主義の勢いが強く、その後、解体してグァテマラ、ホンジュラス、エルサルバドル、ニカラグァ、コスタリカが生まれる。(101-103, 148, 180)

ポンテベドラ Pontevedra　スペイン北西部のガリシア自治州にある県と県都の名。西は大西洋に、南はポルトガルに接している。深いリアス式海岸で有名。(103)

ポンフェラダ Ponferrada　スペイン北西部にあるレオン県の炭鉱の町。(207)

マイアミ Miami　アメリカ合衆国のフロリダ半島の都市。ラテンアメリカの商業活動の中心地。(116)

マクシミリアン 1 世 Maximiliano I　(Fernando José Maximiliano I de Habsburgo) メキシコの皇帝でもあったフランス人 (1832-1867)。19 世紀の後半に入ると、イギリス・スペイン・フランスが、メキシコの、教会を中心とする保守勢力と改革を推進する自由主義派勢力との間での内乱状態を利用して干渉を強めたが、そのあと、フランスは 1864 年、皇帝マクシミリアン 1 世を押しつけてメキシコを支配し、第 2 次帝政時代 (1864-67) に入る。自由主義派勢力はホアレス大統領の指揮下で戦い、1867 年にフランス軍を破った。メキシコは近代化を目ざした諸改革を実施。(119)

マクシミリアン 2 世 Maximiliano II　神聖ローマ帝国（ドイツ）の皇帝でボヘミアとハンガリーの王 (1527-1576)。(77)

マジョルカ Mallorca　地中海に浮かぶスペイン領のバレアレス（諸島）自治州で一番大きな島。主都はパルマ Palma。イスラム教徒が支配している 13 世紀前半にアラゴンのジャウメ 1 世が再征服し、14 世紀中頃からアラゴン王国の一部になった。(37, 73, 229, 232)

マデロ Madero　(Francisco Indalecio Madero)　メキシコの大統領 (1911-13)。(168)

マドリード Madrid　スペイン王国の中央部にある自治州と州都の名。州都は首都でもある。この都市は、この地方がイスラム教徒の手に落ちた後、10 世紀の前半になってようやくマジェリー Magerit の名で歴史に登場する。11 世紀の後半に再征服された。1561 年にフェリペ 2 世がここに王国の首都を建設してから大都会に成長してゆく。(57 他多数)

マニラ Manila　フィリピン共和国のルソン島にある州と州都（首都）の名。この町は 16 世紀後半にスペイン人が建設したが、その後、中国人やオランダ人、イギリス人の支配を受け、1898 年の米西戦争でアメリカ合衆国の支配下に入る。第 2 次世界大戦中は日本が占領。フィリピンは独立後、首都をケソンシティにおいていたが、1976 年より再びマニラが首都になっている。(45, 49)

マヌエル・パルド Manuel Pardo　南米のペルー共和国の大統領 (1872-76)。(169, 210)

マヌエル・ベルグラノ　Manuel Belgrano　アルゼンチンの軍人（1770-1820）。独立宣言後、ヨーロッパに派遣されて独立の承認を取り付けた。(65, 69)

マホメット　Mahoma　モハメット、ムハンマドとも。イスラム教の創始者・預言者。メッカに生まれ、メディナにて没（570-632）。(95)

マヤ　Maya　マヤ文明はメキシコの南部、中央アメリカのグァテマラ高地からユカタン半島にかけて栄えたマヤ族の古代文明。紀元前後におこり、4世紀から9世紀にかけて栄えた。神権政治を確立していたが、その存立基盤はトウモロコシの焼き畑農耕。天文・暦法・象形文字などを発達させた。巨石建造物が残っている。マヤ語はメキシコのユカタン半島からグァテマラにかけて分布する中米最大の語族となっている。(33, 34, 36, 41, 50, 191)

マラガ　Málaga　スペイン南部の、アンダルシア自治州にある県と県都の名。都市は地中海沿岸部にある。観光地。フェニキア人が居住していたときにはマラッカ Malakka と呼ばれた。イスラム教徒の支配の後、1487年にカトリック両王によって再征服されている。(73, 84, 239, 240)

マラベディー　maravedí　スペインの通貨。時代によって価値が違う。19世紀中頃まで通用。(216)

マリアナ諸島　Las Marianas　（Islas Marianas o de los Ladrones）　小笠原諸島の南方、フィリピン諸島の東方にある、太平洋上の諸島。サイパン・テニアン・アナタハン・グァムなどの島から成る。マゼランが1521年に発見。1668年からカトリックの布教が始まった。それまでは盗賊諸島と呼ばれていた。1898年の米西戦争に敗れたスペインはグァム島をアメリカ合衆国に譲渡し、残りをドイツに売却した。その後、日本の委任統治領となり、第2次大戦の激戦地となる。戦後はアメリカの国連信託統治領となったが、1978年からアメリカの自治領（連合州）になっている。中心はサイパン島だが、ここには日本人の観光客が年間10万人訪れる。(45)

マリンチェ　Malinche　メキシコで1519年にスペインのコンキスタドールであるエルナン・コルテスが現在のタバスコ州の海岸でマヤ族と戦ったとき、戦利品として贈られた20名の女奴隷のなかのひとり。アステカ王国のナワ語とマヤ語を話すことができたので、コルテスの通訳・愛人として働いた。現在のメキシコでは国が滅びるのに手を貸したとして、裏切り者扱いされている。別名、マリンツィン、マリナリ、ドニャマリア。(33)

マルティン・フィエロ　Martín Fierro　ホセ・エルナンデスの韻文作品の題名で主人公のガウチョ。初版は1872年に出た。(131, 132)

マンチャ　La Mancha　ラ・マンチャとも。スペイン中央部の大平原地帯の地方名。セルバンテスの作品『ドン・キホーテ』の舞台として有名。なお、英仏間の海域（イギリス海峡）もスペイン語ではマンチャ Mancha（フランス語で Manche）と呼ぶ。(80, 141, 218)

マンハッタン　Manhattan　アメリカ合衆国のニューヨーク市の中心部がある島。(152)

ミシシッピー河　el Misisipí　（英語名 Mississippi）　アメリカ合衆国の中西部を南流

する大河。ミネソタ州のイタスカ湖に源を発し、ルイジアナ州のニューオーリンズでメキシコ湾に注ぐ。(122)

身分制議会 Cortes 中世の中心的身分である聖職者と貴族のほかに、第3の平民という身分の者を加えて構成された、王の諮問機関。カスティリアでは12世紀末頃から始まる。具体的な必要に応じて、特定の都市で開催される性質の議会。(78, 204)

ミラノ Milán イタリア北部にあるロンバルディア州の州都であり、ミラノ県の県都でもある。古くからアルプス越えの交通の要衝。(82)

ムーア人 los moros モーロ人とも。モロ moro は北アフリカの、かつてモーリタニアのあったあたりの住人を指した。スペイン史では8世紀初頭、イベリア半島に侵攻したイスラム教徒を指す。そして、現在ではフィリピンのミンダナオ島に住むイスラム教徒（モロ族）をも指している。(43 他多数)

ムーサ Muza (Musa ibn Nusayr) アラビアの将軍(640-718)。チュニスの総督であったころ、副官のタリクを、イベリア半島を統治していた西ゴート王国に侵攻させた。あとで自分も合流し、イベリア半島南部を占領した。(191, 192)

ムデハル los mudéjares 中世スペインのキリスト教徒勢力圏に住んでいたイスラム教徒の呼び名。(203)

ムルシア Murcia スペイン南東部の自治州と県と県都(州都)の名。地中海に面している。かつてはイベリア人やカルタゴ人が居住し、ローマ帝国、西ゴート王国の時代を経てイスラム教徒が支配し、13世紀中頃、アラゴン王国が再征服した。(72, 73, 92, 96, 97, 228, 229, 231)

ムワヒド朝の人々 almohades 北アフリカで12世紀の初頭に生まれた狂信的なイスラム教の王朝の人々。北アフリカとアル・アンダルスを支配した。彼ら以前にしばらく（11世紀末から12世紀初頭）北アフリカや南スペインを支配したのはムラビド朝の人々 almorávides。(221, 224)

メアリー・チューダー María Tudor （英語名 Mary Tudor） チューダー家は15世紀末から17世紀初頭まで続いたイングランド（イギリス）の王家。メアリー・チューダー(1516-58)はその第4代の女王（在位 1553-58年）。1554年にスペインのフェリペ2世と結婚。王位を継いだのはエリザベス1世。(78)

メキシコ México (Estados Unidos Mexicanos) （スペインでは Méjico、メキシコでは México と書く） 北米大陸南部の大きな連邦共和国。北はアメリカ合衆国とグランデ河などで国境を接し、南はグァテマラと接する。西は太平洋、東はメキシコ湾。国土はほぼ高原と山地。首都はメキシコ（シティー）(Ciudad de México)。人口は1億320万。住民は大半がメスティソとインディオ。大部分がカトリック教徒。公用語はスペイン語。古くは中央部にアステカ文明が、そして南東部にマヤ文明が繁栄。そのアステカ王国は1519-21年にスペインのエルナン・コルテスの軍に滅ぼされてスペインの植民地となり、ヌエバエスパニャ副王領として統治された。1821年にスペインから独立。19世紀の中頃にはアメリカ合衆国との「米墨戦争」によって国土の約半分を失う。日本との交流は1614-18年にアカプルコ経由でローマへ派遣された伊達政宗の使者支倉常長と

その一行の滞在が最初。(17 他多数)
メキシコシティー Ciudad de México メキシコ連邦共和国の首都。(26, 35-36, 119, 145)
『メキシコ年代記』 Crónica Mexicana。(43)
恵まれたアラビア Arabia feliz 現在のイエメン共和国に相当するアラビア半島南部。古代には南アラビア王国と呼ばれたが、その地は農業と香料貿易によって栄えていた。古代ギリシアやローマの著作家は南アラビアを、その豊かな香料のゆえに、そう呼んだ。(191)
メセタ la meseta イベリア半島中央部の高原台地の呼び名。(92, 210)
メディナ・デル・カンポ Medina del Campo スペイン北中部のカスティリア・イ・レオン自治州にあるバジャドリー県の小都市。カトリック女王イサベルが1504年に没したモタの城がある。中世末期には国際的交易と金融の中心地として栄えた。(73, 91)
メネンデス・ペラヨ Menéndez Pelayo (Marcelino Menéndez Pelayo) スペインの歴史学者・文献学者 (1856-1912)。北部のサンタンデルの生まれ。現代のさまざまな分野にまたがるスペイン人文学の、実質的な始祖。(107)
メノルカ la Menorca 地中海に浮かぶスペイン領のバレアレス (諸島) 自治州の島。(160)
メリジャ Melilla 北アフリカのモロッコの地中海沿岸部にあるスペイン領の飛び地である特別市。フェニキア人が建設した。15世紀末にスペインが占領したが、モロッコ側との紛争の種となってきた。1995年に正式にスペインの自治領となる。(45)
メリダ Mérida スペイン南西部にあるエストレマドゥラ自治州のバダホス県の県都、自治州の州都。ローマ帝国時代には Emérita Augusta と呼ばれ、繁栄した。(194)
モクテスマ Moctezuma アステカ王国の数名の王の名。2世の名はソコヨツィン Xocoyotzin (1466-1520)。コルテスの到来を知ると、神のケツアルコアトル Quetzalcóatl がやってきたと信じて使者を送った。(43)
モリスコ el morisco スペインで近世に入ってからも、キリスト教に改宗してスペインに残っていたイスラム教徒。(75, 94-98, 232)
モリンス侯爵 el marqués de Molins (Mariano Roca de Togores, marqués de Molins) スペインの作家 (1812-1889)。1870年ごろには王立アカデミアの会長。(143, 155)
モンセラー修道院 El monasterio de Montserrat バルセロナ県にある岩山の名がモンセラーであり、そこにある修道院は11世紀初頭に設立された。(236)
モンテビデオ Montevideo 南米南東部にあるウルグァイ東方共和国の州と州都の名。州都は首都でもある。ラプラタの河口部の北側に位置する。18世紀の前半に建設され、1828年から首都。(56, 103, 148, 163)
モンテレイ Monterrey メキシコ北東部の都市。モンテレーとも。1848年には米墨戦争の主要な舞台のひとつ。19世紀後半にはアメリカ合衆国との通商が活発

になって繁栄。現在もメキシコの重化学工業の中心的存在。(110, 156)

モンロー　Monroe（James M.）　アメリカ合衆国の第5代大統領に1817年に就任した政治家。モンロー主義の宣言で有名。(15)

ヤコブ・M・ハサン　Iacob M. Hassán　参考文献を参照のこと。(99)

ヤンキー　los yanquis　北アメリカにヨーロッパ人が入植しはじめたころから、先住民が使いはじめたことば。当時はニューイングランドの住人を指していたが、その後、独立革命期にはイギリス軍が植民地軍を呼ぶのに使用し、南北戦争のときには南軍が北軍を指すのに使った。その後はアメリカ合衆国以外の国からその国民一般を指して使うようになった。(101, 102, 113, 153)

ユカタン　Yucatán　メキシコ南東部の州と、その州がある半島の名。半島はメキシコ湾とカリブ海を仕切っている。その南部にはグァテマラ領やベリーズ共和国がある。8世紀から12世紀にかけてマヤ文明が栄えた土地。(33, 55, 62)

ユダヤ系スペイン語　el judeoespañol　15世紀末にスペインから追放されたユダヤ教徒の子孫が、小アジアやバルカン半島などで使用しているカスティリア語。(94, 98, 99)

ユダヤ人　los judíos　ユダヤ教徒。古代ではパレスチナに居住していたイスラエル人の子孫を指す。ローマ帝国によるエルサレム破壊後、彼らの離散は拡大した。キリスト教徒による社会的差別を受け続けたが、19世紀末にはヨーロッパでユダヤ人の国家建設を目指すシオニズム運動が起こり、第2次世界大戦後にイスラエル国が建設された。中世のスペインではキリスト教徒やイスラム教徒と共存した時代もあり、経済的・文化的に大きな貢献をしたが、15世紀末にはキリスト教徒がスペイン王国を宗教的にも統一し、地中海のかなたに追放された。(14, 93, 94, 97, 98, 100, 203)

ヨランダ・ラストラ　Yolanda Lastra　参考文献を参照のこと。(168)

ライデン　Leyden（Leiden）　オランダ語読みはレイデン。オランダ西部の学術都市。同国最古のライデン大学（創設1757）がある。中世以来、ヨーロッパの代表的な毛織物工業都市。(80)

ライムンド・ルリオ　Raimundo Lulio　（別名 Ramón Llull）　スペインのマジョルカ島出身の哲学者・神学者（1235-1315）。著述にはラテン語・アラビア語・カタルニア語を使用した。(229)

ラサロ・カルデナス　Lázaro Cárdenas　メキシコの大統領（1934-40）。大きな社会不安があったが、石油の国有化や農地改革などを断行した。(168)

ラシーヌ　Racine　フランスの劇作家（1639-1699）。フランス古典劇の代表者。(104)

ラテン語　el latín　古代ローマ帝国の公用語。インドヨーロッパ語族のイタリック語派に属す。その後の歴史では、話しことばと書きことばを分けて考える。話しことば（俗ラテン語）は現代のロマンス諸語の源。紀元前後に文章語として確立した書きことば（古典ラテン語）は、ローマ教会にも採用され、中世西欧世界の国際的な文章語・公用語となり、今日でも学術語として使用されることがある。(14 他多数)

ラファエル・オブリガド　Rafael Obligado　アルゼンチンの詩人（1851-1920）。(141)

ラプラタ河　Río de la Plata　南米南東部のブエノスアイレスとモンテビデオの間で大西洋にそそぐ大河。ウルグァイ川とパラナ川の合流点から下流の河口部までをいう。(51, 118)

ラボアジエ　Lavoisier　フランスの化学者（1743-1794）。近代化学の父とよばれる。(86)

ラ・マンチャ　La Mancha　→マンチャ。(141, 218)

ラモン・メネンデス・ピダル　Ramón Menéndez Pidal　スペインの文献学者・歴史学者（1869-1968）。メネンデス・ペラヨの弟子。王立アカデミアの会長（1925-39, 1947-1968）。(146)

ラモン・ムンタネル　Ramón Muntaner　スペインの歴史学者（1265-1336）。カタルニア人やアラゴン人の地中海東方遠征に同行し、その記録を残したカタルニア人。(229, 231)

リオデラプラタ副王領　Virreinato del Río de la Plata　1776年にブエノスアイレスに設置された副王政庁が管轄する領土。19世紀初頭の独立初期にはリオデラプラタ連合州となり、その後、アルゼンチン、ボリビア、パラグァイ、ウルグァイに分かれた。(51, 124)

リオハ　La Rioja　ラ・リオハとも。スペイン北東部にある自治州と県の名。州都（県都）はログロニョ Logroño。自治州の北端部をエブロ河が流れる。ワインの名産地。(214, 215, 219)

リスボン　Lisboa　スペインの隣国、ポルトガル共和国の首都。テジョ川（スペインではタホ河）の河口部にあって大西洋に面する港湾都市。フェニキアやローマの時代からの旧都で、大航海時代には香料貿易で繁栄。中世の面影を残すアルファマ Alfama 地区がある。(61, 76, 77, 98, 234)

リブラ　libra　スペインの古い重量単位、ポンド（約454グラム）。(208)

リベルタドール　el Libertador　南アメリカにあったスペイン系植民地を独立に導いた解放者。シモン・ボリバルのこと。(125, 154)

リマ　Lima　南米ペルー共和国の県と県都の名。県都は首都でもある。首都は同国中部の太平洋岸近くに位置する。外港はカヤオ。1551年に設置されたサンマルコス大学 Universidad Nacional Mayor de San Marcos は南北両アメリカ大陸で最古の大学。1535年にコンキスタドールのフランシスコ・ピサロが「諸王の町」Ciudad de los Reyes の名で建設。1544年から19世紀初頭の独立期までペルー副王領の首都。(56, 58, 145, 169)

リューベック　Lübeck　ドイツ北東部にあってバルト海につながる河港都市。造船業が発達。ハンザ同盟が12世紀に建設した都市のひとつで、その盟主として繁栄。(211)

両カスティリア　ambas Castillas　古くは、スペインの中央部の北側が旧カスティリア Castilla la Vieja、中央部とその南側が新カスティリア Castilla la Nueva と呼ばれていた。その両者をまとめて呼んだ名前。(97)

リングアフランカ　lingua franca　東地中海で使われていた混成言語を指すイタリア

語。また、一般に混成共通語。(150, 158, 171, 177)

ルイジアナ Luisiana　アメリカ合衆国南部の州。ミシシッピ川河口部を占めていて、メキシコ湾に臨む。スペイン人が16世紀に探検したが、17世紀末頃にはフランスの植民地になった。1803年にアメリカ合衆国に売却された。(103, 104)

ルイス・デ・ララ Luis F. de Lara　参考文献を参照のこと。(185)

ルイス・スアレス Luis Suárez　参考文献を参照のこと（Álvarez, Vicente A. との共著者）。(230)

ルイス・デ・ゴンゴラ Luis de Góngora　（Luis de Góngora y Argote）　スペインの著述家（1561-1627）。スペインの文芸思潮のひとつである文飾主義の代表者である。(40)

ルイス・デ・レケセンス Luis de Requesens　（Luis de Requesens y Zúñiga）　スペインの軍人（1528-1576）。カタルニア人。オスマントルコを相手にしたレパントの海戦（1571）で活躍し、キリスト教徒勢に勝利をもたらした。(82)

ルイス・ボルヘス　→ ホルヘ・ルイス・ボルヘス。(141)

ルイ・ロペス・デ・ビジャロボス Ruy López de Villalobos　16世紀のスペインの航海者。ヌエバエスパニャの副王の命令で何度か探検航海に出た。1543年没。彼がみずからフィリピンの名前を付けたのではなく、実際には、彼の命令で配下の者がミンダナオ島を探検し、それまで Islas de Poniente「西の群島」と呼ばれていた群島に、当時のスペインの王子フェリペ（2世）にちなんで Islas Filipinas「フェリペの群島」という名前を付けた（1546年）。(44)

ルーマニア Rumania　バルカン半島北東部にある共和国で、黒海に臨む。16世紀以来オスマン帝国の支配下にあった侯国が合併して、1881年にルーマニア王国となる。1889年、現国名に改称。住民はラテン系であり、公用語であるルーマニア語はロマンス語のひとつ。首都ブカレスト。人口は2,300万弱。大多数がギリシア正教徒。(98)

ルカス・アラマン Lucas Alamán　メキシコの政治家・歴史学者（1792-1853）。(144)

ルカス・フェルナンデス・デ・ピエドライタ Lucas Fernández de Piedrahíta　南米コロンビアの歴史学者（1624-1688）。(60)

ルゴ Lugo　スペイン北西部のガリシア自治州の東部にある県と県都の名。県の北端はカンタブリア海に接する。県都は大西洋に注ぐミニョ川上流にある盆地。ケルト人が居住していたが、ローマ帝国時代の城壁や公衆浴場などが保存されている。(192)

ルシオ・V・マンシジャ Lucio V. Mansilla　（Lucio Víctor Mansilla）　アルゼンチンの軍人・著述家（1831-1913）。(139)

ルシタニア Lusitania　ローマ帝国時代、イベリア半島が統治のために分割された属州のひとつ。現在のポルトガル、およびエストレマドゥラの一部を含んでいた。(197)

ルソー Rousseau　フランス啓蒙期の思想家・小説家（1712-1778）。独自の人民主権思想を説いてフランス革命の先がけとなった。(128)

ルフィノ・ホセ・コエルボ Rufino José Cuervo　南米北部のコロンビア共和国の文

献学者(1844-1911)。パリにて客死。スペイン語文法学者のアンドレス・ベジョの事業を継承した、19世紀のスペイン語学界を代表する学者のひとり。作品は『カスティリア語語法辞典』Diccionario de construcción y régimen de la lengua castellana、『ボゴタ語に関する批判的備忘録』 Apuntaciones críticas sobre el lenguaje bogotano など。(143, 145, 146, 151)

ルンファルド lunfardo アルゼンチンのブエノスアイレスで下層階級の者たちが使いはじめた隠語。その語彙はタンゴなどを通して、その地の一般スペイン語に入っている。(61, 138, 140)

レイセスター伯爵 Conde de Leicester (Robert Dudley, conde de Leicester) イギリスの政治家(1532?-1588)。エリザベス1世に気に入られ、彼女に影響を与えた。(80)

レオン León スペイン北西部にあるカスティリア・イ・レオン自治州の県と県都の名。レオンの名はローマ時代の軍団を意味するレギオンに由来。西ゴート王国の一部であったが、714年にイスラム教徒に征服された。9世紀半ばからキリスト教徒による再征服が進む。910年にはアストゥリアス王国が首都をオビエドからレオンに移し、レオン王国が成立。公用語はロマンス語のひとつのレオン語。1020年にはアルフォンソ5世によって特別法が与えられて繁栄。レオン王国は1230年に最終的にカスティリア王国に併合された。なおレオン語は現在、バブレ語 bable と呼ばれ、細々と使い続けられている。(70, 73, 74, 81, 158, 193, 202, 203, 207, 213, 215)

レカレド Recaredo トレドの西ゴート王国の王(?-601)。レオビヒルドの息子。カトリックを王国の国教であると宣言し、精神的にも王国の統一を深めた。第3回トレド宗教会議を主催。(199)

レグア legua スペインの伝統的な長さの単位。現在のスペインでは約5.6キロ弱。(34, 56, 241)

レバンテ Levante スペインの地中海沿岸部のバレンシアとムルシアを指す古い地方名。なお、地中海の東端部もレバンテと呼ばれる。(97, 107, 237)

レリダ Lérida スペイン東北部のカタルニア自治州にある県と県都の名で、1991年までの呼び名。現在はジェイダ Lleida。(69, 196)

連続テレビ小説 el culebrón エピソードが延々と続くテレビのメロドラマを指す「クレブロン」とは、「蛇」を意味する culebra に大型の意味を加える語尾がついたもの(さしずめ、だらだらと長い「大蛇」か)。別名 telenovela (「テレビ」televisión +「小説」novela)。(171)

ローマ Roma イタリア共和国の首都。古代ローマ帝国の首都。中世以降はローマ教皇庁の所在地として繁栄。ローマ帝国時代の遺跡を多く残す世界的な観光都市。市内にはカトリック教会の総本山たるバチカン市国がある。なお、この名で、イタリア半島中部に興ったラテン人の都市国家である古代ローマを指すこともある。(25, 59, 82, 134, 192, 193)

ログロニョ Logroño スペイン北部のラ・リオハ自治州の州都。州都は県都でもある。エブロ河に沿って広がっている。ワインの名産地。(73, 207)

ロサンジェルス　（スペイン語名ロスアンヘレス）　Los Ángeles　アメリカ合衆国のカリフォルニア州南部にあって、太平洋に面する港湾都市。近郊にディズニーランド、市内にハリウッドがある。(111, 116)

ロドリゴ・ディアス・デ・ビバル　Rodrigo Díaz de Vivar　→　エルシド。(201)

ロドリゴ・ヒメネス・デ・ラダ　Rodrigo Jiménez de Rada　スペインのナバラの人で高僧・歴史学者（1174?-1247）。トレドの大司教。(203, 223, 224)

ロドルフォ・セロンパロミノ　Rodolfo Cerrón-Palomino　参考文献を参照のこと。(170)

ロバイナ　Lovaina　（オランダ語ではレーベン Leuven、フランス語ではルーバン Louvain）　ベルギー中部の町で、1425年に設置されたカトリック大学が有名。(79, 81, 82)

ロペ　Lope　（Félix Lope de Vega Carpio）　スペインの文人・劇作家（1562-1635）。スペインにおける国民演劇の創始者ともいわれ、カルデロンなどとともにスペイン文学の「黄金世紀」Siglo de Oro を代表する。(85, 130, 155)

ロペ・デ・ベガ　Lope de Vega　→　ロペ。(80)

ロペス・デ・レガスピ　López de Legazpi　（Miguel López de Legazpi）　スペインの航海者・コンキスタドール（1510?-1572）。1571年にマニラ Manila を建設した。(44)

ロマニア　Romania　かつてのローマ帝国領に所属し、いまでもラテン語から派生した種々のロマンス語を話す国々を一括して呼ぶ、言語学の用語。(192)

ロマン主義　Romanticismo　18世紀末から19世紀にかけてヨーロッパに興った芸術思潮。古典主義や合理主義に反対して近代個人主義に立脚し、理想・神秘・異国の世界にあこがれる。(127, 155, 194)

ロマンス語　lengua romance　話しことばであったラテン語、すなわち俗ラテン語から変化して現代に至るさまざまな言語のこと。代表的なものにスペイン語、ポルトガル語、フランス語、イタリア語、（スイスの）ロマンシュ語、ルーマニア語などがある。新ラテン語とも呼ばれる。(24 他多数)

ロルフ・エベレンス　Rolf Eberenz　参考文献を参照のこと。(231)

ロレンサナ　Lorenzana　→　フランシスコ・アントニオ・ロレンサナ。(56, 57, 62, 64)

ロンドン王立協会　Royal Society de Londres　（英語での正式名称は The Royal Society of London for the Improvement of Natural Knowledge、略称は R.S.）　英国最古の、自然科学の振興を目指した学会。創立は1660年。(83)

ロンバルディア　Lombardía　イタリア北部の地方名。スイスとの国境地帯。主都はミラノ Milán。北部にはアルプスがそびえ、南部はポー川の盆地。(208, 210)

歴 史 年 表

注意：[ ] のなかのローマ数字は、当該項目が本文で言及されている節の番号である。

	スペイン	南北アメリカ	その他
[ローマ帝国時代以前]			
西暦紀元前			
12世紀	フェニキア人がイベリア半島南部に貿易中継港のカディスを建設 [I など]。		
10世紀	ヨーロッパ中央部からケルト人がイベリア半島に移住を開始。その後、半島中央部にケルト・イベリア人が出現 [XLI など]。		
9世紀			フェニキア人がアフリカ北部の地中海沿岸近くにカルタゴを建設 [XLI など]。
8世紀	半島南西部にタルテッソスが繁栄 [XLI]。		
384年			アリストテレスの生誕 [I]。イタリア半島のテベレ河下流に古代都市国家ローマが出現、帝国への道を進む [III など]。
264年			第1次ポエニ戦争の開始。ローマがカルタゴ領のシチリアを属州とする。

227年	この頃、カルタゴがイベリア半島南東沿岸部に植民都市カルタゴ・ノバ(カルタゴ・パ)を建設。	
218年		第2次ポエニ戦争の開始。カルタゴの将軍ハンニバルがイベリア半島東部を通ってアルプスを越え、イタリアに侵入 [XLI]。
201年	ローマがカルタゴを敗り、イベリア半島の征服を開始。	
184年		古代ローマの将軍スキピオが没 [XLI]。
183年		カルタゴの将軍ハンニバルが没 [XLI]。
149年	第3次ポエニ戦争開始、ローマは数年後にカルタゴを破壊。	

[ローマ帝国時代]
(紀元前)

27年	ローマ皇帝アウグストゥスがイベリア半島を3分割(バエティカ、タラコネンシス、ルシタニア)。	
19年	ローマ軍がイベリア半島のほぼ全域を支配。	

西暦紀元後

4年		イエス・キリストの生誕。
20年		この頃ギリシアの地理学者ストラボンが没 [XLI]。

309

117年		ローマ帝国の版図が最大になる。ヒスパニア出身の皇帝トラヤヌスが没し、おなじくヒスパニア出身のハドリアヌスが皇帝に即位 (-138) [XLI]。
4世紀		4世紀後半にゲルマン民族が移動開始。
380年		キリスト教がローマ帝国の国教になる。
395年		ローマ帝国の東西への分裂。
409年	この年以降、ゲルマンの諸民族がイベリア半島に侵入。	
[西ゴート王国時代]		
415年	イベリア半島に西ゴート族(ビシゴート)が侵入を開始。半島を統治。	
476年		西ローマ帝国の滅亡。
481年		クローヴィスがフランク王国を建設。
496年		フランク国王クローヴィス1世がキリスト教に改宗 [XLI]。
554年	トレドのゴート王アギラが没 [XL, XLI]。	
570年		このころムハンマド(マホメット)が生誕。
579年	西ゴート王国が首都をトレドに設定。	
589年	トレドでの第3回宗教会議にて西ゴート王国がカトリックに改宗。	
601年	西ゴート国王のレカルドが没 [XLI]。	

632年		イスラム教の創始者マホメットが没 [XX]。
661年		イスラムのウマイヤ王朝がダマスカスを首都として成立 (-750)。
710年		イスラム勢力がアフリカ北部の征服を完了。

[イスラム勢力との共存時代]

711年	イスラム勢力がタリクに率いられ、ジブラルタルからイベリア半島に侵入。またたくまに半島の大半を征服。西ゴート王国はロドリゴ王を最後に崩壊 [XL, XLI]。イスラム勢力はコルドバを首都にする。	
718年	イスラム側の将軍のムーサが没 [XL]。	
722年	イベリア半島北部のコバドンガで、キリスト教徒がイスラム軍に勝利する。その後、キリスト教徒のアストゥリアス王国が誕生。	
732年		トゥール・ポワティエの戦い。フランク王国のカール・マルテルが、自国にまで侵入したイスラム勢力をこの地で撃退。ウマイヤ王朝が東ローマ帝国に敗れる。
750年		
756年	ウマイヤ王朝のアブドゥル・ラフマーン1世が亡命し、コルドバで後ウマイヤ朝を開始。	

791年	アストゥリアス王国のアルフォンソ2世が即位、首都はオビエドに [XLIII]。
801年	フランク王国がイベリア半島北東部を占領、イスパニア辺境領を設置。
822年	後ウマイヤ朝第4代のエミール、アブドゥル・ラフマーン2世が即位 [XLII]。
912年	後ウマイヤ朝第8代のエミール、アブドゥル・ラフマーン3世が即位 [XLII]。
914年	アストゥリアス王国の首都がオビエドからレオンに移り、レオン王国の開始。
10世紀	イベリア半島中部・南部のイスラム勢力圏の全盛時代。
962年		神聖ローマ帝国の誕生 (-1806)。
1031年	後ウマイヤ朝が崩壊し、小王国（タイファ）が分立割拠。
1035年	レオン王国のカスティア伯領が王国となる。その東側にアラゴン王国も成立。この前後からキリスト教徒勢のレコンキスタ [国土再征服戦争] が本格化する [カスティリアは序文以下、言及多数]。
1037年	カスティリア王国はフェルナンド1世により、レオン王国を合併。
1065年	アルフォンソ6世がレオン国王に即位、1072年からカスティリア国王を

1085年	兼任 (-1109) [XLII, XLIII, L]。カスティリア王国のアルフォンソ6世がイスラム勢力からトレドを奪還。	
1095年	カスティリア王国のエル・シドがバレンシアを奪回するが、1099年に没 [XLVI, L]。	
1096年		ヨーロッパのキリスト教徒勢が十字軍の派遣を開始 (-13世紀)。オックスフォード大学が誕生 [XXX]。
12世紀		
1109年	アルフォンソ6世が没し、娘のウラカがカスティリア・レオン国王に即位。	
1143年	ポルトガルがカスティリア王国から分離独立。	
1158年	アルフォンソ8世が、3才にしてカスティリア国王に即位 [XLII, XLV, XLVI, XLVII]。カラトラバ騎士団の結成 [XLVII]。	
1162年	アラゴン王国がカタルニアと連合。	
1188年	アルフォンソ9世がレオン国王に即位 [XLV, XLVII]。	
1212年	ナバス・デ・トロサの戦い。キリスト教徒の連合軍がイベリア半島南部を支配するイスラム教徒のムワヒド朝の軍を敗る [XLVII]。	
1215年	サラマンカにスペイン最初の大学基礎が出現。1244年ごろから大学に	

313

1230年	レオン国王アルフォンソ9世の息子のフェルナンド3世が、レオン王国とカスティリア王国の合併を実現する [XLVI, XLVII, XLVIII]。	
1231年	南部のイスラム勢力圏にナスル朝のグラナダ王国が誕生 (-1492) [XIII, L]。	
1236年	カスティリア王国がコルドバを奪回。	
1247年	高僧のロドリゴ・ヒメネス・デ・ラダ没 [XLII, XLVII]。	
1252年	アルフォンソ10世 (賢王) がカスティリア・レオン国王に即位 [XLVIII]。	
1282年	アラゴン・カタルニア連合軍がシチリアを占領。以降、アラゴン王国主導で地中海域に進出し、サルジニア (1323)、ナポリ (1442) などを占領し、支配する。	ハプスブルク家のオーストリア支配の開始。
1295年		イタリアのマルコポーロが1271年からの旅行で中国にも滞在して帰国。『東方見聞録』を世に出す (1299)。日本を黄金の国ジパングとしてヨーロッパに紹介。
1315年	神学者のライムンド・ルリオ没 [XLVIII]。	
1336年	歴史学者のラモン・ムンタネル没 [XLVIII]。	
1348年	モロッコに黒死病 (ペスト) が発生し、またたくまにイベリア半島でも	

1394 年	大流行。	ポルトガルの海外進出の先鞭を付けたエンリケ航海王子の誕生。スペインに先がけて大西洋に進出し、アフリカ西海岸を探検。
15 世紀	メキシコにメシカ文明(アステカ)が栄える。アンデスにインカ文明が栄える。	
1453 年		オスマン・トルコがコンスタンティノープルを占領し、東ローマ帝国は滅亡。
1464 年	ナバラの女王ブランカが没。	
1469 年	カスティリアの王女イサベルとアラゴンの王子フェルナンドが結婚。	
1474 年	カスティリア王にイサベル1世が即位 [I, XLIX]。	

[カトリック両王の時代]

1479 年	アラゴン王にフェルナンド2世が即位 [I, IV, IX など]。ここにカスティリアとアラゴンの両王国が統一され、スペイン王国が誕生。イサベルとフェルナンドは、のちにカトリック両王として称えられる [XVI, L]。	
1483 年	カトリック両王が数年後の法王との交渉のすえ、スペインに異端審問所を設置 [III, XIX, XX, XXXIX]。	
1488 年	ポルトガルのバーソロミュー・ディア	

315

1492年	スがアフリカ南端の喜望峰を発見し、それによって15世紀末、バスコ・ダ・ガマがインド航路を発見し、ポルトガルがヨーロッパからアジアへの東回りの航路を独占。カトリック両王がイベリア半島の最後のイスラム王国であるグラナダを陥落させ、国土再征服運動（レコンキスタ）が終了。ユダヤ教徒が国外に追放され、以後、セファルディとなる。コロンブスが第1回目の航海を実現し、10月12日にカリブ海のグアナハニー（サン・サルバドル島）に到着。以降、3回の航海でカリブ海域を探検し、領土を増やす [I, IV, V, VI, XX]。アントニオ・デ・ネブリハが『カスティリア文法』を出版 [V, XVI, XIX, L]。	アレクサンドル6世がローマ教皇に即位 [V, XI]。
1493年 1494年	コロンブスが第2回目の航海に出発。トルデシジャス条約により、スペインとポルトガルの両王がそれぞれの海外領土の区分を画定。	
1496年		スペイン人がエスパニョーラ島（ドミニカ島）の南岸にサント・ドミンゴの町を建設し、新大陸進出のベースキャンプにする。
1498年	コロンブスが第3回目の航海に出発。	

1500 年		ポルトガルのカブラルがブラジルに到着し、その地がポルトガル領になる。
1502 年	コロンブスが第4回目の航海に出発。2年後に帰国し、不遇のまま1506年に没。グラナダのイスラム教徒が国外に追放される。騎士団長のボバディジャが没 [V]。	
1513 年		バルボアがパナマ地峡を横断し、太平洋に到着。
[ハプスブルク朝の時代]		
1516 年	アラゴンのフェルナンド2世が没し、フランドルのカルロス王子がスペイン王に即位し、カルロス1世となる (1519年には神聖ローマ帝国の皇帝に即位し、カール5世)。ここにハプスブルク家によるスペイン王室の支配が始まる [XII, XVII, XLIX]。	
1517 年		コルテスがアステカ王国に出発、1521年に征服を完了 [VI, VII, XI, XII]。ドイツのルターにより宗教改革の運動が始まり、16世紀のヨーロッパで展開された。
1518 年	政治家オバンドが没 [V]。	
1519 年	マゼラン (マガリャンイス) がカルロス1世の命令で、西回りで香料の地へ向かう航海に出発。マゼラン海峡を発見し (1520)、彼自身が名付け	

317

1520年		た「太平洋」に入る。フィリピン諸島に到達したが (1521)、先住民との戦いで死亡。生き残った部下が1522年に帰国し、ここに初の世界周航が実現した。
1521年	アステカ王国の最後の王モクテスマが没 [X]。	
1522年	コンキスタドールのホアン・ポンセ・デ・レオンが没 [IX]。	
1524年		アントニオ・デ・ネブリハがアルカラ・デ・エナレスで没 [XIX, L など]。
1527年	キューバの開拓者ベラスケスが没 [V]。	
1528年	ユカタン半島を探検したホアン・デ・グリハルバが没 [VII]。	
1530年	パンフィロ・デ・ナルバエスがフロリダを探検 [VI]。	
1531年	スペインの軍人ペドラリアスがカラグアで没 [V]。	
1533年	ピサロがインカ帝国に向かい、1535年に征服完了 [VII, IX]。 インカ帝国最後の皇帝アタワルパがピサロに殺害される [VII, X]。 コンキスタドールのペドロ・デ・エレディアが没 [VII]。	
1534年		イグナシオ・デ・ロヨラがイエズス会を創設 [XI, XII]。
1535年	ヌエバエスパーニャ副王領 (メキシ	

1536年	著述家ガルシラソ・デ・ラ・ベガが没 [XLIX]。	コ）の設置（副王の任命は1529年）[X, XII, XIV, XXI, XXII]。ピサロがペルーに都市リマを建設。	
1541年	著述家ホアン・デ・バルデスがナポリで没 [XVI]。		
1542年	バルセロナの作家ホアン・ボスカンが没 [XLIX]。	コンキスタドールのエルナンド・デ・ソトが没 [VII]。	種子島に漂着したポルトガル人によって鉄砲が日本に伝わる。
1543年			
1544年		ペルー副王が着任（リマ）。	
1545年		ポトシ銀山の採掘が始まる。	
1546年		ルイ・ロペス・デ・ビジャロボスの配下が東南アジアの多島海にフィリピンと命名 [X]。	
1547年	セルバンテスがアルカラ・デ・エナレスで誕生 (-1616)[本書の書名の一部であり、言及は多数]。		
1549年		スエバエスパニャとペルーに大学が設置される。	イエズス会のフランシスコ・ザビエルが布教に来日。
1551年			
1556年	カルロス1世が退位し、長男フェリペ（2世）がスペイン王位を継承 [X, XVI, XVII, XIX, XX, XXXV, XLIX, L]。歴史学者のフェルナンデス・オ		

319

1558年	ピエドが没 [IX]。		メアリー・チューダーが没し、イギリス国王にエリザベス1世が即位 [XVII]。
1559年	コンキスタドールのアルバル・ヌニェス・カベサ・デ・バカがセビリアで没 [VI]。		
1561年	マドリードがスペイン王国の首都となる。		
1564年		スペインはヌエバエスパーニャからフィリピンの征服を開始。1571年にはマニラをその地の首都に定めた。	
1566年	バルトロメー・デ・ラスカサスが没 [VII, IX]。		
1568年	モリスコの反乱 (-1571) [XVI, XX, XLVIII]。	オセアニア探検家のアンドレス・デ・ウルダネタがメキシコで没 [X]。	オランダ独立戦争の開始 (-1648)。
1571年	レパントの海戦で、スペインを含むキリスト教連合軍がオスマン・トルコの海軍を破る [XX]。セルバンテスはこの戦争での負傷により、左手が不自由になり、「レパントの片腕男」とも呼ばれた。		
1575年	コンキスタドールのフランシスコ・デ・イバラが没 [VII]。		
1576年	軍人のルイス・デ・レケセンスが没 [XVII]。		
1578年	フェリペ2世の宮廷医師フランシスコ・エルナンデスが没 [VII]。		

1580年	フェリペ2世がポルトガル王位を継承したことで、ポルトガルが併合される (-1640)。	このころ、スペインのコンキスタドールのベルナールが没 [VI]。
1581年		オランダが独立を宣言。
1582年		日本は数名の少年で構成される天正遣欧使節を送る（西回りでリスボン、マドリードを経てローマに至り、1590年に長崎に帰港）。
1585年	アレハンドロ・ファルネシオがアントワープを占領 [XVII]。	
1588年	アルマダの海戦で、イギリス海軍がスペインの無敵艦隊を壊滅させる。	
1589年		フランスでアンリ4世が即位し、ブルボン朝の開始 [XV, XVI]。
1598年	フェリペ2世が没し、フェリペ3世の時代にえる [XVI]。	
1599年	スペインの歴史家、ガリバイが没 [XVII]。	
1600年	イエズス会の神父ホセ・デ・アコスタが没 [XI]。	
1605年	セルバンテスが『ドン・キホーテ』の前編を刊行。	
1613年		伊達政宗の命で、支倉常長が東回りでメキシコを経由し、ローマに渡る（1620年に帰国）。
1620年		北米のプリマスに、メイフラワー号のピルグリム・ファーザーズが

321

1621年	フェリペ4世の即位 [VIII, XII, XIII, XVII]。		上陸。ピューリタン（清教徒）の活動の開始 [II]。
1627年	著述家のルイス・デ・ゴンゴラが没 [IX]。		
1631年	スペインの著述家、ギジェン・デ・カストロが没 [XLIX]。人文学者、ゴンサロ・コレアスが没 [XVI]。		
1635年	作家のロペ・デ・ベガが没 [XVII]。		アカデミー・フランセーズが正式に発足 [XVIII, XXV]。
1640年	スペインからポルトガル王国が独立。		
1641年	人文学者のベルナルド・デ・アルドレテが没 [III, X, XVI]。		
1645年	スペインの文人、政治家ケベドが没 [XVIII]。		
1648年	スペインからオランダが独立。		
1658年	イエズス会士の著述家、バルタサル・グラシアンが没 [XVI]。		
1660年			ロンドン王立協会の創設 [XVIII]。
1666年			フランスの王立科学アカデミーが発足 [XVIII]。
1681年	劇作家カルデロンが没 [XVIII]。	コロンビアの歴史学者のルカス・フェルナンデス・デ・ピエドライタが没 [XIII]。	
1688年			

[ブルボン朝の時代]

1700 年	スペイン王室のハプスブルク朝が、カルロス2世の死去により断絶。ルイ14世の孫に当たるフェリペ（5世）が即位し、ここにスペイン王室のブルボン朝の時代が始まり、現在に至る [XV, XVI, XVIII]。		
1701 年	スペイン王位継承戦争（-1714）（ブルボン朝派に対するハプスブルク朝派の抵抗）。		
1704 年	イベリア半島南端のジブラルタルがイギリスによって占領される。		
1713 年	ユトレヒト条約（フェリペ5世の王位は承認されたが、ジブラルタルはイギリスに割譲される）。ボアン・マヌエル・フェルナンデス・パチェコが王立アカデミアの基礎を創設 [XIII, XVIII, XIX, XXV, XXVI, XXVII, XXVIII, XXIX, XXXI, XXXVI, XXXIX]。		
1717 年		スエバグラナダ副王領の設置（ボゴタ）（一時廃止され、1739年に復活）[XIII]。	
1756 年			
1759 年	カルロス3世の即位（-1788）[V, VIII, XII, XIV, XVI, XVIII, XXXV]。		七年戦争の勃発（ヨーロッパのほぼ全域を巻き込んだ、海外植民地をめぐる英仏両大国の権力闘争）。

323

1763年	パリ条約で七年戦争の終結(イギリスはカナダとミシシッピ以東のルイジアナを、スペインはかわりにミシシッピ以西の植民地帝国健在に向かう)。フランス領カナロス3世によって王室顧問会議の議長に任命される [XII, XXII]。イエズス会士の国外追放(広大なスペイン領アメリカからも追放される) [XI, XII]。	
1766年		フランシスコ・アントニオ・デ・ロレンサーナがヌエバ・エスパーニャの大司教に就任 [XII, XIV]。
1767年		
1776年		リオデラプラタ副王領の設置。
1779年 1780年		ペルーでトゥパック・アマルの反乱が発生、2年後に鎮圧。
1784年		アメリカ合衆国がイギリスから独立を宣言。イギリスの航海者クックが没 [VIII]。
1785年 1786年	ベニャフロリダ伯爵が没 [XV]。フランドル出身のスペインの軍人(ヌエバエスパーニャの副王)のクロイス侯爵が没 [XII, XIV]。官僚のホセ・ガルベスが没 [XIV, XV]。	
1787年 1788年 1789年	カルロス4世の即位 [XXI]。	スペイン領アメリカ全域の港がスペインとの自由貿易を認められる。 イギリスの辞書編纂者ジョンソン博士没 [XIII]。 フランス革命の勃発。
1790年		アメリカ合衆国の政治家・物理学

1792年	ゴドイがスペインの宰相に就任 [XXI]。		
1795年	フランス革命政府との交戦の結果、バーゼル条約に調印し、ゴドイはサント・ドミンゴ島をフランスに割譲 [XXI]。		者のベンジャミン・フランクリンが没 [XXV, XXX]。
1796年		エクアドルの政治家フランシスコ・J・エウヘニオ・エスペホが没 [XIV, XV]。	
1801年		ペルー副王のオヒギンスが没 [I]。	
1804年		ハイチがフランスから独立（ラテンアメリカで最初の独立国）。	アメリカ合衆国第2代大統領のジョン・アダムスが没 [XXV]。ナポレオンがフランス皇帝に即位 [XXI, XXVI, XLI]。
1805年	トラファルガーの海戦（スペイン・フランス連合艦隊をネルソンのイギリス海軍が撃破）。		
1806年			神聖ローマ帝国の滅亡。
1808年	ナポレオンのフランス軍がスペインに侵入。ゴドイが失脚し、カルロス4世が退位するとともに、フェルナンド7世が即位 [XXI, XXVI]。5月、マドリードで反フランスの民衆が蜂起し、スペイン独立戦争の開始（-1814）。		
1810年		メキシコでイダルゴ神父が独立運動を開始。	
1811年		ベネズエラ独立宣言、パラグアイ	

325

1812年	カディスの議会で、スペイン最初の憲法が制定される。	
1813年	フランス軍がイベリア半島から撤退。	
1814年	フェルナンド7世が王位を確保し、1812年の憲法の破棄を宣言。	ナポレオンが退位。
1816年		独立宣言。
1818年		ヌエバグラナダが独立を宣言。
1820年		アルゼンチンが独立を宣言し、ラプラタ諸州連合を形成。チリが独立宣言。
1821年		アルゼンチンの軍人マヌエル・ベルグラノが没 [XIV, XV]。ベネズエラが独立宣言。ペルーが独立宣言。メキシコが独立宣言。
1822年		ブラジル帝国が独立宣言。サントドミンゴがハイチに併合される (-1844)。ボリバルとサンマルティンのグアヤキルでの会見。メキシコでイトゥルビデが皇帝に就任し、1824年に銃殺された [I, XXII]。
1823年		中米地域がメキシコから離れて中米連合を結成 (首都はグアテマラ)。アメリカ合衆国がモンロー主義の宣言。[I]
1824年		アヤクチョの戦い (スペイン副王軍が壊滅的打撃をこうむり、南米大陸の植民地の大半の独立が保証

1825年		される)。アルゼンチンがウルグアイを支援してブラジルと交戦 (-1828)。ボリビアの独立宣言。
1828年		ウルグアイがイギリスの仲裁で、ブラジルとアルゼンチンの緩衝国として独立。
1830年		ノーア・ウェブスターが『アメリカ版英語辞典』を出版 [XXV]。大コロンビア共和国が解体し、コロンビア・ベネズエラ・エクアドルの3国に。シモン・ボリバルがサンタマルタで没 [I, V, XXII, XXVI, XXVIII]。
1831年	自由主義者のクーデターが失敗。	
1833年	フェルナンド7世が没し、イサベル2世が即位 [XXVII]。カルリスタ戦争が勃発(自由主義と中央集権主義を代表する政府側と、専制主義・伝統主義・地方自治を擁護するカルリスタ側との対立。19世紀に3度の内戦となる)。	
1836年		テキサスがメキシコから分離独立。
1837年		中米連合国が解体し、グアテマラからコスタリカまでの中米5ヶ国が誕生。
1839年	将軍パブロ・モリジョが没 [I]。	
1844年		ドミニカ共和国がハイチより独立。

327

1845年		アメリカ合衆国がテキサス共和国を併合。
1846年		メキシコとアメリカ合衆国の米墨戦争の開始 (-1848)。
1848年		メキシコは米墨戦争に敗れ、グアダルペ・イダルゴ条約によって国土の半分強をアメリカ合衆国に割譲 [XXIII]。
1850年		アルゼンチンの軍人のホセ・サンマルティンが没 [I, XXVIII]。
1852年		メキシコの政治家のルカス・アラマンが没 [XXIX]。
1853年	将軍カスタニョスが没 [I]。	
1854年	スペイン最初のゼネストがバルセロナで起こる。	日米和親条約の締結。
1855年		ニカラグアが北米のウィリアム・ウォーカーに実権を握られる。
1857年		メキシコで自由主義憲法が制定される (-1860)。
1858年		ベニート・ホアレスがメキシコ共和国の大統領に就任 [XXXII]。
1859年		ウィリアム・ウォーカーがホンジュラスで銃殺される [XXI]。
1860年		アメリカ合衆国が奴隷制を巡って内乱、南北戦争の開始 (-1865)。メキシコでハプスブルク家のマクシミリアンが皇帝に即位 [XXIV]。
1864年		ドイツの博物学者フンボルトが没 [XV]。イタリアに統一国家が形成される。

1865年		パラグアイ戦争の勃発（アルゼンチン・ブラジル・ウルグアイの三国同盟とパラグアイの間で1864年から70年まで続いた戦争。ウルグアイの内戦に対するブラジルの軍事介入が発端）。	
1867年	カディスでクーデター（九月革命）。	チリのサンティアゴでアン・ドレス・ベジョが没 [XXV, XXVI, XXVII]。	
1868年		メキシコが独立を回復し、マクシミリアンを処刑。	明治維新。
1871年		キューバでの独立を目指す反乱。	ドイツ帝国の誕生。
1872年		アルゼンチンのホセ・エルナンデスが『マルティン・フィエロ』を出版 [XXVII]。	
1873年	第一共和制の成立 (-1874)。		
1874年	第1共和制が崩壊し、王政復古。アルフォンソ12世の即位。		
1876年	新憲法が制定され、王政復古が確立。	メキシコでディアスの独裁政治が始まる (-1911)。	
1877年		アルゼンチンの政治家ホアン・マヌエル・ロサスが没 [XXVIII]。コロンビアが自国領のパナマに運河を開削するための権利をフランスの会社に譲渡。	
1878年		アルゼンチンの政治家ホアン・マリア・ゲティエレスが没 [XXVIII, XXIX]。	

1879年		ペルーの政治家マヌエル・パルドが没 [XXXIII]。
1883年		チリとペルー・ボリビアの間に太平洋戦争が勃発（-1883）。太平洋戦争が終結し、ペルー・ボリビアの両国はチリに領土を割譲。
1884年		アルゼンチンの作家ホアスタ・アルベルディがパリで客死 [XXV, XXVI, XXVIII]。
1885年	アルフォンソ12世が没。	
1888年		
1889年	モリンス侯爵が没 [XXIX, XXX]。	アルゼンチンの政治家・作家のサルミエントが没 [XIII, XXVII, XXX]。第1回の米州諸国会議がワシントンで開催される [XXIV]。ブラジルで皇帝が退位し、1822年以来の帝国が共和国になる。
1895年		キューバの独立戦争開始（-1898）。キューバのホセ・マルティが没 [XXX]。
1896年		フィリピンが独立を求めて反乱。フィリピンのホセ・プロタシオ・リサルが没 [X]。
1897年		キューバがスペインより自治権を獲得。
1898年	米西戦争の勃発（スペインはアメリカ合衆国に敗北、アメリカへフィリピン・グアム・プエルトリコを割譲）。	キューバの独立。
1899年		最初の日本人契約移民がペルーに

1901 年	歴史家のピ・イ・マルガルが没 [XXXII]。	入植。メキシコ市で、第2回米州諸国会議の開催。アメリカ合衆国がパナマ運河の建設・管理の権利を取得。
1902 年	アルフォンソ13世の親政の開始。以降、左翼の活動が活発化する。	
1903 年		パナマがコロンビアより独立。アメリカ合衆国はパナマから運河地帯の永久租借権を獲得。リオデジャネイロで第3回米州諸国会議の開催。プエルトリコのエウへニオ・マリア・デ・オストスが没 [XXX]。
1905 年 1908 年 1910 年	作家のホアン・バレラが没 [XXIV]。	ブラジルへの日本人の移住が開始。メキシコ革命の勃発（民族主義的社会革命。35年間に及んだディアス独裁体制(1877-1911)の打倒を目ざした、マデロによる武装蜂起で始まり、1917年の革命憲法の制定で終結。第4回米州諸国会議がブエノスアイレスで開催。
1911 年		コロンビアの文献学者ルフィノ・ホセ・クエルボが没 [XXIX, XXX]。
1912 年	文献学者のメネンデス・ペラヨが没 [XXI]。	
1913 年		メキシコで反革命が成功してマデ

331

1914年		ロカが暗殺される [XXXIII]。アルゼンチンの作家のルシオ・V・マンシージャが没 [XXVIII]。コロンビアが米国から賠償金を受けとってパナマの独立を承認。パナマ運河の開通。	
1915年		メキシコの政治家のポルフィリオ・ディアスが没 [XXXIII]。	第一次世界大戦の開始 (-1918)。
1916年		メキシコの軍人ビクトリアノ・ウエルタが没 [XXXIII]。	
1917年		メキシコで革命が終わり、カランサが立憲大統領に就任。プエルトリコの住民がアメリカ合衆国の市民権を与えられる。	
1918年 1919年		ベネズエラで石油の生産が始まる。メキシコの革命家エミリアノ・サパタが没 [XXXI, XXXIII]。	
1920年		メキシコの政治家ベヌスティアノ・カランサが没 [XXXI, XXXIII]。	
1922年			イタリアでムッソリーニ内閣が成立。
1923年	プリモ・デ・リベラがアルフォンソ13世の承認を得てクーデターに成功し、議会を解散、憲法を停止。その後、経済活動に国家が介入して政治の再生を目ざす独裁制を確立 (-1930)。	第5回米州諸国会議がチリのサンティアゴで開催。メキシコの革命戦士パンチョ・ビジャが没 [XXXIII, XXXIX]。	
1928年		第6回米州諸国会議がハバナで開催。	

[共和制の時代]
1931 年	統一地方選挙が実施され、共和派が勝ち、アルフォンソ 13 世は亡命。第二次共和制が成立し、憲法を制定。	
1932 年	右翼の活動が活発化し、左翼の反対運動も激化。	チャコ戦争（ボリビアとパラグアイが領土と石油で）(-1935)。第 7 回米州諸国会議がモンテビデオで開催。
1933 年		ドイツでヒットラーが首相に就任。
1934 年		メキシコでカルデナスが大統領に就任し、農地改革を進める。[XXXIII]。
1936 年	人民戦線内閣が成立し、アサーニャが大統領に就任。フランコがモロッコで軍事蜂起し、スペイン内戦の開始 (-1939)。フランコが反乱軍の総司令官に選出され国家主席。ドイツ・イタリアが承認。ウナムノがサラマンカで没［序文、XXIX]。政治家のホセ・アントニオ・プリモ・デ・リベラが没［XXI]。	ブエノスアイレスで平和維持に関するパンアメリカン会議が開催。
1937 年		日独伊防共協定の締結。日本もフランコ政権を承認。
1938 年		第 8 回米州諸国会議がリマで開催。

[フランシスコ・フランコの時代]
1939 年	フランコ軍がバルセロナを占領し、	第二次世界大戦の開始 (-1945)。

1941年		日本では太平洋戦争が勃発。
1945年		第二次世界大戦の終結。
1946年	内戦が終結。フランコ政権が確立し、第二次世界大戦への中立を宣言 [XXI, XXII]。	
1948年		アルゼンチンでペロンが大統領に就任 (-1955, 1973-74) [XXVIII, XXXIX]。第9回米州諸国会議がボゴタで開催され、米州機構 (OAS) の憲章が採択される。
1952年	アマド・アロンソが北米のケンブリッジで没 [XXVIII]。	アルゼンチン大統領ペロンの妻エバ・ペロンが33歳で没。
1953年		キューバでカストロたちが反バティスタ政権の運動を開始。
1954年		第10回米州諸国会議がカラカスで開催。
1955年	国際連合に加盟。	
1956年	作家のピオ・バロハが没 [XXXI]。	キューバでカストロがゲリラ戦を展開。
1959年		キューバでカストロの社会主義政権が成立。カストロが首相に就任。
1960年		中南米の数カ国がラテンアメリカ自由貿易連合設立条約に調印。
1961年		アメリカ合衆国がキューバとの外交関係を絶ち、キューバは社会主義国家の建設を宣言。
1962年		キューバ危機 (米国とソ連の軍事

1966年		衝突の危機。
1968年	文献学者のラモン・メネンデス・ピダルが没［XXIX］。	ガイアナがイギリスから独立。メキシコで夏期オリンピックが開催。
1970年		チリでアジェンデ左翼統一候補が大統領に就任。
1971年		メキシコの政治家ラサロ・カルデナスが没［XXXIII］。アルゼンチンでクーデターが起こり、軍事評議会が全権を掌握。
1972年	アメリコ・カストロがヘロナ（ジロナ）の町ジョレー・デ・マルにて没［XXVIII］。	
1973年	内戦後、初の首相にカレロ・ブランコが就任するも、バスクの過激派に暗殺される。	チリでクーデターが発生し、アジェンデが没し、軍事評議会が実権を掌握。アルゼンチンにペロンが帰国し、大統領に就任し、副大統領に妻のイサベル・ペロンが就任。
1974年	反フランコ運動が活発化。	アルゼンチンでペロン大統領が死去し、イサベル・ペロンが世界最初の女性大統領に就任。
1975年	フランコが没し、ブルボン家のホアン・カルロス1世が即位。	スリナムがオランダから独立。

[ホアン・カルロス1世の時代]

1976年	スアレス内閣の成立。民主化路線の開始。	アルゼンチンで軍部のクーデターが発生、その後、テロや誘拐が頻発。

335

1978年	国民投票で新憲法を承認。	
1981年		中米のイギリス植民地ベリーズが独立。
1982年	スペイン社会労働党の政権が誕生（フェリペ・ゴンサレス首相）。	アルゼンチンがフォークランド（マルビナス諸島）を軍事占拠したが、停戦。アルゼンチンにアルフォンシン政権が樹立し、民政移管が実現。
1983年		
1986年	ECに正式加盟。	
1990年		ペルーでフジモリが大統領に就任(-2000)。チリでエルウィンの政権が樹立し、民政に復帰。
1992年	コロンブス500年祭、セビリア万国博覧会、バルセロナ夏期オリンピックの開催。マーストリヒト条約を批准し、EUの一員となる。	
1996年	ゴンサレスにかわり、中道右派の国民党のホセ・マリア・アスナルが首相に就任。	
2004年	3月11日、マドリードで列車爆破のテロ事件。4月、スペイン社会労働党のホセ・ルイス・ロドリゲス・サパテロが首相に就任。	

【訳者紹介】

三好準之助 ［みよし・じゅんのすけ］
京都産業大学教授（スペイン語学）
博士（応用言語学、アルカラ大学）

セルバンテスの仲間たち―スペイン語の話者の歴史―

2006 年 8 月 15 日　　初版第 1 刷発行

著　者　　Juan Ramón Lodares
訳　者　　三好準之助
発行者　　柳原喜兵衛
発行所　　柳原出版
　　　　〒 615-8107
　　　　京都市西京区川島北裏町 74
　　　　TEL075-381-2319　FAX075-393-0469
　　　　http://www.yanagiharashoten.co.jp
印　刷　　冨山房インターナショナル
製　本　　清水製本所

©2006　Jun-nosuke Miyoshi　　printed in Japan
ISBN4-8409-5015-6
落丁・乱丁本のお取替えは、お手数ですが小社まで
お送りください（送料は小社で負担します）。